U0537473

会·展·专·业·系·列·教·材

INTRODUCTION TO EXHIBITIONS

会展学概论

张健康 编著

ZHEJIANG UNIVERSITY PRESS
浙江大学出版社

图书在版编目（CIP）数据

会展学概论 / 张健康编著. —杭州：浙江大学
出版社，2013.12（2020.7 重印）
ISBN 978-7-308-12674-8

Ⅰ.①会… Ⅱ.①张… Ⅲ.①展览会－高等学校－教
材 Ⅳ.①G245

中国版本图书馆 CIP 数据核字（2013）第 303473 号

会展学概论

张健康 编著

责任编辑	李海燕	
封面设计	续设计	
出版发行	浙江大学出版社	
	（杭州市天目山路 148 号　邮政编码 310007）	
	（网址：http://www.zjupress.com）	
排　　版	杭州中大图文设计有限公司	
印　　刷	广东虎彩云印刷有限公司绍兴分公司	
开　　本	710mm×1000mm　1/16	
印　　张	23.5	
字　　数	460 千	
版 印 次	2013 年 12 月第 1 版　2020 年 7 月第 2 次印刷	
书　　号	ISBN 978-7-308-12674-8	
定　　价	59.00 元	

版权所有　翻印必究　　印装差错　负责调换

浙江大学出版社市场运营中心联系方式：0571－88925591；http://zjdxcbs.tmall.com

丛书序

进入 21 世纪,会展业已成为举世瞩目的朝阳产业。会展人才培养伴随着我国会展业的迅速发展显得越来越重要。随着目前我国会展业人才全国性紧缺局面的出现,我国会展教育将面临着历史性的"朝阳"机遇。2012 年教育部将会展经济与管理专业从试办专业转为目录内专业,成为旅游管理一级学科下的二级学科专业,中国会展教育又迎来了一个新的蓬勃发展时期。

位于经济发达省份、会展教育大省的浙江大学城市学院是全国最早开展会展教育的院校之一。其依托杭州打造会展城市的地缘优势,于 2003 年在广告学专业下面开设会展策划与组织专业方向、旅游管理专业下开设会展旅游专业方向,并同期成立了"杭州城市会展研究发展中心",2007 年正式获得教育部批准试办会展经济与管理本科专业,从而成为目前发展较为成熟的、在全国有较大影响的会展专业院校。该校在传媒与人文学院下设置会展经济与管理专业,以营销传播的视角,通过会展线下与媒体线上的整合来培养会展专业人才,成功探索出了一套独具特色的会展人才培养模式。这一模式涵盖了高校与政府、协会紧密合作的政产学研路径、"政府-协会-高校"三方互动的会展人才培养机制和良好的会展教育生态环境;并在此基础上构建了以会展经济与管理专业和杭州城市会展研究发展中心相融合的"专业+中心"的人才培养架构,形成了拥有专业教师、专职员工的"9+13"特色师资团队,成为浙江大学城市学院重要的会展人才培养特色和资源。通过直接承办或参与中国城市会展高峰论坛、中国城市会展教育高峰论坛、全民饮茶日、浙江大学生创意生活节等各种会展项目,融项目运作于专业人才的培养之中,形成的基于真实项目运作的"项目驱动"创新型高级会展人才培养模式是浙江大学城市学院良好会展教育生态的点睛之笔。该校教学团队于 2011 年出版的《会展特色专业建设理念、实践与探索》,不仅成为国内第一本会展教育教学改革的专著和示范性模式,也在国内会展教育界确立了较高的知名度和美誉度。

欣闻浙江大学城市学院利用自身在会展教育界的先发优势和积累的办学经验,在魏绍相会展研究与发展基金的支持下,联合浙江省 10 余所会展院校的专业骨干教师,编著了一套集会展基础理论、会展营销、会展策划、会展文案、会展沟通与谈判、会展公关、会展企业文化、会议策划与组织、展览策划与组织、大型活动策划与组织等多内容、广视野、理论与实践并举的,适用于会展专业教育的"会展专业系列教材"。相信此系列教材的出版能为我国会展教育提供一套既见森林、又见树木的专业教材,为我国会展专业教育提供一个规范性的、示范性的教学范式与体系。

此系列教材的出版是浙江省会展教育的成果,也是浙江大学城市学院会展经济与管理特色专业建设的结晶,期待这一成果能在全国会展专业教育中开花结果。

是为序!

中国旅游教育协会副会长,中国旅游安全研究基地主任

华侨大学二级教授、博导,武夷学院旅游学院院长

郑向敏 博士

2013 年 9 月 25 日

目　　录

第一章　绪　论

【学习要求】

通过本章学习,要求明确什么是会展学,会展学的研究对象、研究宗旨,会展学的学科特点;掌握会展学作为"营销传播"的学科定位及其学科体系构成;了解建设符合中国国情的会展学理论体系的意义,以及建设符合中国国情的会展学理论体系的方法。

【本章概要】

作为一门新兴的学科,会展学是探索和揭示会展活动的本质和规律的科学,是对会展现象和会展研究成果进行系统分析和有机整合而发展成的知识体系。会展学着眼于对会展现象和问题的审视、探究和思考,以学科论、过程论为统辖,以参与主体为中坚,以会展服务为核心,以展览活动为载体,以信息论为指引,以方法论为辅助,以系统论为参照,追求会展效果提升的学科。

会展学的研究对象是会展活动及其规律,特别是其基本规律、普遍原理和通用方法,主要包括会展基础理论研究、会展交叉性研究、会展应用性研究等三个方面。会展学的研究宗旨是从会展运作的内在机制和外在联系以及各种会展因素之间的相互关系中,探索和揭示会展活动的本质和规律。会展学是一门注重原理与要素研究、注重发展与创新、交叉性与开放性的基础性理论学科。会展学的这些特点,既揭示了会展学的本身特质,又指明了会展学建设的正确途径。

会展学属于营销传播范畴。会展学更接近于传播学和市场营销学,属于营销传播范畴。会展学既不等同于传播学,也不等同于市场营销学,我们主张会展学是以传播学与市场营销学为核心的交叉学科。会展学、传播学与市场营销学三者之间是交叉重叠的关系。

依据会展要素和研究内容的特点与关系,把会展学科体系大体列为会展基础学科、会展分支学科、会展专题学科三部分。

我国应当借鉴欧美国家会展运作管理经验,但不能盲目崇拜、照搬照套,必须坚持不失自我、洋为中用,立足于中国国情,尽快建立符合中国国情的会展学,指导中国会展实践。建设符合中国国情的会展学的意义在于:各级政府需要会展学来指导会展业的发展;我国会展实践中纷繁复杂的问题需要会展学来指导解决;我国会展教育科研工作需要符合中国国情的会展学。建设符合中国国情的会展学,需要坚持建设有中国特色社会主义的理论指导,符合中国特有的社会经济文化发展状况,汇聚自然科学和社会科学众长以独成一家,探寻中国会展业可持续发展的机制和模式。

中国会展产业是中国社会经济发展到一定阶段的产物,是中国社会经济花季里的奇葩,应运而生的会展学是会展业奇葩里的一颗晶莹剔透的宝珠,令人迫不及待地去研究它、了解它。众所周知,任何一门科学的产生、进步和革新,都有赖于对它的研究对象、体系和意义的正确认识与深刻理解。对于新生的会展学,科学界定它的研究对象、研究体系将对会展学科的发展具有重要意义。我们不要局限于目前中国会展业发展的初级阶段,而应该放眼中国会展业的巨大空间,积极探讨会展学的研究对象,构建会展学的科学体系,不仅与时俱进,而且要引领未来,大力促进会展学的发展和成熟。

第一节　会展学的研究对象与学科特点

一、什么是会展学

在中国迈着改革开放的坚定步伐进入 21 世纪之时,会展学在中国"文化强国"战略的指引下,在产业升级转型和文化产业大发展的过程中芳容大展,争奇斗艳,已经成为一门显学。

作为一门新兴的学科,会展学是探索和揭示会展活动的本质和规律的科学,是对会展现象和会展研究成果进行系统分析和有机整合而发展成的知识体系。会展学着眼于对会展现象和问题的审视、探究和思考,以学科论、过程论为统辖,以参与主体为中坚,以会展服务为核心,以展览活动为载体,以信息论为指引,以方法论为辅助,以系统论为参照,追求会展效果提升的学科。它是会展研究者以自己独特的观察和分析的角度、方式对某些会展现象和问题的系统解释和集中探讨。会展学不但应该呈现业界对会展现象和会展规律的探索与总结,也应该反映业界对会展经验和会展知识的系统组织架构。

"会展有学",不仅在于人们对从人类早期社会"以物易物"形态开始的漫长会展发展历史的史论性成果,而且在于人们对会展运作规律的宽阔视角的研究所形成的理论性成果。发展至目前,这些研究和成果不仅丰富,而且体系化,更有可持续发展的广阔空间。

二、会展学的研究对象和宗旨

会展学的研究对象是会展活动及其规律,特别是其基本规律、普遍原理和通用方法。凡是客观地存在于会展活动中的并构成影响的因素,都应该纳入会展学的研究范围。会展学的研究对象主要包括以下三个方面。

(一)会展基础理论研究

会展学首先应该研究会展学的学科性质与学科体系,界定会展学的研究对象、研究任务和研究方法。其次是研究会展活动发生发展史,史论对于一个学科的确定具有重要的意义。再次,在社会主义市场经济体制的规范下,结合中国市场经济的特点和产业发展阶段,开展会展基本要素、会展的经济社会功能、会展产业政策、行业管理、法律法规、行业道德建设等一系列既有重大理论意义,又具有实践意义的会展基础理论研究,是建设符合中国国情的社会主义会展学基础理论研究的重要工作。这些研究对会展学的正式诞生和持续发展具有重要的意义,是会展学发展的理论基础。

(二)会展交叉性研究

新兴学科的发展离不开相关学科的理论滋养,从新兴学科中吸收理论养分是新兴学科发展的重要策略。同时,从纵向考察也能够很好地理解会展交叉性研究的内在必然性。会展业是一个综合性、跨行业的新兴行业,涉及营销传播、艺术设计、物流运输、宾馆旅游等多个行业,需要这些行业协同作战、共同参与,才能很好地运作一个会展项目。会展业广泛涉及了众多学科,会展学必然受到这些学科的影响,从这些学科里面吸收养料,促进和形成会展学自身的发展。因此,会展学应该是生长在多门学科汇合交叉地带的一棵苗壮树苗。它既带有多门学科的遗传因子,广泛吸纳各个相关学科的理论,反映出社会科学各种知识交叉、融合的轨迹,又饱含着强烈的后来居上的超越意识,在会展产业和会展经济的创新发展中表现出新颖的建构思想和广阔的理论视野。我们应该开展与会展相关学科的交叉性研究工作,对接展会功能,基于会展信息、会展展示、会展贸易、会展发布等开展会展传播学、会展艺术学、会展管理学、会展政治学等交叉性研究,对接行业开展包块教育会展学、医学会展学、农业会展学等交叉性研究。会展交叉性研究还包括会展市场调节、会展经济结构管理、会展环境管理及会展产业链条延伸等研究,以及对会展过程模式规律、会展观众心理活动规律、会展市场供求规律等研究。

(三)会展应用性研究

作为一门应用性的学科,会展学必然密切关注会展业发展现状,探索解决困扰会展运作的具体问题。通过应用性研究,确立会展运作的具体规范,总结会展立项、场馆管理、招展招商、布展撤展、会展信息化、会展工程技术、会展多媒体、会展服务管理、会展公关、会展旅游、会展营销、展品运输、会展融资、会展安保等特有规律,从而加深人们对会展活动的本质和作用的认识。从横向考察,会展是各行各业的交汇地,医药、卫生、交通、通信、教育等各行业都有自己的会展活动,会展活动是各行各业不可或缺的组成部分。我们要结合具体行业,开展针对性的广泛的应用性研究,促进会展学更好地指导行业会展项目的实践。需要指出的是,会展应用性研究不仅包括技术层面的归纳,也包括应用理论的提炼。从会展实践中来,到会展实践中去,是会展学发展的源动力,因此,我们需要在强调应用性操作的同时,加强应用性理论的研究和提升,立足长远,注重积累,调整心态,积极开展会展应用性研究,发展出会展自身的特有的操作技术和操作理论。

会展基础理论研究、会展交叉性研究、会展应用性研究还可以划分成不同的研究层面,分成宏观、中观和微观三个研究层面,具体如表1-1所示。

表1-1　会展学研究的三个层面

研究层面	研 究 内 容
宏观研究	会展学的学科性质与学科体系;会展的研究对象、研究任务和研究方法;会展活动发生发展史;会展基本要素研究;会展的经济社会功能研究;会展产业政策、行业管理、法律法规、行业道德建设等研究
中观研究	会展产业链条中的多样化多元化交叉性研究,包括会展传播学、会展艺术学、会展管理学、会展政治学、教育会展学、医学会展学、农业会展学等,还包括会展市场调节、会展经济结构管理、会展环境管理及会展产业链条延伸等研究,以及对会展过程模式规律、会展观众心理活动规律、会展市场供求规律等研究
微观研究	确立会展运作的应用性理论,包括会展立项、场馆管理、展会品牌、招展招商、布展撤展、会展信息化、会展工程技术、会展多媒体、服务管理、公关、会展旅游、会展营销、会展公司管理、会展配套活动、会展宣传推广、展品运输、会展资金募集及会展安全保卫等具体操作规律的研究

宏观、中观和微观三个研究层面的研究内容涵盖了会展学中的所有问题,不但针对会展业发展现状,探索解决困扰会展运作的具体问题,而且对会展所特有的规律进行总结,能够加深人们对会展活动的本质和作用的认识。这一系列问题既有重大理论意义,又具有实践意义,是会展学必须研究和回答的问题。

会展学的研究宗旨是从会展运作的内在机制和外在联系以及各种会展因素之间的相互关系中,探索和揭示会展活动的本质和规律。通过对会展本质的探究,我们可以深悟由会展活动本身所具有的特殊矛盾所决定的会展活动各要素之间的内在而稳定的联系,从而更好地在会展运作中运筹帷幄。会展的规律是指会展活动中内在矛盾诸方面的联系与斗争的客观法则和必然趋势。规律的根本特点就在于不以人的意志为转移,具有客观性、必然性、重复性和隐蔽性。通过对会展规律的探究和遵循,主动按会展规律办事,从而使我们能够通过会展活动达到预期目的,不断提高会展效果。

三、会展学的学科特点

在社会科学和自然科学快速发展的现代,多种新兴学科为会展学的发展提供了丰富的理论源泉。同时,得益于会展经济的综合性和会展运作产业链多元性,会展学因此具有深厚的产业根基。会展学的学科特点不仅带有自身行业发展的特点,也具有和多门交叉性学科相似的特点。

(一)会展学是一门注重原理与要素研究的基础性理论学科

会展学对会展基本原理及其众多要素进行整体、互动的探讨。它来源于人类的会展实践活动,是对人类会展实践经验的概括和总结,其研究主要解决人类社会会展实践活动中带有普遍性的问题。作为基础性理论学科,会展学致力于对会展性质、规律进行理论研究,以认识会展本质,探索会展规律。因为会展学所要研究的不仅是支撑会展活动的基本要素,而是会展过程中各种因素之间永不停止的相互影响、相互作用、相互制约的复杂情状与动态关系,所以在对会展基本原理及其众多要素探讨过程中,会展学将会展活动看做一个由各种相关因素有机联系起来的整体系统,始终要把各种要素有意识地归并到会展活动的整体之中,努力弄清其特性、机制以及与外部的种种联系,从而揭示其内在机制。

(二)会展学是一门注重发展与创新的基础性理论学科

基于蓬勃发展的世界会展业,会展学也将是一门注重发展与创新的基础性理论学科。对于新兴发展的显学,会展学既注重会展基础性理论研究,又注重发展和创新的实践性应用研究,这两个方面不矛盾,而且相得益彰。在某种意义上,它们是"田地"与"苗木"的关系。基础性理论研究是"田地",实践性应用研究是"苗木"。"田地"里有"苗木",才会生机勃勃,"苗木"只有在肥沃的"田地"里才会茁壮成长。因此,会展学必须以发展、创新的眼光,在基础性理论研究的同时重视和关注实践性应用研究,关注会展服务、招展布展、经营服务等诸多实际问题,在掌握会展实践具体操作的基础上归纳、演绎出会展学的基本概念和基本原理。与此同时,新兴的会展学必须关注技术发展给会展运作生态带来的变迁,研究会展技术和会展形式的新发展,从变化与发展中发现并揭示会展及其发展的本质和规律,引导会展业的发展。

(三)会展学是一门具有交叉性与开放性的基础性理论学科

会展涉及的各类专业活动各有其自身的内在规律性,会展学必须吸收其他相关学科的知识来充实自己。同时,会展是系统工程,从筹办到招展、展出涉及多个专业服务机构。会展学要指导许多部门协作或跨部门服务,这种理论具有明显的交叉性与开放性的性质。

当前,会展学学科建设正在从包括传播学、信息学、管理学、经济学、旅游学、运输学、艺术学、城市学、环境科学、安全科学、社会学、文化学、公共关系学、心理学、政策学、法学等众多学科中积极吸取营养,糅合、包容、吸纳、内化这些学科的相关知识和研究成果。会展学在借鉴其他学科知识的同时也积极借用、移植、创新了会展学的研究方法,使得会展研究在分析会展现象、探讨会展规律时,不会局限于只使用和吸收一两种方法、手段和个别学科知识,而总是依据研究目的和对象特点,综合运用、借鉴多种方法、多种手段和多种知识,对研究对象作多变量、多层面的立体关照与分析。在吸收其他学科知识时,会展学不是对各门学科知识予以简单加总,而是对其他各门相关学科有用知识进行移创、汲取、重铸与整合,将不同学科的概念、方法和技术手段相互融汇、相互借助,形成会展学自身独立的系统化理论体系。会展学并不消极被动地依赖于原有的母体学科,而是在丰富的实践过程中有其自身的矛盾运动进程和独立的体系结构。正因为如此,会展学不仅具有知识的交叉性与开放性,而且具有方法的交叉性与开放性,具有十分突出的嫁接优势,因而它的发展也必然令我们瞩目。

总而言之,会展学是一门注重原理与要素研究、注重发展与创新、交叉性与开放性的基础性理论学科。会展学的这些特点,既揭示了会展学的本身特质,又指明了会展学建设的正确途径。

第二节　会展学学科体系的构建

世界会展实践呼唤会展学学科理论体系,会展学的诞生标志之一是其学科理论体系的建立、明确和成熟。因此,会展学学科体系的构建具有重要的科学意义。

一、会展学的学科定位

关于会展学的学科归属问题,观点纷争。比较主流的观点有会展学归入新闻传播学类、会展学归入工商管理类,少数派的观点有会展学归入博物馆学、会展学归入艺术学等。

(一)会展学属于新闻传播学类

传播学属于新闻传播学,接近于其二级学科传播学。传播学是研究人类一切传播行为和传播过程发生、发展的规律以及传播与人和社会的关系的学科,是研究社会信息系统及其运行规律的科学,主要的分支学科包括人际传播学、组织传播学、大众传播学等。传播学研究的重点是人与人之间信息传播过程、手段、媒介,传播的速度与效度,目的与控制,也包括如何凭借传播的作用而建立一定的关系。传播学借鉴社会学、心理学、政治学、新闻学、人类学以及自然科学中的信息论、控制论、系统论等许多学科的理论观点和研究方法来研究人类传播活动。研究传播学其实就是研究人:研究人与人,人与其他的团体、组织和社会之间的关系;研究人怎样受影响,怎样互相受影响;研究人怎样报告消息,怎样接受新闻与数据,怎样受教于人,怎样消遣与娱人。

从传播学角度来说,会展是通过实物展示,通过面对面的信息沟通交流达成贸易的行业。会展是信息交流的平台和载体,会展首要功能是信息传播和交流,会展的效果实际上是借助会展平台实现的传播效果。人们认为会展属于新闻传播学类的原因有以下几个方面。

1.展览具备传播五要素

传播学者邵培仁教授认为:所谓传播,就是人类通过符号和媒介交流信息以期发生响应变化的活动,具有传播者(who)、信息(says what)、媒介(in which channel)、受传者(to whom)、传播效果(with what effect)五要素。会展包含展览、会议和活动。以展览为例,展览具备传播五要素。展馆就是传播媒介,展馆内搭建的展台更是一个具体的传播平台,传播内容就是展示的新产品、交流的新信息,参展商就是传播者,会展专业观众就是受众,接收到的信息、达成的贸易、获得的订单就是传播效果。参展商与专业观众正是借助展馆中搭建的展台进行信息的传播和交流,进行贸易的洽谈。参展过程相当于"编码",观展相当于"解码",观众的观展反应相对于传播活动中的"反馈"过程,展览活动取得的社会效益、经济效益可看成"传播效果"。再如会议,传播内容就是会议包含的大量的行业发展信息、发展趋势;与会者之间尤其是专家学者之间直接对话、讲演、双向交流等现象,每一个与会者既是自己信息的传播者,又是他人信息的受众;会议运用的多媒体设备以及会议中心就是媒介;会议取得的效果就是传播效果。

2.会展首要功能是信息交流

信息、发布、展示、贸易的会展四大功能都涉及传播的问题。特别是信息功能正在成为企业参展的重要目的之一。企业通过参展,了解行业发展的趋势和信息,使自己生产的产品能够很好地适应市场需求。会展的本质是信息交流的平台和媒介!信息交流一是通过展品传递,二是通过展位内的参展商与观众之间的交流谈判实现。从根本上来说,会展就是展会主办者组织参展商参展,通过物品(展品)在一定时间、空间条件下的直观展示,与观众双向传递和交流信息,传授知识、宣示理念,促成交易、投资,扩大影响、树立形象。会展具有展示交流信息、传播知识理念的功能,参加展会的核心目的就是获取信息、知识。贸易的达成、文化的交流必须是基于信息的传播及其效果。

办展机构提高办展水平的基础首先是信息沟通,要保持畅通的国际国内会展信息渠道,知晓自己主办承办展会所在行业的发展趋势,以此来确定展会的主题,扩大展会的影响力和吸引力。会展信息场中同时包括各种各样的信息。根据不同的信息分类,按信息的内容分,有经济信息、文化信息、社会信息、旅游信息、科学信息;按信息表达形式分,有实物信息、声像信息、文字信息、机读信息等。既有科学技术信息,也有社会消息等非科学信息;既有语言文字的语义信息,也有声音、颜色或实物荷载的非语义信息。传播是信息的流动。传播学研究的是如何更好地促进信息的流动以提升传播效果。正因为如此,会展学归属新闻传播学类具有其内在必然性。

会展的最大特点在于信息的"集中",大量的参展商与观众在短时间里聚集在特定的空间里相互接触,彼此获得"新、奇、特"的信息、知识,感受文化理念,交流信息,激发创新灵感,推进行业发展和社会发展。会展项目的运作能够形成信息场。在这个信息场中,核心信息是行业发展的信息,是展会参加者苦苦追寻的参与市场竞争的指明灯。把握了行业发展信息,企业能够无往不胜;失却了行业发展的趋势,则企业将寸步难行。

3.现代会展离不开现代传播媒介的支持

传播技术的发展正在呈现加速度发展的状态,并且日益广泛地运用到会展的运作之中,改变着会展业的形态,如多媒体技术、信息可视化技术、计算机科学与技术等现代信息技术,以及新闻、广告、印刷、出版、影视等多种传播技术,声、光、电等立体现代技术手段,极大地提高了会展传播效果。

现代传播媒介都是传播技术。大型现代化会展中心必须配备现代化传播技术,如宽带互联网络,光纤、无线、卫星通信,多媒体通信,同声传译声讯系统,传真、手提移动电脑、可视电话、数码相机、电子显示屏、投影仪、幻灯机、影碟机、电视、电影、广播等各类信息设备须配置齐全。

互联网的出现极大地便利了现代会展业的运作,为会展的招商、招展、展会服务、管理提供了很好的创新空间。网络会展形态的出现,更是突破了时间、空间的局限性,被誉为"永不落幕的会展"。

当前,世界著名展览集团与媒介集团联合成为一种新景观。世界最大的展览集团英国励展集团脱胎于一个私营的出版媒体 Reed and Elsevern、美国商业媒体(Commerce Connect Media)花费 2.75 亿美元购买了另一家媒体公司 Cygnus Business Media 的 16 个专业贸易展览和一批专业杂志和网站,荷兰信息出版公司(VNN)以 6.5 亿美元的价格收购博闻有限公司(Miller Freeman)的 70 个专业贸易展览以及一批专业杂志和出版社,等等。这些媒介集团的运作也向我们证明了会展业与现代传播业之间的密切关系。

据此,有人认为会展学属于新闻传播学类,与传播学、广告学、情报学、新闻学、公共关系等具有亲缘关系;只有将会展学归类于新闻传播学类,会展学才能把握其本质,拥有巨大的发展空间。

(二)会展学属于工商管理类

市场营销学属于工商管理类,接近于其二级学科市场营销学。市场营销(marketing)是创造、沟通与传送价值给顾客,及经营顾客关系以便让组织与其利益关系人(stakeholder)受益的一种组织功能与程序。市场营销的核心就是"建立并维持公司与客户的商品交换关系"，达成交换的市场行为所做的各种努力，"比如市场调研、定位、关系营销、广告、渠道管理、企业形象、售后、服务等等，都是为交换关系的发生或维护服务的"，都属于市场营销。市场营销随着生产力和生产关系的改善而发展，随物质和精神文明的提高而发展。市场营销是一个交叉学科，是从管理学、传播学、广告学、心理学、社会学、文化学等学科衍生出来的。人们认为会展属于工商管理类的原因是：

1. 会展是现代企业营销的重要手段

在媒介广告效果不断下降、市场竞争日趋激烈的环境下，参展成为企业营销的创新法宝。有资料显示，与以往营销费用主要投向广告不同，近几年，参展成为企业营销费用的重要新流向。20世纪90年代，大多数企业不太有参展意识，参展费用不及企业营销费用，比例很低。但是进入21世纪十个年头后，参展支出在企业营销费用的比例直线上升，并连续保持迅猛的增长势头。

会展越来越成为企业营销的重要手段。在贸易保护主义思潮日益增长的条件下，从事国际营销的企业为了成功进入特定市场从事经营活动，除了运用好产品、价格、渠道、促销等传统的营销策略外，还必须依靠公共关系来突破进入市场的障碍。而企业公关的开展，往往都是借助活动、会议和展览等会展形态。

值得一提的是，会展、广告同属企业营销的重要手段，是现代企业营销的"两轮"，但是两者也有着明显的差异（见表1-2）。

表 1-2　会展与广告的差异

	会展	广告
实现形式	展览、会议、活动等	电视、报纸、互联网等
传播特点	线下营销，多为面对面、实物展示	线上营销，非面对面，图像展示
诉求对象	多为采购商	多为终端消费者
营销属性	推式营销	拉式营销

在企业营销的框架下，讨论会展、广告，能够让我们更好地认识会展与市场营销的关系。会展的表现形态主要是展览、会议、活动，核心的要素是参展商与批发商之间面对面地进行实物展示、信息交流等，是现代企业线下营销的主要形态。广告的表现形态主要是电视广告、报纸广告、网络广告等，大部分是生产商与终端消费者之间借助大众媒介的产品信息传播，是现代企业线上营销的主要形态。线下营销是相对于线上营销而言。在营销中使用电视、报纸、广播、杂志、互联网、电影院、户外七大媒介作为载体的营销服务为线上营销。除此之外的营销服务均为线下营销。线下营销主要采用展览、会议、活动，以及店面管理、促销活动、团队管理、公关、促销等手段为客户提供类似"一对一"的个性化品牌宣传、产品助销服务。会

展面对面地进行实物展示、信息交流的线下营销形态具有更好的交互沟通性,能够很好地扩展买家群体,达成贸易,提升品牌形象。

专业的展会更多面向批发商,通过获得订单实现企业的参展目标,主要属于推式营销。而广告更多是面向终端消费者,通过激发消费者的购买行为实现企业营销的目标,主要属于拉式营销。推式营销是指生产商将产品经由中间商推入销售渠道,最后到达终端消费者手里,走的销售路径是"生产商——中间商——终端消费者"。拉式营销是指生产商通过营销手段吸引终端消费者,终端消费者向中间商提出购买需求,中间商为满足这些需求而采购生产商的产品,走的销售路径是"生产商——终端消费者——中间商——终端消费者"。需要指出的是,因为会展也有针对中端消费者的,广告也有针对中间商的,所以这里的推式营销和拉式营销的提法是相对而言的,总体而言的。

2.会展学与市场营销有相似的构架和理念

市场营销作为独立的学科,是市场营销原理和市场营销管理的结合,市场营销学架构主要分为市场营销基本理论、市场调研分析、营销战略、营销策略、营销组织与控制、营销的应用与创新等。会展学在学科架构的设计中,较好地参照了市场营销学的架构。

市场营销观念经历了生产观念、产品观念、推销观念、市场营销观念、客户观念和社会营销观念等的演变和发展,与会展的运作理念具有较大的一致性。如会展注重客户关系管理,努力通过个性化的会展服务满足客户个性化的需求。市场营销中的客户观念,也是要求企业注重搜集每一个客户以往的交易信息、人口统计信息、心理活动信息、媒体习惯信息以及分销偏好信息等,据此为每个客户提供各自不同的产品或服务,传播不同的信息,通过提高客户忠诚度,增加每一个客户的购买量,从而确保企业的利润增长。会展注重经济效益和社会效益的平衡,在实现经济效益的同时往往能够实现较好的社会效益。而社会营销观念认为:企业的任务是确定各个目标市场的需要、欲望和利益,并以保护或提高消费者和社会福利的方式,比竞争者更有效、更有利地向目标市场提供能够满足其需要、欲望和利益的物品或服务。

3.会展营销是对市场营销方法的借用

会展业是社会主义市场经济的产业。会展运作过程中涉及大量的营销工作,会展的营销方法具有很深的市场营销的特点,包括整合营销传播(integrated marketing communications)、数据库营销(database marketing)、网络营销(internet marketing)、直复营销(direct marketing)、关系营销(relationship marketing)、绿色营销(green marketing)、病毒营销(viral marketing)、危机营销(crisis marketing)等。会展营销方式与市场营销相似,具有典型的市场营销特征。

会展项目运作是个系统工程,需要用整体互动的眼光关注每个小系统的运作,特别是招展招商和宣传推广。因此,市场营销中的整合营销传播(integrated marketing communications)要求办展机构将各种传播方式加以综合集成,其中包括一般的广告、与客户的直接沟通、促销、公关等等,对分散的传播信息进行无缝接合,从而使得展位销售、会展服务宣传的总体传播效果达到明确、连续、一致和提升。

会展业十分强调数据库的使用,在招展招商和客户关系管理方面都会建设强大的数据库系统。会展项目运作中采用数据库营销(database marketing),以特定的方式在网络上(资料库或社区)或是实体收集会展潜在客户的参展行为及其变化的资讯,并将这些资讯以固定格式累积在数据库当中,在适当的营销时机,以此数据库进行统计分析、数据挖掘之后开展营销工作。

网络营销(internet marketing)也是办展机构整体营销战略的一个组成部分,是为实现办展机构总体经营目标所进行的,以互联网为基本手段营造网上经营环境的各种活动。办展机构网络营销的职能包括展会的网站品牌推广、信息发布、展会服务、展位销售及其促进、在线调研、顾客关系管理等方面。

据此,有人认为会展学属于管理学工商管理类,与市场营销、旅游管理、行政管理、会计学等具有亲缘关系;只有将会展学纳入工商管理类,会展学才能有雄厚的学科基础,获得应有的发展。

(三)会展学属于营销传播范畴

会展学发展的一个趋势是交叉化,与其他学科交叉形成各种各样的新学科。美国及其欧美国家的营销传播(marketing communication)的概念十分成熟,研究成果丰富。营销传播学(marketing communication)是传播学和市场营销学的结合。

会展的各种功能实现离不开传播,本质上是一个人与人信息交流、沟通的过程,贸易的达成、文化的交流等也属于"传播效果"的范畴。我们研究会展学的目标是为了提升会展运作的效果,这与传播学致力于传播效果的获得是一致的。

会展是企业市场营销的手段,各个环节的运作都有市场营销学的痕迹。中国会展业的快速发展的根本推动力是企业市场意识快速提升。虽然有文化类展会,但是贸易类展会必将越来越占据重要地位。虽然有的展会有政府主导色彩,但是市场化运作越来越成为主流。

会展学不属于旅游管理学、博物馆学、艺术学等。因为会展与旅游虽有交叉,构成会展旅游,但会展与旅游是两个独立的体系,会展参加者不一定就是旅游者,会展旅游只是会展的衍生物,会展与会展旅游是主从关系,将会展学归入旅游学范畴,显然不妥;会展学归于博物馆学更是与当今会展旅游、网络会展等会展实践相去甚远,会展学与博物馆学有明显区别,博物馆展品主要是文物标本,展出时间为永久性,展出目的是观赏和科研。会展展品有的是宣传品,有的则是经贸商品,展出时间为临时性,展出目的除观赏和科研外,更主要的是贸易和宣传。更不能将会展归入艺术学,展览艺术只是展示手段,不是展示目的。在世界会展业大发展的背景下,会展学吸收借鉴了传播学和市场营销学的架构、理论和研究方法,并在伟大的行业实践中取得了自身学科的发展,在学科体系、发展历史、理论特征等方面具有特殊性,是其他社会学科不可替代的。

总之,我们主张会展学更接近于传播学和市场营销学,属于营销传播范畴。会展学既不等同于传播学,也不等同于市场营销学,我们主张会展学是以传播学与市场营销学为核心的交叉学科。会展学、传播学与市场营销学三者之间是交叉重叠的关系。

未来会展学也将有自己的分支学科,如会展传播学、会展管理学、会展旅游学、会展艺术学等。我们不能混淆会展学与这些会展分支学科的概念。例如,会展学与会展管理学等的关系好比是教育学与教育管理学的关系。恰如不能以教育管理学代替教育学一般,不能以会展管理学、会展旅游学或者会展艺术学代替会展学作为会展学科最高上位学科,否则必然难以自圆其说,缺乏科学性,也就不是真正的科学理论。尽管会展运作中涉及很多传播、管理、旅游、艺术问题,会展科学理论的学科最高上位类只能是会展学!会展传播学、会展管理学、会展旅游学、会展艺术学应该为会展学的下位学科,属于会展学的应用类分支学科,他们分别是会展学与传播学、管理学、旅游学、艺术学交叉而成。会展经济实践中大量的传播类、管理类、艺术类问题分别由这些分支学科去研究解决,与会展学相得益彰,相互支撑,相互补充,这既反映了会展学学科群的交叉性,又体现了会展学独立的学科理论体系之系统性、完整性、科学性。

二、会展学科体系构成

会展学是多学科交汇融合,具有多个知识层次的综合性学科体系。我们可以依据会展要素和研究内容的特点与关系,把会展学科体系大体列为会展基础学科、会展分支学科、会展专题学科三部分组成。

(一)会展基础学科

会展基础学科是对会展学研究对象、范围、体系和意义的宏观认识,是对会展活动静态特征和互动因素的高度概括。从发展的眼光来看,会展学都必然要在表层研究的基础上向深层掘进,在现象描述的基础上向理论升华。会展基础学科的成熟与否,是对会展学作为一门学科能否自主独立的表征,也是衡量这一学科有无学术性的标尺。

会展基础学科研究会展的基本理论和方法,以会展活动全过程的普遍性规律作为自己的研究对象,包括会展的研究对象、研究任务和研究方法的界定;会展本质研究,包括对会展基本要素的内涵和外延、类别;会展的经济功能、社会功能研究;会展学的学科性质与学科体系;会展活动发生发展史;会展学与相关学科的区别与联系;会展产业政策、会展行业管理、会展法律法规、会展行业道德建设、会展人才培养等研究。

（二）会展分支学科

所谓分支学科,就是运用社会科学的理论对会展学从不同的角度和层面、以不同的主题和取向进行探索、挖掘、开采而形成的学科。作为一门综合性的交叉学科,会展学给我们提供了广阔的会展的视角,以研究会展市场调节、会展经济结构管理、会展环境管理及会展产业链条延伸,以及对会展过程模式规律、会展观众心理活动规律、会展市场供求规律等。

基于会展产业链条的多样化多元化交叉性形成的多样化的会展分支学科,包括会展传播学、会展管理学、会展广告学、会展旅游学、会展策划学、展示设计学、会展环境学、会展美学、会展运输、会展营销、会展口岸管理等;还可以结合会展项目所在的行业,形成教育会展学、医学会展学、农业会展学等。

（三）会展专题学科

基于不同的会展形态,结合展览、会议、活动等,确立会展微观运作层面的应用性理论研究,包括会展立项、场馆管理、会展品牌、招展招商、布展撤展、会展信息化、会展工程技术、会展多媒体、展品运输、会展服务、会展公关、会展旅游、会展营销、会展公司管理、会展配套活动、会展宣传推广、会展资金募集及会展安全保卫等具体操作规律的研究。在此基础上,形成会展专题学科,如大型群众集会管理、体育运动会管理、庆典礼仪管理、文艺晚会管理、网络会展研究等。

三、会展学的理论支持

（一）产业经济理论

产业经济学（industrial economics）是应用经济学领域的重要分支。产业经济学以"产业"为研究对象,主要包括产业结构、产业组织、产业发展、产业布局和产业政策等。探讨资本主义经济在以工业化为中心的经济发展中产业之间的关系结构、产业内的企业组织结构变化的规律、经济发展中内在的各种均衡问题等。通过研究,为国家制定国民经济发展战略,为制定的产业政策提供经济理论依据。

产业经济学是以产业为研究逻辑起点,主要研究科技进步、劳动力等要素资源流动、空间发展与经济绩效的学科以及产业的动态变动规律,主要研究经济数据的工具有计量经济学工具,主要分析方法有博弈论分析方法、各种力量博弈、均衡与非均衡分析方法;主要思想来源是哲学中的矛盾对立统一思想、辩证法思想;主要模型来源于自然科学模型。产业经济学是研究实体经济的踏实的学问,所涉及的理论包括以下几个方面。

1.产业布局理论

产业布局是一国或地区经济发展规划的基础,也是其经济发展战略的重要组成部分,更是其实现国民经济持续稳定发展的前提条件。产业布局理论主要研究影响产业布局的因素、产业布局与经济发展的关系、产业布局的基本原则、产业布局的基本原理、产业布局的一般规律、产业布局的指向性以及产业布局政策等。

2.产业发展理论

产业发展理论就是研究产业发展过程中的发展规律、发展周期、影响因素、产业转移、资源配置、发展政策等问题。对产业发展规律的研究有利于决策部门根据产业发展各个不同阶段的发展规律采取不同的产业政策,也有利于企业根据这些规律采取相应的发展战略。

3.产业关联理论

侧重于研究产业之间的中间投入和中间产出之间的关系,能很好地反映各产业的中间投入和中间需求。产业关联理论还可以分析各相关产业的关联关系(包括前向关联和后向关联等),产业的波及效果(包括产业感应度和影响力、生产的最终依赖度以及就业和资本需求量)等。

4.产业政策研究

从纵的方向来看,包括产业政策调查(事前经济分析)、产业政策制定、产业政策实施方法、产业政策效果评估、产业政策效果反馈和产业政策修正等内容;从横的方向来看,包括产业发展政策、产业组织政策、产业结构政策、产业布局政策和产业技术政策等几个方面的内容;从其作用特征来看,包括秩序型(或称制度型)产业政策以及过程型(或称行为型)产业政策。

5.产业结构理论

产业结构理论主要研究产业结构的演变及其对经济发展的影响。它主要从经济发展的角度研究产业间的资源占有关系、产业结构的层次演化,从而为制定产业结构的规划与优化的政策提供理论依据。一般包括:对影响和决定产业结构的因素的研究;对产业结构的演变规律的研究;对产业结构优化的研究;对战略产业的选择和产业结构政策的研究;产业结构规划和产业结构调整等应用性的研究等。

6.产业组织理论

主要是为了解决所谓的"马歇尔冲突"的难题,即产业内企业的规模经济效应与企业之间的竞争活力的冲突。传统的产业组织理论体系是市场结构、市场行为和市场绩效理论范式。

7.五力模型

用于竞争战略的分析,包括:供应商的讨价还价能力、购买者的讨价还价能力、新进入者的威胁、替代品的威胁、行业内现有竞争者的竞争。五力模型可以有效地分析客户的竞争环境。

（二）外部性理论

萨缪尔森和诺德豪斯认为："外部性是指那些生产或消费对其他团体强征了不可补偿的成本或给予了无需补偿的收益的情形。"兰德尔认为：外部性是用来表示"当一个行动的某些效益或成本不在决策者的考虑范围内的时候所产生的一些低效率现象；也就是某些效益被给予，或某些成本被强加给没有参加这一决策的人"。用数学语言来表述，所谓外部效应就是某经济主体的福利函数的自变量中包含了他人的行为，而该经济主体又没有向他人提供报酬或索取补偿。

外部性理论是经济学术语。外部性亦称外部成本、外部效应（externality）或溢出效应（spillover effect），主要是指一个经济主体的活动对旁观者福利的影响，这种影响并不是在有关各方以价格为基础的交换中发生的，因此其影响是外在的。个体经济活动付出的成本和得到的收益可谓个体成本和个体收益，而这一活动带给旁观者的额外成本和额外收益就是社会成本和社会收益。根据外部性表现形式的不同，外部性的分类如表1-3所示。

表 1-3 外部性的分类

序号	分类	细分
1	外部性的影响效果	外部经济性
		外部不经济性
2	外部性的产生领域	生产外部性
		消费外部性
3	外部性产生的时空	代内外部性
		代际外部性
4	产生外部性的前提条件	竞争条件下外部性
		垄断条件下外部性
5	外部性的稳定性	稳定的外部性
		不稳定的外部性
6	外部性的方向性	单向的外部性
		交互的外部性
7	外部性的根源	制度外部性
		科技外部性

（三）整体互动理论

著名传播学者邵培仁教授提出的整体互动理论指出，不仅要充分考虑本系统与外部世界的复杂联系，而且要重视传播过程中各种因素共同构成的整体关系以及人类传播的全部现象。就是说,它的基本任务始终是再现整体,始终把各种要素有意识地归并到整体之中,努力找出传播的本质和规律,同时再进一步"认识"它,"适应"它,"支配"它;而被割断联系的游离于整体的孤立的传播因素是无法认识、无法把握、无法支配的。因此,整体互动理论要求研究者在研究中要自觉地和正确地将整体与局部、要素与因子、内在结构与外在关系等有机结合起来,不要忽视问题的任何一个方面,要在单纯的会展要素中看到全部因素,在研究局部的会展行为时关注全部的会展活动;或者在整体的全部关系中突出部分的要素,从研究整体活动的结构中分离、演绎出某一单纯会展行为的可能结果。

整体互动理论中的认识对象既是整体的又是互动的。互动,一是指会展信息的相互沟通、相互交换和相互创造、相互分享;二是指各种会展要素之间的相互制约、相互影响和相互作用。在研究中,我们将整体看做是互动因素的聚合与归并,将互动当做是整体形态的链条与部件,将两者的有机统一视为对人类会展活动的全面而综合的呈现,也是为会展研究寻找一个辩证分析的理论和途径。

（四）产业集群理论

产业集群理论(industry cluster theory)是 20 世纪 20 年代出现的一种西方经济理论,主要从劳动力市场、共享中间产品投入和技术外溢三个要素对产业的地区性聚集做出解释。集群通常包括一系列相关联的产业和其他一些与竞争相关的实体、上下游产业的公司、互补性产品的生产商、专业化基础结构的供应商和提供培训、教育、信息、研究和技术支持的其他机构。产业集群作为一种企业的空间集聚现象。产业集群理论的含义是:在一个特定区域的一个特别领域,集聚着一组相互关联的公司、供应商、关联产业和专门化的制度和协会,通过这种区域集聚形成有效的市场竞争,构建出专业化生产要素优化集聚注地,使企业共享区域公共设施、市场环境和外部经济,降低信息交流和物流成本,形成区域集聚效应、规模效应、外部效应和区域竞争力。

（五）可持续发展理论

可持续发展理论是人们重新审视自身的发展历程和经济社会行为而提出的一种新的发展观,是指满足当前需要而又不削弱子孙后代满足其需要之能力的发展。可持续发展还意味着维护、合理使用并且提高自然资源基础,这种基础支撑着生态抗压力及经济的增长。可持续的发展还意味着在发展计划和政策中纳入对环境的关注与考虑。可持续发展理论主张,经济增长必须以无损于生态环境为前提,以可持续为特征,以提高人们的生活质量为目标。它反对以追求最大利润为目的,以贫富差距和破坏环境为代价的生产和消费方式,旨在寻求经济与人口、资源、环境、社会之间的有序协调发展。

可持续发展的核心思想是经济发展、保护资源和保护生态环境协调一致,让子孙后代能够享受充分的资源和良好的资源环境。健康的经济发展应建立在生态可持续能力、社会公正和人民积极参与自身发展决策的基础上。它所追求的目标是：既要使人类的各种需要得到满足，个人得到充分发展；又要保护资源和生态环境，不对后代人的生存和发展构成威胁；它特别关注的是各种经济活动的生态合理性，强调对资源、环境有利的经济活动应给予鼓励，反之则应予以摈弃。可持续发展包含两个基本要素或两个关键组成部分："需要"和对需要的"限制"。满足需要首先是要满足贫困人民的基本需要。对需要的限制主要是指对未来环境需要的能力构成危害的限制。

（六）区域经济理论

区域经济理论是研究生产资源在一定空间（区域）优化配置和组合，以获得最大产出的学说。生产资源是有限的，但有限的资源在区域内进行优化组合，可获得尽可能多的产出。区域经济理论不同流派包括：

1. 农业区位论

杜能在《孤立国》中提出了著名的孤立国理论：假定有一个孤立国，它全是沃土平原，但与别国隔绝，没有河川可通舟楫；在这一孤立国中有一个城市，远离都市的外围平原变为荒芜土地；都市所需农产品由乡村供给，都市提供农村地区全部加工品。在这种假设下，根据当时的价格计算，杜能提出了各种产业的分布范围，或者说它们的区位。他把都市外围按距离远近划成 6 个环带，这些环带后来被称为杜能环。

2. 工业区位论

韦伯在《工业区位论》中提出了工业区位理论：假定暂时不考虑劳动力成本和聚集因素对工业区位的影响，那么工业区位就是由运输成本高低决定的，运输成本最低点即为工业企业的合理区位。劳动力成本的地理差异也影响着工业区位，从而有可能使由运输成本决定的工业区位结构发生变形，但区位的变化只有在新地点劳动力成本可产生的节约大于为此增加的运输成本的情况下才能发生。

3. 中心—外围理论

任何国家的区域系统，都是由中心和外围两个子空间系统组成的。资源、市场、技术和环境等的区域分布差异是客观存在的。当某些区域的空间聚集形成累积发展之势时，就会获得比其外围地区强大得多的经济竞争优势，形成区域经济体系中的中心。外围（落后地区）相对于中心（发达地区），处于依附地位而缺乏经济自主，从而出现了空间二元结构，并随时间推移而不断强化。不过，政府的作用和区际人口的迁移将影响要素的流向，并且随着市场的扩大、交通条件的改善和城市化的加快，中心与外围的界限会逐步消失，即最终区域经济的持续增长，将推动空间经济逐渐向一体化方向发展。

4. 区域分工贸易理论

分工贸易理论包括绝对利益理论、比较利益理论、生产要素禀赋理论等。绝对利益理论认为,任何区域都有一定的绝对有利的生产条件;若按绝对有利的条件进行分工生产,然后进行交换,会使各区域的资源得到最有效的利用,从而提高区域生产率,增进区域利益。比较利益理论认为,在所有产品生产方面具有绝对优势的国家和地区,应选择生产优势最大的那些产品进行生产;在所有产品生产方面都处于劣势的国家和地区,可选择不利程度最小的那些产品进行生产;这两类国家或区域可从这种分工与贸易中获得比较利益。生产要素禀赋理论认为,各个国家和地区的生产要素禀赋不同,如果不考虑需求因素的影响,并假定生产要素流动存在障碍,那么每个区域利用其相对丰裕的生产要素进行生产,就处于有利的地位。

5. 梯度转移理论

区域经济的发展取决于其产业结构的状况,而产业结构的状况又取决于地区经济部门,特别是其主导产业在工业生命周期中所处的阶段。如果其主导产业部门由处于创新阶段的专业部门所构成,则说明该区域具有发展潜力,因此将该区域列入高梯度区域。该理论认为,创新活动是决定区域发展梯度层次的决定性因素,而创新活动大都发生在高梯度地区。随着时间的推移及生命周期阶段的变化,生产活动逐渐从高梯度地区向低梯度地区转移,而这种梯度转移过程主要是通过多层次的城市系统扩展开来的。梯度转移理论主张发达地区应首先加快发展,然后通过产业和要素向较发达地区和欠发达地区转移,以带动整个经济的发展。

6. 累积因果理论

在一个动态的社会过程中,社会经济各因素之间存在着循环累积的因果关系。某一社会经济因素的变化,会引起另一社会经济因素的变化,这后一因素的变化,反过来又加强了前一个因素的那个变化,并导致社会经济过程沿着最初那个因素变化的方向发展,从而形成累积性的循环发展趋势。市场力量的作用一般趋向于强化而不是弱化区域间的不平衡,即如果某一地区由于初始的优势而比别的地区发展得快一些,那么它凭借已有优势,在以后的日子里会发展得更快一些。

7. 增长极理论

区域经济的发展主要依靠条件较好的少数地区和少数产业带动,应把少数区位条件好的地区和少数条件好的产业培育成经济增长极。通过增长极的极化和扩散效应,影响和带动周边地区和其他产业发展。增长极的极化效应主要表现为资金、技术、人才等生产要素向极点聚集;扩散效应主要表现为生产要素向外围转移。在发展的初级阶段,极化效应是主要的,当增长极发展到一定程度后,极化效应削弱,扩散效应加强。增长极理论主张通过政府的作用来集中投资,加快若干条件较好的区域或产业的发展,进而带动周边地区或其他产业发展。

8. 点轴开发理论

点轴开发理论是增长极理论的延伸,但在重视"点"增长极作用的同时,还强调"点"与"点"之间的"轴"即交通干线的作用,认为随着重要交通干线如铁路、公路、河流航线的建立,连接地区的人流和物流迅速增加,生产和运输成本降低,形成了有利的区位条件和投资环境。产业和人口向交通干线聚集,使交通干线连接地区成为经济增长点,沿线成为经济增长轴。在国家或区域发展过程中,大部分生产要素在"点"上集聚,并由线状基础设施联系在一起而形成"轴"。该理论十分看重地区发展的区位条件,强调交通条件对经济增长的作用,认为点轴开发对地区经济发展的推动作用要大于单纯的增长极开发,也更有利于区域经济的协调发展。

9. 网络开发理论

网络开发理论是点轴开发理论的延伸。该理论认为,在经济发展到一定阶段后,一个地区形成了增长极即各类中心城镇和增长轴即交通沿线,增长极和增长轴的影响范围不断扩大,在较大的区域内形成商品、资金、技术、信息、劳动力等生产要素的流动网及交通、通讯网。在此基础上,网络开发理论强调加强增长极与整个区域之间生产要素交流的广度和密度,促进地区经济一体化,特别是城乡一体化;同时,通过网络的外延,加强与区外其他区域经济网络的联系,在更大的空间范围内,将更多的生产要素进行合理配置和优化组合,促进更大区域内经济的发展。

10. 城市圈域经济理论

城市在区域经济发展中起核心作用。区域经济的发展应以城市为中心,以圈域状的空间分布为特点,逐步向外发展。该理论把城市圈域分为三个部分,一是有一个首位度高的城市经济中心;二是有若干腹地或周边城镇;三是中心城市与腹地或周边城镇之间所形成的"极化—扩散"效应的内在经济联系网络。城市圈域经济理论把城市化与工业化有机结合起来,意在推动经济发展在空间上的协调,对发展城市和农村经济、推动区域经济协调发展和城乡协调发展,都具有重要的指导意义。

11. 平衡发展理论

平衡发展理论出发点是为了促进产业协调发展和缩小地区发展差距,有推进理论、平衡发展理论两种代表性理论。推进理论的核心是外部经济效果,即通过对相互补充的部门同时进行投资,既可创造出互为需求的市场,解决因市场需求不足而阻碍经济发展的问题;又可降低生产成本,增加利润,提高储蓄率,进一步扩大投资,消除供给不足的瓶颈。平衡发展理论认为,落后国家存在供给不足、需求不足两种恶性循环,而解决的关键是实施平衡发展战略,即同时在各产业、各地区进行投资,既促进各产业、各部门协调发展,改善供给状况,又在各产业、各地区之间形成相互支持性投资的格局,不断扩大需求。

12. 不平衡发展理论

强调经济部门或产业的不平衡发展,并强调关联效应和资源优化配置效应。关联效应就是各个产业部门中客观存在的相互影响、相互依存的关联度,并可用该产业产品的需求价格弹性和收入弹性来度量。因此,优先投资和发展的产业,必定是关联效应最大的产业,也是该产业产品的需求价格弹性和收入弹性最大的产业。不平衡发展理论遵循了经济非均衡发展的规律,突出了重点产业和重点地区,有利于提高资源配置的效率。

(七)城市经济学理论

城市经济学(urban economics)是以城市的产生、成长,最后达到城乡融合的整个历史过程及其规律,以及体现在城市内外经济活动中的各种生产关系为研究对象,用经济分析方法,分析、描述和预测城市现象与城市问题。其研究重点为探讨城市重要经济活动的状况,彼此间的互动关系,以及城市与其他地区和国家的经济关系等。

20世纪以来,特别是第二次世界大战后,在世界各国,大量农村人口转入城市,城市规模迅速扩大,城市经济结构也发生了重大变化。这些变化带来了城市的一系列社会经济问题,如住房、交通、环境、公共设施不足等,一些经济学家、社会学家为了探索产生这些问题的根源,寻求解决的方法,开始把城市作为一个整体进行系统的分析研究,于是产生了城市经济学。

城市经济学分为理论城市经济学与应用城市经济学。前者从理论上研究城市的经济活动,了解问题的现象与实质,不涉及解决问题的方法及政策方面的研究,其主要内容有:城市化理论、城市发展理论、土地利用及地租理论、城市空间结构理论、城市规模等。它有助于了解城市经济现象和问题,是城市规划前必须的基本研究。后者注重研究改善和解决城市问题,增进居民福利的对策及具体办法,研究内容为城市问题与城市发展政策,如住宅拥挤且质量低劣,交通堵塞、失业、种族歧视、贫民窟等。上述两者皆与城市规划关系密切,是城市规划工作的基本内容之一。

(八)产业链理论

产业链是在市场竞争中自发形成的企业之间的一种关系,即针对某一个产业,围绕生产要素的流向,分析行业之间上中下游的供应关系,确定投入产出的价值比。这种关系具体表现为:在某一产业链条中,某一产业节点根据自身的生产能力和市场需求,以最小成本购进生产材料,以最高效率生产出最终产品或中间产品,以最大利润卖出产品;这一过程围绕价格的波动和价值的流动而将不同企业连接起来,形成了要素流、资金流、人才流、信息流交织在一起的产业链。产业链中要素构成的多少、控制权的大小、链条的长短、链条的粗细决定着企业之间的相互关系、产业结构的发展方向以及产业对其他行业的依存度和影响力。

(九)发展经济学理论

发展经济学以发展中国家的经济发展为主要研究对象,开始更多地采用新古典学派理论的观点和方法,更多地采用经验分析的方法,较全面地注意到影响发展的各种因素,进一步研究了增长和发展的目标。一些发展经济学家提出,应当以保证基本需要,而不以国民收入最大化为增长和发展的目标。即在增长过程中,要注意改进卫生、营养和教育等条件,以直接对人力资源产生积极作用。不应当有过多的、不恰当的结构和技术变革以及资本支出,要注意采用减少消费和改进现有技术等比较简易的方法去提高生产率。这种看法称为"基本需要论"。由于发展中国家早期快速增长后出现了不少问题,发展经济学家们开始感到,用统一的理论和政策建议去指导各个发展中国家是不可能的,也是不恰当的。应当根据各个国家的特定的历史和社会背景,作具体的分析,提出切合实际的政策建议。

一门新学科的形成一般经历三个阶段:一是思辨阶段,主要是提出命题,进行广泛的学术讨论,积累学科建设相关材料;二是描述阶段,主要是发现学科中的规律;三是结构阶段,构建科学的学科理论体系。这三个阶段是整体互动地发展的,但在某一时间段又以某一个阶段为主,主要显示出某一阶段的特征。当前,世界范围的会展经济蓬勃发展,特别是西方会展业已经趋于成熟,学界对会展学科的追寻也已经到了"众里寻他千百度,蓦然回首,那人却在灯火阑珊处"的境界。会展实务界在会展运作中提出了许多急需解决的问题,这些问题引发了包括实务界与理论研究者进行广泛的思考和讨论。这些思考和讨论总结了会展运作的经验,并且提升到学科规律探讨以及理论体系构建上来。我们认为,当前会展学科已经基本完成了思辨阶段、描述阶段,主要处于结构阶段。因为会展经济的迅猛发展已经对会展学的发展提出了迫切的要求,许多会展理论问题的解决已经显得日益紧迫,以会展理论指导会展实践已经成为会展业发展的内在要求,所以,未来几年会展学将会有更快的发展。

我们应该怎样更好地发展会展学? 一门新学科的发展也必须具备三个条件:一是有扎实和持续的基础理论研究;二是拥有一支有一定数量的专门从事学科研究的强有力的理论研究队伍;三是已经纳入教学科研体系。到目前为止,这三个条件已经初步齐备,特别是中国会展教学科研已经初具规模,学历教育和非学历教育出现多层次、多样化发展态势;会展教材如雨后春笋涌现,这里面不但有本土学界和业界人士的著作,也有翻译引介西方会展教材,为会展教育和研究提供了理论体系和参考资料。随着国际化发展趋势日益明显,我们应该继续加强会展学理论研究组织机构和人才队伍建设;学习德国、美国、英国等会展业发达国家的会展运作理念、人才培养机制等,如德国的"二元教育模式"、美国的"半工半读模式";成立具有权威性的行业组织,推进会展业的良性发展。如德国的 AUMA、美国的 IEAM等,负责对展览的认证以及专业人员的培训。有理由相信,会展学将在较短的时间内成熟和完善,成为 21 世纪的一门显学而发出耀眼的光芒。

第三节　建设会展学的意义与方法

世界各国的政治体制、经济制度、文化背景、会展发展历史及基础现状皆有差异,各国的会展管理理念、运作模式也不尽相同。我国应当借鉴欧美国家会展运作管理经验,但不能盲目崇拜、照搬照套,必须坚持不失自我、洋为中用,立足于中国国情,尽快建立符合中国国情的会展学,指导中国会展实践。

一、建设符合中国国情的会展学的意义

(一)各级政府需要会展学来指导会展业的发展

近年来,我国会展业进入一个超快速发展时期,每年以 20%～30% 以上的速度增长,成为继旅游、房地产之后又一个新崛起的"无烟"的"朝阳产业"。各级政府纷纷提出要大力发展 21 世纪的无烟产业——会展业。如澳门政府提出要把会展业打造成继博彩、旅游之后的支柱性产业。杭州政府致力于把杭州打造成世界知名的会展城市,在《杭州市"十二五"会展业发展规划》中提出,要把杭州打造成"最具潜力的全国展览中心城市、最具活力的中国节庆之都、最具魅力的国际会议目的地、最具有吸引力的中国会展人才培训基地",显示出政府发展会展业的勃勃雄心。而在会展业发展的规划和发展过程中,各级政府都面临着对会展的科学规划或合理调控,迫切需要一定的会展理论和知识的指引,避免决策的失误。特别是近几年我国会展业的快速发展,各级政府在会展产业发展长期战略目标和战略措施、科学合理的会展产业激励政策、会展法律保障环境等方面,越来越迫切需要系统的会展学来指导。

目前各国政府纷纷把会展作为国家或城市的"金名片"进行国家营销、城市经营,带动社会经济文化的交流和传播,会展业是一个与政府产业政策紧密高度相关的行业。会展业发展的初期,政府需要大力支持,投入资金进行会展业发展的城市配套设施、会展场馆的建设。结合政府工作重点,各级政府会举办政府主导型会展活动,通过政策和资金扶持着相关行业会展项目的举办。但是如何有机地将政府引导与市场机制结合起来办展,制定符合行业发展规律的会展业"十二五"规划,进一步加快会展审批管理制度的改革,对会展业的准入、主办者的资质、展览的知识产权、展会项目评估、展览企业税收等问题制定详细明确、具有可操作性和权威性的法规条例和相关政策等。所有这些工作,都急需要会展学予以科学指导。

(二)我国会展实践中纷繁复杂的问题需要会展学来指导解决

入世将加剧中国会展业的竞争,我国会展业在国际化进程中面临越来越多的问题,亟待会展学理论来指导解决。若没有合适的会展学在理论上的武装,便不可能科学地解决我国会展业快速发展中面临的众多问题,也不可能准确地预测会展

的发展趋势,并为适应这些趋势而前瞻性地制定对策或措施。

事实上,会展学也正是在持续不断地分析和解决会展现象和问题的过程中,不断充实和丰富自己的理论体系,努力寻求有助于解决我国会展业发展中诸多问题的解决方案,包括如何在场馆建设、管理机制、组织手段、配套服务等方面缩小与国际水平的差距;行业协会如何履行相关职责,规范会展市场;如何处理展会涉及的知识产权问题;如何培育品牌会展项目和具有国际竞争力的会展公司;如何解决会展信息化建设滞后问题;如何处理传统展会与网络会展的关系,如何处理现代技术与传统会展业态之间的关系等等。

适合中国国情的会展学不仅可以帮助会展参与者开阔视野、更新知识、提高理论素养,而且可以帮助会展参与者按照会展规律正确地解决会展问题和有效地组织会展活动,不断提高会展效果,以获得更大的社会效益和经济效益。

(三)我国会展教育科研工作需要符合中国国情的会展学

我国会展业是一个新兴的行业,会展人力资源建设迫在眉睫。当前,会展专业人才的培养没有能够跟上会展业的快速发展,会展人才呈现全国性的紧缺局面。国内办展人员多是半路出家,熟悉展览业务、了解国际惯例、富有操作经验的高级专业人员十分匮乏,加快会展教育培训工作势在必行。当前,许多大专院校已经或正在酝酿开设会展管理专业或者方向。会展学的学科体系的建立与完善,有助于推进我国会展教育的专业设置、学科建设、师资建设、课程设置、教材使用等问题的建设和解决。

会展科研呼唤符合中国国情的会展学科理论体系。目前中国会展研究尚未纳入政府科技主管部门科研管理体系,总体呈自发状态。一个没有成熟理论支撑的行业是幼稚和脆弱的。只有在系统的会展学科理论体系下,我国的会展研究才能整合众学科之长,走向深入,趋于成熟。随着我国会展业从追求数量进入追求品质的新阶段,会展学的研究也必将进入更高的境界。建设符合中国国情的会展学理论体系是使会展学突破传播学、管理学、心理学、艺术学的各自局限性,建设全新的会展学的重要工作。

符合中国国情的会展学科理论体系的建立,有助于我们对会展活动规律形成全面正确的认识,从而使政府部门更好地来指导会展业的发展,在会展管理职能的正确划分、会展产业政策制定更趋科学;使会展业界更好地解决纷繁复杂的行业问题,提升会展项目运作的效果效益;使会展教育科研工作拥有科学依据和理论体系,培养出高质量的会展人才,取得推动会展行业发展的重大突破性研究成果。

二、建设符合中国国情的会展学的方法

以正确的态度和科学的方法,对会展活动进行系统、全面研究,具有十分重要的意义。会展学是一门正在快速成长的科学,是否以正确的方法去学习它,成效将是非常不同的。

（一）坚持建设有中国特色社会主义的理论指导

会展学建设必须有正确的方法为指导，即必须以唯物史观为指导，尤其要以建设有中国特色社会主义的理论来指导。会展学建设还须坚持理论联系实际的方法，面向社会主义市场经济建设的实践，结合会展特有的运作特点和规律进行，使我国会展学具有强烈的时代感和蓬勃的朝气。

（二）符合中国特有的社会经济文化发展状况

构建能满足我国社会需求的会展学体系，必须以中国特有的社会经济文化情况为依据。这是"苗木"与"土壤"的关系。构建新的会展学体系的根本出发点是我国的社会经济文化现实，而决不是唯从于某种西方的理论。会展经济是随着社会经济结构、社会制度的变化发展而变化发展，会展产业的变化归根结底离不开一个国家的国情、经济制度和经济状况。我们在分析研究我国会展问题时，既需要对西方的会展理论的吸取和借鉴，又需要不失自我，为我所用，利用西方会展理论的精华，逐步去发展符合中国国情的会展学。

（三）汇聚自然科学和社会科学众长以独成一家

会展学发展过程必须不断吸取自然科学和社会科学的新成就，丰富发展自身的理论体系和研究方法。会展产业是个综合性产业，会展学建设也应该向综合学科的方向发展。与其他社会科学互相渗透、互相交融是会展研究中的一个重要方法。会展学势必与管理学、传播学、社会学、心理学、美学、艺术学等诸多学科的理论和研究方法日益交叉，互相结合。会展学建设只有不断吸取其他社会科学的成果，不断与它们交融，才能适应时代发展的需要，才能适应会展业发展的趋势。

（四）探寻中国会展业可持续发展的机制和模式

在会展业发展过程中，政府支持非常重要。包括会展场馆建设、城市配套设施建设的投资巨大，不是一个企业能够承受的，必须由政府来投资。事实上，近几年各级政府不仅在这些方面投入了巨大的资金做这些工作，还主办了很多会展项目，可以说目前中国的会展业的政府主导色彩还是比较浓的，有些方面的因素导致中国会展业存在不可持续发展的可能性。会展学理论体系建设中，需要很好地探讨政府、办展企业、会展项目之间的关系，明晰政府、办展企业、会展项目的职能定位，特别是政府管理的边界，探究在政府支持下会展项目和会展企业的市场化可持续发展的机制和模式，不断优化政府、办展企业、会展项目三者为主体构成的会展市场生态环境，以会展学的建设推进中国会展业的可持续性发展。

会展学建设的根本目的，在于探索和揭示会展活动的本质和规律，并建立符合中国国情的会展学科。要实现这一目的，不仅要认真学习、系统了解、合理借鉴世界各国会展学建设中的一切有用成果，而且要结合中国国情，联系中国实际，审视和分析现代化建设中的会展现状和问题。总之，我国会展学建设只有坚持以辩证唯物论为指导,确立"求实、求真、求是、求新"的科学态度,才能成为符合中国国情、适应中国市场经济发展需要的科学。

案例:西博会与杭州会展业

1929年6月6日至10月10日,为了纪念北伐之胜利,"争促物产之改良,谋实业之发达",浙江省在杭州市举办首届西湖博览会。西湖博览会开中国博览会之先河,历时128天,参观人数为2000万,来自全国各省及海外侨商的1476万件物品参展,评出各等奖项3000余个,轰动浙江和全国,在国际上也产生了影响,对于发展民族工商业起到了里程碑式的作用。穿越71年时空,踏进21世纪,浙江省杭州市决定发挥杭州作为中国会展业发祥地的优势,于2000年恢复举办西湖博览会,为新世纪拓展商务旅游、发展会展经济、传播先进文化奠定了新的基础。

从2000年起连续举办西湖博览会,使会展业成为杭州的一张"金名片"。为更好地将杭州打造成全国著名的"会展之都",杭州市规划局制订了《杭州市会展中心布局规划》。根据该规划,到2020年,钱塘江边会矗立着两大会展主中心,争取形成"两主四副九场馆"的会展布局。"两主":其一由杭州国际会议中心和杭州萧山钱江世纪城国际会展中心共同组成。"四副":一是由现在的和平国际会展中心(浙江农展馆)、规划的浙江国际旅游展示中心(浙江旅展馆)和规划的浙江国际商务中心(浙江工展馆)构成;二是由浙江展览馆、浙江科技馆构成(待西湖文化广场建成后,该副中心功能将由西湖文化广场担任);三是浙江世界贸易中心展厅;四是杭州国际会议展览中心(杭州汽车城)。"九场馆":主要有高新软件园会展中心、浙大国际交流中心、浙大邵逸夫科技馆、浙江省人民大会堂、浙江图书馆、香格里拉饭店、五洲大酒店、望湖宾馆、雷迪森广场等,均以会议功能为主,展览功能为辅。届时会展中心的展馆部分总建筑面积将达到50多万平方米,国际标准展位达到2万多个,能满足杭州作为全国著名、国际有影响的会展城市的需要。

网络链接:

1. http://www.xh-expo.com/ 中国杭州西湖国际博览会
2. http://www.chinafairs.org/ 中国义乌国际小商品博览会
3. http://www.cantonfair.org.cn/cn/ 中国进出口商品交易会
4. http://www.ecf.gov.cn/ 中国华东进出口商品交易会

思考题：

1.什么是会展学？

2.会展学的研究对象、研究宗旨各是什么？

3.会展学的学科特点有哪些？

4.为什么说会展学属于营销传播范畴？

5.会展学学科体系有哪几个组成部分？

6.建设符合中国国情的会展学理论体系的意义是什么？应该注意采用哪些方法？

第二章　中外会展的发展历史

【学习要求】

　　了解会展的历史演变不同阶段的概貌、国际国内会展业发展的概况;掌握会展产业、会展经济的概念及其形成条件;掌握中国会展经济发展的特点;掌握中外会展经济发展的差距;了解国际国内知名展会的概况。

【本章概要】

　　会展活动的形成是人类物质文化交流活动发展到一定阶段的产物。会展活动的演变过程可以分为原始、古代、近代和现代四个阶段。物物交换的形式是会展的原始形式。集市是会展的古代阶段。集市已经基本具备了展览会的特征,是展览的初级阶段。会展的近代阶段的典型形式是工业展览会,这是一种有很强展示性和宣传性,有着严密的组织体系的展览会和明显的工业社会特征。会展的现代阶段的代表形态是贸易展览会和博览会。贸易展览会和博览会结合市场性的集市和展示性的工业展览会的产物,不仅具有促进经济发展的作用,而且是产品流通的重要渠道。贸易展览会和博览会发展的第一个阶段(现代会展产业形成的初始阶段)始于第一次世界大战,综合性质的贸易展览会和博览会迅速发展并成为主导形式。第二个阶段(现代会展产业形成的成熟阶段),始于第二次世界大战后,专业化的贸易展览会和博览会迅速发展并成为主导形式。

　　会展产业是指由会展经济运动而引起的相互联系、相互作用、相互影响的同类企业的总和。它是一国第三产业发展的重要标志。会展产业必须以市场经济体系的相对发达为前提。会展产业的形成,必须具备一定的经济、政治、文化、制度等多方面的条件。没有一定的经济条件、制度环境、社会文化传统和国际经济环境,会展产业的形成和发展将遇到诸多难题。当然,会展产业形成之后,也必然反作用于经济条件、制度环境、社会文化传统和国际经济环境,促进这些条件的优化和成熟,形成良性的互动。会展经济是会展产业发展到一定历史阶段形成的跨产业、跨区域的综合经济形态,由会展商品生产、流通、交换、分配各个环节组成的各种经济组织及相关经济活动主体共同构成,具有内在运行规律和机制的有机整体,是国民经济的重要构成部分,是以会展产业为中心,其他相关产业为依托而形成的新兴经济类型。会展经济是以会展经济活动为基础,以会展产业发展为中心的新兴经济形态。会展经济具有的特点包括：多要素、多产业融合；跨区域、多空间扩展。会展经济形成的条件主要是两个方面，一是会展产业的先导化、主导化和支柱化，一是会展经济活动的规范化、系统化和制度化，二者之间相辅相成、互为补充。

会展经济的发展与经济发展水平有着密切的关系，举办展览会的数量和规模，与主办国的经济实力和科技水平密切相关，由于各国经济实力、经济总体规模和发展水平不同，各国会展经济的发展也不平衡。会展经济已经成为西方发达国家一种最主要的、符合经济发展潮流的经济形态。但是，从经济总量和经济规模的角度来考察，当今世界会展经济在世界各国的发展很不平衡。当前，欧洲的德国、法国、意大利、英国，北美的美国都是世界级的会展业大国，在全球会展市场上占有较大的份额。而发展中国家由于受经济体制、技术发展水平的制约以及观念的影响，会展经济的发展水平明显落后于发达国家。20世纪90年代以来，我国会展业以年均20％左右的速度递增，形成了一定规模的行业经济效益，成为新的经济增长点。我国举办展会的数量持续增加，展会向国际化、专业化、规模化方向迈进，展览场馆初具规模。但是存在规模过小、竞争力弱、结构失衡、产品雷同、创新不够、市场无序、人才缺乏等瓶颈。尽管已经取得了很大成就，但同发达国家相比，我国会展经济在场馆规模、组织管理、专业人才、展会品牌、法律法规建设等方面还存在很大差距。在我国加入WTO以及CEPA的签署背景下，我们要更有意识地借梯登高，借助外部力量推动会展经济的腾飞。

第一节　会展的历史演变

会展活动的形成是人类物质文化交流活动发展到一定阶段的产物。会展活动的出现，有赖于人类社会发展到一定的历史阶段，生产力的发展导致剩余产品出现和社会分工深化等诸多要素。会展是随着经济发展的需要而产生并发展，会展的发展取决于经济的发展，并反过来服务于经济。会展的形式不断演变是适应社会、经济和贸易发展的需要。展览是会展业中发展最早、形式最多的活动。会展活动的演变过程可以分为原始、古代、近代和现代四个阶段。

一、会展的原始阶段

人类原始社会后期的新石器时代，人类社会完成第一次大分工，分工促进了生产的发展，出现剩余产品，从而导致了物物交换。在物物交换时期，货币及商人还都未产生，因而这种物物交换还不具备商业的特征。但是，物物交换却具备了会展最基本的形式——展览的最基本的形式特征"摆"和"看"，包含了展览的基本原理，即通过"展"和"览"达到交换的目的。但是，由于当时的交换还是偶然的，时间和地点还不固定，也没有组织，因此，物物交换的形式虽是一种会展形式，但是只能作为会展的原始形式。由此可见,会展的萌芽在人类早期就已经出现,可谓源远流长,与人们所说的"展览与人类文明同步"的观点相契合。不过由于近代会展业的发展时间不长,我们也经常说"会展很古老也很年轻"。

表 2-1　会展的发展阶段

阶段	标志	活动范围	典型形式	活动目的	组织方式
原始	原始社会	地方	物物交换	交换物品	自发
古代	工业社会前	地区	集市	市场	松散
近代	1978 年法国工业产品大众展	国家	工业展览会	展示	有组织
现代	1894 年德国莱比锡样品博览会	国际	贸易展览会和博览会	市场、展示	专业组织

二、会展的古代阶段:集市

随着社会和经济的发展,物物交换逐渐增多,交换市场的地点和时间慢慢地固定下来,规模也不断扩大,形成了集市。集市有着自然的、松散的组织形式,规模大多比较小,具有浓厚的农业社会特征,是农业社会商品交换的主要形式和渠道。集市已经基本具备了展览会的特征,是展览的初级阶段。欧美展览界普遍认为集市是会展业的前身。

(一)中国的古代集市

中国集市的历史非常悠久。在古代,集市是市、集、庙会等多种市场形式的统称。其中的市后来发展成为商业,因此,现代集市只包括集和庙会。尽管许多人认为集和庙会也是商业的一部分,但是就其基本性质和形式而言,集与庙会应当属于展览业。

1.市

中国古代称交换的场所为"市"。《吕氏春秋·勿耕》有"祝融作市"的记载。市出现在原始社会。发展到奴隶社会的西周,市便改变了性质,成为官府控制的市场。官府不但有权决定设立和撤消市,而且还派遣专门管理市场的官吏。唐代是我国"市坊制"发展的顶点。所谓的"市坊制"就是:市是商业区,坊是住宅区;按市坊制规定,市区不建住宅,坊区不设商店。

到了宋代,统治阶级放松了对市的控制,市的地域、时间限制都被打破了。随着货币的使用、商人的介入以及具有零售、批发性质的肆、邸店的出现,市也就具备了商业的性质和形式,并发展成为流通领域尤其是消费品流通的主要方式。

2.集

古老的市场形式。《诗·卫风·氓》反映了"抱布贸丝"的描写。随着社会的分工和经济的发展,交换的频度、规模和范围也在不断扩大。公元前 11 世纪(殷、周)之际,原始交换逐渐发展成集。集的主体是在农村自然形成、自然发展的集市。古代称作草市、村市等。集的特点是地点固定,每隔一定时间举行一次。这是集与市在形式上的区别,集的参加者主要是农民、手工业者。他们之间的买卖活动是生产者向消费者的直接出售,是生产者之间的产品流通。这是集与市在性质上的主要区别。集在不同的地区有着不同的名称,如集、墟、场等。

3.庙会

在宗教节日,寺庙及祭祀场所都会云集求神拜佛的人,这些人带来的商机而在宗教场所自然形成了集市,一般称为庙会,也称庙市。广义的庙会还包括灯会、花会等形式。《妙香室丛话》记载:"京师隆福寺,每月九日,百货云集,谓之庙会。"因为寺庙、祭祀场所大多在城镇,所以庙会基本上是一个城镇现象。比较乡间的集,庙会的内容更加丰富多彩。除了产品交换之外,还有宗教活动和文化娱乐活动。

在中国,庙会的历史也很悠久,在唐朝已流行,发展到宋朝就很繁荣了。据《东京梦华录》卷三记载:"相国寺每月五次开放,万姓交易。大三门上皆是飞禽猫犬之类,珍禽奇兽,无所不有。第三门皆动用什物,庭中设彩幕露屋义铺……"古代的东京就是现代的洛阳。中国古代的庙会大都是零售性质,但也有了批发的性质。但根据《燕翼贻谋录》的记载,相国寺庙会的一部分已经营批发,具有贸易性质,"东京相国寺乃瓦市也,僧房散处,而中庭两庑,可容万人。凡商旅交易,皆萃其中,四方趋京师以货物求售,转售他物者,必由于此"。与自然形成的集和庙会不同,《旧唐书》卷一百五"韦坚传"记载了一次有组织的展览,事情是:在唐代天宝初年(公元782 年),任陕郡太守、水陆转运使的韦坚开漕渠引渭水至长安。并在宫苑墙外造广运潭,广集各地漕舟所载的地方特产以供皇帝观览。就形式与规模而言,广运潭展示已相当于博览会。

(二)欧洲的古代集市

欧洲研究人员认为,公元前 500 年,波斯国王将全国各地的产品汇集陈列进行炫耀的活动是人类第一个文字记载的"展览会"。但是,一般认为,欧洲古代集市的产生时间与中国的相近或稍晚些,大概在 9 世纪成形,11—12 世纪达到鼎盛期。欧洲集市的规模比较集中,举办周期比较长。欧洲集市形式虽然比较单一,但是其功能却相当齐全,涵盖了零售、批发、国际贸易、文化娱乐,甚至已经有了政治功能。许多现代闻名的欧洲大型综合性博览会是在这个时期建立的。世界最古老的博览会德国莱比锡博览会源于 1165 年、德国法兰克福博览会源于 1240 年、萨格勒布博览会源于 1242 年。

欧洲的集市同样始于交换产品的偶然聚会。聚会的地点一般在靠近某一地区最大村庄的交通要道旁。时间大都在有空闲时间和交换物品的秋收之后。欧洲的集市最早出现在希腊,起源于古希腊的奴隶市场,一般一年或两年一次。古希腊集市与战争、体育和政治有密切的关系,每次集市都与运动会、会议或聚会同时进行,即使是战争期间也不中断。当然,宗教活动也是欧洲集市产生的原因,西方集市的"宗教源说"有着较大影响的。

公元前710年举办的法国圣丹尼集市是欧洲大陆文字记载最早的集市。到了中世纪,欧洲集市有了很大的发展,德国、法国、俄国都出现了国际化的大型集市。俄国的诺夫哥罗德新城大集市就是一个例子。据记载,1874年的该集市拥有6086个摊位,来自五湖四海的德国人、英国人、中国人、亚美尼亚人、西伯利亚人达到20万人左右,总成交额数额巨大,超过2000万英镑。欧洲各国先后对集市进行政府管理,并为此制定了相应的管理法规。罗马人最早制定集市管理法规并在11世纪将它最终完善和细化。根据当时的法律,集市的设立、撤消都必须由王室决定。当时的英国也对集市制定了细致的条款。例如,英国的法律规定,每个臣民从家步行不超过1/3天时间的距离应有一个集市。因为他还需要用1/3天时间进行交换,1/3天时间返家。若两个集市有冲突,历史长者有优先权,历史短者必须改址距历史长者20英里之外。

由于当时国际贸易被交易所和贸易公司垄断和控制,欧洲集市在15世纪开始失去国际贸易的功能。在失去国际贸易功能的背景下,欧洲集市文化娱乐功能得到加强,一些向专业化发展的集市,适应了工业发展的需要而生存下来,并逐渐发展成现代贸易博览会。

从原始的偶然的产品交换发展到在固定地点、定期举行的集市是展览形式的一个大飞跃。集市虽然已基本具备了展览的性质和形式。但是从组织手段上讲,集市还无法与现代展览会相提并论。

（三）会展的近代阶段:工业展览会

工业革命促进了会展业的极大发展。这一时期的展览会具有很强的展示性,采用全新的组织方式,规模逐渐国际化。这类展览会的典型形式是工业展览会,有着明显的工业社会特征。从1667年纯展示性质的法国艺术展览会为起点,到1851年英国世界博览会为顶点的这段时间里,欧洲的展览会经历了具有革命性的急剧发展过程,产生了巨大的变化,极大地促进了经济的发展。

1.中国的近代展览

近代中国遭遇列强侵略,社会和经济发展明显落后,导致了展览业的发展几近停滞。19世纪末,集市——展览初级阶段的形式——在中国还是作为主要展览形式存在和持续。

在清朝末期和中华民国初期,中国政府主持和举办了一些具有一定规模、并有近代特征的博览会和贸易展览会,如1905年(清光绪三十一年)在北京设立了劝工陈列所,1909年(清宣统元年)、1915年、1921年在武昌、南京举办了用以展示国产商品的商品陈列所(也称物品展览会)等等。其中具有广泛影响力的是1910年(清朝宣统二年)在江宁(今南京)举办的、旨在促进工商业发展的南洋劝业会和 1929 年在杭州举办的西湖博览会。南洋劝业会是一次学习西方博览会模式、具有明显商业色彩的博览会。西湖博览会是现在杭州市政府每年一届的西湖国际博览会的前身。1935 年 11 月 28 日至 1936 年 3 月 7 日在伦敦举办伦敦中国艺术国际展览会,则是中国近代第一次出国展览。

抗日战争前后,国民党政府和共产党政府分别举办了大量的宣传性质的展览会。这些展览目的基本是显示成就、鼓舞士气、促进经济发展,以抵抗日本的侵略,"官方"色彩浓郁,具有较强的政治性质和宣传意义。这些展览会中值得一提的是,1942 年在重庆举办的迁川工厂出品展览会、1944 年在重庆举办的工矿产品展览会、1943 年由四川举办的四川省物产竞赛展览会、1946 年举办的烟台市工农业产品展览会,以及华北、东北解放区组织的战斗生产业绩展览会、公营企业展览会、第一届农具展览会、铁路列车展览会,等等。这些展览会从性质、意义和特征上看,相当于欧洲的国家工业展览会,但是规模和展示手法比较落后。

虽然中国近代形式的展览会的目的不在于促进商品流通,但它对中国近代经济的发展起到了一定的促进作用。

2. 欧洲的近代展览

17 至 19 世纪的欧洲,展览会发生了革命性的变化,出现了诸如纯展示性的艺术展,纯宣传性的国家工业展等许多新形式。这些不同形式的展览会的发生、发展和融合,导致产生了近代展览会的代表形式——工业展览会。这是一种有很强展示性和宣传性,有着严密的组织体系的展览会。

1667 年,法国举办了第一个艺术展览会。这个展览会与以往的自然松散、市场性很强的展览会不同,具有很强的组织性和展示性。该次法国艺术展主要展示绘画和其他艺术品,无商业性,是一次纯展示性质的展览会。这种新的展览形式对展览会的发展产生了很大的影响。有些学者认为,后来的工业展览起源于艺术展,而法国因为这次艺术展而成为展览会的发源地。

1756 年,英国组织了第一次介于艺术和手工业的展览,展出挂毯、地毯、瓷器等。这个展览会引入了竞争条例和奖励政策,因而发明性展品,特别是机械或机械模型等的比重不断增大,最终发展成为发明博览会。工业展览起源于艺术展,但发明博览会被认为是工业展览会的真正开端。之后,随着 1789 年的瑞士日内瓦工业展、1790 年的德国汉堡工业展、1791 年的匈牙利布拉格工业展等举办,欧洲的工业展览会不断发展。

1798 年,法国政府举办了工业产品大众展。这是世界上第一个由政府组织的国家工业展览会。当时,面临着英国这一具有强大工业优势的竞争对手的法国,把工业发展视为民族生存的条件,把国家工业展览会作为促进工业发展的手段。因而,这次展览会具有很强的政治色彩,是一种宣传鼓舞性质的展览会。到 1849 年止,法国政府陆续举办了11届国家工业展览会。这次展览会规模宏大,时间越来越长,被欧洲学术界视为大型工业展览会的开端。

法国工业展览会的成功举办,引起了其他国家的纷纷仿效。自1820年,许多国家举办了国家工业展览会。这些展览会从规模上看,从地方或地区扩大到国家,有利于展示和了解国家工业的整体水平,显示成就,促进发展;从目的上看,是为了促进本国经济发展,以求得民族的生存和壮大。但由于当时国家保护主义盛行,视他国为威胁、竞争对手,导致了这个时期的展览会基本上没有外国参展者,展览会也因此未能发展到国际规模。

19世纪中期的英国,在世界上具有绝对领先的科技水平和经济实力,其他国家对英国形不成竞争威胁。英国想通过自由贸易来获得国外资源和市场,因此率先举办了国际规模的工业展览会。1851年,英国在伦敦主办了"万国工业大展览会"(The Great Exhibition of the Industries of All Nations),简称为大展览会(Great Exhibition)。这是一个堪称世界规模的展览会,是展览会历史上的里程碑。该展览会历时161天,观众达630万人次,博览会展示了10个参展国家的经济成就和文化传统;为博览会新建的展馆——由钢铁构架和玻璃幕墙建成的"水晶宫"成为博览会的纪念性建筑。这次博览会超出了一般意义的国际贸易博览会,强调通过国家间的合作和贸易来促进社会和经济的发展,影响深远,给英国带来了经济效益和社会效益。"万国工业大展览会"就是第一届世界博览会,延续至今,世界博览会共举办了40届,平均4年举办一届,举办规模不断扩大,参展国家日益增多,已同"奥林匹克运动会"一起成为当今世界的两大盛会。第一届世博会的成功极大地鼓舞了其他国家的举办热情,在随后的若干年间,巴黎、纽约、奥地利、荷兰、瑞士、意大利、美国等城市均数次举办世博会,不仅使本国的经济得到了带动,同时也为自身成为国际化大都市奠定了基础。世界博览会对人类社会、文化、科技和贸易的发展起着积极的引导和推动作用,因此被视为和平和进步的象征。

(四)会展的现代阶段:贸易展览会和博览会

工业革命导致经济规模的扩大和流通量的增加,现代形式的贸易展览会和博览会应运而生。具有农业社会形态的集市是自然经济(主要是农业)流通的主渠道。但是它满足不了大规模工业经济的流通需要。具有工业社会形态的工业展览会有着很强的宣传性质,对促进经济发展发挥着重要作用,但是它缺乏市场功能。贸易展览会和博览会结合市场性的集市和展示性的工业展览会的产物,不仅具有促进经济发展的作用,而且是产品流通的重要渠道。

贸易展览会和博览会形成的标志是1894年的德国莱比锡样品博览会。样品博览会是结合了具有市场性质的集市和具有展示性质的艺术展及发明展的一种现代贸易展览会和博览会的早期形式。它以展示作为手段,交换作为目的。其原理是展示样品,看样定购,展览后交货。样品博览会是展览会形式最终成型的标志:

即固定时间、地点,有系统组织的,通过展示达成交换。现代会展产业的形成与发展的过程可以分为两个阶段:

表 2-2　现代会展产业的发展阶段

序号	阶段	时间	特征
1	现代会展产业初始阶段	始于第一次世界大战后	综合性质的贸易展览会和博览会迅速发展并成为主导形式
2	现代会展产业成熟阶段	始于第二次世界大战后	专业化的贸易展览会和博览会迅速发展并成为主导形式

欧洲贸易展览会和博览会发展第一阶段的背景是:世界大战导致各国建立贸易壁垒,各国主要通过国内市场来建立内向型经济以维持国家生存。作为促进经济发展的一个重要手段,综合性贸易展览会和博览会获得了很大发展和普及。如1916 年法国举办的里昂国际博览会。这一阶段贸易展览会和博览会具有综合性、国家或地区性的两大特征。综合性的贸易展览会和博览会汇聚几乎所有行业参加展出,规模盛大。这种展览会不但有经济流通的功能,而且还有了解地区或国家工业整体规模和发展水平的作用。由于战争制约了会展快速发展所需的国际经济条件,因此反映在这一阶段的展览会和博览会的规模上主要是国家或地区规模。随着会展活动的增多,展览界急需通过制度的建设来建立展览业的秩序,提升展出水平和经济效益。1924 年,国际商会在巴黎召开了国际展览会议。在此基础上,国际博览会联盟(UFI)于 1925 年在意大利米兰成立。国际博览会联盟成立后,通过制定一系列展览规章制度和采取一系列措施,维护国际展览业的正常秩序和正常发展道路,从而很好地促进了贸易展览会和博览会完整的体系的形成。至此,贸易展览会和博览会成了提高生产力、引导市场发展方向的重要手段。

欧洲贸易展览会和博览会发展第二阶段的背景是:在生产力迅速发展,世界经济走向繁荣的国际,专业化的贸易展览会和博览会以其全面深入地反映工业和市场的呼声,便于组织、人性化的特点受到广泛欢迎。虽然最早的现代专业贸易展览会可以追溯到 1898 年(德国莱比锡自行车和汽车展),但是第二次世界大战后,贸易展览会和博览会专业化才真正成为趋势并逐渐成为主导形式。

专业贸易展览会和博览会不但展出者、参观者都是专业化的,而且展览会的内容也限制在一个或少数几个相邻的行业。专业展览会具有信息汇集,能够反映行业的整体发展状况,使参加展览会的行业内人士在最短时间内了解全行业的状况和发展趋势,具有很好的市场价值。

20 世纪 60 年代,专业展览会在成为展览业的主导形式,并且产生了两个新的趋势:一是参展者和参观者越来越重视信息和技术交流,越来越多的专业展览会与讲座、研讨会、报告会等相结合或同时进行;二是专业消费展览会从专业贸易展览会中分离出来,成为一种向公众开放、展示消费品并直接向观众销售的展览会。

作为 20 世纪的世界第一经济大国的美国,为现代会展业创造了贸易市场(Trade Market)和贸易中心(Trade Center)两种展览形式。贸易市场是一种常设的展览,可称为常年展。它的产生和存在需要特定的环境:

——制造业,商业中心比较分散,因为设立一个贸易市场往往能覆盖较大的消费区域

——消费水平高,消费要求稳定、持续,使长年开设的贸易市场成为必要

——中心城市分布比较均匀

——消费需求有阶段性,适合定期举行的短暂的贸易展览会

——交通、旅馆业发达,能承受突然增加的客流量

最早的贸易市场是 1915 年在旧金山建立的西部商品市场(Western Merchandise Mart)。通过这种展览,制造商、批发商、进口商可以用较低的费用接触更多的零售商,零售商则可以在一地接触到更多的供应商,比较商品,了解趋势,进行采购。贸易市场与贸易展览会一样,也有从综合性转向专业性的发展过程。

贸易中心是美国政府在国外设立的一种长期展览。1962 年起,美国先后在法兰克福、伦敦、东京、曼谷、米兰、斯德哥尔摩、巴黎、墨西哥城等城市设立了美国贸易中心。美国政府认为贸易中心特别适合帮助无出国展览经验的中小企业克服出口障碍开拓海外市场。

第二节　国际会展业发展概述

当今世界社会生产力的高度发展、跨国公司的迅猛扩张、信息技术的日新月异,使经济全球化成为世界经济发展中不可逆转的历史潮流。经济全球化(Globalization)使商品、服务、信息、生产要素等的跨国界流动的规模与形式不断增加,通过国际分工,在世界范围内提高资源配置的效率,从而加速了各国间经济相互依赖程度日益加深的趋势。全球经济将形成全球统一大市场,国际资源配置更加高效、合理;贸易自由化将大大降低国际贸易成本,推动国际贸易高速发展;跨国公司迅猛发展;知识经济保持高速发展,信息产业成为各国发展的重心;并购、重组大大加快,形成新的竞争格局等。经济全球化大大促进了会展产业的先导化、主导化和支柱化以及会展业活动的规范化、系统化和制度化,促使会展业在西方发达国家的最终形成,并成为一种最主要的、符合经济发展潮流的经济形态。会展业迅速在全球范围内如火如荼地发展起来。据国际会议协会(ICCA)统计,每年在世界各地举办的参加国超过 4 个、参会外宾超过 50 人的国际会议有 40 万个以上,并且出

现快速增长态势。考虑会展业的带动效应,国际会展业发展带来的收入已经约占全球 GDP 总量的 1/5。近年来虽然受到全球经济滑坡和美国"9·11"事件的影响,国际会展业总量仍稳中有升,并且出现了内容细分、会展频率加快、地区性会展活动数量增加的趋势。但是,从经济总量和经济规模的角度来考察,当今世界会展业在世界各国的发展很不平衡。

会展业的发展与经济发展水平有着密切的关系,举办展览会的数量和规模,与主办国的经济实力和科技水平密切相关,由于各国经济实力、经济总体规模和发展水平不同,各国会展业的发展也不平衡。一些发达国家凭借其在科技、交通、通讯、服务业水平等方面的优势,在世界会展业发展过程中处于主导地位,并占有绝对的优势。当前,欧洲的德国、法国、意大利、英国,北美的美国都是世界级的会展业大国,在全球会展市场上占有较大的份额。而发展中国家由于受经济体制、技术发展水平的制约以及观念的影响,会展业的发展水平明显落后于发达国家。

一、欧洲会展业发展现状

欧洲是世界会展业的发源地,经过 150 多年的积累和发展,欧洲会展业在国际上整体实力最强,规模最大。德国、意大利、法国、英国都已经成为世界级的会展业大国。全世界 300 个最知名的、展出面积在 3 万平方米以上的专业贸易展览会中,约 2/3 在欧洲举办。从世界上举办大型会议、展览最多的展馆分布情况看,世界上最大的展览场馆绝大多数都集中在欧洲。根据德国贸易展览协会(auma)统计资料显示,目前世界上面积超过 10 万平方米的展览场馆绝大多数都集中在欧洲(见表 2-3)。

表 2-3 欧洲 10 万平方米以上的主要展览场馆概况

展览场馆名称	展览场地(平方米)	
	室内面积	室外面积
汉诺威(德国)	496963	58070
米兰(意大利)	375000	
法兰克福(德国)	320551	89436
科隆(德国)	286000	52000
杜塞尔多夫(德国)	234398	32500
巴黎(Expo)(法国)	226011	
瓦伦西亚(西班牙)	220000	20675
伯明翰(英国)	191000	
乌德勒支(荷兰)	162780	120766

续表

展览场馆名称	展览场地（平方米）	
	室内面积	室外面积
慕尼黑（德国）	160000	280000
柏林（德国）	160000	100000
博洛尼亚（意大利）	150000	80000
纽伦堡（德国）	150000	
巴塞尔（瑞士）	142900	11300
巴塞罗那（西班牙）	141000	143230
马德里（西班牙）	140400	30000
布鲁塞尔（比利时）	114362	
维罗纳（意大利）	111097	108000
埃森（德国）	110000	20000
布鲁诺（意大利）	101900	91500
莱比锡（德国）	101200	33000
伦敦（英国）	100061	

在欧洲举办的专业贸易展览会约占世界总量的60%以上，而且在展出规模、参展商数量、国外展比例、观众参观人数、贸易效果及相关服务质量等方面，均居世界领先地位，而且绝大多数世界性大型和行业顶级展览会都在欧洲举办。

（一）德国会展业

号称"世界展览王国"的德国，拥有23个大型展览中心，每年举办约130个国际性贸易博览会，净展出面积690万平方米，每个展览会平均展出面积超过5万平方米，净展商17万家，其中有将近一半的参展商来自国外。德国会展业的突出特点是专业性、国际性的展览会数量最多、规模最大、效益好、实力强。在国际性贸易展览会方面，德国是第一号的世界会展强国，世界著名的国际性、专业性贸易展览会中，约2/3由德国主办。在展览设施方面，德国也称得上是头号世界会展强国。德国现拥有23个大型展览中心，其中，超过10万平方米的展览中心包括汉诺威展览有限公司、慕尼黑国际展览公司、法兰克福展览集团、柏林展览公司、科隆国际展览集团和杜塞尔多夫展览集团等。按营业额排序，世界十大知名展览公司中，也有六个是德国的。目前，德国展览总面积达256万平方米，汉诺威、科隆、法兰克福、柏林、慕尼黑、杜塞尔多夫、莱比锡等都是国际著名的会展城市。这些展览中心城市由于各自不同的政治、经济、文化、历史而形成了不同风格和特点。这些城市都拥有十万至数十万的大型的现代化展览场地;每年都要举办一批世界级的国际化、大规模的展览会,参展商和观众的人数一般达上百万;能够提供优质、高效的服务。雄厚的经济实力,发达的城市产业为这些城市的展览业发展奠定了坚实的物质基础。例如,埃森、科隆等地处德国的"工业心脏"——鲁尔工业区,汉诺威是欧洲工业重镇,杜塞尔多夫的印刷包装业国际闻名。

汉诺威、杜塞尔多夫和慕尼黑是德国三大会展中心城市。汉诺威每年春季举办世界上两个最大的博览会——"工业博览会"和"信息、通讯及办公室自动化博览会"。"工业博览会"的前身为1947年的"德国出口博览会",到目前已举办了50多届;"信息、通讯及办公室自动化博览会"始于1986年。两个展会的观展人次每年均在30万以上。此外,汉诺威还举办各种专业性的展览,如"国际医院设备展"、"国际林业及木工机械展"、"国际地毯及地面铺装材料展"等,有的每年一届,有的每两年一届。杜塞尔多夫的重要展览活动有"印刷与纸张"、塑料博览会、"计量技术与自动化"、"包装技术"以及国际时装博览会。慕尼黑中心1998年在原慕尼黑—里姆机场地上一处崭新的、高度现代化的博览会场举行落成典礼。在那里举办的重要博览会有"国际建筑机械博览会"、"国际手工业博览会"、"饮料技术展览会"以及国际体育用品博览会。电子计算机及电子元件专业博览会的意义越来越大。此外还有具有世界意义的纽伦堡国际玩具博览会。法兰克福是德国、也是世界上最重要的展览城市之一。法兰克福是消费品博览会的展出场所,重点是桌子文化以及厨房用品和礼品及现代化附属设备,13个世界最大的消费品、纺织品、服务等行业的贸易博览会每年在这里举办。此外,法兰克福还有国际汽车—小轿车展览会和国际"卫生—取暖—空调"专业博览会以及法兰克福书展。

德国政府把出国展作为德国整体形象展示的有效途径和德国国家形象代言人,近年来不断增加资助预算来刺激出国展数量的增加和效益的提升。为了更好地利用海外展览促进德国出口经济增长的责任,并且为了达到提高展览经济的贡献率,德国展览机构特别注重全球化展览网络的建设,至今已经在世界各地设立了近400处办事机构,形成了国际化的网络。在这样的背景下,德国出国展发展势头迅猛,并取得了良好的效益。德国科隆大学财经研究所曾对"德国政府对出国展资助的整体经济效益研究"进行了研究,结果发现,出国展对德国出口销售额和工作岗位的增加具有重要意义。

(二)法国会展业

法国的工业、农业和服务业发展居世界前列,地处欧洲中心,交通便捷,气候温和,风景秀丽,具有一流的展馆和服务系统以及国际交流传统,这些得天独厚的条件使之成为全世界展览业最为发达的国度之一。与德国相比或在整个欧洲,法国展览业的优势是综合性展览会。法国拥有分布于80个城市约160万平方米的展馆,每年举办的展览会有1500个之多。巴黎是法国展览业的中心城市,法国每年展览会有近一半是在"展览之都"巴黎举办的。近年来,法国开始重视开发举办国际专业贸易展览会,综合性展览会的情况开始呈现下降趋势。

法国每年举办1500余个展览会或博览会,其中全国性展会和国际展约为175个,而真正的专业展只有120个左右。据统计,这175个国内展和国际展每年的总参观人数约为650万,总参展企业数为5.77万个,展台净面积之和为200万平方米。法国大型展览会的国际参与程度不断提高,其中部分展会国外参展商超过总数的50%,国外参观者占总数的15%以上。

法国的展览主办机构十分发达。从行业内部看,法国会展业分工较为精细,内部配套能力很强。据统计,法国共有589家展览会和博览会的主办单位,为会展提供后勤服务的直接有关企业(不含展馆)230家,包括会展策划、展台设计、展位搭建、会展视听设备供应、会展清洁、会展电气安装等会展细分行业。

巴黎是法国展览业的中心城市,其次为里昂、波尔多、里尔等城市。法国的展览和德国不一样,展览公司不拥有场馆,而场地公司不主办展会,也不参与其经营。法国的展览业人士坚持这种做法,认为能够促进展览公司之间的公平竞争,也有利于场馆公司专心做好自己的场馆服务工作。

为了促进展会参展商和专业观众的国际化,法国的主要展览公司共同组织了"法国国际专业展促进会"。该组织是由巴黎工商会、法国外贸中心、法国展览协会等机构发起、并于1967年组建成立的,是一个非赢利性的协会团体,其宗旨是:对在法国本土以及国外举办的国际性专业展和国际博览会开展各种促进活动,以提高和改善展览会的国际化程度。理事会理事由理事大会选举产生,由12名展览公司的代表组成,理事会的成员来自下属单位:巴黎航空航天展、爱博展览集团、励展法国公司、COMEXPO展览集团、世界面点技术展等。此外,理事会还有14名合作机构的代表参加,他们主要来自巴黎工商会(CCIP)、法国展览协会(FSCF)、巴黎市政府、法国对外经济关系局(DREE)、法国外贸中心(CFCE)、法国内贸局、巴黎凡尔赛门展览中心和巴黎北郊维勒班展览中心。法国国际专业展促进会总部设在法国巴黎,在63个国家和地区设有自己的办公机构(或称为海外代表团),其中包括34个分公司和21个合作伙伴机构。在大多数国家里,代表团是在当地注册的展览服务公司或贸易公司,有的代表团附设在所在国的法国工商会、法国大使馆商务处或法国航空公司的办事机构内。法国国际专业展促进会对法国的任何一家展览公司都开放,但参加该促进会是以展会为资格,对于同一个题材促进会只接纳一个展会加入,而且优先接纳质量最好的展会加入。所以,实际上,只有主办优质展会的展览公司才能加入该促进会。目前,共有65个法国最知名的国际性专业展会参加到这一促进网络。促进会在近50个国家和地区建立了办事处,这些办事处的任务是在各自负责的国家(地区)为这65个展会开发形式多样的国际促进业务。这些办事处除意、德、英、西、比等少数国家是由促进会总部独自投资设立独资公司外,其他办事处都是财务独立机构或公司。法国的这种专业展国际促进方式不仅形式特别,而且非常实用。因为,对于任何一个展览公司,即使是财力强大的展览集团,都很难有足够的力量在50多个国家(地区)建立自己的办事机构网络来推广自己的展会。法国国际专业展促进会成立20余年来,为促进国外企业和专业人士来法国参加展会起了很大的作用。大量国外企业参展和专业观众参观展会,使法国举办的各类展会在增加国际化的同时,还实现了不同程度的质的飞跃。

近年来,法国的展会规模大型化。经过市场的优胜劣汰,现在众多的展览会已经消失,剩下"强者"确立了自己的垄断地位。如在建材领域内有 BATLMAT 展、在食品领域内有 STAL 展、在包装领域内有 EMBALLAGE 展、在农业领域内有 SIMA 展等等,形成相对稳定的展览市场。同时,法国展会品质高水准。法国展览公司把工作的重点放到参观观众的组织上来。从某种意义上讲,展会的成功与否,其主战场是观众的组织,而不单纯是寻求参展商的数量。例如 BATIMAT 展的观众一般在14万人左右,VINEXPO 酒展每届都有来自121个国家和地区的5万名观众参观。从法国展会的操作可以看出,展会能否可持续发展,专业观众的组织是关键。

法国会展业不断加强和中国会展业的合作。1994年,在中国设立法国国际专业展促进会驻华代表处。1999年,法国爱博展览集团与中国贸促会农业行业分会合作,成功地举办了北京国际农业展。2000年,又分别在北京和上海推出第二届国际农业展,首届国际食品展和首届国家包装和食品加工技术展等。为促进中法文化交流,中法两国互相在对方国家举办有关本国文化的展览等。

(三)意大利会展业

意大利享有"中小企业王国"的称号,众多的中小企业是意大利的经济支柱,其无力单独承担向国际市场促销的巨额广告费用。因此为了扩大出口,意大利每年在全国各地举办无数次各种类型的展览会,因此意大利是欧洲办展最多的国家。展出内容多为领导市场潮流的新产品新技术,范围广泛,几乎涉及了各个生产领域。重要的生产领域,如时装业、家具与室内装饰业、机床和精密机床、木材加工和纺织机械等都把国际博览会作为向国际扩展的跳板。

意大利的展览会一般是由专业人员组织,往往与该领域的企业协会或贸易协会联合。意大利的专业博览会协会主要有三个:一是意大利工业展览委员会(CFI),是意大利最大的行业代表性很强的专业展览会机构,其成员是工业家联合会中所有与展览有关的组织机构。CFI 的任务是在国内和国外提高意大利会展业的重要性,其最终目标是促进本国企业的国际化。CFI 力图通过优质的展览设施和服务水平及管理水平,使意大利展览会保持在欧洲先进水平的展览会,积极争取国家支持。意大利工业展览委员会代表意大利企业界,作为主要对话者,与国家和地方政府部门洽谈,并与管理展览场所的展览公司及国营和私营展览工作者接洽。

CFI 的展览会集中在米兰(44%)、佛罗伦萨(8%)和帕尔玛(7%),总展览面积为 80.6 万平方米。主要展会有机械展、家具建筑展、服装纺织展、制鞋展、食品展、化妆品展、农业展、光学仪表展以及电子安全展。二是意大利展览协会(ASSOMOSTRE)。该机构由若干展览公司组成,这些公司每年组织约 30 次专业展览,主要租用米兰展览中心,平均每年租用面积 55 万平方米以上,意大利展览协会在意大利全国会展业举足轻重,其成员公司包括:展览促进会 ASSOEXPO,其业务是促销和组织专业展览,经营范围为伦巴底地区的工业、服务行业、商业和科技领域;意大利家具展览组织委员会(COSMIT),该公司从 1961 年开始组织米兰国际家具展览会,此外还组织 EUROLUCE 照明器材双年展,SALONEUFFICIO/EIMU 办公家具展,SALON COMPONENTI/SASMIL 家具工业附件、半成品及家具部件双年展,SALONECOMPLEMENTO 室内装潢展。三是意大利展览公司联合会(AEFI)。成立于 1982 年,有 31 家会员,他们均为拥有展览会场地产权的展览公司。各成员公司每年至少举行一次国际性展览会。联合会会员共占有展览场地面积 340 余万平方米,每年举办 136 个国际展览,238 个全国性展览,140 个地方性展览。成员公司有马二凯大区展览公司、东方展览公司、波洛尼亚展览公司、波尔扎诺展览公司、切赛纳衣农业展览公司等等。

意大利大型国际展览会举办地点主要集中在米兰、波洛尼亚、巴里和维罗纳四个城市,每个城市都有设施良好的展览会场地和风景优美的名胜古迹。著名的米兰国际展览中心,有 65 万平方米的 38 个展馆,是世界三大展场之一。米兰国际展览中心配备有最先进的技术设备,采取了最先进的环保措施,所有展厅均为两层,展厅之间均用 20 米长和 30 米宽的玻璃封闭高架桥相连,下方是市区街道。展览中心还十分重视场地的服务和货物搬运工作,运货车在展厅内部开行,行车路线为专线,与观众的路线分开。在货物装卸区有功率强大的通排风装置,还有许多货运升降机,这些设施足以使米兰展览中心在 21 世纪保持领先地位。波洛尼亚展览中心是欧洲主要展览中心之一,每年举办大约 30 个专业展览会,其中 15 个具有国际领先地位。维罗纳展览中心是意大利最古老、传统最悠久的展览场所,拥有 12 座展厅。该中心除了举办各类展览以外,还在"欧洲与古罗马剧场会议中心"中组织各种会议。东方展览中心是意大利展览面积最大的展览中心之一。占地 30 万平方米,每年举办 20 多个展览会,其中许多是国际展览。

(四)俄罗斯会展业

近年来俄罗斯会展业发展迅速,目前俄罗斯发展较为迅速的是专业展,占全年总展览数量的 85%,包括:信息通讯,办公设备、组织技术设备,教育,电子游戏技术,食品,饮料,烟草产品,酒店、饭店技术及设备。俄罗斯获得国际展览局 UFI 认可的有国际花卉展、森林木材设备展、国际鞋类展览会、国际化妆品展等 27 项展会。根据展览类别,各类展览比例分别为:国际展览约占 47%;面向国际的展览约为 27%，区域性展览占 25%；国家性展览（由其他国家举办）约占 1%。会展业的市场额每年约为 2 亿～3 亿美元。同时，会展业在带来巨大的经济效益的同时也为俄罗斯创造了大量的就业机会。目前，俄罗斯直接从事展览活动的人员大约有 2 万人左右，临时性工作岗位约 15 万人左右。

俄罗斯会展业各地区基础设施发展不是很平衡。其中 80% 的场馆面积集中在莫斯科、圣彼得堡与下诺夫格罗得三个中心城市。目前，俄罗斯共有 16 个展览场馆基本符合国际展览局的场馆要求标准，总面积约为 37 万平方米，莫斯科、圣彼得堡与下诺夫格罗得三个城市都拥有超过 1 万平方米的展览场馆。

为了更好地协调各类展览活动，促进高效发展，俄罗斯卫生部、农业部、工业科技部及核工业部都成立了展览委员会，对各自领域的展览活动进行协调。地方政府也成立了专门机构负责展览事务，如圣彼得堡政府展览委员会、"西北"联邦区经济地区联盟展览委员会。俄罗斯也成立了一些民间机构来促进完善展览市场的有序发展，这些组织包括：独联体国家展览事务委员会、俄罗斯联邦工商会展览委员会、俄罗斯展览联盟等。俄罗斯展览联盟迄今已发展会员企业 58 家，整体上涵盖整个俄罗斯会展业。其主要职能包括为展览企业提供必要信息、市场调研、行业统计以及对展会经济效益的评估；负责对展览公司进行专业资格评测，以保证展览活动的质量。

二、美洲会展业发展现状

美洲展览会起源于专业协会的年度会议。直到目前，仍有很多美国展览会与专业协会的年度会议合在一起同时举办。展览只是作为年会会议的一项辅助活动，仅仅是一种信息发布和形象性展示的媒介，贸易性不及欧洲，展览会的贸易成交和市场营销功能曾在很长一段时间里并不为企业所重视，这影响了美洲会展业的发展。因此，美洲展览业的发展水平与国际化程度都不及欧洲。尽管如此，由于美洲特别是美国强劲的经济实力以及国内巨大的市场容量，美洲会展业的发展水平从世界范围来看依然处于领先地位。随着经济贸易展览会在美洲逐步发展，美洲展览对于海外参展商仍然具有较大的吸引力。

美国是美洲会展业的发达国家，举办展览最多的城市是纽约、芝加哥、洛杉矶、奥兰多、拉斯维加斯、多伦多、达拉斯、亚特兰大、新奥尔良、旧金山和波士顿。经过快速发展，美国已经成为举办国际贸易博览会的主要国家，吸引着世界各国的客商。纽约被看作是美国的缩影，是全球商业与文化的中心。它可以为游人提供 6.6 万间（套）客房服务。位于曼哈顿中区的杰维斯会议中心、拥有 81.44 万平方英尺展出面积。每年有 100 万个航班往返于纽约与世界各地之间。芝加哥是摩天大楼的故乡。麦考梅会议中心可为参展商提供 220 万平方英尺展出面积，到 2007 年，展出面积将扩大到 280 万平方英尺。洛杉矶会展中心的展会面积达 87 万平方英尺，头上顶着好莱坞的光环，也令全世界的参展商心仪。

奥兰多是赫赫有名的"会展之都"。奥兰多会展业最显著的特点是其优质的服务。2003年，全美国的一项专业调查显示，45％的会展主办者选择奥兰多作为举办地的原因是，奥兰多可以提供高水平的服务。一项针对主办者的调查，要求填表人在全北美地区中选择三个认为最能够提供高水准服务的城市。在被提名的151个城市中，奥兰多名列第一，远远超过另一会展大都市芝加哥将近45％个百分点。与此同时，海水、沙滩、棕榈树和四季宜人的气候，以及海洋世界、迪斯尼、环球影城三大主题公园，再加上对公众开放的肯尼迪航天中心，使美国佛罗里达州的奥兰多成为一个纯粹的度假胜地。除此之外，交通便利，水陆空立体的交通网络，尤其是世界各国特别是欧洲各大航空公司都有直达奥兰多的航班。奥兰多的主要会展场馆——桔县会议中心是全美仅有的几个由当地政府经营的场馆之一。该中心的经营口号就是"为用户提供卓越的服务，激发他们回来举办会展的欲望，提高优秀集体的名誉"。为激励员工热情地为客户服务，该中心长期举办一项由客户和员工参与的活动，发给每位来到该中心的客户印有标志的硬币，凡是得到一次满意的服务，客户可以给工作人员一枚硬币。年终时，得到硬币多的工作人员将受到中心的奖励。这项活动有两个好处，员工得到硬币的同时客户得到优质的服务。为用户提供宾至如归的服务和帮助，成为奥兰多在会展业竞争中取胜的至上宝。

拉斯维加斯是美国著名的会展城市，许多著名展览包括Comdex电脑展、汽车售后服务展、MAGIC、全美五金展等，每年接待的会议代表和观展人数以千万。会展业成为拉斯维加斯城市经济增长的关键，甚至整个南部内华达州经济发展的三大支柱产业之一（饭店、娱乐和会展业）。长期以来，拉斯维加斯旅游业具有一个高低峰谷分明的自然周期，每当周末、暑期或者是圣诞假期过后，拉斯维加斯的旅游人数就大大减少，整个拉斯维加斯变得十分冷清。在这种背景下，拉斯维加斯适应自身经济的发展积极开辟会展业市场，从而使拉斯维加斯在旅游淡季也能吸引众多的游客，这类旅游者就是展商和与会旅游者。1955年，拉斯维加斯所在的内华达州政府同意财政资助原克拉克县博览会与娱乐委员会，现"拉斯维加斯会议与访问者局"发展会展业。资金来源是将由外来旅游者支付的饭店和汽车旅馆中的客房税提取出来投资于会展业。这项资金用于建造和运营了拉斯维加斯有史以来第一座会展中心——拉斯维加斯会议中心，1959年4月该中心正式营业，以及之后的一系列会展市场开发和宣传工作。

除美国之外，加拿大也是美洲会展业发达的国家。另外，近些年拉美地区的会展业也有所发展。据估计，整个拉美的会展经济总量约为20亿美元。其中，巴西位居第一，每年办展约500个，经营收入约8亿美元；阿根廷紧随其后，每年约举办300个展览会，产值约4亿美元；排在第三位的是墨西哥，每年举办的展览会近300个，营业额约2.5亿美元。除这3个国家外，其他拉美国家的会展经济规模很小，很多国家尚处于起步阶段。

三、亚太会展业发展状况

亚太地区主要是指东亚及太平洋地区,是世界旅游组织(WTO)根据世界各地的旅游发展情况和客源集中程度而划分的世界六大区域旅游市场之一。实际上,亚太地区不仅是世界上会展业发展最快的地区之一,也是全球会展业发展最有潜力的地区。

亚洲会展业的规模和水平仅次于欧美。由于会展业本身是一种无污染产业,且对整个城市经济发展具有较大的带动和促进作用,因此对那些地域狭小,但在交通、通讯和对外开放度方面具有较大优势的国家或地区来说,发展会展业常常成为城市经济发展的首选战略之一。在亚洲,日本、中国香港地区、西亚的阿联酋和东南亚的新加坡,或凭借其广阔的市场和巨大经济发展潜力,或凭借其发达的基础设施、较高的服务业发展水平、较高的国际开放度以及较为有利的地理区位优势,分别成为该地区的展览大国。

新加坡采取各种措施,努力把自己建设成为亚洲一流的会议展览举办地。新加坡政府专门成立新加坡会议展览局和新加坡贸易发展局专门负责推广会展业,宣传新加坡的会展活动,吸引各国厂商到新加坡参展。

新加坡具备良好的举办会展的条件:发达的交通、通讯等基础设施,较高水准的服务业、较高的国际开放度以及较高的英语普及率等,这一切都为新加坡会展业的发展奠定了良好的基础。据有关媒体统计,新加坡的国际展会规模次数居亚洲第一位,在世界居第五位、第六位。2000年,新加坡被国际展览管理协会联合会评为世界第五大会展城市,并连续17年成为亚洲首选会展举办地城市。香港是亚洲重要的会展中心之一,被誉为"国际会展之都"。新加坡展会场馆十分先进。新加坡国际会议与展览中心是亚太地区最大的会展中心,地处黄金地段,拥有10万平方米的灵活空间,距离机场20分钟。该中心能容纳近1.2万人的会议大厅是新加坡最大的无柱结构设计,并备有7560座伸缩折叠式系统,可根据活动的需要安排不同的座位形式;面积1.2万平方米的展览大厅可根据需要分成4个独立展厅;中心拥有31个会议室,适合主办者从小团体到400人规模的大型会议,还有一个拥有596个座位的演讲厅、一个多功能宴会厅和宽敞的候客厅。新加坡国际会议与展览中心直接通往5200间五星级的旅馆客房,1200间商店,500家餐馆以及包罗万象的娱乐设施。此外,新加坡国际会议与展览中心也拥有新加坡最大的宴会厨房以及一支极富声誉的餐饮团队。

新加坡博览中心是东南亚最大最新的展览中心。这宏伟设施拥有6万平方米的室内无柱展出空间,共分10个展览厅,总面积10万平方米,厅内最高16米,展览厅的间隔活动墙壁可以打开,把10个展览厅合而为一。新加坡博览中心不仅可以满足一些特大型国际会展活动,也可以用作举办晚宴、音乐会等的场所。另外,中心还有 2.5 万平方米室外空间,19 个会议厅和会议室。该中心各项服务设施也应有尽有,非常方便;影像呈现、同声翻译、音响和灯光系统都是最新的科技产品。这些特殊技术能使中心内各活动即时衔接并和全世界连接。馆内各处也能提供高速上网服务。多样化的技术支援将满足客户需求。

圣淘沙名胜世界耗资 43.2 亿美元,其庞大的资金投入无疑会为会奖旅游提供无比多元化与颠覆性的设施与景点。圣淘沙名胜世界设有世界级的会议设施、宴客厅和会议室以及 6 家风格各异的酒店,让各种商业活动可以有别出心裁的搭配组合,令整个活动更出色。圣淘沙名胜世界不仅可以同时在 3 个会议地点接待 1.2 万名宾客,还拥有各具特色的 20 个室内与户外场地,为策划各种奖励旅游、企业互动培训甚至是大型主题聚会提供了便利条件。名胜世界也拥有新鲜独特的会奖设施,室内和户外地点可同时容纳 3.5 万名与会者。其中,亚洲最大型的无柱式宴会厅,可让 7300 人齐聚一堂。同时,圣淘沙名胜世界也会提供专业活动的策划专家,可根据每个企业的需要专门设计别具创意的会展节目、企业休闲活动或奖励旅行配套。

香港已连续多年被英国《会议及奖励旅游》杂志评为"全球最佳会议中心"。作为现代服务业的会展业,渗透到国民经济的每一部门,直接带动了交通运输业、物流业、建筑业、商业、广告、旅游、金融等相关行业的发展。以香港为例,三成左右的游客赴港是参加各种贸易展览和会议,2000 年会展业给香港带来收入约 75 亿港元,提供约 9000 个长期就业机会,使香港酒店入住率提高近 10 个百分点。香港举办的许多展览会,特别是玩具展、服装节、钟表、珠宝展等,规模、知名度和排名都位居世界或亚太地区前列。

大洋洲会展业发展水平稍次于欧美,整体发展势头良好,但规模则小于亚洲。该地区的会展业主要集中在澳大利亚。澳大利亚在原来以农牧业、采矿业和制造业为主的经济发展格局的基础上,服务业在国民经济中的比重逐渐增加,会展业作为服务业的重要组成部分,也得到了快速发展。澳大利亚展览主要分为专业性展会和公众性展会,全国整个展览行业每年的经济贡献平均大于 25 亿澳元,经济效益显著,会展联动效应发挥充分。

澳大利亚目前共有展览场馆 107 家,展览会主办机构 106 家,展览服务性机构120 家左右。澳大利亚的展览主办机构一般不拥有展览场地,一般通过租用展览场地来举办各类展览会。展览服务公司主要涉足除展览会主办和场馆经营外的其他配套服务业务,包括展台搭建、展览设计、展品运输、展览会餐饮、展览配套旅游等。澳大利亚专业性展览会的竞争力十分强劲,每年专业性展览会都会吸引大批高素质、十分具有购买力的专业买家,这是其会展业经济效益显著的重要原因之一。据统计,澳大利亚专业性展会观众中,63％来自企业的管理层,24％来自公司采购和市场营销部门的经理层。

目前澳大利亚能够举办规模较大的展览会的主要有两家,分别是澳大利亚展览服务有限公司和励展(澳大利亚)公司。澳大利亚展览服务有限公司成立于1982年,总部位于墨尔本,目前是澳大利亚最大且最有实力的展览会主办公司。该公司已经组织约250个较大的专业贸易展览会,同世界很多同行业机构和企业建立了广泛的合作关系。该公司每年举办约15个大型展览会,展览会涉及建筑、食品饮料、信息技术、电子、电子工程、工业自动化、特许经营、金融投资、房地产、纺织品、礼品和家庭用品等行业。励展(澳大利亚)有限公司是世界著名跨国展览集团,是法国励展集团在澳大利亚的分公司,公司总部设在悉尼。

澳大利亚展览和会议协会是澳大利亚展览和会议领域唯一的行业组织,成立于1986年,前身是澳大利亚展览行业协会,总部悉尼。澳大利亚展览和会议协会是主导型商会组织,具有民间性质,是以服务为宗旨,由企业自愿设立、活动自主、经费自筹的民间非营利性组织,代表行业或地区整体利益向政府提出建议,以促进贸易发展和会员企业利益的实现。澳大利亚展览和会议协会下设多个工作委员会,业务范围涉及市场调研、数据统计、出版物发行、展览场馆联络、教育培训、会费收集等。政府一般不干涉协会的活动,并在制定有关工商业政策时需要征求协会的意见。澳大利亚展览和会议协会同美国展览经理人国际协会、英国展览组织者协会和美国展览行业研究中心等建立了合作关系。澳大利亚展览和会议协会采用会员制,经营范围还覆盖新西兰,会员来自澳大利亚和新西兰的展览和会议行业,包括展览会主办者、展览场馆经营者以及会议展览服务行业相关企业。目前拥有会员225家,其中新西兰会员8家。

除了欧洲、美洲、亚太地区,非洲的会展业也正在随着其经济和社会的发展而发展起来。非洲的会展业类似于美洲拉美地区,主要集中于经济较发达的南非和埃及。南非的会展业因其雄厚的经济实力及对周边国家的辐射能力,遥遥领先于整个非洲南部地区。埃及则是非洲北部会展业的代表,其展会在规模和国际化程度上都较为突出。除南非和埃及外,非洲其他地区的展会规模都很小,一个国家一年只能举办一两个展会,而且受气候条件的限制较大。

综观世界会展业在全球发展情况,不难看出,一国会展业实力和发展水平是与该国综合经济实力和经济总体规模及发展水平相适应的。发达国家凭借其在科技、交通、通讯、服务业水平等方面的优势,在世界会展业发展过程中处于主导地位,占有绝对的优势。而且,由于会展业本身反过来对经济发展具有较大的推动作用,发达国家的会展业与其他经济部门相辅相成,互相促进,在互动中实现良性循环,共同为整个国民经济的快速发展发挥着积极而主要的作用。正因为如此,世界各国政府都十分重视会展业的发展,在制定经济发展战略和城市发展规划时,积极考虑本国会展业发展的需要,做出有利的安排。尤其是为促进本国对外贸易发展,政府常在中央财政中列出专门预算,为出国展览事业提供经费支持。

第三节　中国会展业发展概述

新中国成立以来,伴随着经济的快速发展和国际交往的日益频繁,我国会展业获得了前所未有的发展,尤其是近30年来,会展业的迅速兴起,以年均20%左右的速度递增,展会数量和规模逐年增加,办展水平日益提高,形成了一定规模的行业经济效益,成为新的经济增长点。2003年12月12日,中国前任驻法国大使吴建民在巴黎举行的国际展览局第134次全体代表大会上被选举为国际展览局新任主席,这也是国际展览局成立75年来首位来自发展中国家的主席。吴建民的当选说明中国会展业逐步得到了世界的认可。

一、新中国会展业发展历程

(一)会展业的初期

1952年5月4日,中国国际贸易促进委员会正式成立。自此,中国以展会的方式开始了与国际间的经贸往来。1955年3月,中国国际贸易促进委员会与日本有关团体签订了第三次中日民间贸易协定中规定,中日双方在日本的东京、大阪和中国的北京、上海互办商品展览会。1956年10月6日至29日,日本商品展览会在坐落于北京西直门的苏联展览馆(现已更名为"北京展览馆")举办,此次展会规模为1.8万平方米,参展商807家。作为新中国成立后最早的来华展会之一,日本商品展览会引起不小的轰动,毛泽东主席亲临展会现场参观展览。

在承接来华展的同时,出境展也同步进行着。新中国成立后不久,就先后接到了印度国际工业博览会、巴基斯坦国际工业博览会的邀请。1951年11月,由全国各机构抽调30人组成中国参展层团赴印度和巴基斯坦参展。为了显示新中国的工业成就,赴印巴参展的展品涵盖了冶金、机械、化工、轻纺、食品、土畜产品和工艺品等。当年由于种种原因,原定于1951年12月中旬开幕的印度国际工业博览会几度延期,最终于1952年1月11日开幕,中国展出规模5000平方米。展出45天后,中国展团由印度转往巴基斯坦,参加于1952年3月9日开幕的巴基斯坦国际工业博览会,经过35天的展出,于4月14日闭幕。经周恩来总理批准,这批赴印巴参展的展团人员留任,成为中国国际贸易促进委员会的首批工作人员。

在我国会展业发展的初期,素有"天下第一会"之称的糖酒会和"天下第一展"之称的"广交会",影响深远。1955年,由当时的城市服务部组织的全国供应大会在北京两苑大旅社(今西苑饭店)召开,这成为全国糖酒会的开端。在完全计划经济时期,全国糖酒会扮演了一个供应会的角色。1984年,糖酒会开始分别在春季和秋季举行。从这一年开始,烟从糖酒会的交易范围内分离出来,同时糖酒会的名称更改为"全国糖酒三类商品交流会",正式确定了开放式办会的组织原则。从此,糖酒会打破了行业封闭和原有交流形式的束缚,适应了商品流通的特点。而当时的"广交会"侧重于出口物资的交流。1956年11月,中国出口商品展览会在广州召开,这即是"广交会"的前身。此次展会历时两个多月,出口成交5380万美元,海外客商近3000人。1957年3月,外贸部正式下发文件,批准举办"广交会"。"广交会"从共和国会展的"独子"到"长子",再成为"天下第一展",共经历了两大发展时期:1957年至1978年,为新中国构筑"友谊的纽带,贸易的桥梁";1979年至今,在改革开放中成为进出口贸易的晴雨表。

(二)会展业的转型期

会展业是经济的晴雨表,伴随着经济的发展而发展的。1978年,中国进入了改革开放的新时期。当年10月,由中国国际贸易促进委员会主办的北京多国农业机械展览会(以下简称"多国农机展")在北京全国农业展览馆(以下简称"农展馆")举行,这是中国国际贸易促进委员会来展部接待的第一个国际性的专业博览会。时任国家副总理的余秋里为开幕式剪彩,来自澳大利亚、加拿大、丹麦、法国、日本、荷兰、意大利、联邦德国(当时称西德)、瑞典、英国等12个国家的展团参展,规模达3万平方米,展品725件,接待观众30多万人次,其中有8万多人次观看农业机械表演,1000多人次参加技术座谈会,但中国没有展品参加此次展会。多国农机展是我国主办的第一个商业性展会,为我国会展业市场化开了先河,是中国会展史上的一个里程碑。

随着商业展会的出现,中国展馆、专业组展公司也不断发展。1982年,北京中国国际展览中心破土动工,1985年竣工,并于当年10月投入使用。邓小平为展馆题写了馆名。北京中国国际展览中心承接的第一个展会是第四届亚太国际贸易博览会。北京中国国际展览中心落成,彻底改变了中国没有商业展展馆的历史,中国会展业也逐步开始了商业化的管理,并有了自办展会。1984年7月,上海市国际展览有限公司成立。作为上海首家专业办展机构,该公司是隶属于中国国际贸易促进委员会上海市分会的全资子公司。起初,上海市国际展览有限公司主要与境外展览公司合作承办展览会。从第二年起,上海市国际展览有限公司实施"两条腿走路"战略:一方面与境外公司合作,另一方面独立作战,陆续推出了一系列由自己策划、运作的展览会。1984年10月,中国国际贸易促进委员会作为当时全国来展和出展的主管单位,在南京举办了第一次全国来展出展工作会议。1984年的6月,中国展览馆协会在国家民政部登记注册成立,这是我国最早的全国性展览行业组织。在这一时期,除了组织展会以及审批程序的逐步成熟外,我国从事展览展示器材开发、研制和生产的专业化公司也开始成立。1986年,中国常州灵通展览用品有限公司成立,这是我国最早从事展览器材开发、研制和生产的专业公司。

新中国成立后,从20世纪50年代至80年代中期,中国会展业主要为出国举办经济贸易成就展和接待社会主义国家来华举办的少量单独展览会。多年来的实践证明,出国举办经济贸易展览会和接待外国来华经济贸易与技术展览会,是促进我国对外经济贸易活动、引进外国先进技术与设备的重要渠道,也是配合开展外交工作的途径之一。

1988年,对外贸易部发布了《对外经济贸易部关于举办来华经济技术展览会审批规定》(以下简称《规定》),该《规定》明确了来华展须报中国国际贸易促进委员会审批,并报对外经济贸易部备案。同时,还强调了来华展展品的展示范围及相关规定。

1982年,我国首次参加了在美国田纳西州诺克斯维尔市举办的世界博览会,结束了30年无缘世博会的历史。1982年至1993年,我国先后8次参加了世博会,受到各主办国的好评。1993年5月,国际博览局通过接纳中华人民共和国为其第46个正式成员国的决议。

（三）会展业的快速发展期

20世纪90年代,中国会展业进入了快速发展期。在这一时期,国际展览巨头开始频频关注中国会展市场的发展动向。1995年,德国慕尼黑国际博览集团率先迈出了一步,其亚洲公司与中国国际展览中心集团公司合作,共同组建了京慕国际展览有限公司,这是中国会展业内的第一家合资公司。2001年年底,上海新国际博览中心落成。上海新国际博览中心的外方投资方是德国的慕尼黑国际博览集团、汉诺威展览公司、杜塞尔多夫展览有限公司。在中国会展市场愈来愈国际化的同时,商务部于2004年1月发布了《设立外商投资会议展览公司暂行规定》,此前只能在中国境内寻求合作伙伴的外资展览公司获得了在中国境内独立办展的权利。在这个背景下,除上述慕尼黑国际博览集团、汉诺威展览公司、杜塞尔多夫展览有限公司三大巨头外,德国的科隆、法兰克福、莱比锡、斯图加特的相继进入,令德国展览企业以一个完整的阵容集体亮相中国市场。除德国企业外,法国的欧西玛特、荷兰的荷雅企龙、亚洲博闻、英国的励展、美国的克劳斯、IDG以及新加坡环球万通会展、新加坡国际展览集团和意大利的米兰国际展览中心、博洛尼亚集团、日本的康格株式会社、杰科姆会展服务公司等,也都开始了在中国会展市场的"跑马圈地"。此外,中国香港的建发国际、雅式展览和笔克也先后进入内地市场。中国内地会展蛋糕由内地公司独享的局面已迅速成为历史。这一时期的中国会展市场受到了前所未有的关注,尤其是2004年春季举办的第95届"广交会"的规模达到了历史之最,参展摊位总数达27500个,仅次于汉诺威通信及技术博览会和汉诺威工业博览会,"广交会"成为世界第三大展会。

颇令中国会展业界振奋的是,中国会展业的地位受到了国际组织的重视。2003年12月,第134次国际展览局全体大会一致通过,推选中国资深外交官、原中国驻法大使吴建民为国际展览局新一届主席。这是国际展览局成立75年来首次由来自发展中国家的人士担任这一职务,吴建民也成为在国际常设组织中担任主席的第一位中国人。2004年11月,在泰国曼谷召开的国际展览业协会(UFI)第71届周年大会上,中展集团副总裁陈若薇当选为UFI亚太区主席,这一信息传达的是,中国会展业在国际上已经具有了极大的影响力。

2005年1月,由中国国际贸易促进委员会、全球展览业协会、国际展览管理协会、独立组展商协会主办的首届中国会展经济国际合作论坛(CEFCO)在北京中国大饭店举行,时任国务院副总理的吴仪到会并发表了主旨演讲,会议明确了中国会展业指明了"法制化、市场化、产业化、国际化"的发展方向。

2006年11月,UFI第73届年会在北京嘉里中心饭店举行,这是国际展览业协会首次在中国内地城市举办的重大活动。2012年2月23日至24日,UFI亚洲研讨会在深圳会展中心圆满举行。研讨会以"龙年的亚洲展览会"为主题,邀请来自日本、新加坡、印度尼西亚、马来西亚和中国香港、台北及内地的演讲嘉宾,他们来自政府推广机构、会展行业协会、知名展馆和展览公司等各个领域,围绕亚洲展览业发展的主题进行演讲和分组讨论。截至目前,我国已经有58个会展项目得到了UFI的认证。

取得UFI认证的条件

1. 首先必须获得展览会所在国家有关部门的认可,认可其为国际展会

2. 直接或间接外国参展商数量不少于总数量的20%

3. 直接或间接外国参展商的展出净面积比例不少于总展出净面积的20%

4. 外国观众数量不少于总观众数量的4%

5. 在具体接待服务方面,展会主办者必须可以提供专业的软硬件服务,展场必须是适当的永久性设施

6. 所有相关申请表格、广告材料及目录必须使用尽可能广泛的外文,包括英语、法语、德语等

7. 在展会举行期间不允许进行任何非商业性活动

8. 参展商必须是生产商、独家代理商或者批发商,其他类的商人不允许参展

9. 严格禁止现场销售展品或者现场买卖

10. 展会定期举办,展期不超过两周

11. 申请认可时展会最少定期举办过三届。

我国取得 UFI 认证的展会项目

1. 上海国际汽车工业展览会
2. 中国国际工程机械、建材机械、工程车辆及设备博览会
3. 北京国际工程机械展览与技术交流会
4. 中国长春国际汽车博览会
5. 中国国际服装服饰博览会
6. 中国国际投资贸易洽谈会
7. 国际医疗仪器设备展览会
8. 北京国际印刷技术展览会
9. 国际制冷、空调、供暖、通风及食品冷冻加工展览会
10. 中国东莞国际鞋展·鞋机展
11. 中国（深圳）国际钟表珠宝礼品展览会
12. 中国国际医药（工业）展览会暨技术交流会
13. 中国国际机床工具展览会
14. 中国国际石油石化技术装备展览会
15. 中国国际纺织机械展览会暨 ITMA 亚洲展览会
16. 中国国际安全生产及职业健康展览会
17. 中国（大连）国际服装纺织品博览会
18. 中国国际模具技术和设备展览会
19. 中国国际地面材料及铺装技术展览会
20. 国际食品、饮料、酒店设备、餐饮设备、烘培及服务展览
21. 中国国际家具生产装潢与装饰机械及配件展览
22. 中国国际高新技术成果交易会
23. 国际名家具（东莞）展览会
24. 广州（锦汉）家居用品及礼品展览会
25. 锦汉纺织服装及面料展览会
26. 中国国际铸造、锻造及工业炉展览会
27. 多国仪器仪表学术会议暨展览会
28. 中国国际加工、包装及印刷科技展览
29. 中国国际流体机械展（新加坡）
30. 中国国际通信设备技术展览会
31. 上海国际广告印刷包装纸业展览会
32. 中国（深圳）国际品牌服装服饰交易会
33. 深圳国际礼品、工艺品、钟表及家庭用品展览会
34. 深圳国际玩具及礼品展览会
35. 中国深圳国际机械及模具工业展览会
36. 中国国际石材产品及石材技术装备展览会
37. 中国国际林业、木工机械与供应展览
38. 义乌国际袜子、针织及服装工业展（香港）
39. 华南国际印刷展（香港）

51

40.中国国际电力展(香港)

41.中国国际塑料橡胶工业展览会(香港)

42.顺德木工展(香港)

43.华南国际包装技术展(香港)

44.中国国际线缆及线材展

45.中国国际管材展

46.中国(上海)国际建材及室内装饰展览会

47.中国国际染料工业暨有机颜料、纺织化学品展览会

48.中国(深圳)国际文化产业博览交易会

49.中国国际全印展——中国国际印刷技术及设备器材展

50.中国国际社会公共安全产品博览会(简称安博会,英文缩写"CPSE")

51.深圳国际家具、家居饰品、家具配料展览会

52.中国国际家居博览会

53.亚洲国际流体机械展

54.中国国际中小企业博览会

55.中国(上海)国际建筑节能及新型建材展览会

56.中国(东莞)国际纺织制衣、鞋机鞋材工业技术展

57.中国国际光电博览会(CIOE)

58.中国义乌国际小商品博览会

2007年9月,极具国际影响力的达沃斯论坛的组委会在中国的海滨城市大连举办"新领军者年会(达沃斯夏季年会)"。这是久负盛名的达沃斯论坛首次在东方举行夏季年会,此后2008年和2009年的年会分别在天津和大连举办。

达沃斯论坛与夏季达沃斯论坛

达沃斯论坛——世界经济论坛

世界经济论坛(World Economic Forum)因每年年会都在瑞士达沃斯召开,故也被称为"达沃斯论坛"。该论坛是以研究和探讨世界经济领域存在的问题、促进国际经济合作与交流为宗旨的非官方国际性机构。总部设在瑞士日内瓦。其前身是1971年由现任论坛主席、日内瓦大学教授克劳斯·施瓦布创建的"欧洲管理论坛"。1987年,"欧洲管理论坛"更名为"世界经济论坛"。论坛会员是遵守论坛"致力于改善全球状况"宗旨,并影响全球未来经济发展的1000多家顶级公司。论坛一般是在每年一月下旬,会议持续约一周时间,每年都要确定一个主题,在此基础上安排200多场分论坛讨论。

每年的世界经济论坛年会均有来自数十个国家的千余位政界、企业界和新闻机构的领袖人物参加。世界经济论坛已经成为世界政要、企业界人士以及民间和社会团体领导人研讨世界经济问题最重要的非官方聚会和进行私人会晤、

商务谈判的场所之一。随着国际形势的发展和变化,世界经济论坛所探讨的议题逐渐突破了纯经济领域,许多双边和地区性问题以及世界上发生的重大政治、军事、安全和社会事件等也成为论坛讨论的内容。

历届论坛主题:

2004 年第 34 届年会主题"建立繁荣和安全的伙伴关系"。

2005 年第 35 届年会主题"为艰难抉择承担责任"。

2006 年第 36 届年会主题"开拓创新,把握未来"。

2007 年第 37 届年会主题"变化中的力量格局"。

2008 年第 38 届年会主题"合作创新的力量"。

2009 年第 39 届年会主题"构建危机后的世界"。

2010 年第 40 届年会主题"改善世界状况——重新思考、重新设计、重新建设"。

2011 年第 41 届年会主题"新形势下的共同准则"。

2012 年第 42 届年会主题"大转型:塑造新模式"。

2013 年第 43 届年会主题"弹性和动力"。

夏季达沃斯论坛——世界经济论坛全球行业峰会暨全球成长型企业年会

世界经济论坛于 2007 年开始每年在中国举办世界经济论坛全球行业峰会暨全球成长型企业年会,即"夏季达沃斯"论坛。世界经济论坛全球行业峰会暨全球成长型企业年会是世界 500 强企业与最有发展潜力的增长型企业、各国和地区政府间的高峰会议。在中国举办的"世界经济论坛全球行业峰会暨全球成长型企业年会",鉴于"达沃斯"这个名称所包含的意义已经约定俗成,被世界各国和地区的政府、经济界广泛熟知和认可,所以在中国举办的"世界经济论坛全球行业峰会暨全球成长型企业年会",简称为夏季达沃斯论坛或夏季达沃斯年会。该年会的目的是为"全球成长型公司"创造一个与成熟企业共同讨论、分享经验的平台。

历届主题:

第一届,2007 年 9 月,大连,论坛主题是"变化中的力量平衡"。

第二届,2008 年 9 月,天津,论坛主题是"下一轮增长的浪潮"。

第三届,2009 年 9 月,大连,论坛主题是"重振增长"。

第四届,2010 年 9 月,天津,论坛主题为"可持续增长"。

第五届,2011 年 9 月,大连,论坛主题是"关注增长质量,掌控经济格局"。

第六届,2012 年 9 月,天津,论坛主题为"塑造未来经济"。

随着我国会展业国际化、市场化、规范化逐步加大,2008 年 6 月,全国会展业标准化技术委员会成立大会暨委员会第一次工作会议在北京召开。全国会展业标准化技术委员会主要负责会展术语、条件、环境、等级、评价、分级、管理领域的标准化工作。

2008 年,中国第一次主办奥运会。2010 年,中国第一次主办世博会。这些会展活动,不仅很好地提升了中国的国际形象和国际地位,而且很好地拉动了中国经济的发展。中国会展业的运作能力和水平得到了国际会展业界的认可。

二、中国会展经济产业带分布格局

国际博览会联盟(UFI)发表的报告认为:"一个城市或地区如果基础设施相对完备、人均收入在世界中等以上、服务业在 GDP 中的比重超过制造业且过半、外贸份额占 GDP 的比重接近或超过 10%、行业协会的力量相对较强,那么会展经济就会在该城市或该地区得以强势增长,并发挥积极作用。"同时,会展经济的发展与一个城市产业结构、区位优势、开放和市场化程度、基础设施建设以及服务贸易发达程度等因素密切相关。在我国,正是由于各城市和地区的产业结构、地理位置、开放程度等存在很大差异,所以形成了多层次、多形式的会展经济产业带和会展中心城市。正是如此,我国会展业在经济水平较高、基础设施完善、第三产业发达的城市迅速崛起,形成了相互协调、各具特色、多层次的互动式会展经济发展格局。这些会展经济产业带和会展中心城市通过进行准确的功能定位,逐步形成了相互协调、各具特色、梯次发展的互动式会展经济发展格局。

表 2-4　中国五大会展经济产业带分布情况

序号	产业带	核心城市
1	京津—华北会展经济产业带	北京
2	长江三角洲—华东会展经济产业带	上海
3	珠江三角洲—华南会展经济产业带	广州、香港
4	东北边贸会展经济产业带	大连、哈尔滨
5	中西部会展中心城市	武汉、郑州、成都、西安、昆明

(一)以北京为中心的"京津—华北会展经济产业带"

中国首都北京是中国的政治、经济、文化中心,发展会展经济具有得天独厚的优势。就会展经济发展实力和知名度来看,北京属于中国一级会展中心城市。随着北京加速建设国际化大都市和 2008 年奥运会的举办,北京会展经济将加速进入快车道,并以其强大的区域辐射功能,带动天津等周边城市会展经济的发展,形成以北京为核心,由京津地区向整个华北地区延伸的会展经济产业带。

该会展经济产业带中的核心部分——京津地区是世界上6个绝无仅有的在直径不足100公里的地域内集中了两个超大型城市的区域,拥有各类科研院所近千所,高等院校近百所,科技人员150余万人,是全国知识最密集、科技实力最强的区域。天津作为北京的门户,也是国际性现代化港口城市。天津可以利用处于环渤海经济中心和与北京毗邻的区位优势,通过整合会展资源,将天津培育成中国二级会展和中心城市。因此,"京津—华北会展经济产业带"形成了以北京举办大型国际会议、论坛和高技术含量、高附加价值的展览会为主,以天津的经贸交易会为补充的展会结构。

(二)以上海为中心的"长江三角洲—华东会展经济产业带"

就中国目前几个经济区域的经济发展状况来看,以上海、南京、杭州、宁波、苏州为代表的长江三角洲城市群,汇聚了中国约6%的人口和近20%的国内生产总值,堪称中国经济、科技、文化最发达的地区之一。上海、江苏、浙江三资企业众多,世界五百强企业基本全部进入这一地区。长江三角洲区域经济的龙头——上海的会展经济整体实力在全国居于前列,与北京不相上下,而且大有超过北京之势。近年来,上海展会面积在3万平方米以上的会展数量名列全国第一,上海展览场馆的租用率高达60%,远远高于国内25%及国际上35%的平均水平。上海APEC会议的举办,空前提升了上海会展城市的国际形象和知名度。因此,上海是名副其实的中国一级会展中心城市。在加快向国际化大都市迈进的过程中,上海已经成为亚洲乃至世界会展的中心城市,并以其与周边城市紧密的经济区位联系,通过各城市之间相互协调和配合等,形成一体化区域会展经济,使长江三角洲会展经济产业带与德国的慕尼黑、法兰克福、杜塞尔多夫和科隆等城市群在欧洲形成的会展经济产业带一样,成为亚洲最大的会展城市群。

"长江三角洲—华东会展经济产业带",因其城市大部分都是沿海城市,经济国际化程度比较高,适合发展各种形式的以经济为主题的会议和展览。其中,杭州、苏州、南京、宁波以及厦门、青岛等城市属于二级会展城市。在未来5~10年,长江三角洲会展经济产业带通过将会展业定为动力产业,提高科技含量,加强区域合作,将实现区域经济向更高层次整体推进。

世界最大的会展设施——中国博览会会展综合体

中国博览会会展综合体项目位于上海虹桥,2011 年 12 月动工,由中国对外贸易中心(集团)与上海东浩国际服务贸易(集团)有限公司合资建设和运营。在共同组建的中国博览会有限责任公司(筹)中,双方分别占有六成和四成的股份。项目将分为南北两块,其中北块主要为展览、会议场馆及辅助设施,南块为会展、商贸及酒店设施。根据计划,该项目北侧 15 万平方米室内展馆将于 2014 年 6 月率先竣工,预计 2015 年初,所有展馆全部竣工。项目建成后,将拥有 40 万平方米的室内净展览面积和 10 万平方米的室外展场,将成为世界上规模最大、最具竞争力的国际一流会展综合体,作为新时期我国商务发展战略布局的重要组成,将在拓展世界市场和国际贸易、展现国家综合实力中发挥重要作用。

本项目是集展览、办公、商业等配套设施综合为一体的规模最大的综合体,总体布局突破了以往大型展馆呈单元行列式布局的模式特征,形成了更具标志性和视觉冲击力的集中式构图,突出了展览与非展览功能的有机整合,通过会展配套功能的合理布局,创造出具有高效会展运营效率的新型会展模式。展厅以中央广场为中心放射型对称布局,每个展厅有一个长边面向周边广场,很好地解决了以往大型展厅方形集中式布置不便于采光通风和人员疏散的问题。

中国博览会会展综合体项目立足长三角、服务全国、面向世界,以"一流场馆,一流配套,一流建设"为目标,汇全球的视野、展中国的精神并充分体现以人为本、科学性、实用性和标志性的场馆建设理念。该项目将以中国华东进出口商品交易会、中国(上海)工业博览会为基础,每年举办两届"中国博览会",同时办好汽车、电子、家具等专业展览会,并积极承接国际会展产业的转移和积极引进境外大型展览会,努力打造国际会展中心城市,推进上海会展业将市场化、专业化、国际化联动发展,成为上海转变贸易结构、推动经济转型的重要载体。

中国博览会会展综合体项目的建成实施,将有效带动上海及长三角地区会展服务、国际采购、总部经济、专业服务等高附加值服务业的共同发展,推动贸易结构优化和经济转型,更好地对接中国与世界贸易的长远发展。

(三)以广州、香港为中心的"珠江三角洲—华南会展经济产业带"

以广州、香港为中心的"珠江三角洲—华南会展经济产业带"与其他地区相比,具有较强的产业优势、区位优势和开放优势。首先,珠江三角洲—华南地区发展会展经济具有强大的产业支撑。目前,珠江三角洲地区一些新的中心城市,如深圳、东莞、顺德等城市因其经济的发展已率先成为我国重要的电子信息、生物技术、光机电一体化、新材料等领域的高新技术产业群。珠江三角洲—华南地区主要发达的产业有钟表、玩具、建材、家用电器、石油化工、医药制品、化工制品、纺织服装、食品制造、电子通讯、信息产业和高新技术产业等,其中尤以有"东莞停工,世界缺货"一说的东莞"三来一补"加工中心,以及首屈一指的顺德家电业、中山的灯饰和服装、佛山的陶瓷业最为著名。这些发达的产业为华南地区展览市场提供了丰富的项目资源,使其适合发展具有地方产业特色的专业会展。其次,具有与香港地区毗邻的区位优势。众所周知,香港地区是著名的国际会展之都,在举办会展方面有着丰富的国际经验。珠江三角洲的城市,如深圳、东莞可以与香港合作,提升会层层次,迈向国际市场。

整体而言,"珠江三角洲—华南会展经济产业带"中的各城市依据自身特色开发各类展会,将形成多层次、相互补充的会展市场结构:广州作为华南会展业的中心城市,以继续举办"广交会"这样大型的综合性的展览为主,以"规模大、参展商多"见长;深圳以举办高科技专业展会为主;其他珠江三角洲各城市依托特色产业,举办具有浓厚的产业色彩的展会,如虎门的服装节、东莞的民博会等;而海南三亚和博鳌将以大型论坛和研讨会为主,南宁和桂林以专业会展为主,突出"小而精"的特色。

(四)以大连、哈尔滨等城市为中心的东北边贸会展经济产业带

随着中俄经贸合作的稳步发展,沿"京津—华北会展经济产业带"向北,形成以大连、哈尔滨、长春、沈阳为中心的东北边贸会展经济产业带。东北与中国其他经济区域相比,最大的优势就是与俄罗斯、韩国、朝鲜相邻,边境贸易具有相当大的发展潜力。因此,东北地区这几大城市可以利用自身的特色产业开设对俄、对韩等经贸类展会,培育地区特色的会展经济。

在该会展经济产业带中,大连会展业虽然与北京、上海无法相比,但因其作为港口城市,具有较强的经济优势和区位优势,属于中国二级会展中心城市。黑、吉、辽三省的省会城市哈尔滨、长春、沈阳应通过依托当地产业特色,重点开展对外贸易洽谈会和体现地方产业特色的专业展览会。

(五)以武汉、郑州、成都、西安、昆明等城市为龙头的中西部会展中心城市

中西部会展中心城市的发展突出个性,培育地区特色展会。如中部的郑州,因其具有得天独厚的区位优势,能够使大批货物大进大出、快进快出,使广大客商既节约时间又节约费用,所以郑州会展业的发展依托这一优势,多举办大型机械、建材、农产品等物流量大的会展。作为中国西部特大中心城市的成都,是西南地区的"三中心两枢纽",具有较强的地缘优势,其城市的辐射功能较强,对中国西部大市场的培育与发展有着举足轻重的影响。因此,成都应根据其经济、环境等特色,形成节、会、展相结合的会展经济发展模式,如继续提高四川国际熊猫节、全国春季糖酒会等节会的影响力和知名度。

鉴于西部地区基础设施薄弱,经济还落后于沿海地区,西部城市要发展会展经济,必须加强以下两方面建设:一方面,加强基础设施建设,完善交通、通讯、运输、餐饮、宾馆等基础条件,增强市场服务和竞争意识,形成对会展业强有力的支撑。另一方面,依据中西部地区在重工业、能源、旅游业、农牧业、种植业和吸引外来投资等方面的优势,发展与产业结构关联度高的专业展览会,并努力向国际化、规模化方向发展,争取培育一批在国际上有影响的品牌展览会。

由此可见,各地区、城市经济整体水平及其特点以及会展业发展水平存在很大的地区差异。就整体利益而言,各地区完全可以通过挖掘本地的资源优势,制定科学的、侧重点不同的会展经济发展规划,使各地区、城市之间相互错位,避免恶性竞争。我国各大城市应从区域经济发展的角度出发,加强城市间的交流与合作,根据自身的资源特点培育有地方特色的专业展、品牌展,实施相互错位的发展战略。

三、我国会展业的发展趋势

进入 21 世纪新经济时代,对于我们的展览行业来说,是面临着新的希望和挑战,这是因为我们的会展业还刚起步,发展的空间是广阔的。市场在变,竞争对手在变,行业态势在变,特别是加入 WTO 后,中国会展业的管理体制及运作机制上将发生一系列变革。为了跟进国际会展业的发展,中国会展业必须把握好自身的发展趋势,不断地适应环境的变化,实现跨越式的发展。

(一)国际化趋势

经济全球化是当代经济发展中不可抵挡的趋势和潮流,是市场经济发展的必然逻辑。生产力高度发展使所有生产要素和经济关系跨越国家和地区界限日益自

由流动,使世界经济在全球融合为一个难以分割的整体。经济全球化要求在国际范围内实现资源的全球优化配置,强调国际合作与协调,它是经济国际化的进一步发展和更高级表现。全球化已经成了一个不争的事实,它表现为生产的全球化、分配的全球化、消费的全球化、市场的全球化、投资与贸易的全球化、科技的全球化等。在全球化这一世界性的浪潮之下,世界各国都将别无选择地置身其中,迎接它的挑战、接受它的洗礼。

中国加入 WTO 以后,包括会展业在内的各行业都面临着经济全球化带来的挑战和机遇。作为一个新兴的行业,中国会展业除了应该抓紧制定行业法规,更应该重视对外应尽快熟悉国际规则,参与国际竞争与合作;应该积极开展对外交往与合作,打破不公正的国际政治经济秩序,积极参与会展业全球化游戏规则的制订,倡导在可持续发展原则之下的规范会展经济全球化。其次,要实施强强联合战略,组建中国会展业的跨国企业集团。在全球化的过程中,跨国公司扮演了十分重要的角色,跨国公司在全球的资本流动与扩张推动了全球化发展进程,全球化又为跨国公司的跨国经营活动创造了更加便利的条件。中国要实施强强联合战略,组建自己的会展跨国企业集团,增强会展业的竞争力,参与世界性会展经济角逐。再次,应该构筑会展业的国家安全体系,牢固地构筑起中国的经济安全、科技安全、生态安全与文化安全等安全体系网,避险求强,趋利避害,化解全球化给我国带来的风险的挑战。另外,优先实施知识发展战略,加强对会展知识产权的保护,也是中国会展业跟上全球化发展的步伐,抓住全球化的机遇的重要工作。

(二)生态化趋势

可持续发展是人类社会永远的话题,任何一项经济产业要持续、健康地发展,都必须寻求经济效益、社会效益和生态效益的统一,既满足当代人的需求,又不危及后代人满足其需求的发展。会展业正在作为"无烟产业"、"绿色产业"受到人们的关注。会展业也积极推行社会营销的理念,不但在场馆建设方面,采取了所谓"绿色建筑"设计,注重从生态角度进行功能布局,更多地使用污染小、可回收的环保型材料;而且保护和利用自然资源,强调利用太阳能、利用自然通风,尽可能减少空调的使用,减少能源消耗。2008 年北京奥运会定位为绿色奥运,2010 年上海世博会定位为绿色世博,会展生态化是会展业发展的大势所趋。可以预见,生态化将成为会展业发展的必然趋势。强化环境保护意识;倡导绿色营销;注重场馆的生态化设计等中国会展业的生态化主要体现。

目前,我国正在大力发展循环经济,建设资源节约型、环境友好型社会,会展业要以循环经济的理念和思想为指导,通过构建会展与旅游的可持续发展模式,树立"绿色服务"的理念,加强场馆的综合利用与可持续利用,要设立专门的研究机构和评价机构,科学、公正、客观地评估每个会议和展览的策划及可持续性。要推动我国生态会展发展,需要从以下方面入手。其一,建立一套绿色评估标准,确保会展业生态化趋势的进程。其二,在政策上,用最优惠的税收和鼓励政策引导资源再利用企业的发展,建立废弃物交易机制。其三,以强有力的科技为保障,大力发展"智能会展"。要充分利用我国的高科技力量,加快会展软件建设的步伐,大力发展智能会展,提高整个会展业的技术含量和科技水平。其四,实现旅游与会展一体化发展。从全国来看,会展与旅游的发展关系相对独立,互动性较差。政府和相关部门应该在旅游线路与会展项目的安排上进行有意识地引导,促进会展和旅游高度融合、互动发展。

(三)人文化趋势

会展经济是一种人际经济,以人的集聚、人的交流、人的交往、人的活动为主要内容,存在四大要素流,即人流、物流、资金流、信息流,会展城市具有很强的区位选择性。即使在网络经济相对发达的时代背景下,会展业发展仍以面对面的交流为主要形式。会展经济突出人际交往的特点,决定了人在会展经济中的关键地位和特殊作用。"以人为本"已经成为全球会展业发展的基本原则。"以人为本"包括以人为本的发展观和以人为本的管理艺术。以人为本的发展观是把人作为经济和社会发展的本原、本体和核心,把人的发展视为发展的本质、发展的目标和发展的标志,是实现经济社会一体化发展的一种发展观念,是发展会展经济的指导思想。

"道家文化、儒家文化、佛教文化"为中国增添了厚重的人文气息,"人文会展"应成为我国会展的特色。在会展产业发展过程中,要坚持以人为本的原则,即我国发展会展经济的市场定位必须以人为中心,一切为了人,一切依靠人,通过实践"以人为本"的思想,最终真正促进人的全面发展。现代会展中所强调"体验式"互动的会议展览设计,以及行为艺术在现代会展中的运用,使会展活动更具备了产生交往理性的特质。特别是节事会展中的典礼、礼仪,节事文化的重构,更是一种人文主义的回归和重构。会展业提倡创建学习型组织,通过"学习会展",创新会展理念、会展形式,提升会展业核心竞争力,从而形成独具特色的会展文化。会展文化是传统文化的有益补充,因此要通过广泛宣传,使会展文化充分融合于我国的旅游文化、水文化、食文化、酒文化等文化资源中。

(四)品牌化趋势

品牌是会展业发展的灵魂,也是中国会展业在 21 世纪实现可持续发展的关键。实现品牌化经营是增强中国会展业竞争力的必由之路。目前,国内已初步涌现出一批具有知名品牌的会展企业或展会,但这些民族化的会展品牌与德、意等国家的国际性会展公司或展览会相比,无论在品牌的知晓度上,还是在品牌的无形价值或扩张程度上,均存在着巨大的差异。由此可见,品牌化将作为一项重要任务提上中国会展业发展的日程。

中国会展业要实现品牌经营,最关键的是应该尽快整治展会规模小而散、重复办展现象,对会展项目进行合理定位,开展服务营销。展会的定位是其成功的关键。首先是定位不准或模糊,其次是定位过高。比如连一些镇的区域展也挂上"国际"二字。相比之下,国际大型会展都有明确的市场定位、形象包装策略和市场推广计划,并为此建立庞大的营销网络。例如,法兰克福会场馆由MESSEFRANKFURTGMBH 有限责任公司负责经营管理,该公司在全球拥有 64家代理公司,负责全球 103 个国家的业务联系工作,场馆内有 15 家配套服务公司。目前,在国内的多数展览会中,只有极少数设立了相关的服务商、法律咨询机构、专业观众检录系统。在大多数情况下,参展商和观众在参加展览会时遇到的一些问题难以解决,展会后的情况也无从了解。同时在硬件设施建设上仍有欠缺,如没有设立邮局、必备的商务服务部门和专线交通等。从营销角度看,这些展会的服务营销几近空白。展览公司定位于服务性的公司,就是为展商和观众服务。公司除在招展上下大工夫外,还花足力气做好观众数据库的管理工作,使展商和观众在展览会上能达到自己的目的。同时,在操作模式上,应该从"政府办展为主向行业协会专业公司办展为主"方向转变。由于历史原因,地方政府是会展业背后的操作者。然而,随着市场环境的变化,大多由政府推动的展会,都没有进行过有针对性的市场调查,没有制定系统的营销战略计划,也没有完整的市场营销操作体系。目前,我国的会展业仍处于行政主导下,还未真正走向市场,今后会展应该被作为一种"产品"进行营销。

（五）信息化趋势

人类跨入 21 世纪,信息化的浪潮汹涌澎湃,正在不可阻挡地渗透到人类社会的各个方面。会展业是信息密集型产业,信息是其得以生存和运转的根本基础,它贯穿了会展活动的全过程;现代信息技术是保证会展业可持续发展的重要支持力量,是实现会展经营管理现代化的重要途径;信息化能够拓展现代会展业的市场化、国际化功能,为会展市场体制的完善创造良好的信息环境,使得世界各国的会展业越来越相互依赖、紧密联系,呈现一体化的无国界会展状态。

近年来,信息技术的迅速发展和互联网的快速普及,网上采购、网上销售、网上会展,以及提供网上招商、网上交易平台、网上广告等服务的多种形式的电子商务层出不穷,不断发展。由于电子商务速度快、效率高、成本低,不受时空限制,越来越受到企业和消费者的欢迎。电子商务起到了引领商务方式变革、带动企业管理方式创新等作用,对提高企业经营管理水平,加快技术进步,增强市场竞争力,提高经济效益等方面都有着现实和深远的意义。

信息化既是中国会展业与国际接轨的一个重要衡量标准,也是会展业发展的必然趋势。这里的"信息化"有两层含义,一是要尽可能地掌握国际会展业最前沿的东西,包括行业最新动态、理论研究成果、展会信息或专业设备等;二是在会展业中充分利用各种信息技术,以提高行业管理和活动组织的效率。

我国会展业要实现信息化,首先是要加强与国际会展组织或世界知名会展公司之间的交流合作,及时掌握全球会展业的信息化动向,引进国外先进的信息技术和管理经验。其次,在会展业中积极推广现代科技成果,逐步实现行业管理的现代化、会展设备的智能化和活动组织的网络化。具体地讲,就是要理清各种会展资源,建立各种会展数据库,如会展产品数据库、会展企业数据库、会展客户数据库、会展场所数据库、会展案例数据库、会展人才数据库以及相关配套产业数据库。再次,充分利用互联网,推动国内会展业的信息革命,如开展网络营销、举办网上展览会等;大力推动信用体系、支付手段、安全认证等关键环节的建设,抓紧建立和完善与电子商务发展相关的法律法规,不断推动电子商务发展。

(六)集团化趋势

集团化是国内各个产业部门伴随市场竞争而产生的一种企业经营战略。在WTO背景下,为了实现会展企业间优势互补,提高中国会展业的国际竞争力的目标,中国会展业必须走集团化发展的道路,积极组建现代企业集团。现代企业集团是网络经济时代(或称知识经济时代)适应产品多样化的需求,采用定制技术进行灵捷生产的企业集团,内部采用扁平化的组织结构及网络化的信息结构,市场主要是以销定产。它与传统企业集团有着根本性的区别。传统企业集团是工业经济时代适应社会化大生产的要求,采用标准化生产技术进行大规模生产的企业集团,内部采用"金字塔"式的组织结构及层次式的信息结构,市场主要是以产定销。现代会展企业集团建设的措施可以包括:采取联合和跨行业合作、实施品牌经营、积极实行海外扩张、积极引进现代企业理念、在管理中积极采用先进信息技术。

(七)专业化趋势

会展专业化是直面"入世"挑战的迫切需求 。中国"入世"背景下,我国会展业面临新的巨大的挑战:一是受众资源被迅速瓜分;二是国外会展专业化、个性化项目大量涌入。我国会展业必将由本土竞争走向全球竞争。应该看到:中国虽然是个会展大国,但还不是一个会展强国,与发达国家会展业的综合实力相比,我们还有不小差距。随着中国加入世贸组织的日益临近,国内会展公司之间、国内会展公司与国际会展公司之间的竞争将形成"内挤外压"的形势,我们必须走会展专业化道路。会展专业化经营为会展资源的重新整合提供准备,而会展资源的重新整合又为会展专业化经营提供动力和保证。实现会展专业化,走集约化之路,可减少内耗,形成合力,扩大受众,开发市场,必将取得更大的社会效益和经济效益。因此,会展专业化趋势,是中国会展业发展到一定阶段的必然产物,也是摆在我们面前的一个严峻课题。

"只有实现专业化才能突出个性,才能扩大规模,才能形成品牌"已成为国内会展界的共识。在过去相当长一段时期,我国会展业追求的都是综合化,强调小而全,结果造成展会特色不鲜明、规模普遍小、吸引力不强,也导致了我国国际知名展会的缺乏。专业化是中国会展业发展的必然选择。我们应该积极利用技术进步的成果,深化会展业改革,积极推进会展的专业化,力求满足不同层次不同类别会展市场的多样化需求。

（八）多元化趋势

从整体上看,世界会展业正在向多元化方向发展,包括产品类型的多行业化、活动内容的多样化和经营领域的多元化。我国的会展公司都会努力拓展本企业的经营项目,形成"一业为主,多种经营"的格局,以分担经营风险,增强企业综合竞争力。中国会展企业不但根据当地的产业经济基础和自身的办展实力,积极开发新的专业性展会,而且将会展从传统的表面陈列转向融商务洽谈、展会参观、旅游观光、文化娱乐等项目于一体的经贸活动。

多元化发展仍然需要有明确的核心业务,一切围绕核心项目来进行,为相关行业提供产品和服务,树立自己的品牌形象,使企业不断增强核心竞争力,获得持续化发展。实践证明,专业化是多元化的基础。只有以专业化水平获得的竞争优势为基础,才谈得上通过多元化经营来扩大规模效应。

（九）创新化趋势

问渠哪得清如许,为有源头活水来！创新,就是会展的源头活水。市场总是奖励那些最具创新能力的公司,这些公司能够取得骄人的业绩和令人向往的利润。会展创新是会展活动的生命之源,是品牌会展的特质。只有不断地创新,才能与时俱进,增强会展的吸引力和感召力,才能及时而有效地赋予会展以新的内容和新的时代精神,使其不断地焕发出新的光彩与活力。随着世界会展经济的迅速升温,会展业的地位和作用的新提升,势必更为紧迫地要求我们加大会展创新的力度。

中国会展业的创新可分为四个主要方面,即经营观念创新、会展产品创新、运作模式创新和服务方式创新。经营观念创新是企业创新的先导,我们常说,思路决定出路。在现阶段,哪个会展公司能首先转变观念,哪个就可能抓住会展经济发展的有利契机而迅速发展。产品创新将是会展活动最大的收入增长点。会展产品的创新空间不仅在于核心产品的深度开发,更在于如何将已有的会展产品捆绑、连接、个性化和相互利用。要创新题材,按照社会和经济的发展水平跨行业组合新题材,提出新概念,重新设计和组合一些展会,如时尚展,就可将珠宝、服饰、包、鞋等对时尚概念进行组合,还有家居概念、健康概念等等。国内会展业应该更要注重服务创新,推行差异化的服务战略。创新服务就是要建立全员服务意识,建立全程服务运作系统,并借助外力整合行业的服务资源。在运作模式方面,积极接纳网络经济的发展带来的便利,在会展的组织与运作中提升电子商务的含量,开展网络虚拟的展示。在服务方式上,建立以灵活的、以客户关系为基础的服务体系。

作为一项新兴的经济产业,中国会展业只有把握国际化、生态化、人文化、品牌化、信息化、集团化、专业化、多元化、创新化等发展趋势,不断创新,实现跨越式发展,最终成为真正的会展强国,推进中国经济、文化的全面发展。

案例:拉斯维加斯:从"罪恶之城"到"世界会议之都"

拉斯维加斯以博彩业闻名于世,因为社会治安问题严重、犯罪率高,早期被称为"罪恶之城"。如今,拉斯维加斯更以"世界会议之都"享誉全球。

拉斯维加斯是全球拥有客房最多的城市,酒店总房间数达到约 17.5 万;拥有数量众多的博彩场馆,世界上没有一个城市能够在同一时间接待如此大量的游客。如拉斯维加斯米高梅酒店拥有 5000 多间客房、20 家餐厅,超大购物中心,全方位豪华 SPA 乃至婚礼教堂。但是,博彩和旅游都有明显的淡季旺季,旺季时酒店人满为患,淡季时酒店却因为旅客稀少而苦恼。鉴于这种状况,拉斯维加斯利用巨大的酒店容量和博彩场馆大力发展会展业,使会展业能够在博彩业的淡季对酒店餐饮资源充分利用,推动地方经济发展。

目前,拉斯维加斯平均每年举办展会 22500 余场,几乎每天都有重要的展览或会议在此召开。其中不乏各行各业的顶级展会,可谓是行业的风向标,例如北美改装车展(SEMA),全美广播电视展(NAB)和国际消费电子展(CES)等。仅去年一年就接待游客 3800 多万人次,已经成为举世知名的旅游目的地,被誉为"世界会议之都"。先进完备的会展设施、卓越的服务接待能力和多姿多彩的休闲旅游资源,拉斯维加斯应有尽有。

拉斯维加斯拥有超过 970 万平方英尺的会展场地,拉斯维加斯会议中心、曼德勒海会展中心以及金沙会展中心等。其中拉斯维加斯会议中心是美国最大的会展中心之一,也是世界最现代化、设施最完善的会展中心,拥有 200 万平方英尺的展览面积和 25 万平方英尺的会议室空间。换种方式来说明它的宏伟,宴会场地可供 12000 人同时举办晚宴,停车场如同广场一般,可容纳 5000 多辆车。预计在扩展计划完工后,拉斯维加斯会议中心将成为世上屈指可数的顶级展馆,将可以承办几乎任何级别的会议和展览。

讨论题:拉斯维加斯的发展对我国城市会展业发展有何启示意义?

网络链接:

1. http://baike.baidu.comview3551729.htm UFI 认证
2. http://baike.baidu.comview5159.htm 世界博览会
3. http://www.boaoforum.org/ 博鳌亚洲论坛
4. http://www.xh-expo.com/ 中国杭州西湖国际博览会

思考题：

1. 会展的历史演变四个阶段的概貌是怎样的？

2. 什么是会展产业？会展产业形成的条件是什么？

3. 什么是会展经济？会展经济形成的条件是什么？

4. 请简述国际会展经济发展的状况。

5. 中国会展经济发展的特点有哪些？

6. 中外会展经济发展的差距有哪些？

7. 请简述世界博览会、博鳌亚洲论坛、中国出口商品交易会的概况。

第三章　会展本质与功能

【学习要求】

掌握会展的定义、本质和特点；掌握会展的经济功能、教育功能和文化功能；正确理解"会展业是城市的面包、城市的名片"的含义。

【本章概要】

会展是展览、会议、节庆活动等集体性活动的简称，是指在一定地域空间，由多个人集聚在一起形成的，通过定期或不定期的产品展示、技术交流和信息交换等方式进行的集体性、和平性的物质、文化交流活动，具有展览与会议、与各类"节"的结合、群众性和开放性、真实性与直观性、艺术性与综合性、集中性与时效性等特点。

可以根据不同的标准对展览、会议进行多样的划分。展览的分类有两个方面：一是展览的内容，包括展览的性质、内容、所属行业等；二是展览形式，包括展览规模、时间、地点等。按照举办主体的性质不同划分，可将会议划分为三大类，分别为公司类会议、协会类会议和其他组织会议。根据会议的规模即参加会议的人数的多少，可将会议分为小型会议、中型会议、大型会议及特大型会议。按照会议的性质和内容划分，可分为年会、专业会议、代表会议、论坛、研讨会、专题讨论会、讲座、静修会议、培训性会议、奖励会议、分析处理讨论会。按照会议活动特征划分，可分为商务型会议、度假型会议、展销会议、文化交流会议、专业学术会议、政治性会议、培训会议。按照会议举办时间的不同，可将会议分为定期性会议和不定期会议，还可以分为多次性会议和一次性会议。在会展的划分中，值得一提的是：一是当前世界的会展主要是经济贸易类的，我们在提"会展"一词时，也更多的指这一类别；二是会展的类别是一个相对的概念，在实际操作上，不同内容和不同形式的会展往往是交叉结合在一起；三是会展类别是一个发展的概念。随着生产的发展，社会的进步，科学技术水平的提高，一定还会出现新的会展内容、新的会展形式和类别。我们应该联系展览的实践与发展去理解和研究展览的分类。

会展具有经济功能、教育功能和文化功能。会展的经济功能主要表现在信息传递功能、供求调节与均衡功能、创造市场机会功能、促进流通功能、价值实现与权益转移功能、产业与区域结构调整功能、一体化功能等多个方面。会展的教育功能则通过把严肃的政治思想、复杂的哲学思辨、艰深的理论知识化为可视、可听、可触的直接形象,从而能够很好地进行思想政治教育和引导社会舆论,宣传、调动并鼓舞全体公民进行社会主义建设的热情与信心。会展的文化功能体现在它是我国进行国际相互交往和交流的重要方式之一,也是不同文化相互交流与沟通的重要渠道,是联结我国与国际文化、经济的桥梁。

会展产业与其他产业联系较为紧密,是相辅相成、相互促进的关系。会展产业具有市场依赖性、产业依赖性,没有其他产业的发展和支持,会展产业不可能稳定发展,成为经济体系的主导产业。当会展业在现代服务业中的支柱产业地位确立时,会展业的发展也必然带动相关行业的发展,如对广告、旅游、物流、餐饮等行业提出新的投入需求,并促进这些关联部门技术、组织以及制度等各方面的发展,促进这些行业采用先进的管理技术和设备,加速了这些行业专业技术人员的培养。

会展的产生和发展是一个历史过程,与人类文明进步和科技水平提高密切相关。在现代经济体系中,它如一颗闪耀的明星,成为现代社会经济活动的重要方式和经济发展的新推力。

第一节　会展的概念与特点

概念是学术研究的起点和知识积累的基础。作为一个新兴的、综合性产业,人们对"会展"的解释和理解是多角度的,对"会展"的界定也是差异化和多侧面的。为了便于学习和研究,我们有必要对会展的定义进行讨论,进行科学的界定。

一、"会展"的语义探讨

"会"具有多重意义。《书·禹贡》中"会于渭讷"的"会"有"合、聚合、会合"的意思。《雪赋》中的"怨年岁之易暮,伤后会之无因"的"会"是"会见、会客"的含义。《后汉书·周章传论》中的"将从反常之事,必将非常之会"的"会"具有"时机、际会"的意思。另外,"会"还有"为一定目的而成立的团体、组织"、"为一定目的而进行的集会"、"时机"、"恰好"等含义。据此,"会展"的"会",就是为了实现某种目的集中在一起,进行交流——既是参展商的交流,也是观众的交流,更是观众与展商的交流。

"展"也具有多重意义。《说文解字》中有"展,转也"。《周礼·春官·小宗伯》中有"大祭祀,展牺牲,系于牢";《仪礼·聘礼》中有"史读书展币"、"有司展群币以告"的"展"都具有"陈列、展览(以供人察看)"等意思。据此,"会展"的"展",就是陈列,展示(物品)。所以,会展的语义概念可以理解为"聚会并陈列物品"。

现代人们更多地把会展理解为"会议"和"展览"的简称。因而,我们可以进一步对"议"和"览"进行辨义。"议"就是商议、讨论、议论的意思,比如《答司马谏议书》中的"而议事每不合"、《孟子·滕文公下》中的"处士横议"中的"议"都是这个意思。"览"就是观看和阅览的意思,比如《说文解字》中解释到"览,观也",《史记·秦始皇本纪》中"兹登泰山,周览东极"中的"览"也是观看、观赏的意思。进而言之,"会展"的明确语义概念是:"为实现某一目的而聚会讨论并陈列物品供人观看"的意思。

对会展名称基本词汇的语义分析也有助于我们对会展的理解。会展名称的基本词主要包括集市、庙会、展览、博览会,相对应的英文有 Fair,Exhibition,Exposition,Show。中文的"集市"、"庙会"与英文中的"Fair"相当。集市是由农民(包括渔民、牧民等)以及其他小生产者为交换农副产品、土特产品、日用品等产品而自然形成的市场。在中国古代,民间自然形成的集市被称作草市。福建两广称为"虚或墟",在江西称作"圩",川黔等地称为"场",北方则称为"集"。集市是中国至今广泛存在的会展的早期形态。庙会是祭祀日或规定的时间在寺庙或祭祀场所内或附近举办的市场,它可以认为是农村草市的进一步发展。因为庙会的内容比集市要丰富,除商品交流外,还有宗教、文化、娱乐活动;广义的庙会还包括灯会、灯市、花会、花市等。庙会往往成为城镇物资交流、文化娱乐的场所和促进地方旅游及经济发展的一种有效方式。所以,相比集市,庙会更接近于现代的会展活动。Fair 与集市、庙会相同,具有广泛性与传统性的特点。"展览"、"Exhibition"、"Exposition"和"Show"含义接近。展览是在集市、庙会形式上发展起来的层次更高的展览形式。展览在内容方面由贸易和娱乐扩大到了科学技术、文化艺术等领域,并且成为现代会展业中使用最多、含义最广的展览名称。英文中的"Exhibition"与中文中的"展览"一词同义,通常作为各种形式的展览的总称而被最广泛使用。在美国、加拿大等国家,Show 专指贸易展览,而 Exhibition 指宣传展览。而"Exposition"是法文中具有"宣传性质的展览"含义的单词。中文中的"博览会"一词是高档次的,对社会、文化以及经济的发展能产生影响并能起促进作用的展览。它一般规模庞大、内容广泛、展出者和参观者众多。

根据以上的语义基础,我们可以发现,"会展"可以看成是"展览"和"会议"的简称。展览侧重在产品展示和技术交流,是通过物品或图片的展示,集中向观众传达各种信息,实现双向交流,扩大影响,树立形象,实现交易、投资或传授知识、教育观众的目的的活动,主要是一种经济行为。会议侧重在信息交换,是一种围绕特定目标靠站的、组织有序的、以口头交流为主要方式的群体性活动。它可以是经济行为,也可以是政治行为、科技行为。随着现代会展业的发展,节庆活动也成为了会展的一个基本形态。所谓的节庆活动是指为了促进地方经济发展和文化交流,在固定或不固定的日期内,在较大的空间范围内以特定主题活动方式举行的社会活动。这些社会活动既有是约定俗成、世代相传的,也有根据地方特色经济资源和文化资源而新创的。

二、关于会展本质的几种观点

由于当代会展业发展迅速,大大突破了以往那种传统的、封闭的、单一的模式,而带有鲜明的综合性、开放性和现代化色彩,这些发展使得会展的内容形式十分广泛,社会功能多种多样,这也造成了会展研究对象的复杂性,使人们难以准确地把握其定义的内涵和外延的适用范围。会展的本质是什么? 对这个问题,目前在国内外有许多不同的看法。

1.宣传说

"展览是一种宣传工具"、"展览是一种直观、形象、通俗易懂的宣传形式"、"展览是一种历史悠久的群众性的社会活动,是进行政治、经济、科学文化宣传的重要形式之一"、"展览是进行宣传教育的大课堂"、"展览是宣传展示的窗口"等说法都是"宣传说"的典型体现。所谓宣传,是运用各种符号,传播一定的观念以影响人们的思想和行动的社会行为。

宣传与会展有许多一致的地方,主要包括:第一,意图的先行存在。宣传和会展,事先都要有明确的意图,以达到某种目的。第二,目的是影响人们的思想和行为。宣传和会展,都企图通过一定的手段,达到使宣传对象或会展观众改变观念或态度,并最终改变行动的目的。虽然,花卉展览、美术作品展览的功能主要在于审美和娱乐;植物展览、天文地质展览的功能主要是传播科学技术知识,但是从大量的经济贸易性的会展而言,它们的最主要特征还是影响消费者的思想和行为,达到促销的目的。第三,用说服的方式。宣传和会展要达到目的,只能用说服的方式而不能用强硬的手段。我们必须针对宣传对象或会展观众的心理,尽力去触动他们的理性和感性的思维。但会展和宣传也有明显的区别,表现在:第一,两者的内容不同。虽然存在着一些文化教育类会展活动,但是会展更多是商业营销活动,其展品是可以交易的商品;而宣传则主要在于意识形态方面,如主义宣传、政治宣传、伦理宣传等。会展是商业性概念,宣传是政治性概念。宣传、会展与新闻、广告、教育等同属于更大的传播范畴。第二,两者所用的渠道有差异。会展必须在某个限定的地域内和特定的时间内进行,通过高科技手段的运用来布展,以艺术性的陈列展品来传递产品信息。虽然会展活动中会借助多种传播渠道,但是会展主要的特点还是以展品的直观展示来传递与交流信息的;会展信息的传递与交流必须在特定的空间(展馆、会议室、场地与展览环境)进行;会展信息的传递与交流要受到展出时间的严格限制,有较强的时效性。而宣传在渠道方面也更多采用大众媒介渠道、人际渠道和组织渠道进行。如政党对自己政治主张的宣传,在内部往往通过组织渠道,层层传递,由人际传播的方式扩散到最基层;对外宣传则会动用大众媒介或其他媒介。所以,我们说会展并不是宣传。"宣传说"是我国计划经济体制时期把会展作为宣传和文化事业来对待的产物。在计划经济体制时期,我国把大多数展览馆隶属于党委宣传部门,政治办事厅和文化厅、局,国内的各种展览,主要是向全体公民进行思想政治方面的宣传和教育。宣传成为了当时会展活动的主要社会功能之一。

随着社会主义市场经济的建立和发展,我国的会展已经发生了根本性的改变:在形式上,过去的课堂式、封闭式的教化、讲解转变为开放式的双向或多向的交流;在内容上已从政治思想教育为主转变为以经济贸易和科技文化交流为主。"展会结合"、"展节(文化节、艺术节等)结合"、"展贸结合"、"展评结合"等已经成为现代会展活动的基本特点,再用"宣传方式"来概括会展行为是不恰当的。我们认为,会展和宣传是既有联系又有区别的,它们都属于一个更大的范畴——传播。本质上来说,宣传属于政治传播,会展属于营销传播。

2.艺术说

"会展是一门艺术"、"会展是艺术与政治的综合"。确实,会展活动需要广泛地运用着各种艺术的手段与方法,融书法、绘画、摄影、建筑、雕塑、舞台、影视、音乐和装饰等多种艺术于一体。布置精美的展台就是一件大型的艺术作品。但是把会展界定为一门艺术是不妥当的。所谓的艺术,是指通过创造艺术形象来反映社会生活并表达艺术主体(作者、艺术家)的思想感情的一种精神生活的基本方式之一,是人类追求精神自由和审美向往的一种活动形式。从这个艺术的基本内涵中,我们就可以发现会展与艺术的根本区别:艺术属于社会意识形态,作为社会经济活动的会展当然不属于社会意识形态。因此,会展不能为艺术而艺术,艺术形式的使用是为了更好地展示展品,服务于展品的展示和产品信息的传递。艺术是会展的表现方式和手段。受众注意力的稀缺性,要求我们使用一切可以运用的艺术手段和技巧,来为更好地传达与交流展品信息服务。艺术的使用并不主要在于吸引人们去欣赏展览的艺术。我们应该把观众的注意力引导到展品上而不是仅仅在展览布置的艺术上。我们不能因为由于在展览中广泛地运用着各种艺术的手段和技巧,展览形式具有审美的特征,就把会展等同于艺术,把会展业等同于艺术事业。

3.促销说

"会展是一种促销的手段和工具"是很多人认同的观点。确实,"促销说"抓住了经济贸易类会展的主要矛盾并揭示了其基本规律,即会展是以特定的方式展示展品(商品)以达到促进销售开拓市场的目的,其基本价值取向是促销。但是,现代会展的广泛性、综合性和多功能性的发展趋势,早已突破了单纯的推销功能,向政治、经济、科技文化、教育等领域延伸。大型的会展活动总是与当地的政治生活、经济生活、文化教育、科学技术以及购物、旅游等活动密切结合在一起,而往往会成为举办国家或地区社会生活中的盛事。因而,会展的"促销说"也是欠全面的。

案例:

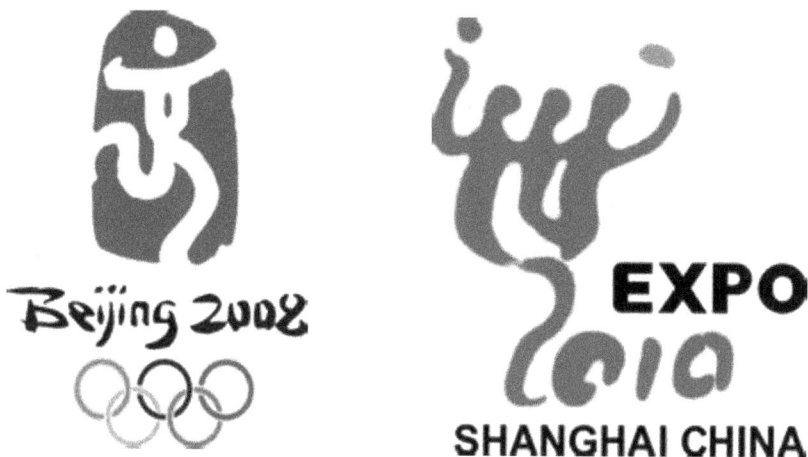

2008年8月8日至8月24日,中国北京举办第二十九届奥林匹克运动会。奥林匹克运动会(简称奥运会)(Olympic Games)是国际奥林匹克委员会主办的包含多种体育运动项目的国际性运动会,每四年举行一次。奥林匹克运动会最早起源于古希腊,因举办地在奥林匹亚而得名。奥林匹克运动会现在已经成为了和平与友谊的象征,它是一种融体育、教育、文化为一体的综合性、持续性、世界性的活动,也是一种文化的传播体现,这样的传播在奥运会中能得到充分的展示。北京奥运会参赛国家及地区204个,参赛运动员11438人,设项目302项(28种运动),共有6万多名运动员、教练员和官员参加北京奥运会。本届北京奥运会共打破43项新世界纪录及132项新奥运纪录,中国以51块金牌成为居奖牌榜首名。举办奥运会的重要目的之一就是提升中国国际形象,树立中国国际威信!为了顺利举办奥运会,中国政府积极进行北京城市改造,提升北京的接待能力和服务水平;大力提升国民素质;积极传播中国传统文化。奥运会期间,各国元首将来华参加奥运会开幕仪式等各项活动,在此期间,我国政府将积极与之进行合作与交流方面的对话,促进国家间关系的发展。

2010年5月1日至10月31日期间,中国上海举办第41届世界博览会(Expo 2010)。世界博览会又称国际博览会及万国博览会,简称世博会、世博、万博,是一项由主办国政府委托有关部门举办的有较大影响和悠久历史的国际性博览活动。参展者向世界各国展示当代的文化、科技和产业上正面影响各种生活范畴的成果。此次世博会也是由中国举办的首届世界博览会。上海世博会以

"城市,让生活更美好"(Better City,Better Life)为主体,总投资达450亿元人民币,创造了世界博览会史上最大规模纪录。同时超越7000万的参观人数也创下了历届世博之最。世界博览会是由一个国家的政府主办,有多个国家或国际组织参加,以展现人类在社会、经济、文化和科技领域取得成就的国际性大型展示会,被称为经济、科技、文化界的奥林匹克盛会。最初以美术品和传统工艺品的展示为主,后来逐渐变为荟萃科学技术与产业技术的展览,成为培育产业人才和一般市民的启蒙教育不可多得的场所。世博会的会场不单是展示技术和商品,而且伴以异彩纷呈的表演,设置成日常生活中无法体验的、充满节日气氛的空间,成为一般市民娱乐和消费的理想场所。

案例:

某市国际会议展览中心是由该市政府在2000年投资40多个亿完成建设,由该市国际会议展览中心有限公司负责经营管理的。该中心展厅面积3.3万平方米,可设2000个标准展位,是目前中国国内设施最先进、规模最大、配套设施最完善的大型综合展馆之一。到去年该国际会议展览中心有限公司亏损1983.73万元,政府可能面临着每年至少贴补几百万的场馆运营费用的背景下,该市政府决定再投入12亿元进行展馆配翼工程的建设。

问:为什么投资巨大并发生大亏损,该政府发展会展业的热情不减?

三、会展的定义

国际范围内,欧洲对会展的理解比较狭义,指的是 Convention(会议)和 Exposition(展览),可以简写为 C&E。美国对会展的理解比较广义,指的是 Meetings(公司业务会议)、Incentive(奖励旅游)、Conference(协会或社团组织会议)和 Exhibition and Event(展览与事件活动),可以简写为 MICE。我们认为,会展是展览、会议、节庆活动等集体性活动的简称,是指在一定地域空间,由多个人集聚在一起形成的,通过定期或不定期的产品展示、信息交换、贸易洽谈、新产品发布等方式进行的集体性、和平性的物质、文化交流活动。对于会展概念的理解,我们应着重从以下几个方面来理解:

1.会展一般在一个特定的时空内进行

会展一般在一个限定的地域空间内进行。这个限定的空间可以是会展馆场、会议中心、会议型酒店,也可以是室外场地等。人们在这样的限定地域空间内聚集,实现信息的密集交流。限定的空间使人们的聚集成为现实,更使人们进行大量的信息沟通和交流成为可能。值得关注的是网络会展的发展。网络会展虽然突破了地域空间的限制,使受众能够足不出户就能够在网络超链接中了解自己所感兴趣的信息,但是因为会展的"实物展示"、"面对面交流"的两个最基本特点都无法在网络会展中实现,因此我们认为,网络会展目前只能是传统会展的补充形式,是传统会展借助互联网的延伸。会展可以是(时间、空间)固定的,也可以是不固定的,但是固定展是会展活动发展的趋势。固定展能够促进与之相适应的城市配套设施和服务支撑体系的建设和完善,使之能够在一定的周期内不断地良性循环,取得良好的社会效益和经济效益。

2. 会展是由多个人集聚在一起形成的活动

会展活动是人类物质文化交流的重要形成,是人类经济活动的重要形式之一。它不是简单的个体经济行为,而是一种集体性的大规模物质、文化交流方式,参与主体包括办展机构(主办单位、承办单位、协办单位、支持单位等)、参展商、服务提供商、观众(专业观众和非专业观众)。一切会展都是要面对市场、面对社会的,特别是现代大型展览和博览会,更是吸引群众参加的大型社会活动。因此招展(参展商招徕)、招商(观众招徕)是举办会展活动十分重要的环节。业界人士常说,"招展是基础,招商是关键"。招展招商的成功,是确保足够数量的人士聚集起来的关键。同时,因为是多人聚集的群体性活动,会展的危机管理变得十分重要,出现任何的安全问题都会导致会展活动的失败。

3. 会展通过产品展示、信息交换、贸易洽谈、新产品发布等方式进行

展览侧重在产品的展示和技术的交流,而会议侧重在信息交流。人们为了更好地实现会展的目的,往往在展览的同时召开相关的会议或活动,或者在召开会议的同时举行相应的展览或活动。一个会展往往包含会议、展览和活动多种形态、多

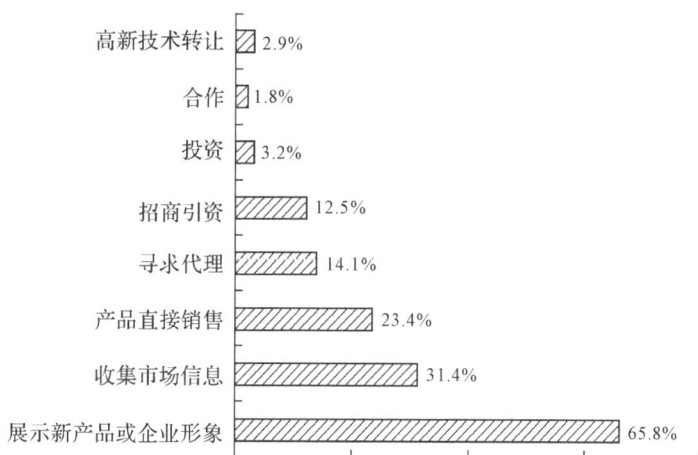

图 3-1　企业参展的目的

个项目。展示、信息、贸易、发布是会展的四大功能。办展机构总是更好地实现这四个方面的功能,满足参展商和观众的需求,而参展商越来越注重通过产品展示、新产品发布提升企业形象,以及通过参展收集市场信息,服务于企业长远发展和企业战略制定。

4. 会展是进行物质、文化交流的集体性、和平性活动

随着生产力的提高,人们对物质和文化交流的需求日益提升,人们需要某种形式来高效率地实现自身的物质需求和精神需求,因此会展应运而生。人们通过这样一种集体性的和平聚会,使自己能在较短的时间里高效率地实现经济、政治、文化或者说是物质需要和精神需要。这种在固定或一系列的地点、特定的日期和一定的期限里,通过展示达到产品、服务、信息交流的社会形式,使得人们能够在最短的时间里,在最小的空间里,用最少的成本做出最大的生意。这种集体性活动往往传递商品信息和科技信息,以沟通产销,促进销售,同时也包含举办地的传统文化特色,在物质交流的同时促进文化交流,在繁荣经济的同时实现不同文化的交流交融,有利于实现世界的和平发展。

案例:

中国国际美容美发化妆用品博览会每年 10 月在广州琶洲展馆举办。去年的博览会举办了盛大的开幕式演出。在博览会期间,不但有众多企业搭建特装,展示产品、收集信息、洽谈商贸以及其他的营销活动,而且有许多买家进场采购和洽谈。展会期间,主办机构举办美容美发化妆用品发展趋势专业研讨会议,并组织了美容美发设计大赛;多个国际知名美容美发企业举行产品发布会。

问:该博览会在哪里举办?

问:该博览会是否定期举办?

问:以该博览会为例,该博览会有哪些活动?

问:该博览会有哪些参与主体?

问:该博览会有哪些功能?

四、会展的特点

1. 展览与会议、与各类"节"的结合

早期,会议就是会议,展览就是展览,往往是孤立的。而随着会展业的快速发展,展中有会、会中套展,展览与会议、与各类"节"的结合成为现代会展业的鲜明特点。如为了更好地实现会展的四个功能,提高展会效益、展会知名度和吸引力,展会的主办者会积极举办一些会议配合参展商的展销活动,如专家研讨会、新闻发布

会及相关的研讨会;参展商也在展会期间,为了配合产品的展销而举行许多相关会议,包括新闻发布会、新产品推广介绍会、客户座谈会、业务洽谈会等。"新加坡海事展"在举办海事展览的同时举行了有关海运、港口、造船与维修、集装箱、船舶燃油、海事科技与防御、中国运输前景等 10 个国际研讨会,以此丰富了展览的内容,提高了展览的档次,增加了展览的吸引力,使该次展览的效果远远超过了单纯的展览,成为国际交流一大盛事。

2.群众性和开放性

参展商、观众人数的多寡和参与展览的程度是评价会展效益好坏的重要依据。因此,每一个会展都要尽可能多吸引参展商、目标观众的参与。而会展本身具有的内容广泛、运用多种艺术手法和形式等特点也使得其必然具有群众性的特点。会展之所以会受到参展商和专业观众的关注,是因为其能够帮助他们实现产品展示、信息交换、贸易洽谈、新产品发布的需要;会展之所以能为非专业观众所喜闻乐见,是因为其内容广泛地接触到人们社会生活的各个方面,具有丰富、鲜明、优美的艺术形式及现代化展示手段,能适应不同层次观众的需要,做到雅俗共赏。

会展的开放性是指会展活动实现了展者与览者的双向互动交流。传统媒介的传播总体上呈现单向的色彩,受众面对技术先进的大众媒介,更多地只能被动地接收信息,无法实现及时、灵活、双向的反馈。而在展览中,不仅有参展商与观众之间的相互交流,而且还有参展商与参展商之间、观众与观众之间的多向交流。特别是现代展览中,非常强调观众的直接参与,让观众亲自参加操作、演示、咨询、座谈、讨论、交流以及娱乐、购物旅游等各种活动。因此,会展的这一公开性和平等参与性的特征,使其具有了开放性的特点。随着世界各国政府与企业越来越重视会展活动,企业纷纷参与世界各地的会展活动来进行产品营销、争夺市场、谋求发展的机会,而使会展的开放性进一步带上国际化的色彩。

3.真实性与直观性

会展的真实性表现在展品的实物性,即便是一些以展望和预测未来发展为内容的展览和展品也必须有科学依据。一般来说,展览活动主要是围绕实物——展品开展的,实物展品是构成展览的核心,展品必须是具有特化形态的客观事物,主要是实物以及辅助之传递实物信息的有关载体如文字资料、图像资料等。俗话说:"百闻不如一见",十分确切地说明了实物展品在会展活动中的重要作用。作为以企业营销的手段或工具,参展商必须提供真实性的展品,提供真实的产品信息,坚持实事求是的科学态度。会展的直观性不仅表现在以直观的形式来再现展览内容,而且表现在运用多种艺术手法和技巧创出具有艺术性的展览形象。展览是它以各种实物展品、模型、沙盘、图表、图片、绘画、雕塑以及音乐、影视等形象化的展示为主,而不以抽象的说教或论述为主。

4.综合性与艺术性

会展的综合性主要是指在会展活动中的各种社会科学、自然科学以及工程技术科学的知识与方法。展览内容与形式的深化,决定了它不能只靠一门或几门艺术或科学技术来解决问题,而必须综合运用多学科的理论和方法,特别是要充分运用各学科的最新理论、方法和研究成果,运用当代最新的展览材料、展览工艺和展示技术。在现代的展览和博览会中,已经广泛地运用着美学、心理学、人机工程学、声学、光学、管理科学等各种学科,以及工程技术、电子技术、计算机技术、通讯技术、自动化技术等各种技术的理论与成果。综合运用最新理论、方法和研究成果,使会展具有了持续不断的勃勃生机和吸引力。

为了突出展示产品的形象,展览的主办者和参展商往往综合运用声、光、色、形以及文字、图像等艺术手段,综合运用文学、绘画、书法、摄影、雕塑、音像、影视、工艺美术、建筑艺术以及环境艺术等,创造出鲜明、生动的展览艺术形象。因此,我们看到的会展,总是积极融汇各种艺术形式,既有视觉艺术,又有听觉艺术;既有时间艺术,又有空间艺术;既有平面的二维艺术,又有立体的三维艺术乃至多维艺术,将展馆、环境、展品布置得美轮美奂。由于展览包容了各种艺术色与优势,因而在整体上来看,会展所具有的艺术性就比其他任何一个门类的艺术都要更丰富、更强烈、更引人入胜。假如我们置身于展览馆内,就仿佛置身于立体艺术、平面艺术、灯光艺术的海洋里,令人心旷神怡,流连忘返。

5.时效性与集中性

为了能够集中力量、集中资金、集中材料设备和技术,让参展商、服务提供商更快更好地做好展览筹备和展出服务工作,大量的会展活动都强调展出的时效性。会展的时效性要求办展机构对展览主题的确定和展览时机的选择,能够紧密配合市场的需要和现实生活的需要,及时有效地解决人们物质与精神生活中迫切需要解决的问题,反映行业发展的热点问题和最新趋势,体现出前瞻性、针对性、时效性。

除了时效性外,会展还要求具有集中性,不但是时间上的集中,而且包括信息的集中。展览或博览会一般是3~7天的短期展。会展时间上的集中,使得在一个较短的时期里和一定的范围内,以某项展览的主题为中心,形成社会生活中的一段高潮,这对会展参与各方来说是最经济高效的。会展还带来了信息的集中。主办者把大量的展品进行直观的展示,同时又邀请大量的观众前来参观,使得参展商可以在短时间里接触到大量的专业观众(买家),专业观众(买家)也可以在短时间里接触到大量参展商和最新的商品信息。会展的集中性最大限度地节省了展商和客商的时间,高效地实现了相互了解、相互接触,节约双方的人力、物力和财力。实践表明,相对于其他营销工具,会展对于参展商、专业观众实现营销目标来说,性价比是最高的一种营销工具。

在这里需要进一步明确会展、会展经济概念的差别。会展经济是指以现代化的会展场馆为基础,以完善的城市设施和健全的服务体系为支撑,通过举办各种形式的展览、会议、节庆活动,吸引大批与会、参展人员及观众前来进行参观访问、经贸洽谈、文化交流等,从而在获得直接经济效益的同时带动城市一系列相关产业发展的一种经济现象。概而言之,会展经济就是以会展业为发展核心和发展动力,以此带动一个城市、地区乃至国家经济发展的综合经济活动,由内而外可以分为会展自身的经济活动、会展带动的经济活动、会展带动的经贸交易活动、会展的软硬件环境建设活动、会展带动的区域经济发展活动等五个层次。会展作为一项产业,有其特殊性:如果作为一项产业,会展业的投入和产出难以清晰地测算,因为会展产品是由若干相关的产业共同提供的,最后的利润也流向了不同类型的企业;会展业不是由同类企业构成的,会议策划或服务公司、展览公司、展品运输公司、展示设计和搭建公司等企业的业务和产品存在明显的区别;绝大多数会展企业隶属于某个传统的标准行业,如展品运输公司隶属于交通运输业、展台设计与搭建隶属于广告业、参展商和专业观众的住宿接待属于饭店业等。正因为这些特殊性,会展业与各行各业发生着关系,显现出其旺盛的生命力。正因为如此,会展业有"城市的面包"、"城市的名片"之称。"城市的面包"是指会展业强大的经济功能。会展业具有很强的联动性,能够很好地拉动交通、通讯、住宿、餐饮、旅游、购物、贸易、广告、印刷、物流等相关产业发展。根据国际测算:会展业对相关产业的联动系数约为1∶9,即会展场馆的直接收入如果是1,那么相关产业的收入就会有9。"城市的名片"是指会展业强大的社会文化政治功能。首先,会展业的发展能够增强一个地区或城市的综合服务功能和服务意识,提高当地居民的综合素质,还可以重塑和提升该地区或城市的整体形象,从而达到一定的社会目标;其次,成功地举办国际会议和展览,还能促进国内和国际交往,增强国际合作和交流,解决某些争端,从而达到一定的政治目的;第三,通过举办会议和展览,可以促进科技文化的交流与合作,进而促进科技文化的发展。

第二节　会展的功能

一、经济功能

会展是推动第一产业发展的有力工具,是促进第二产业发展的有效手段,更以其强大的联动效应傲居第三产业的龙头。会展的经济功能包括产品展示、信息传收、贸易洽谈、产品发布等,在中介性会展活动中表现得最为突出。

1.产品展示功能

会展最为强大的功能就是产品的展示功能,展示的产品一般可以是贸易的产品,也可以是一个城市的人文、地理和风貌,还可以是一个国家和城市的建设成就或科技实力。在经济全球化和信息网络化的今天,产品的展示是经济和贸易活动的核心和关键,只有通过不同方式和途径的展示,产品才能为大多数人认识和接受,并最终实现终极消费。许多具有划时代意义的发明和创造都是通过大型的会展而走向世界的,如电话机、留声机、蒸汽火车、电视机等都是首先在展览上亮相,然后迅速得以推广的。由此可见,会展是具有强大的产品展示功能。参展企业通过声、光、电等高科技手段,精心设计展台来提升自身形象,再配合各种宣传手段、公关活动和促销活动,使企业的理念和品牌得到最有效的宣传,使客户在最短的时间里了解到企业的形象、理念和品牌,从而达到了企业展示和宣传自己公司形象、理念和品牌的目的。

2.信息传收功能

一个成功的会展能够反映行业发展的热点问题、最新趋势和最新态势。会展的开展能够在较短的时间内聚集大量的物流、人流、信息流和资金流,这种物流、人流、信息流和资金流大聚集的必然结果是信息的流动与扩散。会展的信息传收功能是十分强大的,大型的专业展览基本上能够囊括专业内所有的信息,包括专业内最新的产品、最新的成果、最新的技术、最大的厂商、最有名的品牌等一系列的信息在展览上都能够得到。企业通过参展,获得行业发展的最新趋势和态势,为企业的正确决策提供指引。

3.贸易洽谈功能

会展为参展的供需双方提供相互贸易洽谈和交易的舞台和机会,从而大大提高了政治、文化、经济、技术和贸易的交流与合作,贸易洽谈因此而成为会展的重要内涵之一,也是会展的重要功能之一。展览上达成的购销意向和购销合同成为举办展览是否成功的重要衡量指标之一。

4.产品发布功能

产品的研发和创新是企业确立行业地位的基本手段。一些在行业中有影响力的企业都把展会作为自己发布新产品的重要平台。产品发布会一般推出企业的年度新产品或者是具有较大创新的产品,邀请对象包括客户和新闻记者。

二、文化政治功能

随着社会经济的不断发展,人们身边的博物馆、纪念馆、美术馆越来越多,这些展馆不仅有常年的陈列展览,也有短期的丰富多彩的临时展览等。对于每个人来说,这些场所伴随着我们的成长,在我们的头脑里留下了美好的记忆。这其实就是这些展馆发挥文化功能的过程。事实上,在社会主义市场经济还没有确立的时候,中国政府把展会列为文化事业,把展览馆纳入文化事业单位。我国的《政府工作报告》曾经多次指出:要大力促进新闻出版、广播电视、文学艺术、卫生、体育、文物、图书馆、文化馆、博物馆、展览馆等各项文化事业的发展。

会展是各行各业的交汇点和十字路口，每个行业都有自己的会展活动。从文化的角度进行考察，会展具有明显的多层次、多功能的特点。会展文化既可以是通俗文化（这是会展文化的主要方面），又可以是精英文化；可以是严肃文化，也可以是休闲文化；可以是现代文化，也可以是历史文化；可以是乡上文化，又可以是异国文化。从形式来看，会展可以是单一文化形式的文化，也可以是多种文化形式的综合。会展的这种多层次、多方位的特点，使它具备了能满足人们多种文化需要的社会功能，因而为广大观众所欢迎和喜爱。

会展是各种社会文化、社会意识形态和价值观的载体，是不同文化相互交流与沟通的重要渠道。如在 2010 年上海世博会上，中国国家馆以城市发展中的中华智慧为主题，表现出了"东方之冠，鼎盛中华，天下粮仓，富庶百姓"的中国文化精神与气质，让人深刻地感悟到了中华价值观、中国城市的底蕴和传统及其未来发展之路，受到国外观众的热烈欢迎和高度评价，被评为"五星级会展馆"之一。通过会展，我们不仅可以生动直观地向世界宣传介绍我国优秀的民族文化，还可以更好地学习外国先进的文明成果，为实现我国"文化强国"战略服务。每一个参加会展的国家或地区，都无不力图展示自己的传统文化，拓展与其他国家的文化交流。这对世界各国破除文化保守性与封闭性，推进对世界各国文化的理解和认识，加强各国人民之间的相互了解，增进各国人民之间的友谊。

会展具有政治功能，是国内国际政治交往的重要方式之一，发挥着联结和促进我国国内与国际政治交流作用。有人说：会展是离政治最近的活动。在国内层面，通过会展可以邀请到上级领导前来参加会展活动，创造与各级领导接触和沟通机会，及时汇报政绩和请示工作，取得领导的肯定和赞赏，获得上级领导的支持和帮助，促进官员自身政治道路和地方经济的发展。在国际层面，我们知道，2008 北京奥运会有 101 个国家的政要应邀参加开幕式，2010 上海世博会有 102 批副总统以上政要莅临开幕式、闭幕式或各国国家馆日。这些政要前来参加这些会展活动，同时也把参加这次活动作为与中国政府和领导人沟通国际政治事务的重要机会，不少国家领导人对中国进行了正式和非正式访问。在经济上成为世界第二大经济体的背景下，中国通过举办两个具有世界影响力的大型会展活动，提升了国家形象和国际地位，取得了很好的政治效果。

所以说，会展在具有良好的经济功能之外，还在国际文化政治交流中起到了很好的桥梁作用。对外开放作为中国一项不可动摇的基本国策，中国积极参与世界文化会展活动，开展国际文化和政治交流，是和谐国际文化政治关系，宣传中国优秀文化，学习国际先进文化政治，促进世界和平发展的重要方式。

三、教育功能

会展的教育功能在教育性会展活动中表现得最为典型。会展具有的直观性、艺术性、综合性和群众参与性的特点,可以把严肃的政治思想、复杂的哲学思辨、艰深的理论知识转化为可视、可听、可触的直接形象,从而能够很好地进行思想政治教育和引导社会舆论,宣传、调动并鼓舞全体公民进行社会主义建设的热情与信心。在现实生活中,我们把抽象的理论性很强的政策条文以及法律法规的宣传教育,通过各种实物、文学、图片、范例、模型等直观的形象向群众展示,再配以生动感人的讲解,把理论性、知识性与艺术性、趣味性融为一体,为广大群众喜闻乐见。

会展可以说是一所面向全社会的大学校。在教育内容上,会展可以跟踪世界最新的科学文化知识,传播一些难以及时传授的最新科学技术成果和文化知识信息;在教育对象上,会展可以面向社会各界,不受学校教育的那些限制,切实推行终身教育的理念;在教育方式上,会展自由灵活,轻松愉快,融知识于艺术,寓教育于娱乐,使观众在充满兴趣的愉悦心情下,接受教育增长知识,会展活动的操作性和参与性还有助于发展观众的观察能力、想象能力、思维能力,并能培养观众的实践技能。例如德国慕尼黑的自然科学与技术成就博物馆有 28 个分馆,15000 多种展品,其中有 4000 余件可以由观众自由启动操作,参观路线长达 16 公里。中小学生可以把这里作为校外课堂和实验室;大学生、研究生可以在这里就某个专题进行研究,一般观众也可以只花很短时间就弄清楚某门科学技术的发展历史和现状,或者很快地掌握某些科学知识与技术。

会展活动是普及科技知识的课堂。以会展的形式普及科学技术知识,不仅普及对象广泛,而且普及方式直观,富有艺术性。目前,世界各国都十分重视用博物馆、科技馆举办科技会展的形式向全社会普及科学技术知识。博物馆、科技馆已经成为社会政治、经济、文化发展的重要标志之一。同时,会展也是推广科学技术的十分有效的形式。各种经济贸易和科学技术类会展活动,一般都是新产品、新材料、新工艺、新技术的直接展示,展出的展品一般都要求是新颖的,带示范性的、前卫性的,它们都具有较多的科技含量,所以会展实际上就是各种科技新理论、新成果的生动而直观的新闻发布会。它必然会引起社会各界的广泛关注,引起广大观众的极大兴趣。这就为推广应用科学技术打下了广泛的社会基础。观众在参观展会的过程中,不仅能从理论上领会科学技术知识,从实现展品的观摩中看到具体的科技成果,而且还可以从操作演示中了解科技实现的具体进程。这种理论与实践紧密结合的会展形式,具有极大的说服力和吸引力,能加深人们对科技进步的认识和理解,这就为推广应用科学技术打下了良好的思想基础。总之,会展活动不但可以倡导在社会主义市场经济条件下坚持正确的人生观和文明健康的生活方式,加强社会主义公德、职业道德的建设和精神文明建设,提高全体公民的道德水准和政治素质;而且可以广泛深入地开展中国历史特别是近代史、现代史和中华民族优良传统的教育,增强人们的爱国主义、集体主义意识,为加快有中国特色的社会主义建设服务。

一个会展项目的经济功能、文化政治功能、教育功能往往是兼具的。如在经济贸易类展览中,会邀请各级领导参加开幕式等活动,会有意地运用人们喜欢的文化元素、传播和普及科技知识,而使会展在具有经济功能的同时,又具有了文化传播与政治交流、大众教育等功能。但是,在国际会展活动中,有意识地发挥会展的多种功能的现象则比较常见。在这种情况下,往往是以某一功能为主,其他功能为辅。

案例:布鲁塞尔会议经济繁荣

布鲁塞尔是欧盟总部所在地。不算欧盟 27 国成员国首脑的定期造访,布鲁塞尔—欧洲联络办公室的统计数据显示,每年约有 70000 场会议及展会在布鲁塞尔召开。年约 700 万的参会者直接拉动了布鲁塞尔的商务旅游业,有近 10 万个工作岗位与欧盟驻地的特殊身份有关,布鲁塞尔也因此成了名副其实的欧洲第一、全球第二会议城市。在国际金融危机的背景下,西班牙、葡萄牙巴不得买房送国籍,欧洲第一会议经济城市布鲁塞尔欧盟区却以霸气的"一房难求"羡煞眼球。

酒店订房难、买房租房难一直是布鲁塞尔的特征之一。这些"难"也是有季节性的,旺季是欧盟会议频繁的时候;淡季是欧洲传统的度假季。该酒店一间最普通的标房(不含早餐、不含税价)淡季时 90 多欧元(折合人民币约 720 元),而同样一间房在会议集中的旺季房价近 300 欧元(约 2400 元)且依然抢手。三倍的巨额差价令人瞠目。高峰期时,欧盟区内一般的二星酒店,一间标房都能暴涨至 150 欧元(约 1200 元人民币左右)。随商务游走俏的布鲁塞尔酒店业从几年前便开始贡献每间每夜 10 欧元的"城市税",这对布鲁塞尔市政府来说,可谓是一笔额外的税收。

欧盟的 5.5 万名雇员大多在此定居。此外,布鲁塞尔云集了近 2 万名职业说客,这些游说团的规模庞大,仅次于美国华盛顿;另有超过 5000 名外交官、1000 多名记者常驻布鲁塞尔;数以万计的供职于布鲁塞尔的各大公司、组织的雇员们。包括他们的家眷在内,整个布鲁塞尔共有 10 万~12 万人口与欧盟相关。而布鲁塞尔的总人口约 183 万,也就是说,大约每 15 名居民中就有一人与欧盟直接、间接相关,虽然 2004 年以后建的欧盟机构新大楼多选盖至市郊,以此缓和欧盟中心区的"供不应求",但却又变相托高了布鲁塞尔周边地区的房价。

第三节　会展业与相关行业

会展产业与其他产业联系较为紧密,是相辅相成、相互促进的关系。会展产业具有市场依赖性、产业依赖性,没有其他产业的发展和支持,会展产业不可能稳定发展成为经济体系的主导产业。当会展业在现代服务业中的支柱产业地位确立时,会展业的发展也必然带动相关行业的发展,如对广告、旅游、物流、餐饮等行业提供大量的服务需求,提出新的投入需求,并促进这些行业的技术、组织以及制度等各方面的发展,促进这些行业采用先进的管理技术和设备,加速了这些行业专业技术人员的培养。会展业所具有的巨大的关联效应和扩散效应,能够很好地带动广告、旅游、交通、餐饮、住宿、通信等多个产业的发展,使产业结构更加合理化。

一、会展业与旅游业

会展与旅游有着本质的区别。会展核心功能是信息与物质交流,具有明显的物质功利性,是现代社会的生产和交换的重要过程。旅游是休闲活动的一种方式,是一种生活方式,其核心功能是个体的经历,精神的愉悦,具有明显的非物质功利性。会展活动关注的是"信息、物质的交流与交换",其基本社会功能是物质资料生产环节的完善;旅游关注的是个体体验、精神愉悦,实现的基本社会功能是个体身心的完善。

会展业与旅游业在现代产业发展中形成的是一种双赢关系。因为大凡能够成功举办大型会展活动的城市,往往是旅游名胜之地。而会展业带来的客户消费高、停留时间长、团队规模大、赢利性好、行业带动性强,使城市形成了以会展带旅游,以旅游促会展的良性互动发展模式。游客往往具有会展参观者的身份,而会展参观者又往往具有游客的身份,形成了旅游业与会展业的良性互动。1992年的西班牙塞维利亚世博会,其举办地是一座遍布名胜古迹、令人流连忘返的城市,主办者制订了旅游、会展有机融合的周密计划,从而取得了良好的经济效益和社会效益。而德国汉诺威是一个会展业集中的城市,但其曾一度因为过于将精力集中在会展业务之上而忽视了旅游宣传和组织,结果失去了旅游业的有效支撑,导致会展参观人数严重偏离预期,以致产生巨额亏损。

会展与旅游的互动,表现为会展旅游的兴起。会展旅游是指借助举办的各种类型的会议、展览、博览会、交易会、招商会、文化体育、科技交流等活动,吸引游客前来洽谈贸易,观光旅游,进行技术合作、信息沟通和文化交流,并带动交通、旅游、商贸等多项相关产业发展的一种旅游活动。从整个发展过程来看,会展旅游的形成是会展经济的产物,是会展产业链的一个环节,是会展业的延伸。20世纪90年代以来我国会展旅游业发展迅速,年增长速度达到20%以上,大大高于我国其他领域经济总量的增长。会展旅游是会展活动的延伸。从会展的角度来理解会展旅游,它是在会展活动实现的情况下派生出来的一种重要的"副产品",而这种副产品对会展有重大的、积极的影响和意义,即增加会展人数、扩大规模、影响成交量、提高会展品牌知名度等。会展旅游是专项旅游产品或活动。从会展旅游者的构成来看,会展旅游往往比观光旅游层次更高,拥有更多的文化、科技、商贸含量;因而,会展旅游比观光旅游往往其给举办地带来的巨大经济效益和社会效益。会展业将是未来旅游业中最有发展前途的市场之一。

会展活动组织者与旅游活动组织者需要高度配合,共同实现利润的最大化。出于扩大会展影响的需要,会展组织者应该尽量考虑到"会展旅游者"的需要,将举办地放在具有高度旅游价值的地区。当然,这个会展举办地必须适合会展活动的要求。会展活动如果不与旅游活动紧密配合,很可能影响会展活动的效果。为了实现会展带动会展旅游的良好局面,会展组织者与旅游组织者必须积极配合。一方面,会展组织者应积极寻求旅游活动组织者的配合。会展组织者在选择会展目的地时,除了考虑会展本身的要求外,还需充分照顾到该地对会展旅游者的旅游价值,以提升会展的附加值。会展组织者还应主动邀请旅游组织者参与会展活动的组织和实施,特别是在"食、住、行、游、购、娱"旅游六大要素的安排上,这样既是减少活动安排的压力,又能使会展旅游者更满意。另一方面,旅游活动组织者应积极参与会展活动的组织和实施。实力雄厚的旅游集团参与会展,将会减少许多不必要的中间环节,使浪费降到最低点,大大降低会展的运营成本,从而使会展与旅游达到互动和双赢。

二、会展业与广告业

广告是通过一定的媒介组合,向人们传达商品和劳务的存在,商品或劳务的特征,以及商品或劳务的价格、包装、服务或付款方式等条件,还有顾客所能得到的利益,激起消费者的注意或兴趣。广告的直接功能是:传达信息,引起注意,造成印象,激发兴趣,促成购买。从消费者的角度看,广告是认识某一商品或劳务,可以满足其明显或潜在需求的手段。从企业的角度看,广告是营销的重要手段。广告最终的目的是为了扩大商品的销售量,增加企业盈利。广告是一门综合性学科,涉及到文学、经济学、社会学、心理学、美学、市场学和现代科学技术。

表 3-1　广告的分类

序号	划分标准	广告类型
1	传播媒介	报纸广告、杂志广告、电视广告、电影广告、网络广告、包装广告、广播广告、招贴广告、POP 广告、交通广告、直邮广告、车体广告、门票广告

续表

序号	划分标准	广告类型
2	广告内容	品牌广告、产品广告、观念广告、公益广告
3	广告目的	告知广告、促销广告、形象广告、推广广告、建议广告、公益广告
4	广告策略	单篇广告、系列广告、集中型广告、反复广告、营销广告、比较广告、说服广告
5	表现手法	图像广告、文字设计广告、幽默广告、人物肖像广告、视听广告

广告、会展是现代市场经济发展不可缺少的部分,已成为重要的产业类型。自20世纪80年代以来,我国广告业、会展业作为姊妹型产业相互促进,取得了突飞猛进的发展。

随着营销理念的更新和广告效果的下降,人们对会展的重要性的认识越来越深刻,会展作为企业之间的一个有效的商务平台,为企业展示产品、交流技术、洽谈贸易、收集行情、拓展市场提供了桥梁和舞台,会展在企业市场营销战略中的地位益发重要。会展利用特定媒体(展览)将消息发送给有针对性的观众,使观众产生即时反应,刺激顾客购买。有资料显示,与以往营销费用主要投向广告不同,近几年,参展成为企业营销费用的重要新流向。20世纪90年代,大多数企业没有什么参展意识,参展投入的费用不及企业营销费用,几近于无。但是进入21世纪后,企业参展费用递增势头变得非常迅猛。

媒介是传播信息符号的物质实体。随着科学技术的发展和科学技术的不断提高,新媒介层出不穷,广泛应用,影响了广告业和会展业的形态。广播、电视、报纸是广告的媒介。会展的场馆、展台是会展场馆的媒介。会展是以产品为载体,通过综合的手段展示企业整体。展会活动中,参展商能够与观众面对面地、有针对性地进行语言形式和非语言形式接触与交流,相互了解,建立信任。这种交流有的放矢地把参加展览与企业整个公关工作、企业整体形象树立和宣传有机地结合起来,因而也就容易取得成效。相对于广告的非人际性、点对面的传播方式,展览因此具有不可取代的优势。

如上所述,为了适应残酷的市场竞争,企业营销除了使用广告手段之外,会展已经成为企业营销适应竞争需要的新手段。随着会展业的发展,广告公司已经把会展作为公司业务的新增长点,广告公司在代理企业营销中,会展业务的比例越来越大。同时,会展项目的推广中,也出现了大量会展项目的广告,增加了广告业的收入。

三、会展业和物流业

物流是物品从供应地向接受地的实体流动过程,根据实际需要,将运输、储存、搬运、包装、流通加工、配送、信息处理等基本功能有机结合。世界物流业的快速发展可以追溯到 20 世纪末期,尤其是在 20 世纪 90 年代以后,世界物流业持续 10 年保持了每年 20%～30% 的高速增长。全球物流业的发展水平首推发达国家,而在发达国家中又以美国和日本物流业的发展尤为突出。

现代物流业与会展服务业互为依托,相互促进:会展业为物流业带来客户和订单,物流业为会展业提供仓储和运输。会展活动导致的展品及资料的运输、会展达成的订单导致尚品国际间的大流动,结果就是巨大的物流活动。物流业是经济高度发展的产物,其服务对象是商品的流动。会展业的发展无疑给物流业带来新的商机。会展业对物流业的直接推动作用在于展品运输的发展;会展业对物流业的间接推动作用在于商业性展览达成的商品交易,促进市场经济的繁荣发展以及运输、仓储等物流活动的活跃。物流在会展业中的运用,不仅为会展的增值服务和成本控制提供了一个有效的途径,还对会展业的进一步发展提供了可能。

相对于一般的货物运输而言,展品对物流服务有着更高的要求,运输目的地也是遍及世界各地,这就要求运输单位不断采用先进技术、设备、管理方法,提高物流服务水平。会展引发四面八方人群的大量聚集,必然要求举办地具备便利、快捷的交通,促使当地加快陆、海、空运以及信息平台建设,为物流业的发展提供了先决条件。会展业发达的国家和地区,如美国、德国、香港等,其物流业发展水平居于世界前列。

会展业促进物流业,尤其第三方物流的发展。所谓的第三方物流是指有供方与需方以外的物流公司提供物流服务的业务模式。对物流业务是其辅助性业务的工商企业等参展商来说,物流业务外包是必然要求,以便参展商集中精力搞好展示,促进销售。因而,可以说会展业必将促进物流业尤其是第三方物流的发展,加快物流市场的形成。展品的运输是一项重要的物流活动,从供应地流向展览场所,其间涉及展品的分类、包装、标识、搬运、运输、储存、拆箱等环节,展览结束后,展品回流至供应地。参展运输的要求可归纳为及时性、安全第一、小批量、多品种、适时监控等,对于涉及出国参展运输,物流公司还必须熟悉出入境、展地的交通行业规则等。总之,会展业需要专业性的物流公司来提供参展运输服务,确保展品安全和及时到达会展举办地。可以说,会展业不仅以物流业的发展为要求,而且促进了物流业经营模式的变化。同时,物流产业与会展业的快速发展将物流、会展推上了发展的快车道,展会的专业化、国际化水准逐步提高,专业物流会展发展迅速。

现代物流业和会展业正逐渐成为我国第三产业的两大亮点,在经济建设中发挥着日益重要的作用。国内许多城市把发展现代物流业和会展服务业作为产业结构调整的重点,提出以现代物流业为龙头,突出发展会展服务业的口号。

四、会展业与酒店餐饮业

酒店主要提供食宿服务,其本身亦可以作为会展的场所。会展业对酒店业的规模、效益、品牌产生着积极影响。会展推动酒店业发展,提高酒店的入住率和其他设施的利用率。由于参加会展活动的人员主要是有强劲消费能力的商务客人、高文化素质客人,其消费特点通常表现为档次高、规模大、时间长。会展活动引来的四面八方的观光客,也将极大地刺激当地酒店业的发展。因此,会展业的发展引发了酒店业的投资热潮,促进酒店服务水平的升级。大型会展蕴涵巨大的商机,引来众多商家前来投资酒店业。在会展业带来的巨大商机面前,不少酒店从软、硬件着手来提升服务水平,比如设施设备的现代化与智能化、员工文化素质的提升、员工服务意识的强化、酒店品牌的树立等。会展作为一个产业而言,其会展活动是经常性的。它汇集的大量客源,给酒店创造了绝好的机会。这就模糊了酒店业淡季和旺季的界限,提高了酒店的盈利水平。

会展业的发展促进了餐饮业的发展,餐饮业的发展也支撑了会展业的发展。会展业为城市餐饮业带来的收益非常突出。会展活动期间,大量的参展商和参展观众的涌入对举办城市的餐饮行业形成巨大的需求,为这些行业的发展创造了机遇。会展业往往在经济较发达的地方举办,其餐饮业相对较为活跃。为了满足四面八方会展商的饮食口味,餐饮业主必然注重和引进各个国家或地区的餐饮习惯,从而使餐饮服务多样化。会展业的发展还能促进餐饮场所的增加,以及餐饮效益的提高。同时,由于会展聚集的大量客流,当地的餐饮特色、餐饮品牌通过客流扩散作用而声名远扬,产生巨大的广告效应。

案例:博鳌现象

博鳌镇是海南省琼海市的一个镇,面积约31平方公里。位于琼海市东部海滨,为半渔半农集镇,是国际会议组织——博鳌亚洲论坛(英语:Boao Forum for Asia,缩写BFA,博鳌亚洲论坛或称为亚洲论坛、亚洲博鳌论坛)永久性会址所在地。博鳌亚洲论坛由25个亚洲国家和澳大利亚发起,于2001年2月27日在海南省琼海市万泉河入海口的博鳌镇召开大会,正式宣布成立。成立之时通过了《宣言》《章程指导原则》等纲领性文件。论坛为非官方、非营利性、定期、定址的国际组织;为政府、企业及专家学者等提供一个共商经济、社会、环境及其他相关问题的高层对话平台;海南博鳌为论坛总部的永久所在地。博鳌亚洲论坛吸引了全世界目光!博鳌亚洲论坛的举办使原来贫穷落后的博鳌这个小渔村闻名四海。目前的博鳌已经从一个小渔村发展为现代化城镇,生态、人文、治安等环境得到极大提升。会展经济发达,仅去年第一季度,就有100多个国内外会议选址博鳌。旅游业发达,每天前来旅游度假的人更是络绎不绝。通过众多类似博鳌的现象,有识之士指出,会展业是"城市的名片"和"城市的面包"。

案例讨论:如何理解会展业是"城市的名片"和"城市的面包"?

思考题:

1.什么是会展? 它有哪些特点?

2.为什么说关于会展本质的"宣传说"、"艺术说"、"促销说"是不正确的?

3.会展有哪些功能?

4.会展的经济功能体现在哪些方面?

5.如何理解会展业是"城市的名片"和"城市的面包"?

第四章　会展分类与主体

【学习要求】

掌握展览的定义和分类、活动的定义和分类；掌握主要会展市场主体及其特征。

【本章概要】

狭义的会展可分为展览、会议、活动。展览是指参展商利用办展机构提供的平台，进行商贸洽谈、产品发布而公开展示企业生产的实物产品及相关资料，供买家观览的活动。展览的分类标准、划分类别包括：内容（综合性展览会、专业展览会、消费展览会）、规模（国际展览会、全国展览会、地方展览会、独家展览会）、时间（定期展、不定期展；短期展、长期展、常年展）、地域（国内展、出国展）、功能（教育性展览会，如观赏展、教育展、公益推广展；中介性展览会，如商业推广展、贸易型展览会、消费型展览会、综合型展览会）、方式（实物展览会、网上展览会）等。

会议是人们为了解决某个共同的问题或出于不同的目的聚集在一起进行讨论、交流的活动，它往往伴随着一定规模的人员流动和消费。按照举办主体划分的性质不同，可将会议划分为三大类，分别为公司类会议、协会类会议和其他组织会议。按照会议活动特征划分，会议可分为商务型会议、度假型会议、文化交流会议、专业学术会议、政治性会议、培训会议。按照会议的性质和内容划分，会议可分为年会、专业会议、代表会议、论坛、研讨会、专题讨论会、讲座、静修会议、培训性会议等。

活动是指在固定或不固定的日期内，以特定主题开展的会展形态，参与主体和组织形式多样。按照活动主题划分，活动可以划分为节庆活动、商业活动、媒体活动、体育赛事、公益活动、奖励旅游活动。按照属性划分，活动可以划分为大型传统节日活动、大型现代庆典活动、其他重大活动。

可以根据不同的标准对会展进行多样的划分。值得一提的是：一是在实际操作上，不同内容和不同形式的会展往往是交叉结合在一起。二是会展类别是一个发展的概念。随着生产的发展，社会的进步，科学技术水平的提高，一定还会出现新的会展内容、新的会展形式和类别。我们应该联系会展业的实践与发展去理解和研究会展的分类。

　　会展的市场主体包括办展机构、参展商、观众、服务提供商、会展场馆等。主办单位是指拥有展会并对展会承担主要法律责任的办展单位。主办单位在法律上拥有展会的所有权。承办单位是指直接负责展会的策划、组织、操作与管理,并对展会承担主要财务责任的办展单位。支持单位是指对展会主办或承办单位的展会策划、组织、操作与管理,或者是招展、招商和宣传推广等工作起支持作用的办展单位。支持单位可以是政府部门、公益组织、行业协会、大众媒体、金融机构等。参展商是受办展机构邀请,通过订立参展协议书(或会展合同),于特定时间,在展出场所展示产品或者服务的主体。参展商是办展机构获得收入的最主要和直接的来源。观众是通过购买门票或提前注册入场参观、与参展商进行洽谈的自然人、企业以及其他相关的市场主体。会展运作中,办展机构更多是在选择合适的服务商来给展会提供专业而优质的服务,会展业也呈现出一个"服务外包"的团队合作景象。会展场馆是会展的载体,包括会展中心、会议中心、会议酒店等,是会展得以进行的不可缺少的组成部分。我国会展场馆的建设运营往往采取"政府投资、企业运营","政府补助,企业经营"等方法。办展机构在决策会展项目是否可以在某个会展场馆举办,会考虑展馆、会展形象是否一致;展馆的性质要满足会展的需要;展馆能够提供最满意的服务;能否遵循公平、公开的服务原则等因素。

第一节　会展的分类

　　对会展进行科学的分类并研究各类会展的特点和规律,能够使我们依据各类会展的特点和规律更好地从事会展实践,为建立适应社会主义市场经济体制的会展经济服务;能够有助于加强对展览的科学管理,更快地转换经营机制,进行现代企业化管理;能够进一步揭示各类展览的特殊的规定性和规律性,使展览理论研究更为系统化、条理化。下面对会展的展览、会议、活动三个基本形态进行简要的区分。

一、展览的分类

　　展览是指参展商利用办展机构提供的平台,进行商贸洽谈、产品发布而公开展示企业生产的实物产品及相关资料,供买家观览的活动。展览既是信息、通讯和娱乐的综合,也是唯一的在面对面沟通中充分挖掘五官感觉的营销媒介,是 20 世纪最专业、有效的销售工具。展览的分类标准包括:内容、规模、时间、地域、功能、方式等。

表 4-1 展览的分类

分类标准	划分类别
内容	综合性展览会、专业展览会、消费展览会
规模	国际展览会、全国展览会、地方展览会、独家展览会
时间	定期展、不定期展;短期展、长期展、常年展
地域	国内展、出国展
功能	教育性展览会(观赏展、教育展、公益推广展)、中介性展览会(商业推广展、贸易型展览会、消费型展览会、综合型展览会)
方式	实物展览会、网上展览会

1. 按展览的内容划分

按内容进行划分,展览可以分为综合性展览、专业展览、消费展览。综合性展览是比较早发展的一种展览形态,往往包含各行各业、多个门类的展品。"中国第一展"广交会属于综合类展览,但是它也努力改革使自己呈现专业性。专业展览是继综合性展览发展起来的展览形态,展品范围限定于某个细分的门类,专业程度高,如椅子展,能够很好推进行业产业的发展。消费展览是指那些专业程度低、面向普通公众,在展览期间进行零售形式销售产品的展览,如年货展,能够很好地丰富老百姓的日常物质生活。

2. 按展览的规模划分

按展览的规模方式来划分,展览可以分为国际性展览、全国性展览、地方性展览和独家展等。国际性展览是由一定国际参展商和专业观众参加的展览,具有一定国际影响力的展览。全国性展览是参展商和专业观众来自全国,代表全国行业发展趋势的展览。地方性展览是参展商和专业观众以及影响力都局限于某一区域的展览。独家展是指某一家企业出于营销的需要举办的展览。

3. 按展览的时间划分

按展览的时间方式划分,展览可以分为定期展、不定期展,或短期展、长期展、常年展。定期展是指举办日期固定的展览,如中国—东盟博览会开幕日期固定在每年的 10 月份第三个星期的星期五,每届 6 天。不定期展是指举办日期不固定的展览,如很多展览需要展馆的档期与各方商定每年举办的具体日期。短期展览是指展期一般在 3~10 天的展览。当今世界上举办最多的展览均属此种类型。长期展是指展期在几十天到几个月的展览,如上海世博会从 2010 年 5 月 1 日至 10 月 31 日,共 184 天。常年展则是指一年四季均展出展品的展览,包括博物馆陈列的展品、专业市场中的陈列室等。

4. 按展览的地域划分

按展览的地域划分,展览可以分为国内展、出国展。国内展是企业参加在国内举办的展览,如北京糖烟酒交易会。出国展是企业赴国外参加在国外举办的展览。如我国企业赴国外参加法兰克福春秋季消费品博览会、科隆五金制品展览、迪拜春秋季国际博览会都取得了良好的效果,很好地拓展了企业的商务接触面和国际化视野。

5.按展览的功能划分

教育性展览是指出于公益或政治目的,丰富居民文化娱乐生活的展览,包括观赏展、国家推广展,如夕阳红国画展、杭州发展历史展、世博会等。教育性展览或者借助展览的方式,把某种社会政治思想、观点、理论以及与之相应的方针、政策、法令、法规等灌输到各个社会集团或个人的意识中去,以引导和影响人们的思想和行为;或者普及和传播科学技术知识,以推广应用科学技术成果为目的;或者通过各种文化、艺术展览,以丰富的文化知识和生动的艺术形式,满足人们的审美需要,增长人们的文化知识,提高人民的文化素养,陶冶人们的情操。在"文化强国"的国家发展战略下,教育性展览的数量将不断增加。中介性展览是指服务于商业贸易,促进产业发展的展览,包括商业推广展、贸易型交易展、消费型交易展、综合性展览,如中国国际鞋类展、杭州国际汽车展、浙江省农博会、广交会。中介性展览为社会经济活动服务,即为经济生活的全过程——生产、交换、分配、消费服务的展览。展览处于社会再生产的中间环节,它可以很好地发挥沟通生产与消费的桥梁和纽带作用。中介性展览内容十分广泛,形式、规模灵活多样。办好中介性展览,应以市

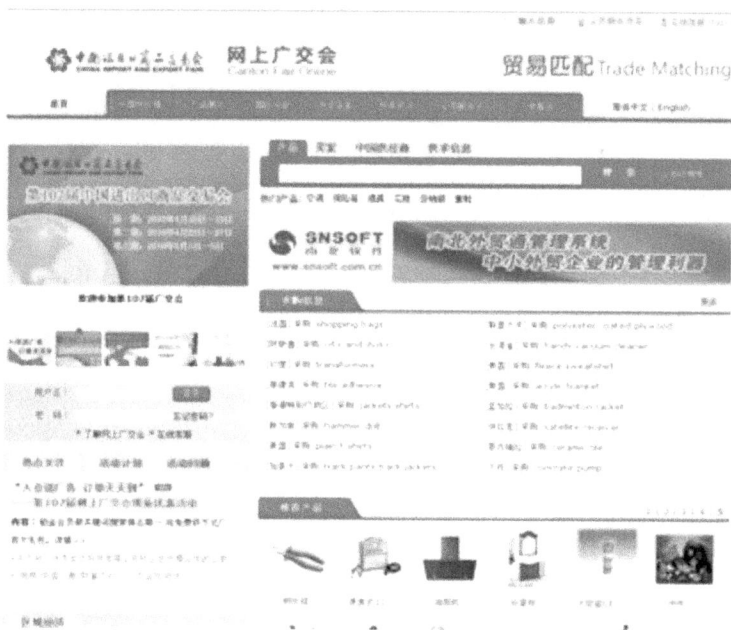

图 4-1　网上广交会

场为导向,加强对市场调研,根据对市场供需情况的周密调查和科学分析,来确定展览的立项,制订展览计划和实施方案。中介性展览应该充分加深展览的文化内涵和科技含量,把物质文明与精神文明统一起来。在社会主义市场经济不断完善和产品转型升级的背景下,中介性展览的数量将不断增加。

6.按展览的方式划分

实物性展览是指以实物展示的形式、展示实物展品的传统展览形式,这是展览的主流形式,具有实物展示、面对面交流的特点。网上展览是指通过互联网进行展品展示的展览,具有成本低、时间长等优势。作为实物性展览的补充形式,广交会、义博会等展览都开通了网上展览。

展览策划的日程安排(两年前)

- 饭店预订(考察饭店设施及服务,并与饭店洽谈、签订协议);
- 确定场馆使用面积,并与场地拥有者洽谈、签订合同;
- 制作工作进度表;
- 搜集邮寄名单,寄发展览宣传资料、报名表等;
- 定期召开筹备会议,落实各项工作进度及决议;
- 制作筹备企划书(含展览的意义、宗旨、内容、工作进度及预算等);
- 制订营销计划(如何宣传推广本次展览);
- 选择合适的专业展览顾问公司;
- 初步确定展览主题及拟邀人员名单;
- 决定报名费及相关费用(可参考以前的展览并由筹备会决议);
- 搜集旅游、文艺等资料(可委托和指定专业旅行社办理)。

展览策划的日程安排(一年半前)
- 草拟展览通告(含邀请函、展览主题及日期、地点等);
- 印刷并寄发展览通告(针对可能参与的人士,初步告之展览的举办日期、地点、报名费及摊位费等);
- 确定展览期间的论坛形式及内容(为邀请演讲人等做准备);
- 初步确定社交活动(酒会、晚宴、开闭幕式等);
- 制定各类印刷品的印刷时间表,并与设计印刷公司协调(参展手册、宣传册、报名表、名牌、邀请卡等);
- 网页设计(专业公司或专业人士制作,以便参展商或观众等上网浏览,或进行网上报名)。

展览策划的日程安排(一年前)

- 草拟展览说明书及合同;
- 收集参展商名单;
- 招展工作正式开始;
- 印制并寄发宣传手册及相关表格(mailing list);
- 确认演讲人和嘉宾是否接受邀请,并提供论坛题目;
- 选制展览纪念品、资料袋、奖牌等(数量、确认交货期);
- 向政府有关部门报备本次展览的举办时间;
- 联络并确定展览的有关供应商(视听音响、灯光设备、旅行社、交通、餐饮、会场布置等)。

展览策划的日程安排(半年前)

- 检查展览的各项准备工作;
- 安排展览的会议议程并挑选论坛主持人;
- 寄发通知函件给申请参展者,告之其参展申请是否被接受以及展览的具体日期、地点;
- 寄发通知给所有受邀请的主持人并提供相关参考资料,如参展商构成、演讲人背景等。

展览策划的日程安排(三个月前)

- 发布新闻;
- 邀请出席开闭幕式的嘉宾(如需嘉宾致辞,应书面告之时间、地点);
- 规划和招聘现场工作人员(报到、主办单位接待办公室等);
- 草拟展览期间的活动手册(议程、演讲人、主持人、开闭幕式等);
- 安排接机事宜(车辆、接机人员、通关安排、下榻宾馆等);
- 展览现场布置规划(机场欢迎牌、会场、报到处、酒会、晚宴场地等);
- 报到处使用规划(使用流程);
- 确认各项餐饮安排(酒会、茶点、午餐、晚宴等)。

展览策划的日程安排(两至一个月前)

- 报名参展工作结束(统计、评估参展商);
- 与饭店核算已预订房间数;
- 现场接待工作人员培训;
- 印制展览节目手册、参展商名册(报到时领取);
- 印制其他物品,如胸卡、证书、邀请卡、餐券等;
- 落实各个环节(参展议程、论坛演讲人、主持人、视听设备、开闭幕式嘉宾及流程、酒会、晚宴等);

- 参展商协调会（摊位位置、进场、撤场等）；
- 检查场馆的各项准备工作。

展览策划的日程安排——展中阶段（开展前三天＋展览期间）

- 召开新闻发布会（准备新闻通稿及相关资料、安排新闻发言人）；
- 现场接待工作人员预演（筹委会主要委员也应到场）；
- 报到相关资料装袋；
- 检查各场所布置（主要是会场、展览现场）；
- 报到处、秘书处（相关资料进场）；
- 各项节目、表演彩排；
- 会场布置（灯光、音响、麦克风、电脑、投影仪等）；
- 参展商进场（报到、领取资料）；
- 检查餐饮安排（再核实数量、菜单）；
- 展览正式开始（根据流程表开展每一项工作，每日闭馆后，要对当日工作及问题进行总结，并及时改善，同时预习第二天的工作流程）。

展览策划的日程安排（展后阶段）

- 统计参展商及观展人数（总量、来源地区、行业等）；
- 整理、分析相关资料并归档；
- 与饭店核对总住房数（收集账单、支付账款）；
- 财务结算；
- 给协助单位、主要参展商、演讲嘉宾等相关人员寄发感谢信；
- 征求参展商和专业观众意见；
- 召开总结大会（报告收支情况、总结经验、解散筹委会）；
- 展览文集编撰；
- 薪资清册；
- 结案，并开始准备下一届展览。

案例：广交会——中国第一展

中国进出口商品交易会由 48 个交易团组成，有数千家资信良好、实力雄厚的外贸公司、生产企业、科研院所、外商投资/独资企业、私营企业参展。因为在广州举办，故又称广交会。

中国进出口商品交易会贸易方式灵活多样，除传统的看样成交外，还举办网上交易会。广交会以出口贸易为主，也做进口生意，还可以开展多种形式的经济技术合作与交流,以及商检、保险、运输、广告、咨询等业务活动。来自世界各地的客商云集广州,互通商情,增进友谊。

组织单位:

主办单位:中华人民共和国商务部、广东省人民政府

承办单位:中国对外贸易中心

组织机构:"中国进出口商品交易会领导委员会"由中华人民共和国商务部、广东省人民政府、广州市人民政府领导,各交易团团长、各展馆馆长、有关部门领导共同组成

举办地址:广州市海珠区阅江中路382号琶洲国际会展中心

开展期:

春季开展时间:每年4月15日至5月5日

秋季开展时间:每年10月15日至11月4日

参展范围:广交会分三期举行,每期都有不同的参展范围

第一期:大型机械及设备、小型机械、自行车、摩托车、汽车配件、化工产品、五金、工具、车辆(户外)、工程机械(户外)、家用电器、电子消费品、电子电气产品、计算机及通讯产品、照明产品、建筑及装饰材料、卫浴设备、进口展区

第二期:餐厨用具、日用陶瓷、工艺陶瓷、家居装饰品、玻璃工艺品、家具、编织及藤铁工艺品、园林产品 、铁石制品(户外)、家居用品、个人护理用具、浴室用品、钟表眼镜、玩具、礼品及赠品、节日用品、土特产品(109届新编入)

第三期:男女装、童装、内衣、运动服及休闲服、裘革皮羽绒及制品、服装饰物及配件、家用纺织品、纺织原料面料、地毯及挂毯、食品、医药及保健品、医疗器械、耗材、敷料、体育及旅游休闲用品、办公文具、鞋、箱包

二、会议的分类

会议是人们为了解决某个共同的问题或出于不同的目的聚集在一起进行讨论、交流的活动,它往往伴随着一定规模的人员流动和消费。

1. 按举办主体划分

一般认为,按照举办主体划分的性质不同,可将会议划分为三大类,分别为公司类会议、协会类会议和其他组织会议。

公司类会议。它是本行业、同类型及行业相关的公司在一起举办的会议,一般包括以下几种:销售会议、推销商会议、技术会议、管理者会议、培训会议、代理商会议、股东会议等。公司类会议的规模不一,小到几个人,大到上千人。

会议是公司内部信息传递的最基本方式之一,因此公司类会议的数量极其庞

大。并且由于与会议相关的费用,如交通、住宿、食品、客人的娱乐以及登记费等作为业务和专业费用可以纳入免税计算,为经销商或内部员工举办会议的公司可以将举办会议的成本作为业务费扣除,公司举办会议的积极性很高,数量持续增长。公司会议一般需要有较好的安全性和隐蔽性。公司会议通常以管理、协调和技术等为主题,具体可分为销售会议、经销商会议、技术会议、管理者会议及股东会议等。公司会议主要集中在市中心酒店、机场旅馆和城郊旅馆。部分公司会议有明显的周期性,如股东会议一年一次。但大多数会议是根据需要来安排的,没有固定的周期。公司会议一般都是在固定的地点重复举行,会议地址的改变很大程度上由公司关键人物来决定。公司会议会期较短,少则 1 天,多则 3 天。

不同会议要求又有所差异,如奖励性质的会议与销售会议就不一样。以保险公司为例,保险公司对业绩卓著的推销员的常见奖赏方式是奖励旅行,这种豪华活动在安排上规模不一,时间长短不同,内容也并非完全是犒劳和娱乐。许多保险公司将培训以及销售技能讨论会与这种旅行结合在一起。由于保险公司的会议量大,规模不一,种类也不尽相同,它们成为不同规模与档次的饭店所追求的主要客户之一。

协会类会议。地方性协会、全国性协会乃至世界性协会每年都要举办各种会议,协会类会议在会议市场中同样占有相当重要的位置。协会因人数和性质而互不相同,它们的规模从小型地区性组织、省市级协会到全国性协会乃至国际性协会不等。协会大致可以划分为行业协会、专业和科学协会、教育协会和技术协会等类型。

其中,行业协会被认为是会议业最值得争取的市场之一,因为协会的成员多为业内成功管理人员。协会涉及的主题范围广泛,如作家协会、制冷协会、校友会等。协会会议的形式很多,最熟悉的是年会、协会的专业会议、研讨会、管理者会议。协会类会议常常与展览结合举行。例如,我国定期举行的旅游交易会每次都吸引着大批来自全国各地乃至境外旅游企业的参与。

协会会议大多数每年举办一次,会期 4～5 天,一般放在 4—10 月举行。任何一个协会都要提前计划开会时间,有时候提前 1～2 年,会议的召开并不总在一个地方,协会的会员参加会议都是自愿的。协会的组织有两种形式:一类是全国性的协会组织,有专职、长期的协会管理成员,如协会秘书长、协会主任,另一类是小型协会组织,没有专职的管理者,一般挂在某行业或科研机构下,由其管理人员兼任协会秘书长。

其他组织会议。这类会议的典型代表是政府机构会议,许多人在电视上看到过政治性会议。电视镜头中显现的虽然是主会场,但是不难想象背后对小型会议室、套房和宴会等设施的需求。在省市一级,中小规模的政府机构会议的召开十分频繁,从而形成了可观的市场。在很多国家,工会同样是重要的会议举办者。

西方会议业中有SMERF团体的说法,指的是社会团体、军事机构、教育部门、宗教团体以及兄弟会等组织。SMERF团体有三个共同的特征:对价格很敏感;更易在饭店的淡季预订会议;经常由非专业人士策划会议,且策划人年年变化。SMERF已经成为西方许多饭店的主要细分市场,这些团体在每年的淡季往往能提供大量的客源。

2.按照会议活动特征划分

商务型会议。一些公司、企业因其业务和管理工作发展的需要在饭店召开的商务会议。出席这类会议的人员素质较高,一般是企业的管理人员和专业技术人员。他们对饭店设施、环境和服务都有较高的需求,且消费标准高。召开商务会议一般选择与公司形象大体一致或更高层次的饭店,如大型企业或跨国公司一般都选择当地最高星级的饭店。商务型会议在饭店召开常与宴会相结合,会议效率高、会期短。

度假型会议。公司等组织利用周末假期组织员工边度假休闲,边参加会议,这样既能增强员工之间的了解,以及企业自身的凝聚力,又能解决企业所面临的问题。度假型会议一般选择在风景、名胜地区的饭店举办。这类会议通常会安排足够的时间让员工观光、休息和娱乐。

文化交流会议。各种民间和政府组织组成的跨区域性的文化学习交流的活动,常以考察、交流等形式出现。

专业学术会议。这类会议是某一领域具有一定专业技术的专家学者参加的会议,如专题研究会、学术报告会、专家评审会等。

政治性会议。国际政治组织、国家和地方政府为某一政治议题召开的各种会议。会议可根据其内容采用大会和分组讨论等形式。

培训会议。用一个会期对某类专业人员进行的有关业务知识方面的技能训练或新观念、新知识方面的理论培训,培训会的形式可采用讲座、讨论、演示等形式。

3.按照会议的性质和内容划分

年会(convention)。年会是就某一特定主题展开讨论的聚会,议题涉及政治、经贸、科学、教育或者技术等领域。年会通常包括一次全体会议和几个小组会议。年会可以单独召开,也可以附带展示会。多数年会是周期性的,最常见的周期是一年一次。参加年会全体会议的人员通常比较多,一般要租用大型宴会厅或会议厅。小组会议上讨论的是具体问题,所租用的是小会议室。

专业会议(conference)。专业会议的议题通常是具体问题并就其展开讨论,可以召开分组小会,也可以只开大会。就与会者人数而言,专业会议的规模可小可大。

代表会议(congress)。这个词最常在欧洲和国际性活动中使用。它通常指在本质上同conference这样会议相同的事件和活动。只有在美国,这个词被用来指立法机构。(代表)大会的出席人数差别很大。

论坛(forum)。论坛的特点是反复深入的讨论,一般由小组组长或演讲者来主持。它可以有许多听众参与,并可由专门小组成员与听众就问题的各方面发表意见和看法,两个或更多的讲演者可能持相反的立场,对听众发表讲演而不是互相讲给对方听。主持人主持讨论会并总结双方观点,允许听众提问,所以饭店必须对这种论坛会议提供多个话筒。

研讨会(seminar)。这种研讨会形式通常有许多参与的活动,出席者有许多平等交换意见的机会,知识和经验被大家分享,研讨会通常是在讨论主持人的主持下进行的。这种形式明显地在相对范围内进行,当这样会议规模变大时,它一般就变成了论坛 forum 或 symposium 这样的讨论会或专题讨论会了。

专题讨论会(workshop)。专题讨论会的形式仅指处理专门问题或特殊分配任务的一般性的小组会议,不管 workshop 这个词是否被采用,但 workshop 这种形式是经常被培训部负责人所采用来进行技术培训的,参加者实际上互相学习,同时分享新的知识、技能和对问题的看法。很明显它是以面对面商讨和参与性大为其特征的。

讲座(institute)。会议、研讨和专题讨论会常由学会和协会召开的,这些学会和协会在某一行业或专业范围内建立并提供进修和培训机会。institute 这个词常用来意指同一议题的系列会议。例如一个协会也许会在一年的每个季度提供连续性的培训项目。

静修会议(retreat)。静修会议,简单地讲就是为了摆脱干扰而举行的小型会议。这种会议一般在偏远地区召开,其目的通常是指为了制订详细计划,或是为了增进友谊和了解,要么是为了纯粹的"清净"。

培训性会议(training sessions)。一般至少要用一天的时间,多则几周。这类培训会议需要特定的场所,培训内容高度集中,由某个领域的专业培训人员教授。

三、活动的分类

活动是指在固定或不固定的日期内,以特定主题开展的会展形态,参与主体和组织形式多样。

1.按照活动主题划分

节庆活动。是人类活动的重要表达形式,并对我们的社会和文化生活贡献良多。现在它与旅游业以及政府的招商引资的结合越来越紧密。它一般由政府主导,为其举办地提升品牌知名度、增加文化内涵,扩大影响力,也可以为其举办地带动消费、提高收入、增加就业。包括政府型节庆活动,如国庆节的联欢活动;企业型节庆活动,如大连服装节;民间型节庆活动,如彝族火把节等。中国现在每年有各类大小节庆活动 2000 多个,最普遍的节庆活动是旅游狂欢节,最流行的节庆形式是音乐节;此外,逐渐引导时尚的还有服装、美食及啤酒节等。

商业活动。是由某个或几个企业投资为达到产品促销、品牌打造等商业目的而策划、实施的活动。商业活动通过机构策划、活动执行、媒体宣传,能产生一定的社会效益和经济效益的庆典、庆祝、表演和展示。它包括重大庆典和纪念日、重要的群众活动、独特的文化表演、公司活动、商业推广和产品发布等。因其在承载了媒体的全部功能的同时,也把不同的媒体,诸如报纸、杂志、广播、互联网、手机等聚合在一起,成为一个信息中心和信息发射源,故新活动也被认为是一个跨媒介整合资源的新媒体。相对于硬广告投入,商业活动已越来越成为企业营销产品、提升影响力的重要手段。

媒体活动。主要是由媒体发起、策划、组织的以丰富和完善媒体自身内容为主要目的的活动。随着媒体资源的过剩,媒体越来越借助活动来吸引受众和商家的注意力。"超级女声"就是一个最成功的媒体活动,并最终演变成了一场由湖南卫视主导,吸引互联网媒体、平面媒体、手机媒体等高度关注的社会文化事件,创造出了非凡的品牌价值和经济效益。

体育赛事。是活动产业的重要组成部分,并且其重要性还在不断提升。大型体育赛事吸引游客和媒体关注的能力特别强大,成为大多数政府的活动及旅游目的地营销战略的优先考虑与首选。体育活动的商业开发在西方国家已经非常成熟,NBA一年的营业收入达40多亿美元。但在中国由于体育实行的还是"举国体制",体育赛事还没有形成规范的市场化运作模式,所以其影响力和盈利能力都很弱。

公益活动。是指一定的组织或个人向社会捐赠财物、时间、精力和知识等活动。公益活动的内容包括由公益类机构举办、由企事业单位或个人参与的社区服务、环境保护、知识传播、公共福利、帮助他人、社会援助、社会治安、紧急援助、青年服务、慈善活动、社团活动、文化艺术活动、国际合作等等。

奖励旅游活动。是一种利用独特的旅游经历肯定参加者的能力与贡献,并激励他们为支持组织的目标而进一步提升表现水平的全球性管理工具。

案例:奖励旅游胜地——新加坡

新加坡是企业选择举办奖励旅游的地点。去年首九个月,商务与会奖旅客达到250万人次,年比增幅为6%;他们的总消费额高达42亿9000万元,年比增幅为7%。特别是新加坡两家著名的度假胜地——滨海湾金沙娱乐城和圣淘沙名胜世界自2010年开业以来,因为其酒店与会议设施完善,并提供独特的娱乐活动,是高档奖励团的首选。新加坡旅游局展览、会议与奖励旅游署执行署长林雪颖受访时说,两家综合度假胜地的会奖设施完善,独特景点如海洋生物园和空中花园可用来举办各种活动。开业两年来,名胜世界举办 6500 个会奖项目,出席人次超过 160 万。

根据新加坡贸工部估计,到了 2015 年,滨海湾金沙娱乐城和圣淘沙名胜世界这两个综合度假胜地将能为新加坡的国内生产总值增加 27 亿新元,大约占了它 GDP 的 0.8%,并能创造 5 万~6 万个直接或者间接的工作岗位。尚达曼表示,两个综合度假胜地目前聘用了 2.2 万多名员工,其中 70% 是本地人。他表示,人力部、贸工部、劳动力发展局和新加坡旅游局都会积极提供培训,让更多新加坡人来填补综合度假胜地的就业空缺。前来新加坡参加奖励旅游的某公司负责人说,公司希望职员亲眼看看新加坡创造的经济奇迹,体会"没有做不到,只有想不到"的含义,鼓励他们再创业绩高峰。有激励人心的故事是他们选择新加坡的重要原因之一。

新加坡旅游局积极推进新加坡旅游业将往高收益旅游转型,争取让旅客多消费,其中一个发展策略,就是同业者合作创造独特的旅游体验。名胜世界国际会奖与团体营销副总裁颜淑兰说,公司可按客户要求,在环球影城和海洋生物园办活动,培养合作精神。接待千人奖励团和高档奖励团并不容易,不论是观光、交通或住宿安排,对接待的旅行社来说都是大考验。由于千人奖励团不经常办,旅行社必须临时增聘四成的自由业导游;导游在介绍景点时,也得融入新加坡经济发展迅速的内容,鼓励团员奋发向上,而且所有导游的解说必须一致。高档奖励团的富有团员一般习惯无微不至的服务,诺亚财富职员来新打高尔夫球时,负责接待的六星旅游在团员下飞机后,立即为他们的高尔夫球包系上写有名字的牌子。车子载送团员到酒店后,特别绕道到举办球赛的圣淘沙高尔夫球场存放球包,这样一来,团员就无需自己从酒店客房背球包下来。由于球场球童不足,团员打球时自己带球包,但有些忘了把球杆收好,旅行社派人跟着最后打球的团员,确保没有人遗失球杆。

新加坡旅游局数据显示,超过两成的商务旅游及会议、展览与奖励旅游业(Business Travel, Meeting, Incentive, Conference and Exhibition)旅客来自中国,是很重要的奖励旅游市场。

2. 按照属性划分

大型传统节日活动。大型传统节日活动主要以弘扬民族文化为主而形成的庆典活动,中国有端午节、重阳节、春节、元宵节等,国外有圣诞节、复活节、狂欢节等。在近代,世界各地又涌现出一批受人欢迎的各种节日庆典活动,如各国国庆节、国际劳动节、儿童节、妇女节、美国纽约的玫瑰花节、奥尔良的圣女贞德节等等。

大型现代庆典活动。目前,世界上有许许多多的庆典活动,有的与生活有关,有的与生产有关。与生产有关的大型现代庆典活动有广州花会,深圳的荔枝节,菲律宾的捕鱼节、水牛节,阿尔及利亚的番茄节,摩洛哥的献羊节,意大利丰迪市的黄瓜节,新墨西哥州哈奇城的辣椒节,西班牙的鸡节等。与生活紧密相连的大型现代庆典活动有潍坊风筝节、上海旅游节、大连服装节、上海服装节、青岛啤酒节、蒙古族的那达慕大会、浦东国际烟花节等等。

其他重大活动。除了大型传统节日活动和大型现代庆典活动以外,还有一些大型会议、大型展览和大型体育等活动,特别是大型体育活动越来越受到人们的喜爱,如每4年举办一次的奥运会和世界杯足球赛;各大洲举行的洲际运动会,以及各种专业体育运动委员会组织的世界锦标赛和大奖赛等。举办大型体育活动可以提高主办国家和城市的知名度和美誉度;并通过旅游和各种商业活动为主办国家和城市创造更多的财富。对那些自然旅游资源缺乏的国家或地区来说,通过举办体育运动会还可以创造更多的人文景观,从而吸引更多的游客。

案例:青岛国际啤酒节

青岛国际啤酒节始创于1991年,每年在青岛的黄金旅游季节8月的第二个周末开幕,为期16天。节日由国家有关部委和青岛市人民政府共同主办,是以啤酒为媒介,融经贸、旅游、文化为一体的国家级大型节庆活动。

青岛国际啤酒节是亚洲最大的啤酒盛会,由开幕式、啤酒品饮、文艺晚会、艺术巡游、文体娱乐、饮酒大赛、旅游休闲、经贸展览、闭幕式晚会等活动组成,由国家有关部委和青岛市人民政府共同主办。啤酒节的主题口号是"青岛与世界干杯!"节日期间,青岛的大街小巷装点一新,举城狂欢;占地近500亩、拥有近30项世界先进的大型娱乐设施的国际啤酒城内更是酒香四溢、激情荡漾。节日每年都吸引超过20多个世界知名啤酒厂商参节,也引来近300万海内外游客举杯相聚。

第15届青岛国际啤酒节是首次由台湾的东森电视台和中国山东卫视合作,将开幕典礼向亚洲、欧美等地区进行同步连线转播,同时亦与新浪网合作进行网上视频直播。

节庆活动在城市文化多种多样的形式中占有非常重要的地位。青岛国际啤酒节的成功,带给我们的启示是:文化对于一个城市的价值和意义。文化是城市的内核和灵魂。节庆活动可以从文化的角度塑造城市的形象,增加城市的魅力,扩大知名度。世界上的很多城市,如英国的爱丁堡、法国的阿维尼翁、奥地利的萨尔茨堡都是因为当地节庆活动而在国际上声名鹊起。

中国的节庆活动发展还仅仅是个开始,同国际上久负盛名的艺术节相比,还有一定的差距。比如不少城市在举办艺术节时对当地的历史、文化特点和文化资源挖掘不够,缺乏准确定位和长期规划,导致节庆活动昙花一现,缺乏生命力。另外,中国城市举办节庆活动的经验普遍不足,人才严重缺乏也是一大瓶颈。

由此可见,我们可以根据不同的标准对会展进行多样的划分。值得一提的是:一是在实际操作上,不同内容和不同形式的会展往往是交叉结合在一起;二是会展类别是一个发展的概念。随着生产的发展,社会的进步,科学技术水平的提高,一定还会出现新的会展内容、新的会展形式和类别。我们应该联系会展业的实践与发展去理解和研究会展的分类。

第二节　会展市场主体

会展的市场主体包括办展机构、参展商、观众、服务提供商、会展场馆等。

一、办展机构

办展机构分为主办单位、承办单位、支持单位等。

1.主办单位

主办单位是指拥有展会并对展会承担主要法律责任的办展单位。主办单位在法律上拥有展会的所有权。在实际操作中,主办单位有三种形式:一是拥有展会并对展会承担主要法律责任,并负责展会的实际策划、组织、操作与管理;二是拥有展会并对展会承担主要法律责任,但不参与展会的实际策划、组织、操作与管理;三是名义主办单位,即既不参与展会的实际策划、组织、操作与管理,也不对展会承担法律责任。之所以有上述第二和第三种形式的主办单位,主要是因为展会要利用这些"主办单位"强大的行业号召力为展会服务。

会展的主办单位的类型包括各级政府部门、各级贸易促进机构、各类行业协会、商会、部分规模较大的企业等。其中政府部门、贸促机构往往代表国家和地方利益,在组织展会时,主要考虑的因素是国家和地方的经济发展规划、贸易和产业政策等,兼顾考虑其他因素作展出决定。行业协会、商会代表行业的利益,主要考虑产业或行业的相关政策与发展。我国大多数举办成功的国际性展览,其主办单位都是中国的行业协会。行业协会主办专业展览的特点和优势在于掌握全面的行业信息和发展动态,办展具有针对性,能较好地满足行业、参展商和用户的需要;拥有众多的会员单位,与国内外同行具有广泛的联系,拥有庞大的网络系统和较大的影响力;在办展的同时,往往还要举办一些对行业发展有针对性的学术交流活动和新产品、新技术介绍活动,以及行业的重要会议等,这是其他单位办展所不具备的;容易得到政府部门和国际行业组织的支持和帮助,以及行业企业的信赖。公司企业作为主办单位时,通常与政府部门或行业协会结为伙伴,这样有利于提升展会的知名度和扩大展会的影响力。公司企业主办会展项目的目的主要是发布新产品,增加销售额,提升公司形象等。

2.承办单位

承办单位是指直接负责展会的策划、组织、操作与管理,并对展会承担主要财务责任的办展单位。承办单位对举办展会的各个方面都会产生重大影响,是办展机构中较为核心的单位。大部分承办单位还要负责展会的招展、招商和宣传推广工作。

一般的会展承办单位需要具有工商部门审定的企业经营许可证,承办大型国内外会展的企业还有其他相关要求。承办单位可以是政府、行业协会或有资格承办会展的企业。实际上,现有的展会往往在审批申报前,就对承办单位有个基本的安排,否则会给会展带来很大的风险。有时,企业可以通过参与招标取得承办资格。为提高会展的经济效益,扩大会展的影响,体现会展管理的科学性和公开、公正、公平的原则,主办单位也常常通过招标的方式确定会展承办单位。以招标方式确定会展承办单位,会展主办单位往往会提前将会展的主题、目的、要求和最终要达到的效果提前一段时间在媒体或网络上公开招标,拟承办的单位要根据标书的要求,制订投标方案,最后由专家确定最终的承办单位。主办单位有时也通过与行业协会、企业联合承办展会。

3.支持单位

支持单位是指对展会主办或承办单位的展会策划、组织、操作与管理,或者是招展、招商和宣传推广等工作起支持作用的办展单位。支持单位可以是政府部门、公益组织、行业协会、大众媒体、金融机构等。一个会展项目的顺利运作,需要得到社会各界的大力支持,具备良好的社会运作环境。一个项目成功运作离不开这些来源广泛的支持单位的帮助。主办单位和承办单位需要注意和支持单位搞好关系,在他们的支持下把展会运作成功。

二、参展商

参展商是受办展机构邀请,通过订立参展协议书(或会展合同),于特定时间,在展出场所展示产品或者服务的主体。参展商是办展机构获得收入的最主要和直接的来源。办展机构通过销售展台,为参展商邀请到数量和质量足够的观众为参展商提供服务来获得利润。

参展商主要是同一个行业的企业,其他社会组织优势也出于各种目的作为参展商参与会展活动。一个会展汇聚同行业的众多企业参加,参展商之间在技术、产品方面有着很强的可比性,因此展会形成了一个直接竞争的氛围。专业观众可以在全面比较的基础上,确定自己的合作伙伴。会展对于参展商而言,既是实力的竞争,也是服务的比拼,往往最容易激发企业的斗志,提高企业的影响。会展也是宣传新产品的极好机会。同名专业会展一般每年举办一次,在这一年里,企业往往通过科研、创新,生产出新的一系列产品;而专业观众也希望利用这个机会全面、系统地了解产品的创新、开发情况,寻找到最合适的合作伙伴。

参展商只能展示申报的展品。展会主办者为参展商发放参展许可证,参展商凭许可证在展会主办者限定时间内可进出展场,但遇特殊情况,展会主办者有权限制任何人的出入。参展商还应遵守展馆使用的有关规定。参展商展出的所有物品、宣传品或服务应遵守国家法律和符合相关标准。参展商应确保其展品符合与之相关国家安全标准和环境保护的规定;不能在展出期间危及人身安全和对环境造成损害;并确保其展出物不侵犯或不可能侵犯任何其他方与专利、商标、版权和知识产权相关的权益等。

三、观众

观众是通过购买门票或提前注册入场参观、与参展商进行洽谈的自然人、企业以及其他相关的市场主体。对观众的区分,最常用的就是根据各种所从事的行业与展会主题的契合性,把观众划分为专业观众与非专业观众。专业观众是指那些从事会展产品的研究、设计、生产、销售和收藏的专业人员。专业观众中的采购人员称之为采购商,采购商是专业观众的主体。非专业观众是指那些本身并不从事该会展相关产品的设计、生产、研究、收藏等工作的参观者。

专业观众是参展商参加展会获得收益的最终来源。参展商希望通过展会向更多潜在客户展示产品和企业形象,获取订单,获得新客户来源,在有限的空间和时间,获得更多市场信息。对参展商而言,高质量的专业观众,是展会的核心价值元素。而高质量的参展商,是专业观众参加展会的首要价值元素。一个成功的会展有许多评判标准,包括权威性、专业性、规模、档次、参展商的数量和质量、观众的数量和质量、展会成果等等。但参展观众的数量和质量无疑是衡量一个展会层次的重要标志。专业观众、境外观众的数量和在观众中所占的比例,是一个会展水平和档次的标志。中华人民共和国商业行业标准 SB/T 10358-2002《专业性展会等级的划分及评定》将专业性展会的等级评定分为四个级别,由高到低依次为 A 级、B级、C 级、D 级。其中对专业观众和境外观众的比例提出明确标准:

表 4-2　专业性展会等级的划分标准

专业展会级别	专业观众人次与观众总人次的比值	境外观众人次与观众总人次的比值
A 级	不少于 60％	不少于 5％
B 级	不少于 50％	不少于 2％
C 级	不少于 40％	不少于 1％
D 级	不少于 30％	无要求

四、服务提供商

会展是一个系统工程,需要多家单位共同合作来为参展商和观众提供高质量的专业服务。现实操作中,往往是一些相关的企业联合成"商会"的形式,来共同操作会展项目;办展机构往往会为参展商和观众提供一本完善的会展服务手册,让他们根据服务手册按图索骥,迅速找到自己所需要的服务。会展运作中,办展机构更多是在选择合适的服务商来给展会提供专业而优质的服务,会展业也呈现出一个"服务外包"的团队合作景象。德国各个会展中心之中,都设有发达的专业服务提供商的办事机构,能够为展会运作提供各种各样专业的服务。

随着社会分工的细化和会展运作专业性的提升,为会展提供专业服务的企业越来越多,项目越来越广泛,既包括发生在招商招展、展台搭建、展品运输,也包括旅游观光、保安清洁、餐饮住宿等。会展服务质量的高低,直接影响到主办单位与参展商之间的合作关系。办展机构虽然把大量业务外包给其他专业机构,但是会展参与者把这些服务视为办展机构提供给他们的服务。一旦这些服务出了问题,最后受损的都将是会展的品牌,因此,办展机构需要选择、管理、监督好会展服务提供商,切实做好相关服务工作。

办展机构要树立服务观念,按照市场化、商业化、专业化的要求,选择真正有实力的会展服务提供商。目前,我国的相关企业已经开始了会展服务的规范化、标准化的尝试,试图建立一套成熟的会展服务运作模式。如在全国率先获得 ISO9000 国际质量体系认证的深圳高交会展馆,就已经创立了一套包括展览业务经营、展览工程、展场租赁、会展物业管理等较为完善的会展服务体系。上海、大连、厦门等城市的会展中心也都相应地建立了各具特色的服务运作模式。

五、会展场馆

会展场馆是会展的载体,包括会展中心、会议中心、会议酒店等,是会展得以进行的不可缺少的组成部分。各个展馆对部门有不同的划分方法,常见的如行政部、营销部、财会部、人力资源部、项目协调部、工程部、组织部、保安部、内务部等。

大部分展会是在专用展览场馆举办的。展览场馆最简单的划分是室内场馆和室外场馆。室内场馆多用于展示常规展品的展会,比如纺织展、电子展等;室外场馆多用于展示超大超重展品,比如航空展、矿山设备展。任何城市会展场馆都是有限的,政府可以通过对场馆档期的控制,来扶持与城市定位和政策扶持产业的会展活动的举办。

会展场馆规模宏大,设施齐全,智能化,经济实用,规划设计"以人为本",建设上广泛采用跨度大、承载力强的结构;建筑材料创新,讲究绿色环保,广泛采用膜结构等新理念,造型轻盈优美、富有时代气息;建筑风格也推陈出新,复兴古典主义、现代主义、后现代主义、古典与现代相结合流派均有呈现。现代化展馆远非简单的建筑,而是现代高科技的结晶。现代化展馆场址选择、内部布局以及展馆设计等方面都突出了"以人为本"的建设理念。展馆场址选择一般都选在城郊结合部,并将交通条件、环境条件和地形条件作为选址的三大要素进行论证,同时场址选定后,仍要与市政规划相吻合。内部布局要求展馆内部管理有序,方便参展商和观众,提高工作效率;保留大片绿地,以便展商、观众在工作或参观之余有休闲场所休息。展馆设计基本上都是单层、单体,令观众身处其中感到舒适。现代化展馆建设周期长,投入很大,公益性很强,因而它从规划到建造得到政府的大力支持。如慕尼黑展馆的投资,巴伐利亚州政府和慕尼黑市政府各出49%,剩余2%由当地的手工业协会出。巴黎北展馆是由巴黎市工商会出资建造的,但政府在土地等方面给予了很多优惠政策。我国会展场馆的建设往往采取"政府投资、企业运营","政府补助,企业经营"等方法。

办展机构在决策会展项目是否可以在某个会展场馆举办,会考虑展馆、会展形象是否一致;展馆的性质是否满足会展的需要;展馆能否提供最满意的服务;能否遵循公平、公开的服务原则等因素。

案例:琶洲国际会展中心

琶洲国际会展中心为中国进出口商品交易会(即广交会)举办场馆,位于广州赤岗琶洲岛,首期占地 41.4 万平方米,建筑面积 39.5 万平方米,一、二层展厅 13 个,展示面积约 13 万平方米,室外展场面积 2.2 万平方米,于 2002 年底正式投入使用,主要以展览、展示、表演和大型集会为主要使用功能,是目前亚洲最大的会展中心。琶洲展馆在国内知名展览馆中率先实行内、外展并轨的价格策略,对海外参展商给予国民待遇。并根据具体展览的规模、性质、所用展厅的位置优劣和展期的淡旺季,将在基准报价的基础上给予一定的折扣优惠。

除广交会外,琶洲国际会展中心举办或将要举办的 5 万至 13 万平方米的大型展览有国际家具展、建筑装饰展、照明展、国际汽车展等;此外,还有广州国际服装节,全国针棉织品展,华南国际机械及原料展,广博会,印刷包装展,广州国际鞋类皮革工业展,亚太国际橡塑工业展,国际涂料、油墨及粘合剂展,酒店设备用品博览会,机械装备制造业博览会,留交会,纸品印刷工业展等大型展览。

琶洲国际会展中心创下两项"世界第一":①单体展馆面积最大——39.5 万平方米;②钢横架跨度世界最长——每个展厅的顶部由 6 个长达 126.6 米的大跨度预应力张弦梁钢管桁架支撑着,是世界上跨度最大的钢横架。琶洲国际会展中心是目前亚洲最大、世界第三的会展中心。主要特点是:

(1)琶洲展馆是目前亚洲规模最大、设施最先进、档次最高,能满足大型国际级商品交易会、大型贸易展览等需要的多功能、综合性、高标准的国际展览中心。展馆规模世界第三。在此办展,更能彰显展览的品位和档次。

(2)琶洲展馆是高科技、智能化、生态化完美结合的现代化建筑,按照国家 5A 智能化建筑标准进行设计,建设中大量应用国际高新科技,智能、通风、交通系统体现了世界先进水平;层高、地面负荷、电力供应可满足大型机械展、帆船展等各种对展馆条件要求苛刻展览的要求。

(3)单个展厅面积均在 1 万平方米左右,且各馆门面设计合理,一、二层的 13 个展厅各有开阔的门面,多个展览可同时举办,互不干扰。展厅无柱空间大,利用率高,特装效果特别好。

(4)展馆周围将建设与会议和展览相关联的配套设施如酒店、写字楼、银行、商业服务、博物馆等,能充分满足客商的商旅要求。

(5)交通便利,设有地铁站台,东、西、南、北向均有城市干道。已开通的地铁 2 号线和 4 号线在这里交汇,并有发达的公交车系统。

案例讨论:讲讲你家乡的会展中心。

思考题：

1. 试述展览的定义和分类。
2. 试述会议的定义和分类。
3. 试述活动的定义和分类。
4. 会展市场主体包括哪些？
5. 会展市场主体有哪些特征？

第五章　会展立项策划

【学习要求】

掌握会展题材选择的方法及其优势和风险；了解展会立项策划书的基本内容；了解展会立项可行性分析的内容；掌握宏观市场环境分析、微观市场环境分析涉及的因素及其影响；掌握展会项目生命力分析、展会项目竞争力分析涉及的因素及其影响；掌握展会举办中会涉及的风险；了解展会项目立项可行性研究报告基本内容。

【本章概要】

会展立项涉及展会题材选择、展会项目立项策划、展会立项可行性分析等环节。

会展题材选择的方法可以分为新立题材、分列题材、拓展题材、合并题材等四种。所谓新立题材是指进入一个全新的行业或领域举办新题材的会展活动。所谓分列题材是指在一个成功成熟的会展项目中,把其中某一块具有成长潜力的展品范围分离出来单独办展,使该块会展项目更具专业性和发展空间。所谓拓展题材是指在原有的展品范围内新增加相关的展品范围,扩大会展项目的规模和市场。所谓合并题材是指把两个相同或者相似题材的会展项目合并成一个项目进行举办,以增加项目的吸引力和代表性。展会题材选择能否成功,关键是要看办展机构对市场需求、行业发展趋势的把握能力。只有选择符合市场需求的、符合行业发展潮流和趋势的题材,展会才会有市场生命力和发展空间。

展会项目立项策划包括展会名称、展会举办地点、办展机构、办展时间、办展频率、展会规模、展品范围、展会定位、展会价格和展会初步预算、人员分工、招展招商和宣传推广计划、展会进度计划、现场管理计划和配套活动计划等的策划。

展会立项策划书的基本目录包括:办展市场环境分析、提出展会的基本框架、展会价格及初步预算方案、展会工作人员分工计划、展会招展计划、展会招商计划、展会宣传推广计划、展会筹备进度计划、展会服务商安排计划、展会开幕和现场管理计划、展会期间举办配套活动计划、展会结算计划等。

展会立项可行性分析是在仔细研究各种信息的基础上,深入分析举办展会立项策划提出的方案是否可行,为最后是否举办该展会提供科学的决策依据。包括市场环境分析、展会项目生命力分析、展会项目竞争力分析、展会执行方案分析、展会项目财务分析、展会项目风险分析等。

市场环境分析分为宏观市场环境分析、微观市场环境分析。宏观市场环境所包括的因素都是办展机构本身以外的市场因素,并且基本上都是企业自身所不能控制的因素,包括:经济环境、政治法律环境、社会文化环境、人口环境、技术环境等。微观市场环境是指对办展机构举办展会构成直接影响的各种因素。微观市场环境因素包括办展机构内部环境、目标客户、竞争者、营销中介、服务商和社会公众等。

展会项目生命力分析包括发展空间、项目竞争力的分析。展会项目发展空间分析是立足于已经掌握的各种信息,根据展会项目立项策划提出的办展方案和展会定位,从展会的长远发展出发,分析展会项目是否具备可持续发展所需要的各种条件。项目发展空间要素包括产业空间、市场空间、地域空间、政策空间及其他因素。

展会项目竞争力分析是从展会本身出发,分析本展会与同题材的其他展会相比是否具有竞争优势,包括展会定位的号召力、办展机构的品牌影响力、参展商和观众的构成、展会价格和展会服务等因素,对展会的竞争优势具有决定性的影响。

展会执行方案分析包括展会基本框架评估、招展招商和宣传推广计划评估、展会进度计划评估、现场管理和配套活动计划评估等。

展会项目财务分析是从办展机构财务的角度出发,按照国家现行的财政、税收、经济、金融等规定,在筹备举办展会时确定的价格的基础上,分析测算举办该展会的费用支出和收益,并以适当的形式组织和规划好举办展会所需要的资金。

风险是指某一行动的结果所具有的不确定性。举办展会可能面临的风险有四种,包括市场风险、经营风险、财务风险和合作风险。办展机构要通过对各种风险的评估,采取相应对策,尽量回避和降低可能遇到的风险。

展会项目立项可行性研究报告基本目录包括:市场环境分析、展会项目生命力分析、展会执行方案分析、展会项目财务分析、风险预测、存在的问题、改进建议、努力的方向。

会展立项涉及展会题材选择、展会项目立项策划、展会立项可行性分析等环节。会展立项必须建立在扎实的市场信息收集的基础上。收集市场信息是立项策划举办一个展览会最基础的工作。市场信息收集的过程就是一个系统的、有目的的市场调查过程,它主要是通过各种市场调查手段,有目的地、系统地收集、记录和整理有关的市场信息和资料,客观地反映市场态势,为全面认识市场、进行市场分析和预测,以及为办展机构进行科学决策提供依据。会展立项策划要解决的基本问题是掌握好与展会相关的基本市场信息和相关产业信息,为将来制订展会的各种执行方案、营销策略和竞争战略作准备;确定展会要包括的展览题材有哪些,并为将来调整展会题材留下余地;建立起展会的基本框架,并对该展会的有关发展前景作出初步预测。

第一节　展会题材选择

会展题材选择的方法可以分为新立题材、分列题材、拓展题材、合并题材等四种。

所谓新立题材是指进入一个全新的行业或领域举办新题材的会展活动。新立题材的好处是办展机构可以进入一个新的产业和开发一个新的市场,可以避开激烈竞争。新题材很多时候是市场的新兴产业,只要抢先一步,成功概率较大。新立题材的风险在于:对于办展机构来说,进入一个陌生的领域有一定的风险。由于缺乏对该产业的了解,办展机构可能对抓住该产业的行业发展重点和行业热点有困难,展会可能因此而缺乏市场号召力。新立题材要求办展机构具有积极进取的市场竞争意识,能够敏锐地发现和把握市场机会,设计创新出新的会展项目,并具有较好的执行力和市场资源整合能力,成功实施新立题材的会展项目。

案例:新立题材

2004年9月,以"香港生活产品"为主题的贸易展览会——"香港时尚汇展·上海"在上海世贸商城举行。该展览是由香港贸发局在上海举办的首个以香港生活产品为主题的贸易展览会。香港80多家公司携雅芳婷、美亚厨具、DMC、千亚瓷等100多个香港知名品牌亮相上海,展品类别分首饰、鞋帽、腕表、礼品、家具、美容用品等。香港时尚汇展主办机构——香港贸易发展局邀请了700多位来自全国各地的专业买家、百货公司采购人员和商场、超市代表,其中以与上海临近的苏州、宁波、杭州、南京为主。

展览举办期间,多款设计新颖、别具时尚风格的香港生活产品在上海新天地以各种形式演绎给观众,包括11场品牌秀,让买家从T台近距离观赏了香港设计师的杰作以及各类时尚品牌的最新系列;小型Catwalk"时尚系列表演"、品牌推介会及专题研讨会,使香港设计服务及特许经营业务在上海互动了起来,使参观者对香港产品增添不少新鲜感。整个展会时尚气息浓郁,所有展台都是与品牌相适应的特装,展品的精致和华美被衬托得一览无余。借助这个展览会,参观者不用到香港,就可以买到比香港当地还便宜的名牌商品,因此该展会魅力十足,观众人头挤挤,成交额远远超过预期。

本届展览会获得成功的主要原因是主办方能够敏锐地发现市场需求,通过创新办展题材把握住了市场机遇。一方面,随着内地居民的消费能力不断提高,中国民众,特别是经济发达的长三角地区居民购买力强劲;另一方面,越来越多的香港企业需要开拓中国内地市场,将自身产品打入到中国巨大的市场之中。据调查,在该届展览会中,多家生产商对短期内投资上海表示出了浓厚的兴趣。

所谓分列题材是指在一个成功成熟的会展项目中把其中某一块具有成长潜力的展品范围分离出来单独办展,使该块会展项目更具专业性和发展空间。分列题材的好处在于办展机构对该题材有一定的了解和客户基础。原有展会其他题材、依据细分题材所办的新展会可以有更大的发展空间。原有展会和依据细分题材所办的新展会都将更加专业化。分列题材的风险在于办展机构很难确定题材分列的最佳时机,如果时机把握不好,题材分列就很难成功。对原有展会造成冲击的程度往往较难把握。办展机构面临是否具备将某一细分题材从原有的展会中分列出来独立办展的实力考验。

案例:分列题材

世界规模最大的计算机、办公设备与信息技术博览会(CeBIT)是一个由分离主题发展起来的展览会,它源于1947年在德国汉诺威创立的旨在向国际市场展示德国产品的汉诺威工业展览会。20世纪50年代末,当时被称为"办公设备"的产业在汉诺威工业展览会上已发展为第三大展团,该展团的重要性在整个20世纪60年代持续升高。1970年,德国汉诺威展览公司专门为这一展览类别创造了新的名称,CeBIT由此产生。

CeBIT是"办公及信息技术中心"的德语缩写,BIT这个音节暗指20世纪70年代电子数据处理日益增长的重要性,尤其在20世纪80年代,个人电脑制造商蜂拥来到汉诺威工业展览会,这更显示了电子数据处理这一发展趋势。CeBIT这一展览类别占据了越来越多的展出面积,主导地位不断增强,但展位仍供不应求,候补展商名单变得越来越长,于是1986年CeBIT脱离汉诺威工业展览会,成为独立的展览会。由于其庞大的规模和巨大的影响,CeBIT已经成为世界上许多著名公司发布最新产品的舞台,从软件到硬件,从相机到手机,从电脑到电视,商家各尽所能展示其最新的产品和技术。

CeBIT在汉诺威的成功举办,促使德国汉诺威展览公司在全球大力推广CeBIT理念,并提出了"CeBIT全球展览会"的口号。在近20年的海外贸易展览会管理中,德国汉诺威展览公司获得了丰富的经验和专有技术。 通过创立新的或者移植现有的展览主题，CeBIT全球展览会旗下一家发展出一系列展览会。

随着全球市场的饱和与萎缩，个人电脑已经不再是CeBIT的主力，今年展览扮演主角的已经变成移动因特网（Mobile Internet）及相关的移动商务。行业人士说，在整个信息行业增长速度开始放慢的时候，移动商务将成为推动信息行业发展的新动力。会展公司必须保持不断创新的精神，跟进行业的发展，才能在激烈的市场中立于不败之地。

所谓拓展题材是指在原有的展品范围内新增加相关的展品范围，扩大会展项目的规模和市场。拓展题材的好处在于扩大了展会的招展展品范围，为扩大展会规模作出贡献；扩大了参展企业数量和观众来源，为拓展展会发展空间服务。拓展题材的风险在于新题材的加入可能会影响到现有展会的展区划分，影响展会的现场布置和管理。如果拓展的展会题材与现有展会的展会题材的关联性不大，可能会影响展会的专业性。

案例：拓展题材

科隆国际五金博览会是国际五金及DIY行业规模最大最有影响力的盛会，代表着国际化的发展和顶级品质，创始于1947年，原来每年举办一届。该展览会分为五金工具世界、安全保障领域和家用手工用品（DIY）世界三大展区，包括工具类五金器件、保安器材、照明器材、汽车附件和DIY产品五大类展品。

2003年，为进一步体现展览会的国际化和专业化的特色，主办单位将该展览会更名为"应用天地"，这一名称更强调该展览会作为全球最大的五金工具展的师范功能和对世界五金工具行业贸易的领导作用。从2004年起，科隆国际五金博览会改为两年一届，但为了满足亚太地区攸关企业进入欧洲市场的需要，科隆展览公司于2005年在原地举办了一个主要面向亚太地区企业的展览会——ASIA PACIFIC SOURCING SHOW，这一新展览会内含两个主题的展览会：五金博览会和家居、园艺及消费品博览会，这无形中拓展了科隆国际五金博览会的市场范围。随着中国产品的国际竞争力的增强以及参展取得的卓越的效果，中国企业参加科隆国际五金博览会/应用天地的规模和数量也在最近数年内有着突飞猛进的增长。在2010年的展览上，共有超过1000家来自中国大陆的企业向欧美的采购商展示了自己最新的产品和服务，展出面积超过了9,800平方米。

所谓合并题材是指把两个相同或者相似题材的会展项目合并成一个项目进行举办，以增加项目的吸引力和代表性。合并题材的好处在于有利于做大做强该题材的展会,使展会更具有行业代表性,有利于提高展会的档次;可以消除市场竞争,独占该题材的展会市场;可以更好地安排展会日期和划分专业展区,得到行业内知名企业的大力支持,提高参展的积极性,更方便企业参展和观众参观。合并题材的风险在于办展机构之间的业务合作不当和利益分配不均可能会导致题材合并的失败。合并题材往往涉及多个展会,如果处理不当,可能会对这些展会带来不利的影响。如果合并题材选择不当,可能会使新展会成为一个"大杂烩",影响展会专业性。

案例:合并题材

"汉诺威中国五大工业展"是由原来独立的五大工业展会联合而成的一个新的展会。这五大工业展包括亚洲国际物流技术与运输系统展览会(简称亚洲物流展)、亚洲国际动力传动与控制技术展览会(简称动力传动展)、亚洲国际电力、电工及能源技术与设备展览会(简称亚洲能源展)、亚洲国际工厂自动化及过程自动化技术与设备展览会(简称亚洲自动化展)。展会与中国物流与采购联合会、中国液压气动密封件工业协会、中国机械通用零部件工业协会、中国电器工业协会、中国轴承进出口联营公司等中方合作伙伴强强联手合作举办,并得到了国内外相关行业的权威工业协会的大力支持。作为展示当今工业的重要平台,五大工业展会的同时召开,实现了从机械零部件到主机的一站式采购,并为亚洲制造业发展提供最佳解决方案,创造开展国际贸易的最佳交流平台。

汉诺威中国五大工业展期间,主办机构汉诺威展览(中国)有限公司还举行"五大工业展CEO论坛"、中国液压气动密封件行业发展研讨会、第二届中德论坛——制造业的未来、第四届MES(制造执行系统)开发与应用研讨会等30多场论坛和会议,构筑工业技术交流的完整平台。

费斯托(中国)有限公司裘华徐总经理表示:"展会规模一年比一年大,给人印象深刻的是展台布置的效果也提高了很多,对我们来说,这个展不仅是客户多,同时还是一个非常好的和同行业交流学习的机会。"西门子(中国)有限公司执行副总裁何维克先生评价说:"展会的参展情况非常好,我们很高兴能见到很多高质量的客户。在参展过程中,我感受到不仅仅是观众的数量,而且更重要的是质量也很好。他们受过高等教育,对自己感兴趣的业务领域很熟悉,并且非常愿意了解和学习我们提供的产品和系统。"

展会题材选择能否成功,关键是要看办展机构对市场需求、行业发展趋势的把握能力。只有选择符合市场需求的、符合行业发展潮流和趋势的题材,展会才会有市场生命力和发展空间。因此,展会题材选择切忌拍脑袋,闭门造车式搞策划,而要基于严谨的市场调研,去发现市场需求,然后用展会的形式满足市场需求。

第二节 展会项目要素策划

立项策划包括展会名称的策划。展会名称的核定需要包括基本部分(说明展会、博览会、展销会和节等)、限定部分(说明举办的时间、地点)、行业标识(说明展会题材和展品范围)三个部分。如"第 113 届中国进出口商品交易会"这个展会名称,基本部分为"交易会",限定部分为"第 113 届、中国",行业标识为"进出口商品"。

立项策划包括展会举办地点的策划。举办地点是指举办城市。有的展会固定在一个城市举办,叫做固定展,如中国义乌国际小商品博览会(义博会)每年固定在浙江省义乌市举办;有的展会每年在不同的城市举办,称为巡回展,如奥运会,2008年在中国北京举办,2012 年在英国伦敦举办,2016 年将在巴西里约热内卢举办。世界会展业发展趋势是固定展,当今展会举办地点越来越趋向固定在一个城市举办。因为每一个展会都有其举办的一些特殊要求,并不是所有城市都适合举办某个展会,但可能会有一个城市是最适合举办这一展会的;同时,固定在一个城市举办某个项目,有利于这个城市发展出与这个展会配套的城市实施、服务机构等,提升展会的办展质量。就好比是一棵树,一旦落地生根,最好不要移栽,移栽会损伤根系,不利于树木的生长;经常移栽会使树木无法长成参天大树;而只有种植在一个地方几十年,才会长成参天大树,这是同一个道理。当然,要看具体项目的实际情况和举办目的,并不是说所有项目都要办成固定展。像奥运会这样的项目,举办目的是为了促进世界各个国家和民族之间的"相互了解、友谊、团结和公平竞争",推进世界文化交流和世界和平,就需要由不同的国家轮流举办。巡回展的项目一般需要由举办城市提出申办要求,然后由一定的委员会通过投票决定;也有的巡回展是一个项目在不同城市的复制和重复,凭借办展机构独特的资源和优势在不同城市举办,以获得更大的利润。如浙江省国际汽车展,在杭州成功举办之后,陆续移师义乌、宁波、舟山、台州等地举办。

立项策划包括办展机构的策划。办展机构是指负责展会的组织、策划、招展和招商等事宜的有关单位。办展机构可以是企业、行业协会、政府部门和新闻媒体等。根据各单位在举办展览会中的不同作用,一个展览会的办展机构一般有以下几种:主办单位、承办单位、支持单位等。在策划举办一个展览会时,必须事先确定这些办展机构是哪些具体单位。办展机构主要包括主办单位、承办单位、支持单位、协办单位等。对于一个展会而言,主办单位和承办单位是最为核心和最为重要的办展机构,也是举办一个展会所必不可少的办展机构。如义博会的主办单位是中华人民共和国商务部、浙江省人民政府、中国国际贸易促进委员会、中国轻工业联合会、中国商业联合会,承办单位是浙江省商务厅、义乌市人民政府,支持单位是国家工商行政管理总局、中华全国工商业联合会、香港贸易发展局、大韩贸易投资振兴公社、澳门贸易投资促进局等。广交会的主办单位是中华人民共和国商务部、广东省人民政府,承办单位是中国对外贸易中心。

主办单位选择好展会的承办单位、协办单位,对于一个展会的成功举办和长远发展具有十分重要的意义,在策划举办展会时必须仔细研究、认真考虑,不能马虎。在策划选择办展机构的组成时,要处理好该展览题材所在产业的政府主管部门和行业协会的关系,要与全国及海外在该产业有较大影响的机构建立合作伙伴或者招展组团代理的关系,并要与该行业各大专业媒体和社会公众媒体搞好关系。这些单位不仅可以提高展会的档次、规格和权威性,扩大展览会的影响力,吸引媒体的关注和展开新闻宣传,还能提高展会的行业号召力,利于展会组织目标客户参展和邀请目标买家参观。另外,它们还能帮助揭示行业的发展状况和趋势,能有效地形成展会的品牌效应。

立项策划包括办展时间的策划。办展时间既包括具体开展日期,又包括筹展和撤展日期,还包括对观众开放的日期。

开幕时间:2013 年 3 月 21 日上午 9:30

展览时间:2013 年 3 月 21—24 日,每天上午 9 点至下午 5 点

观众开放:2013 年 3 月 21—22 日,只对专业观众开放

　　　　　2013 年 3 月 23—24 日,对专业观众和一般公众开放

筹展时间:2013 年 3 月 19—20 日,每天上午 9 点至晚上 8 点

撤展时间:2013 年 3 月 25—26 日,每天上午 9 点至晚上 9 点

展会具有明显的淡旺季,一般来说,每年的 3—6 月和 9—10 月间是会展业的旺季,而每年的 7—8 月和 12 月至次年的 1 月间是会展业的淡季。展会的淡旺季主要是企业的采购周期使然,企业在执行年度和半年度生产销售计划需要的采购形成了会展业的旺季;同时,气候使然也是一个原因。在气候适宜的春季和秋季,便于参展商和买家出行。另外,社会文化环境也是造成会展业淡旺季的原因,如欧洲人普遍喜欢在每年的 8 月度假,如在这个时间点举办欧洲市场的展会往往不会成功。就开幕时间来看,杭州西湖国际博览会(简称"西博会")的开幕时间是每年10 月份第二个星期,广交会的开幕时间是每年 4 月中下旬(春交会)和 10 月中下旬(秋交会),华交会在每年 3 月 1 日在上海举行。

案例：

具有较大影响力的某糖烟酒交易会曾经进行创新,将举办时间放在国庆节期间的 10 月 1—7 日举行。结果,采购商数量稀少,成交量出现巨大萎缩,参展商抱怨四起,最后以失败告终。最后结果经了解,买家之所以没有前往参加交易会,一是由于难得的国庆节长假,与自己与家人一起旅游和探亲的计划冲突;二是由于长假导致的交通住宿紧张,有的买家因为买不到机票或者订不到房间而不得不放弃参加交易会。

问:从时间方面进行考察,为什么该交易会放在展会的旺季却导致了失败?

立项策划包括办展频率、展会规模的策划。一般的展会一年举办一届或者一年举办两届,也有的是两年举办一届,而奥运会是四年举办一届。办展频率受到所在产业的产品生命周期的长短、不同阶段的客观制约。所以,有的人认为"提高办展频率是提升会展企业经济效益的有效手段"的观点是值得商榷的。展会规模包含展会面积、参展单位、专业观众、成交额等要素。如我们经常可以看到媒体报道:"本届博览会的展会面积为 61.6 万平方米,参展单位 38000 个,共有 210 个国家和地区的 18.5 万国外采购商参与采购,成交 103.8 亿元人民币……"类似报道往往较好地包含了展览规模的所有要素。

立项策划包括展品范围的策划。有人提出:"为了扩大展会规模,一个展会的展品范围包含得越广泛越好,以便吸引更多的企业前来参展。"实际上,会展专业化发展是会展业发展的一大趋势。"十一五"期间,我国的展会主题由综合化趋于专业化、展会分工专业化、展会从业人员专业化、观众向专业化方向发展。展品范围越广泛,专业化程度往往受到不利影响。

案例:广交会的专业化发展

从第 104 届起,广交会将由"两馆两期"转为"一馆三期",即从琶洲馆和流花馆"两馆"变为琶洲馆"一馆",由"两期,展期 6 天,撤换展 4 天"变为"三期,展期 5 天,撤换展 4 天"。通过这个变化,广交会的细分展区将从之前的 34 个重组为 50 个,附载最多 5.4 万个展位,新增超过 3000 个展位。

根据对广交会负责人的采访,这样做的优势在于:按采购目标和展品用途重新细化设置展区,产品设置充分考虑产品关联度的最大化,从而能够提高广交会的专业化水平,符合国际展会业的专业化潮流。展位数量的适度增加,解决现有规模仍然不能满足中外企业参展需求的突出矛盾,为更多的企业提供迈向国际市场的平台。关于缩短展出时间,3～5天的展期符合国际展会的一般规律。同时,时间短了,也减少了采购商比较压价的机会,对参展企业的成交有利。

问:综合性展会广交会为什么需要改革实现专业化发展?

立项策划包括展会定位、展会价格和展会初步预算、人员分工、招展招商和宣传推广计划、展会进度计划、现场管理计划和配套活动计划等的策划。

展会定位就是要清晰地告诉参展企业和观众本展会"是什么"和"有什么",具体地说,展会定位就是办展机构根据自身的资源条件和市场竞争状况,通过建立和发展展会的差异化竞争优势,使自己举办的展会在参展企业和观众的心目中形成一个鲜明而独特的印象的过程。

展会价格就是为展会的展位出租制定一个合适的价格,也包括门票价格、广告价格。展会层位的价格往往包括室内展场的价格和室外展场的价格,室内展场的价格又分为空地价格和标准层位的价格。在制定展会的价格时,一般遵循"优地优价"的原则,即那些便于展示和观众流量大的层位的价格往往要高一些。展会初步预算是对举办展会所需要的各种费用和举办展会预期可以获得的收入进行的初步测算。展会初步预算可以使办展单位对举办该展会的投入和产出有一个初步的认识,使办展单位及时筹措和准备举办展会所需要的资金。

人员分工计划、招展计划、招商和宣传推广计划是展会的具体实施计划,这四个计划在具体实施时会互相影响。人员分工计划是对展会工作人员的工作进行统筹安排,招展计划主要是为招揽企业参展而制定的各种策略、措施和办法,招商计划主要是为招揽观众参观展会而制定的各种策略、措施和办法,宣传推广计划则是为建立展会品牌和树立展会形象,并同时为展会的招展和招商服务的。

展会进度计划是在时间上对展会的招展、招商、宣传推广和展位划分等工作进行的统筹安排。它明确在展会的筹办过程中,到什么阶段就应该完成哪些工作,直到展会成功举办。展会进度计划安排得好,展会筹备的各项准备工作就能有条不紊地进行。现场管理计划是展会开幕后对展会现场进行有效管理的各种计划安排,它一般包括展会开幕计划、展会展场管理计划、观众登记计划和撤展计划等。现场管理计划安排得好,展会现场将井然有序,展会秩序良好。展会配套活动计划是对准备在展会期间同期举办的各种配套活动作出的计划安排。与展会同期举办的配套活动最常见的有技术交流会、研讨会和各种表演等,它们是展会的有益补充。

在策划完成上述要素后,最后形成一份立项策划书。展会立项策划书基本框架如下:

展会立项策划书目录

1. 办展市场环境分析
2. 提出展会的基本框架
3. 展会价格及初步预算方案
4. 展会工作人员分工计划
5. 展会招展计划
6. 展会招商计划
7. 展会宣传推广计划
8. 展会筹备进度计划
9. 展会服务商安排计划
10. 展会开幕和现场管理计划
11. 展会期间举办配套活动计划
12. 展会结算计划

第三节　展会立项可行性分析

展会立项可行性分析是展会项目立项策划的继续。展会立项可行性分析则是在仔细研究各种信息的基础上,深入分析举办展会立项策划提出的方案是否可行,为最后是否举办该展会提供科学的决策依据。

1. 市场环境分析

市场环境分析分为宏观市场环境分析、微观市场环境分析。宏观市场环境所包括的因素都是办展机构本身以外的市场因素,并且基本上都是企业自身所不能控制的因素,它们包括:经济环境、政治法律环境、社会文化环境、人口环境、技术环境等。经济环境是指那些从侧面影响着企业参展和观众到会参观的意愿的各种经济因素。对经济环境的考察可预测和检验企业参展和观众购买力、参展意愿。政治法律环境是由那些具有强制性的和对举办展会产生影响的法律、政府部门和其他压力集团所构成。如政府对举办展会在消防、安保、工商管理和产品进出口方面的严格要求。政治法律环境是举办会展的硬环境。社会文化环境是指物质文化、关系文化、观念文化等。对社会文化环境的考察可预测和检验目标对象的喜好,安排合适的展会举办时间和内容。人口数量是市场规模的重要标志,对人口环境的考察可预测和检验展会专业观众、普通观众的数量。科学技术的发展会给企业的经营活动和经营方式产生重大影响。了解技术环境可对会展业的办展思路、竞争模式、展会服务等提供支撑。

微观市场环境是指对办展机构举办展会构成直接影响的各种因素。进行微观市场环境的分析是为了整合资源,使各种资源间优势互补,最大限度地挖掘资质优良的资源,壮大办展队伍,并最大限度地降低办展成本。微观市场环境因素包括办展机构内部环境、目标客户、竞争者、营销中介、服务商和社会公众等。办展机构内部环境就是办展机构内部所具备的各种条件。办展机构内部环境包括资金、人力、物力(办公设备和通信工具)以及所掌握的信息资源和能联系的社会资源等。进行办展机构内部环境考察的目的是审视自身优劣势,评判自身办展能力。目标客户就是展会的潜在参展商和观众。进行目标客户考察的目的是预测和检验展会规模与客户需求。竞争者就是与本展会有竞争关系的其他同类展会。进行竞争者考察的目的是预测和检验其是否能比其他办展机构更有效地满足参展商和观众的需求,设计应对市场竞争的对策。营销中介是受办展机构委托的、或者是协助展会进行宣传推广和招展招商的那些中介组织和单位,包括展会的招展代理、招商代理、广告代理和其他营销服务机构等。进行营销中介考察的目的是甄别中介组织,选择有实力的机构协助办展。服务商是受办展机构的委托、为展会提供各种服务的机构,包括展会指定的展品运输代理、负责展位搭装的展位承建商、提供旅游服务的旅行社、提供住宿服务的宾馆酒店、以及提供展会资料印刷和观众登记的专门服务商等。进行服务商考察的目的是预测和检验展会服务商质量,确保展会的服务质量。社会公众是指对展会实现其目标具有实际或潜在影响的各类群体。进行社会公众考察的目的是预测和检验公关策略,确保有一个展会举办的宽松市场环境。

社会公众的类别

1.媒体公众,即专业和大众报刊、杂志、广播和电视等,它们具有广泛的影响力,对展会的声誉具有举足轻重的影响;

2.政府公众,即负责管理展会和商业活动的有关政府部门;

3.当地民众,即展会举办地的居民、官员和其他社团组织等;

4.市民行动公众,即各种知识产权保护组织、保护消费者组织、环保组织等;

5.办展机构内部公众,即办展机构的全体员工;

6.金融公众,即那些关心并可能影响办展机构获取资金的能力的机构和组织,如银行和投资公司等。

市场环境评价一般采用SWOT分析法。SWOT代表着机会(Opportunities)、威胁(Threats)、优势(Strengths)、劣势(Weakness)。SWOT分析法将这四个方面结合起来研究,以寻找到适合办展机构举办本展会的可行战略和有效对策。

SWOT 分析法操作相对简单,基本分成三步:

第一步,整理和分析搜集到的各种信息,并根据这些信息对环境的变化趋势作出预测;

第二步,详细地分析办展机构内部和外部的各种环境要素,列出市场环境对办展机构举办该展会所形成的机会、威胁、优势和劣势;

第三步,对市场环境对办展机构举办该展会所形成的机会、威胁、优势和劣势进行综合分析,确定可以选择的战略和对策。

通过以上步骤,SWOT 分析法为办展机构举办该展会提供四种可以选择的对策,如表 5-1。

表 5-1　SWOT 战略对策表

外部 ＼ 内部		内部环境	
		内部优势(S)	内部劣势(W)
外部环境	外部机会(O)	SO 战略 依靠内部优势 利用外部机会	WO 战略 利用外部机会 改进内部劣势
	外部威胁(T)	ST 战略 依靠内部优势 回避外部威胁	WT 战略 克服内部劣势 回避外部威胁

SO 战略即利用办展机构的内部优势去抓住外部市场机会,ST 战略即利用办展机构的内部优势去回避或减少外部威胁,WO 战略即利用外部机会来改进办展机构的内部弱点,WT 战略即克服办展机构的内部弱点,避免外部威胁。

2.展会项目生命力分析

展会项目生命力分析包括发展空间、项目竞争力的分析。

展会项目发展空间分析是立足于已经掌握的各种信息,根据展会项目立项策划提出的办展方案和展会定位,从展会的长远发展出发,分析展会项目是否具备可持续发展所需要的各种条件。项目发展空间要素包括产业空间、市场空间、地域空间、政策空间及其他因素。产业空间就是计划举办的展会展览题材所在的产业的发展现状和发展前景。产业的发展现状和发展前景是举办一个专业贸易性质的展会所依托的产业基础。产业的发展现状和发展前景是举办一个专业贸易性质的展会所依托的产业基础。市场空间主要是指市场结构状况、市场规模的大小和市场辐射力的强弱,这是举办展会的市场基础。进行市场空间考察的意义是衡量展览题材的选择是否适合市场的需求、是否具有吸引力、辐射力。市场结构状况揭示了展会展览题材的选择是否适合市场的需求。地域空间主要是指展会举办地的地域优势和辐射力如何。进行地域空间考察的意义是考察是否具有地域优势,选择产业生产或销售集中度比较高的地域举办展会。展会应选择在那些展会展览题材所在产业比较发达的地方举办,或者选择在该产业产品的主要销售地,尽管如此,那些交通比较便利、基础设施较完善、信息较灵通、服务业较发达的城市往往也是举办展会的首选之地。政策空间包括展会举办地对会展业发展的政策、对展览题材所在产业的政策以及对与会展业有关的行业的政策。进行政策空间考察的意义是理解政策意图,争取办展便利;尽量选择当地政府鼓励和支持发展的产业题材。其他一些因素如展馆设施状况等对展会项目发展空间也有较大影响。

案例:浙江省农博会为什么会遇冷

　　浙江省农博会成功在杭州举办了三届后,应省内其他地区的要求,2002年省农博会移师义乌举办。义乌政府为举办该展会提供了大量的政策和资金的支持。但是最终结果还是因为买家太少而遇冷。该届农博会最大的一个变化是举办地点的变化,其他的条件和因素都没有发生改变。所以,可以认为:作为县级市的义乌辐射力不够,企业和买家参加展会的意愿不强所致。义乌作为一个国际小商品生产和销售基地,举办中国国际小商品博览会是非常具有优势的,相比于义乌,杭州作为浙江省省会城市,其辐射力更高,参展商和买家都愿意前往杭州参加该展会。

　　展会项目竞争力分析是从展会本身出发,分析本展会与同题材的其他展会相比是否具有竞争优势,包括展会定位的号召力、办展机构的品牌影响力、参展商和观众的构成、展会价格和展会服务等因素,对展会的竞争优势具有决定性的影响。对展会定位的号召力的意义是找准目标参展商和观众,并清晰地让参展商和观众知道并认同该展会"是什么"和"有什么"。对于办展机构的品牌影响力来说,办展机构的品牌是这件商品的说明书和质量保证书,对参展商和观众的展会认同有很大的影响。对于目标参展商和目标观众的构成来说,一个展会要有强大的竞争力,就离不开该展会展览题材所在产业里有代表性的企业对展会的大力支持,离不开该产业产品的大用户到会参观。对于展会价格来说,展会价格是展会竞争力的重要组成部分,展会定价合理能在很大程度上提高展会的竞争力。对于展会服务来说,展会服务包括展会筹备和展会举办过程中办展机构为该展会的参展商和观众提供的各种服务,也包括展会的服务商和营销中介单位为参展商和观众提供的服务。展会服务分为展前服务、展中服务和展后服务三个部分。展会服务的考察,是分析办展机构能否为参展商和观众提供专业、及时、优质和周到的服务。对于办展机构优劣势来说,办展机构的优劣势决定着他们在哪些产业里举办展会成功的可能性较大,也决定着他们举办怎样性质的展会将会有较大的优势。要考虑办展机构自己是否有举办这样一个展会的能力,或者自己是否适合举办这样一个展会;如果条件不具备,就不要轻易举办。

3.展会执行方案分析

展会执行方案分析包括展会基本框架评估、招展招商和宣传推广计划评估、展会进度计划评估、现场管理和配套活动计划评估等。

展会基本框架评估需要考虑的方面包括:展会名称和展会的展品范围、展会定位之间是否有冲突;办展时间、办展频率是否符合展品范围所在产业的特征;展会的举办地点是否适合举办该展品范围所在产业的展会;在展会展品范围所在产业里能否举办如此规模和定位的展会;展会的办展机构在计划的办展时间内能否举办如此规模和定位的展会;办展机构对展会展品范围所在的产业是否熟悉;展会定位与展会规模之间是否有冲突。对展会基本框架进行评估,重点是从总体上分析展会基本框架是否合理和可行。

对招展招商和宣传推广计划评估,是要考量招展计划、招商计划和宣传推广计划三个方案要做到具体、可行。所谓具体,就是这三个方案要尽量详细、不空泛、不泛泛而谈;所谓可行,就是这三个方案要尽量符合展会展览题材所在产业的实际,要能抓住该产业的特征,又不脱离展会定位,能发挥实际作用,达到实施的目标。从可行性分析上看,这三个方案还要相互配套、彼此配合、重点突出、目的明确。

展会进度计划评估需要考虑各项工作进程安排的合理性、各阶段工作目标的准确性、各项工作安排的配套性、各项工作安排的可行性、各阶段工作安排的统一性。

现场管理计划是对展会开幕现场和展会展览现场进行管理的计划安排。对于现场管理评估,需要考虑现场管理计划的周密性、可控性。展会配套活动计划是对在展会同期举办的各种研讨会、表演和比赛等进行的计划安排。对于配套活动计划评估,需要考虑到配套活动的必要性、可行性。同时,办展机构需要考虑到现场管理和配套活动的协调性。

4.展会项目财务分析

展会项目财务分析是从办展机构财务的角度出发,按照国家现行的财政、税收、经济、金融等规定,在筹备举办展会时确定的价格的基础上,分析测算举办该展会的费用支出和收益,并以适当的形式组织和规划好举办展会所需要的资金。展会项目财务分析的主要目的,是分析计划举办的展会是否经济可行,并为即将举办的展会制定资金使用规划。展会项目财务分析包括展会项目财务分析的方法、价格定位、成本收入预测、盈亏平衡分析、现金流量分析、资金筹措等。

展会项目财务分析是为评估一个展会是否可以举办而进行的财务分析。项目财务分析所需要的基础数据,如投入资金的多少、成本、收益和利润等,都是来源于前期的市场调查和基于这种调查而作出的预测。同时,项目财务分析所依据的数据带有很大的预测性,展会项目的各个实施方案对项目财务分析也有重大影响,不同的实施方案会产生不同的财务分析结果。一般地,项目财务分析的步骤首先是财务分析预测。在对计划举办的展会总体了解的基础上,对相关市场和执行方案进行充分调查,收集并预测项目财务分析所需要的各种基础数据。其次是财务效果的计算和分析。根据财务分析基础数据及其预测,计算展会项目的财务盈利性如何。再次是制定资金规划。根据财务分析和预测,筹措和安排举办展会所需要的资金投入量,为展会的前期资金投入提供保障。

给展会定一个适当的价格,不仅可以提高展会的竞争力,也是进行展会项目财务分析的一个重要基础,因为后面对展会进行成本收益预测和盈亏分析等都要依赖于展会价格的确定。给展会定怎样一个价格,是与办展机构的定价目标密切相关的,有什么样的定位目标就会有什么样的价格定位。分析展会的价格是否可行,首先就要分析其定价目标是否符合实际(见表5-2)。

表 5-2　展会五种常用定价法

序号	名称	特点
1	利润目标	办展机构以盈利为主要目标来给展会定价,包括当前利润最大化、满意利润
2	市场份额目标	最大限度地增加展位销售量、扩大展会规模、提高展会的市场占有率,为此,他们制定比较低的价格,而不惜放弃目前的利润,甚至不顾目前的成本支出
3	市场撇取目标	办展机构为展会定出尽可能高的价格,争取在展会举办的前几届就获取尽可能多的利润;一旦竞争变得激烈了,办展机构就有充分的主动权逐步降低价格
4	展会质量领先目标	针对大众"价格高质量就优良"的心理,以保证和向客户塑造一个高质量的展会为主要目标的价格定位
5	生存目标	当市场竞争已经非常激烈,办展机构为了在市场上先站稳脚跟,就会采取以先求得企业的生存空间为目标的价格定位,以求得企业生存为目标的定价,其价格往往定得较低

办展机构最终会选择哪种定价目标,主要受三个因素的影响:顾客、成本和竞争。比如,以占领市场份额为主要目标的定价,受上述三个因素的影响,要获得成功就必须要满足以下条件:第一,价格弹性系数较大,降低价格能有效地扩大展位销售;第二,展会的规模效应明显,展会规模扩大所产生的利润能弥补价格降低所造成的损失,展会将会随规模扩大而利润增加;第三,企业有足够的经济实力能承受一定时期内的低价所造成的利润损失和成本增加;第四,低价能有效地阻挡潜在竞争者加入举办同题材展会的竞争,不因低价而引发恶性竞争。如果上述条件不能满足,该定价目标就可能是有些脱离实际,是不可行的。所以,在分析办展机构的定价目标时,不能不考虑上述三个因素的影响。

如果办展机构的定价目标已经确定,那么办展机构一般选择如表 5-3 所示的定价方法。

表 5-3 展会定价方法

序号	名称	特点	说　明
1	成本导向定价法	成本加成定价法	在单位展位成本的基础上附加一定的加成金额作为办展机构盈利的一种定价方法
		边际成本定价法	在展会增加展位所引起的追加支出成本的基础上来制定价格
		目标利润率定价法	在制定展会价格时,着眼于举办展会的总成本来定价,使展位的售价能保证办展机构达到预期的目标利润率
2	需求导向定价法	市场认可价值定价法	以参展商对展会的认可程度和认可价值而不是以举办展会的成本为定价基础的一种定价方法
		需求差别定价法	根据市场需求强度的不同而定出不同的价格,所定出来的价格的差别与展会展位成本之间没有直接的关系
		需求心理定价法	根据消费者的消费心理特点来确定展会价格的一种办法
3	竞争导向定价法	随行就市定价法	办展机构依照本题材展会或者是本地区展会的一般价格水准来制定本展会价格的一种方法
		渗透定价法	以打进新市场或者是扩大市场占有率、加强市场地位为目标的一种定价方法
		投标定价法	办展机构根据竞争者可能的报价为基础,兼顾自己应有的利润所采用的一种定价办法

办展机构需要对举办展会的成本和收入进行考察,细致地分析举办该展会是否经济可行。举办一个展会的收入、成本一般包括如表 5-4 所示的项目。

表 5-4 展会成本收入预算表

	项目	金额	占总收入比(%)
收入	展位费收入		
	门票收入		
	广告和企业赞助		
	其他相关收入		
	总收入		

续表

项目	金额	占总收入比（%）
成本费用　展览场地费用		
展会宣传推广费用		
招展和招商费用		
办公费用和人员费用		
税收		
其他不可预测费用		
总成本费用		
利润		

在进行成本收入预测时，如果发现某项支出所占比例过大，可以通过调整相关的执行方案来调整相关的费用支出。比如，如果发现展会计划的宣传推广费用所占比例过大，就可以通过调整展会宣传推广方案，来调整这一费用支出。通过对收入和成本费用的各具体项目进行分析和调整，可以使展会成本收入预算更加合理。

在对展会项目进行成本收入预测时，必须对展会进行盈亏平衡分析。所谓盈亏平衡，就是办展机构举办展会所得到的所有收入恰好能弥补其为举办该展会所支出的所有成本费用，也就是总收入正好等于总成本。能够使展会达到盈亏平衡的展会规模就是展会盈亏平衡规模，能够使展会达到盈亏平衡的展会价格就是展会盈亏平衡价格。除了一些特殊情况，办展机构举办展会最起码的要求，应该是能够达到盈亏平衡的状态。进行盈亏平衡分析，最重要的是要找到能够使展会达到盈亏平衡的"盈亏平衡点"。所谓盈亏平衡点，就是能够使展会达到盈亏平衡的展会规模或展会价格。有些展会尽管发展前景很好，但需要有好几届作为培育期，对于这样的展会，我们就要通过现金流量分析来进一步分析其是否值得举办。所谓现金流量，是指在未来一定期间内所发生的现金收支。其中，现金收入称为现金流入量，现金支出称为现金流出量；现金流入量与现金流出量相抵后的余额称为现金净流量。现金流量是办展机构计划举办一个展会时所必须要考虑的问题，因为，如果现金流入量小于现金流出量，而办展机构的流动资金又有限，那么，办展机构就可能会陷入投入资金不足的困境。如果这样的话，展会的继续举办就可能成为问题和负担。如果不考虑展会的其他效应，仅仅从办展机构的盈利角度考虑，对于需要有好几届作为培育期的展会来说，只有现金流入量大于现金流出量，该展会才是值得投资举办的。经过展会执行方案分析、成本收入分析和现金流量分析以后，我们对展会筹备各阶段需要多少资金投入就有了一个大致的了解。为了保证展会顺利举办，展会筹备各阶段所需要的资金投入必须要有所保证，不能出现因资金短缺而导致展会筹备工作无法推进的现象。办展机构可以根据其自身的经营以及展会筹备工作对资金投入的需要,通过一定的渠道,采取适当的方式获取一定的资金。办展机构在筹措资金时,应遵循规模适当、筹措及时、方式经济、来源合理等基本原则。

5.风险预测

风险是指某一行动的结果所具有的不确定性。举办展会可能面临的风险有四种,包括市场风险、经营风险、财务风险和合作风险。办展机构要通过对各种风险的评估,采取相应对策,尽量回避和降低可能遇到的风险。

市场风险是指那些对所有企业都产生影响的风险,如战争、自然灾害、瘟疫、经济衰退、通货膨胀、恐怖袭击等。这类风险涉及所有企业,又称为"不可分散风险"或"系统风险"。如非典的发生。经营风险是指因办展机构经营方面的原因给举办展会带来的不确定性,如展会定位不当、招展不力、招商不顺、宣传推广效果不佳、人力资源及人员结构不适合、出现新的竞争者、管理不善、展会现场的饮食卫生出现问题、与会人员的健康保障问题、参展商因对展会不满而出现"闹展"和"罢展"等现象等。财务风险包括举债筹措资金给办展机构财务成果带来的不确定性和办展机构资金投入所带来的不确定性。如果办展机构举债筹措办展资金,借入资金利息率过高导致的展会亏损风险。办展机构必须通过维持一个合理的资金结构,或者慎重选择会展投资项目等措施来进行规避和降低该风险。合作风险是指办展机构各单位之间、办展机构与展馆之间、办展机构与展会各服务商和各营销中介之间,在合作条件、合作目标和合作事务各环节上可能出现的不协调、不一致和其他不确定性。合作风险的出现,不仅会影响到办展各有关单位、机构、各展会服务商和各展会营销中介之间的合作,还会给展会本身、展会服务以及展会的展出效果等多方面造成不良的影响。办展机构可以通过细化合作条件、明确各合作单位的权责利、与各单位进行积极的沟通和协调等多种方式来消除和降低合作风险。对于以上各种风险,办展机构首先要评估它们存在的可能性有多大,并评估一旦它们发生,对即将举办的展会可能会造成哪些影响,展会是否可以规避或者克服这些风险以及它们所造成的影响。有些风险办展机构无法控制,只能规避;有些办展机构可以通过有效措施来进行积极预防和消除。

展会还需要对举办该展会项目的社会效益进行评估。所谓展会项目的社会效益,就是举办该展会对当地社会各方面可能产生的影响。评估展会项目的社会效益,可以从会展项目具有的社会经济功能和社会功能来进行。会展项目的社会经济功能是指通过举办会议和展览,取得直接的经济效益以及因此而带动一个地区相关产业发展的功能。会展项目的社会功能是指通过举办会议和展览而达到一定的社会、政治和文化目标。认识会展项目社会效益双重功能及其相互关系,有助于清除在策划会展项目时可能出现片面追求狭义上的展会经济效益的短视行为。通过评估,举办该会展其本身的经济效益和它所带来的社会效益都是明显的和可以接受的,那么,就可以认为举办该展会是可行的;否则,就是不可行的。

在展会项目立项可行性以后,就可以形成《展会项目立项可行性研究报告》,对展会立项是可行还是不可行作出系统的评估和说明,并为最后完善该展会项目立项策划的各具体执行方案提供改进依据和建议。以下是《展会项目立项可行性研究报告》的基本框架。

展会项目立项可行性研究报告基本目录

1.市场环境分析

2.展会项目生命力分析

3.展会执行方案分析

4.展会项目财务分析

5.风险预测

6.存在的问题、改进建议、努力的方向

思考题:

1.会展题材选择有哪几种方法？这几种方法各有哪些优势和风险？

2.试述展会立项策划书的基本内容。

3.展会立项可行性分析包括哪四个方面？

4.宏观市场环境分析、微观市场环境分析各涉及哪些因素？这些因素对项目的可行性有哪些影响？

5.展会项目生命力分析、展会项目竞争力分析各涉及哪些因素？这些因素对项目的可行性有哪些影响？

6.展会举办中会涉及哪几种风险？

7.展会项目立项可行性研究报告基本内容包括哪些？

第六章　会展招展工作

【学习要求】

理解招展的定义;掌握制定合理的招展价格需要考虑的因素以及执行招展价格时应注意的问题;知晓办展机构常用的招展价格折扣种类;了解招展函主要内容;了解招展方案的基本内容;掌握招展代理管理的要点以及预防招展代理可能带来的风险;理解招展宣传推广、招展进度计划的定义;知晓招展预算中直接招展费用构成;理解展位营销的定义及其主要方法。

【本章概要】

招展就是办展机构招揽企业参加展会的展出活动的行为,是展会成功运作的基础。招展策划的步骤是目标参展商数据库建设、展区展位划分、招展价格制定、展会招展函编制等。其中制定合理的招展价格需要充分考虑竞争的需要、结合展会的发展阶段来定价,要考虑展会的价格目标和价格弹性来定价,要考虑展会展览题材所在行业的状况,要考虑展位位置和展商来源。办展机构常用的价格折扣有:统一折扣、差别折扣、特别折扣、位置折扣。执行招展价格时应注意的问题包括严格执行价格及价格折扣标准、加强对招展代理的招展价格管理、避免在招展末期低价倾销展位、严格控制差别折扣和特别折扣的适用范围等。招展函主要包括五个方面的内容:展会的基本内容、市场状况介绍、展会招商和宣传推广计划、参展办法、各种图案。

招展方案是在招展策划的基础上,为展位营销而制订的具体执行方案。招展方案的基本内容包括产业分布特点、展区和展位划分、招展价格、招展函的编制与发送、招展分工、招展代理、招展宣传推广、展位营销办法、招展预算、招展总体进度安排等。展会招展分工涉及三方面的内容:各招展单位之间的分工、每个单位内部招展人员的分工和招展代理机构的分工的安排。

招展代理有:独家代理、排他代理、一般代理、承包代理等。管理好招展代理商,就必须要做好:坚持定期书面报告制度、招展价格的控制、收款与展位划定、参展商的参展费、累进制折扣的控制等。防止招展代理带来的包括多头对外的风险、代理商欺骗客户风险、损坏办展机构的声誉和形象风险、收款和展位划位混乱风险、展位临期空缺的风险等。

展会宣传推广是展会策划和营销活动中的一项重要内容,除招展宣传推广外,它还包括展会整体形象宣传推广和招商宣传推广。招展宣传推广是为促进展会更好地招展而有目的有针对性地举行的一些宣传推广活动,这些宣传推广活动是围绕着展会招展基本策略和目标而制定的,有很强的协调配合性。

招展预算是为招展各项工作的顺利进行而做的费用支出预算。直接招展费用包括:招展人员费用(包括招展工作人员的工资、差旅费、办公费等)、招展宣传推广费用、代理费用、招展资料的编印和邮寄费用、招展公关费用、其他不可预见的费用等。

招展进度计划就是在招展工作开始实施之前,就对招展工作及其要达到的效果进行统筹规划,事先安排好什么时候该开展什么样的招展活动、采取什么样的招展措施、到什么阶段招展工作要达到什么样的效果、完成什么样的任务等。有了招展进度安排,就可以对展会招展工作进行总体控制和监督,及时对照检查,发现问题,调整策略,使招展工作能更顺利地完成,从而保证展会成功举办。招展进度安排一般采用招展进度计划表来表示。

展位营销是综合利用产品、价格、渠道、促销等要素,结合招展工作人员的努力和展会相关内容的有形展示,用适当的过程传播展会的服务承诺,将展会的展位销售出去的招展活动。展位营销要将产品、价格、渠道、促销、人员、有形展示和过程等七个要素有机结合起来,进行科学配置和有效组合,制定出科学的营销策略。展位营销的方法包括关系营销、合作营销、直复营销、网络营销、公关营销等。关系营销是指办展机构与顾客以及展会服务中间商等建立和保持密切的关系,并通过彼此交换和履行共同的承诺,使有关各方都实现各自的营销目的的各种营销行为。合作营销是指办展机构有选择地与一些机构和单位合作,采取一些有效的策略,共同来对展会展位进行营销的一种营销策略。直复营销是一种互动的营销系统,它使用一种或多种广告媒体,以实现在任何地方产生可以度量的回应和(或)达成交易的目的。网络营销是以国际互联网为媒介进行展位营销的一种营销方式。公关营销是办展机构利用各种传播手段,与包括参展商、参观商、展会服务商、普通大众、政府机构和新闻媒体在内的各方面公众进行沟通,建立良好的社会形象和营销环境的活动。

招展就是办展机构招揽企业参加展会的展出活动的行为,是展会成功运作的基础。招展策划是对招展活动方案进行的策划,是展会整体策划中最基础的工作之一,也是展会筹备过程中最重要的环节之一。展位营销是办展机构用各种营销手段和渠道将展会计划展出的场地销售给目标参展商的过程,招展策划是展位营销的基础,展位营销是对招展策划方案的具体实施。

第一节　招展策划准备

一、建立目标参展商数据库

招展策划的第一步是通过广泛地收集目标参展商的信息,建立一个完整实用的目标参展商数据库,为展会招展做好基础性的准备工作。目标参展商是指办展机构认为可能会来参加展会的企业和其他单位。这些企业主要是该展会展览题材所在行业的企业,也有少数是与该题材所在行业相关联的行业的企业。目标参展商是展会招揽展出者的目标范围,展会招展是在掌握了展览题材所在行业企业的基本数量、特征和分布状况的前提下进行的,展会的展位营销工作基本就是针对这些企业而展开的。因此,要建立一个完整实用的目标参展商数据库,首先必须广泛收集目标参展商的有关信息。

案例:目标参展商信息的收集

王同学到会展公司进行毕业实习。公司总经理让王同学为某展会进行目标参展商信息初步收集工作。王同学通过查阅电话黄页、专业网站、专业报刊以及购买行业企业名录等方式进行了相关信息的收集,并对企业的名称、地址、联系电话、传真、E-MAIL 和网址、联系人等基本信息进行了详细的登记。总经理肯定了王同学的努力,指出:除了收集企业的名称、地址、联系电话、传真、E-MAIL和网址、联系人等基本信息之外,还需要收集企业规模、目标市场、企业产品种类等信息;告诉他目标参展商信息还可以到商会和行业协会、同类展会、政府主管部门、外国驻华机构等地方去收集,并让其他人员带着王同学去了相关部门进行目标参展商信息收集。

问:目标参展商信息收集的途径有哪几种?目标参展商信息收集应该包含哪些要素?

除了要掌握每一个具体企业的基本信息外,办展机构还要从总体上把握这些信息。所谓从总体上把握,是指办展机构要从宏观上对这些信息加以分析和把握,如分析该行业企业的结构状况,分析该行业企业的地区分布状况,了解行业的市场特点等。

收集到各种有关目标参展商的信息后,办展机构就可以着手建立目标参展商数据库了。目标参展商数据库的建设步骤包括:提出数据分类标准并进行分类、确定数据库基本字段、选择合适的编制软件、输入目标参展商信息。建立数据库不仅需要有很强的计算机专业知识,也需要有很好的展会展览题材所在具体行业的知识。目前相关复合型人才极度缺乏。建立目标参展商数据库需要遵循的原则是数据库要有一定的数据量;分类科学合理;便于查找和检索;数据真实可靠;及时更新修改;界面友好简洁、一目了然。

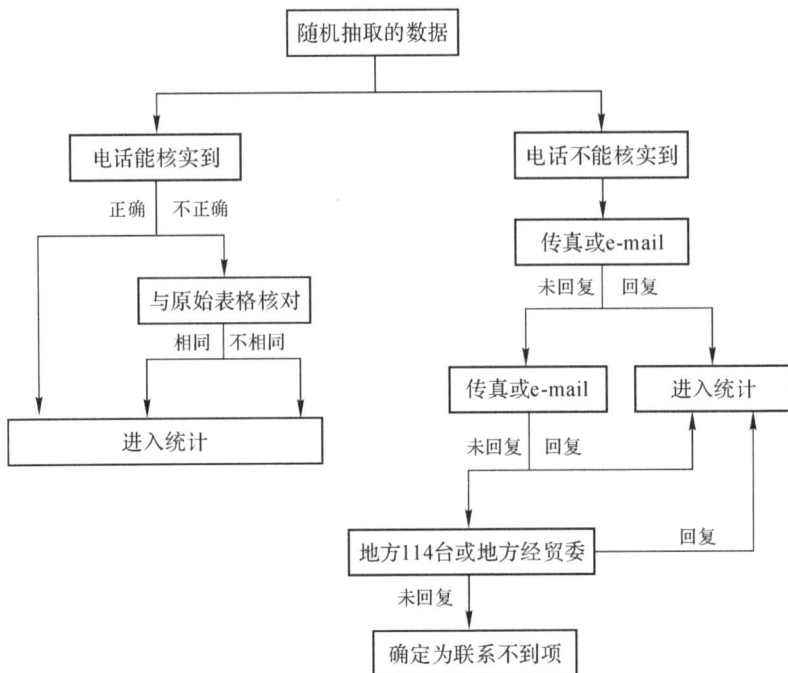

图 6-1 数据库的核实步骤

案例:

某国内著名的贸易型博览会外联部每年花费几百万元在广交会期间进行展会推广,每届广交会都获得国际参展商大量的名片,成绩显著。这些名片需要该展会的客服部输入电脑并分析处理。但是因为该展会客服部只有3名员工,人手十分紧张,外联部获得的大量客户信息没有能够被及时处理和有效利用,堆积在办公室的角落里成为了一堆废纸。同时,该展会目标参展商的数据库也逐年陈旧,不能满足展会招展的需要。新任总经理到岗后,将数据库建设作为营销战略看待,并增加了客服部人员,使得客户信息得到了及时整理和更新,数据库在展会招展中发挥了有效作用。

问:实际工作中,经常会发生外出推广积极,但是回来后信息整理和利用不够重视的情况。如何改进?

二、展区展位划分

展区和展位划分是展会招展策划与展位营销的另一项重要的基础性准备工作。展览会一般都要按展品类别划分展区。在每个展区里，还要根据场馆的场地特征划分展位，决定哪些地方将搭建特装展位，哪些地方将搭建标准展位，两种展位各自需要多大的面积。合理地划分展区和展位，对于展会招展和更好地吸引目标观众到会参观、提高参展商的展出效果、进行展会现场服务与管理等有着十分重要的作用。

在展会招展前，要对展会所有的展览场地进行统一安排，按专业题材划分展区，筹划各种展览题材适合安排在什么样的位置，各展区需要多大的面积。所谓按专业题材划分，就是在满足展品对场地要求的基础上，将同类展品安排在同一个区域里展出。之所以要考虑展品对场地的要求，是因为有些展品对场地的要求比较特别，如某些超高、超重展品对馆内高度、地面承载力大小的特殊要求等。按专业题材划分展区，可以使展会条理清楚，秩序井然。

案例：

在某国际模具技术和设备展览会中，办展机构面临着如下需解决的问题：一、部分参展商要求办展机构重点考虑提高他们展出的效果；更多观众要求办展机构采取更多措施便利他们参观；而展会服务商则强烈要求办展机构重点考虑能最大便利地为相关客户提供服务。二、有的参展商希望展位是岛形的，有的参展商希望是半岛形的，有的参展商希望是通道形的，有的参展商希望是道边形的，而且都不愿意自己的展位里有柱子。如果满足这些参展商的需要，场地就会出现一些"死角"。三、展会展示区域划分的时候，展馆内只设置了登记处、新闻中心，而没有考虑咨询处、洽谈区、休息区的设置。四、消防等安全部门将对展会的消防设施、安全通道进行严格的检查。而按照标准，展会面临着某些指标的不合格。最后，办展机构本着"统筹兼顾、因地制宜、贴心服务、安全第一"的原则，在安排展区展位时最大限度地兼顾到办展机构、参展商、观众以及展会服务商各方面的利益和便利性；同时，充分考虑展馆的场地条件，在展区展位设置、功能服务区域设置上做到了因地制宜，严格按照标准设置了消防设施、安全通道，以确保展会的安全。

问：办展机构是如何解决各方面的需求的？对你有何启发？

划分好展区和展位以后，要按一定的比例将它绘制成展会展位平面图，并在图上标明各展区和展位的具体位置，标明展馆各出入口、楼梯、现场服务点等，以便参展商在选择展位时能更好地作出选择。展位平面图是展会招展时需要经常使用的主要资料之一,在绘制时一定要准确、细致,图标和线条要清楚,使人一目了然。

案例:

在某次展览会筹备中,办展机构按专业题材划分好展区和展位,并按一定的比例绘制了展会展位平面图,在图上标明各展区和展位的具体位置以及展馆各出入口、楼梯、现场服务点等。在此基础上,负责人李经理召集了管理小组进行了多次会议,遵循有利于观众的参观、有利于提高参展商的展出效果、有利于展会现场管理和现场服务、有利于提高展会档次的角度反复讨论展区和展位划分的优化工作。

问:优化展区和展位划分的会议的讨论点应着眼于哪些方面?

展区展位的划分要注意适应参观人流的行走规律。一般来说,展会人流规律是人们进入展馆后习惯于直接向前走,如果不能直接向前就习惯于向右转;在展馆的入口处、主通道、服务区和大的展位前的人流比较多,容易形成大量的人群围观某一个展位或展品等;在展馆的入口处要留出一定的区域供参观人流聚散,展场的各种通道要达到一定的宽度以便参观人流通过。

三、招展价格

确定一个合理的招展价格,对展会的展位营销和展会的经济效益都有着重大的影响,也是展会整体策划的重要内容之一。

(一)招展价格制定

招展价格就是展位的出售价格。按展位不同,可以分为标准展位的价格和空地的价格;按场地不同,可以分为室内展位价格和室外展位价格等。一个展会的招展价格一般有两种:一是标准展位的价格,通常是以一个标准展位多少钱来表示;二是空地的价格,一般用每平方米多少钱来表示。

展位价格

境内企业:人民币 6000 元/国际标准展位。光地展位,人民币 600 元/m^2(36m^2 起租)。
境外企业:美元 1000 元/国际标准展位。光地展位,美元 100 元/m^2(36m^2 起租)。

主通道角(两面开口)展位:加收人民币 800 元/个展位。
次通道角(两面开口)展位:加收人民币 300 元/个展位。

注:每个国际标准展位展具配置包括洽谈桌一张、椅子三张、三面隔板、一块公司中英文名称楣板、220 V 电源插座一个、射灯二盏、纸篓一个、铺设地毯。光地展位的展具配备由参展企业自行租赁。

图 6-2 某展会展位价格

为了能制定最合理的招展价格,需要强调几点:

要充分考虑竞争的需要。制定展会的招展价格时,办展机构要充分考虑那些与本展会有竞争关系的同类展会的价格状况。办展机构要充分评估本展会在市场上是处于市场领先地位还是处于跟随地位,采取相应的价格策略。

要结合展会的发展阶段来定价。每个展会都会有一个从培育、成长到成熟和衰退的发展阶段,在展会的培育阶段,展会的知名度还不高,展会的招展价格不宜太高;在展会的成长阶段,展会在市场上已经有了一定的竞争力,在行业内也有了一定的知名度,这时展会的招展价格可以适当提高;在展会的成熟阶段,展会在市场上的地位基本稳定,本展会与其他竞争展会的价格基本相对固定,参展企业的数量也基本固定,展会的规模也难以进一步扩大,这时,展会的招展价格也基本固定,不宜变动;在展会的衰退阶段,展会的竞争力开始减弱,参展企业开始逐渐减少,展会规模也在逐渐缩小,展会面临着要么被放弃要么就需要重新策划和定位的命运,这时展会的招展价格应该较低。展会的发展阶段对展会的招展价格有着十分重要的影响,在制定展会的招展价格时必须充分考虑这一点。

要考虑展会的价格目标和价格弹性来定价。出于不同的价格目标,展会的招展价格不尽相同。你是采取生存目标,还是市场份额目标,还是利润目标,展会价格就会出现较大的差异。同时,需要考虑价格弹性。所谓价格弹性,是指当价格每变动 1% 时展会展位的销售量的变动的大小,它是用来表示招展价格的变动对展位销售量影响的大小的参数。如果展会的价格弹性较大,展会招展价格的降低就会引起展会展位销售量的大增;如果展会的价格弹性较小,展会招展价格的降低对展会展位的销售就不会产生什么影响;如果展会的价格弹性为负数,那么,展会的价格的降低不仅不会促进展会展位的销售,反而会使展会展位销售量大幅下降。因此,展会招展价格的高低,不是随意确定的,办展机构还必须考虑展会价格弹性的大小如何。

案例:招展价格的制订

随着生活水平的提高,家具需求旺盛,家具行业利润率较高。但家具市场竞争激烈,处于典型的买方市场。家具展会众多,价格弹性较大。东莞家具展举办 10 余年,展会已经进入成熟期,展会在家具产业界知名度很高。面对这样的市场环境,办展机构采取了利润目标策略。因为,一是家具市场竞争激烈,处于典型的买方市场,企业参展意愿强。同时,家具行业利润率较高,企业支付能力较大。二是展会在家具产业界知名度很高,在市场上处于领先地位时,即使展会的价格弹性很大,我们也不宜随便降价,因为降价可能会与展会的档次和品牌不符。

三是本展会处于成熟阶段,展会在市场上的地位基本稳定,参展企业的数量也基本固定,展会的规模也难以进一步扩大。四是本展会处于成熟阶段,是获得利润和投资回报的黄金时期,所以建议采取利润目标策略。

问:该展会采取利润目标策略的原因是什么?

要考虑展会展览题材所在行业的状况。主要是要考虑该行业平均利润率的大小和该行业的市场发展状况。行业平均利润率的大小决定了该行业企业可能的盈利水平和支付能力。如果行业平均利润率较小,那么,该行业的企业的盈利水平和支付能力可能也不高,这时,如果展会的招展价格过高,企业将无法承受;反之,展会的招展价格就可以相应地定得高一些。行业的市场发展状况也是制定展会招展价格时需要考虑的另一个重要因素,例如,如果行业处于买方市场状态,企业参展的积极性就较高,展会的招展价格可以定得高一些;如果行业处于卖方市场状态,企业参展的积极性就较低,展会的招展价格就应该定得低一些。

要考虑展位位置和展商来源。也就是考虑展区和具体展位的位置差别,办展机构一般是执行"优地优价"原则,即那些比较好的位置的价格要比其他地方的价格高。要考虑国外参展商与国内参展商的展位价格。我国目前普遍实行价格"双轨制",即对国外参展商与国内参展商制定不同的展位价格,国外参展商的展位价格一般要比国内参展商的展位价格高。当然,国外参展商的展位位置一般也要优于同档次的国内参展商的展位位置。

案例:招展价格的制定

在某国际体育健身器材展览会中,办展机构对不同展区的展位制定了不同的价格,并且同一展区不同位置也制定了不同的价格。同时,对国外参展商与国内参展商制定了不同的展位价格。在展览会期间,部分相对高价展位的国外参展商、国内参展商表达了对此操作的不满,有媒体也以"价格歧视"对此事进行报道,报道中提到办展机构工作人员对此事的回复:办展机构对不同展区的展位采取不同的价格,符合行业操作惯例;同一展区不同位置采取不同的价格,符合"优地优价"原则和行业惯例;对国外参展商与国内参展商采取不同的价格,符合"优地优价"原则和行业惯例。我们会和相关参展商加强交流,解决沟通不足的问题,促进展会成功举办。

问:办展机构的回复内容是否正确? 办展机构还需要加强什么工作?

需要进一步指出的是,上述各因素往往彼此影响,互相牵制,因此,在制定展会的招展价格时,对上述各因素必须通盘考虑。

（二）招展价格折扣

招展价格折扣是办展机构给予参展商或者招展代理的一种价格优惠，其主要目的是为了吸引更多的企业到会参加展览。是否给予参展商一定的价格优惠，是与展会本身的发展潜力和办展机构的价格策略有关的。但是，对于那些刚刚创立、尚处于培育期的展会来说，给予参展商一定的价格优惠，是促进展会迅速成长壮大的一种有效办法，也是一种十分必要的措施。办展机构常用的价格折扣有：

1. 统一折扣

所有的参展商都适用于一个统一的折扣标准。这种折扣标准通常是按参展商参展面积的大小来制定的。参展面积越大，所得到的折扣也越大；当参展面积达到一定的规模时，折扣不再增加，也就是有一个折扣上限。

2. 差别折扣

按参展商的地区来源不同，或者对标准展位和空地展位执行不同的折扣标准。从整个展会的角度看各参展商适用的折扣标准是不一样的，但从某个具体折扣标准所覆盖的所有参展商来看，它们所适用的折扣标准又是一样的，因此不会引起招展价格的混乱。

3. 特别折扣

通常是给予那些参展规模巨大、在行业内有较大影响力和知名度的企业的特别价格优惠。行业知名企业参展对于提高展会的档次和影响力、对于促进其他企业参展选择有重要影响，它们参展的面积一般也比较大。为了吸引这些企业参展，办展机构一般会给予它们特别的价格优惠，也就是针对它们专门制定一个特别折扣标准。特别折扣只适用于少数行业知名企业，对于一般企业不适用。

4. 位置折扣

针对展馆内场地位置的优劣而制定的折扣标准。同一个展区内不同的展位其位置有好有坏，同一个展馆内不同的展位其位置好坏也有差别。为了避免相对较差的位置无人问津，对这些较差的位置可以给予较多的价格优惠。

如果执行得好，价格折扣对展会招展有一定的促进作用；但是，如果执行得不好，价格折扣往往会引起展会招展价格的混乱。招展价格的混乱对展会招展非常不利。所以，在展位营销过程中执行招展价格时，办展机构必须要注意一些问题。

计算题：

某展会标准展位价格为 6000 元/国际标准展位，根据企业参展面积采用超额累进的统一折扣，具体为：

- 两个标准展位（18 平方米）及以下，不给任何折扣；

- 3～5 个标准展位(27～45 平方米),给予 5% 的折扣;
- 6～8 个标准展位(54～72 平方米),给予 10% 的折扣;
- 9～11 个标准展位(81～99 平方米),给予 15% 的折扣;
- 12 个标准展位(108 平方米)以上,给予 20% 的折扣。

问:某企业购买了 7 个标准展位,请根据超额累进的统一折扣计算它所需要交纳的费用?

(三)执行招展价格时应注意的问题

招展价格混乱,不管对本届展会的展位营销还是对展会的长远发展,都是一个十分严重的问题。办展机构在执行招展价格时应尽量避免出现价格混乱。

1.严格执行价格及价格折扣标准

价格及价格折扣标准一旦确定,就要求所有的招展人员严格执行,对于不符合折扣标准的参展商坚决不能给予过多的价格折扣。要避免不同的招展人员为了自己能招揽到更多的企业参展而破坏统一的价格折扣标准,越权给予某些企业另外的价格优惠;对于某些如果不给予多一些的价格折扣就不参展的企业,办展机构要有勇气放弃,不能因为吸引这些企业参展而破坏了整个展会的价格折扣标准。因为,如果给予了这些企业过多的价格优惠,那对于其他同类参展商是极不公平的;一旦那些参展商知道了此事,他们必然也会要求享受更多的价格优惠,这势必会引起整个价格体系的混乱。

2.加强对招展代理的招展价格管理

招展代理有时候是引起招展价格混乱的一个重要原因。由于招展代理的佣金一般都是按照他们所招企业的参展面积的多少来确定的,招展面积越多,他们所得到的佣金也就越多。所以,招展代理为了获取更多的佣金,他们往往会有一种低价销售展位的冲动,这使他们的招展价格往往不符合展会的价格及折扣标准,从而引起整个展会招展价格的混乱。为了避免出现这种情况,办展机构要对招展代理的招展价格进行严格管理和监督,不容许他们破坏展会价格标准而低价销售,一旦发现就严肃处理。

3.避免在招展末期低价倾销展位

有些展会因为展会临近开幕但是展位没有如期销售出去,就会不顾展会的价格标准,将这些展位大幅度降价出售。这种做法是一种短视的行为,对下届展会的招展和展会的长远发展非常不利。因为这种做法不仅严重挫伤了那些早于这些企业参展的企业的积极性,还使所有知道在展会招展末期能获得特别价格优惠的企业对下一届展会招展采取观望的态度,并等到展会招展最后期限才决定是否参展,这对展会招展非常不利。如果这种企业数量较多,在它们的压力下,展会到时将不得不降价出售展位,展会的经济效益也难以保证。在展会招展末期,对一些后期参展企业的价格特别优惠就是对早期已经决定参展的企业的一种价格惩罚,这对鼓励企业及早预订展位非常不利。

4. 严格控制差别折扣和特别折扣的适用范围

位置折扣的适用范围一般较好控制,因为展会里相对较差的位置一般都是比较明确的,执行起来比较方便。但是,差别折扣和特别折扣的适用范围有时候较难把握,而一旦把握不稳就会引起价格混乱。在执行差别折扣时,折扣的标准不宜太多,最好不要超过三个;各种折扣的标准划分要非常明确,不能含糊。在执行特别折扣时,可以将适用该标准的企业的名单一一列出,并明确他们达到多大参展面积时能给予的折扣范围。这样就可以避免执行这两种折扣时可能引起的价格混乱。

案例:

某展览会办展机构与多个招展代理商定:标准展位价格 8000 元/个,招展代理获得的佣金为 1200 元/个。在招展过程中,某招展代理为了更多地招徕企业参展,将自己的佣金让渡给参展企业,按照标准展位价格 7500 元/个,自己实际获得代理佣金为 700 元/个。有人认为:该招展代理目的是为了使更多的企业参展,并且没有损害办展机构的利益,该行为应该鼓励。有人认为:这种行为不符合展会的价格及折扣标准,从而引起整个展会招展价格的混乱,对展会整体的顺利招展造成致命损害。办展机构应该加强对招展代理的招展价格执行的管理和监督,坚决制止低价销售,避免价格混乱!

问:你支持哪个观点?为什么?

案例:

在某国际汽车展会举办中,某展览公司对外商和国内企业制定了不同的展位折扣;决定对行业内 10 个最知名的品牌给予特别优惠,并列了一个名单。在招展过程中,几个企业也要求给予特别优惠,"否则就不来参展"。为了使这几个企业来参展,招展负责人同意了给予这些企业特别优惠。在招展末期,因为展位销售远远低于预期,该展览公司不得已在最后两周,按照原先招展价格的两折低价销售出了 60% 的展位。在展会后期总结时候,有人认为:为防止价格混乱,要严格控制特别折扣的适用范围;对不符合折扣范围企业的不当要求,要学会明确拒绝和舍得放弃。末期低价倾销是对早早决定参展的企业的一种价格惩罚,严重挫伤了这些企业的积极性,实际上鼓励了参展企业对下一届展会招展采取观望的态度,使展会的未来经济效益也难以保证,是一种短视的行为,对下一届展会的招展和展会的长远发展非常不利。有人认为:展位不能储存,过期价值为零。不管是给予更多企业特别折扣,还是末期低价倾销,都是不得已而为之;这些操作都增加了企业参展数量和展览公司的收入,提升了展会人气,减少了公司的亏损,这些都是最实际的。

问:你支持哪个观点?为什么?

四、展会招展函

招展函是办展机构用来说明展会以招揽目标参展商参展的小册子。招展函的主要作用是向目标参展商说明展会的有关情况,并引起他们对参加展会展出的兴趣。招展函是展会进行展位营销时主要的核心资料之一,也是目标参展商最初了解展会情况的主要信息来源。招展函的策划和编印工作在展会的招展策划和展位营销工作中占有重要的地位。招展函主要包括五个方面的内容:

(一)展会的基本内容

展会的基本内容主要包括展会名称和 LOGO、展会的举办时间和地点、办展机构名单、办展起因和办展目标、展会特色、展品范围和价格等。

展会名称和 LOGO。展会的名称和 LOGO 一般被放在展会招展函封面最醒目的位置,展会的名称一般用较大的字体。如果展会是国际性的,展会的名称还包括其英文名称。

展会的举办时间和地点。一般被放在展会招展函的封面。其中,举办时间也会放在招展函的内页,只不过封面的"举办时间"通常是展会的正式展览时间;内页的"举办时间"往往还包括展会的布展、撤展和对专业及普通观众的开放时间等。

办展机构。包括展会的主办单位、承办单位、协办单位和支持单位等,有时候还包括展会的批准机构。它们一般被放在展会招展函的封面。

办展起因和办展目标。简要说明为什么要举办该展会以及计划将该展会办成什么样的一个展会,如展会计划有多大规模,预计有多少观众等。如果是已经连续举办多次的展会,那么对往届展会的回顾也是一项必不可少的内容。

展会特色。常常是用非常简洁的言语来高度概括展会的特色,如展会的宣传口号、展会的主题等,要易记易懂,易于传播。

展品范围。详细地列明展会的展品范围,有时候还包括展会的展区划分,供参展商做参展决策时参考。

展位价格。列明展会的各种价格,包括空地价格、标准展位价格、室外场地价格等。对于标准展位,一般还要对其基本配置作出详细说明。

（二）市场状况介绍

主要包括行业状况和地区的市场状况等。

行业状况。结合展位的定位,对展会展览题材所在行业的状况作简要介绍,如行业生产、销售、进出口及发展趋势等。

地区的市场状况。简要介绍办展所在地区的市场状况,如果展会是国际展,那么介绍的"地区"范围就不仅仅是展会所在的城市和省份,它可能还包括整个国家及其周边国家,如德国的展会介绍常常包括整个欧洲大陆。上述介绍的"地区"范围究竟该包括哪些地区,主要取决于展会的定位和市场辐射范围的大小。

（三）展会招商和宣传推广计划

主要包括展会招商计划、宣传推广计划、相关活动计划、展会服务项目等。

招商计划。简要介绍展会计划邀请专业观众的办法、范围和渠道。如果展会是已经连续多次举办的展会,那么,对往届展会到会观众的回顾分析将是十分有用的资料。

宣传推广计划。简要介绍展会宣传推广的手段、办法、范围和渠道以及展会计划如何扩大其影响的措施等。展会宣传推广计划是参展商较关注的项目,需要详细列明。

配套活动。简要介绍展会期间将要举办哪些配套活动、各种活动的举办时间和地点以及参展商参加活动的联系办法等。展会配套活动的作用是双重的,它既有对展会的宣传和辅助作用,也有对参展商的宣传和展示作用,有些参展商因此也乐意参加。

服务项目。搞好服务是展会提高竞争力和吸引力的重要手段之一。招展函要告诉目标参展商,如果他们参展,他们将能从展会获得怎样的服务,这些服务包括展会为他们提供的各种有偿服务和免费服务。

（四）参展办法

主要包括如何办理参展手续、付款方式、参展申请表和办展机构的联系办法等。

如何办理参展手续。告诉目标参展商,如果他们计划参展,他们将怎样办理参展手续。

付款方式。列明展会的开户银行、开户名称和账号、收款单位名称、参展商参展的付款办法、应付定金的数量和付款时间等。

参展申请表。预留参展商参展申请表,一旦目标参展商计划参展,他们就可以填写该表并传真回办展机构预订展位。如表 6-1:联系办法。列明办展机构的联系地址、电话、传真、网址和 E-mail 等,供目标参展商参展联系之用。

表 6-1　参展申请表

单位名称	中文				
	英文				
联系地址	中文		邮编		
	英文				
联系人		电话		传真	
E-mail					
网址					
申请展位					
展品介绍					
申请单位(盖章)：		负责人签名：		日期：	

（五）各种图案

招展函还会包括一些图片和其他图案,如展馆图、展馆周边地区交通图、往届展会现场的图片等。如果有需要,有些招展函还对展馆做一些简要介绍。这些图片既可以对展会相关情况作进一步的说明,也可以起到美化招展函的作用。

历届展会数据统计表

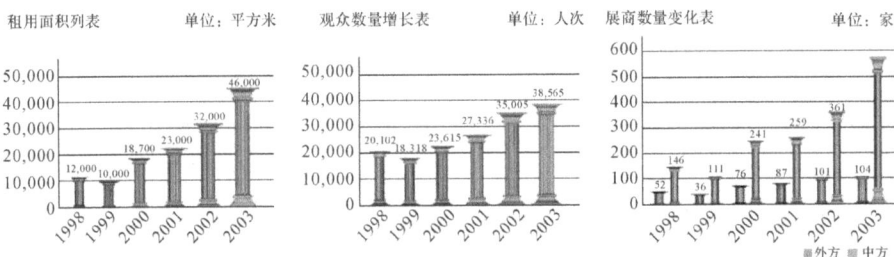

观众来源分析

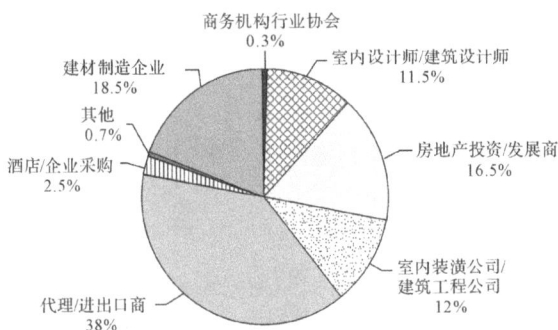

图 6-3　前一届展会数据图表

展会招展函的内容较多,也较繁杂,只做简明易读的招展函不是一项容易的工作,不仅需要对展会信息了如指掌,还需要对手册制作有专业的经验。在编制招展函时一定要对其内容、图片和版面作仔细的规划和安排,做到内容全面准确、简单实用、美观大方、便于邮寄和携带,使招展函在展会招展的过程中发挥其应有的作用。

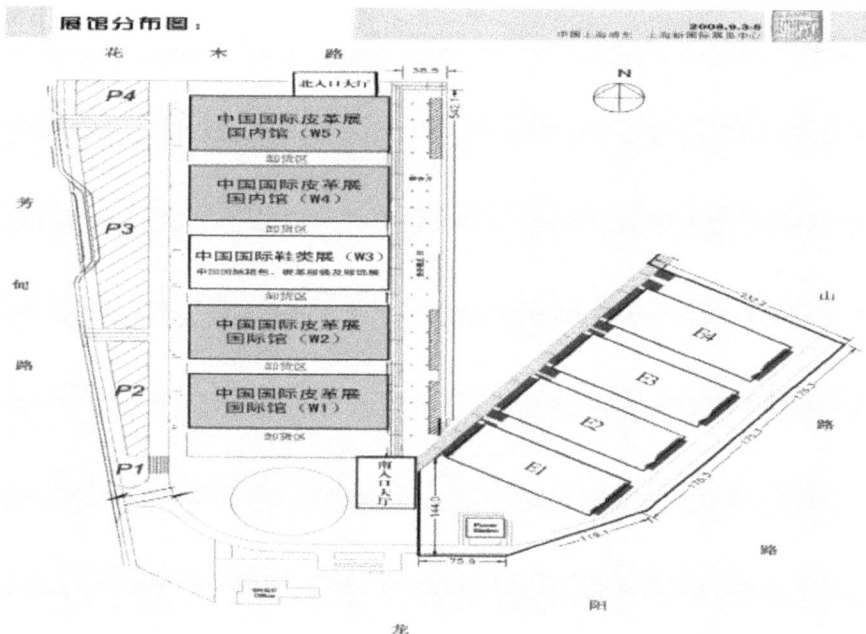

图 6-4　展会展区划分图

第二节　招展方案制订

招展方案是在招展策划的基础上,为展位营销而制订的具体执行方案。招展方案是对展会招展工作的整体规划,是对展会招展工作的总体部署,它是展会策划诸多方案中的核心方案之一,对展会的招展工作有着重要的影响。编制展会的招展方案,要在全面掌握市场信息的基础上,结合展会的定位,参考展览题材所在行业的特点,对各项招展工作进行统筹规划和科学安排。

一、招展方案的基本内容

招展方案是对展会招展工作的总体规划和全面部署,其内容涉及展会招展工作的方方面面,十分繁杂。总的来看,招展方案应该包含 10 个方面的内容。

招展方案目录

1.产业分布特点

编写要求:从宏观上介绍和指出展览题材所在行业在全国的分布特点,指出各地区的产业发展状况,介绍该产业的企业结构状况及分布情况,这些内容是制订招展方案的重要依据。因此,这部分内容一定要密切结合产业实际,科学分析,力求准确无误。

2.展区和展位划分

编写要求:介绍展会对展区和展位的划分和安排情况,并附上展区和展位划分平面图。

3.招展价格

编写要求:列明展会的招展价格及制定该价格的依据。招展价格是招展方案的核心内容之一,也是对招展工作有重大影响的因素之一。招展价格要合理,价格水平不能太高,也不能太低。

4.招展函的编制与发送

编写要求:介绍招展函的内容、编制办法和发送范围与方法。在做招展函的编制计划时,要考虑到招展函的印制数量、发送范围和如何发送等问题。

5.招展分工

编写要求:对展会的招展工作分工作出安排,包括招展单位分工安排、本单位内招展人员及分工安排、招展地区分工安排等。

6.招展代理

编写要求:对展会招展代理的选择、指定和管理等作出安排,对代理佣金水平及代理招展的地区范围与权限等作出规定。

7.招展宣传推广

编写要求:对配合展会招展所做的各种招展宣传推广活动作出规划和安排。

8.展位营销办法

编写要求:提出适合本展会展位营销的各种渠道、具体办法及实施措施,对招展人员的具体招展工作作出指引。

9.招展预算

编写要求:对各项招展工作的费用支出做出初步预算,以便展会能及时、合理地安排各种所需要的费用支出。

10.招展总体进度安排

编写要求:对展会的各项招展工作进度作出总体规划和安排,以便控制展会招展工作的进程,确保展会招展成功。

二、招展分工

展会的招展单位一般不止一个。各单位招展工作混乱和招展地区出现交叉是展会招展工作中的大忌。展会招展分工涉及三方面的内容：各招展单位之间的分工、每个单位内部招展人员的分工和招展代理机构的分工安排。

表 6-2　拓展分工的类型与内容

招展分工类型	主要内容	备注
各办展单位 之间的分工	制定共同的招展原则	
	发布展区划分情况和安排展位的政策	
	确定各单位的招展面积指标	
	明确各单位的招展地区和重要潜在客户	
	统一参展费用的收取办法	
给招展代理 机构的分工	明确代理机构的招展权限和义务	
	制定具体的招展代理运作方式（包括价格与折扣政策、佣金支付办法、展位分配、收款规定等）	
每个办展单位 内部的分工	确定项目组的招展负责人	
	组织（包括临时招聘）招展人员	
	明确各招展人员负责的地区范围和重要潜在客户	
	制定各招展人员之间的信息沟通和资料共享办法	

（一）各招展单位之间的分工

当展会是由几个单位共同来负责招展时，我们必须明确各招展单位之间的分工，如各招展单位必须共同遵守的招展原则、各招展单位的计划招展面积、各单位负责的招展地区和重点目标参展商、展位费的收取办法、如何具体安排各参展商的具体展位等。对各招展单位的招展工作进行分工，是保证展会顺利招展的重要手段之一。

对各招展单位之间的招展分工必须合理、协调和具有可操作性，并兼顾到各方面的利益。如果分工不合理，有些单位就会缺乏招展的积极性，或者有些招展任务根本就是某些招展单位力所不能及的，这将严重影响展会的整体招展效果；如果分工缺乏协调性，就可能使各招展单位之间缺乏沟通，彼此信息不流畅，会出现几个招展单位同时争抢同一家目标参展商的混乱局面；如果分工缺乏可操作性，招展分工就会失去约束力，成为纸上谈兵；如果分工没有兼顾到各方面的利益，就可能会出现各招展单位竞相压价招揽企业参展的不利局面。总之，对各招展单位的招展分工一定要结合各单位的招展实力,充分发挥各单位的优势,做到优势互补,各方共赢,共同圆满完成展会的招展任务。

(二)本单位内招展人员及其分工安排

不管展会的招展工作是由几个单位共同负责,还是只由本单位一家负责,招展单位都要对本单位的招展人员及其分工作出安排。首先,要确定招展人员名单;其次,要明确各招展人员负责招展的地区范围和重点目标客户名单;第三,要制订各招展人员的信息沟通和工作协调办法;第四,制订统一安排展位的措施。和不同单位之间的招展分工一样,单位内招展人员之间的分工也要注意发挥各自的特长,统筹协调。要避免在招展过程中出现招展任务不明确、跟进措施不力、彼此信息不通等现象。

案例:

小张负责某次展会的招展工作,他认真制定了招展原则,明确了各单位负责的招展地区和重点招展目标,要求各招展单位的招展面积不少于 3000 平方米。同时,他还明确规定了参展商具体展位的安排方法以及展位费的收取办法。展览公司总经理检查了小张的工作,给予了很高的评价。同时,要求小张注意各单位的招展实力,充分发挥他们各自的优势,兼顾到各方面的利益,以胜利完成招展工作。

小张在单位内招展人员管理中,首先列明了招展工作的人员名单,并明确了各招展人员负责招展的地区范围和重点目标客户名单;同时,制订了各招展人员的信息沟通和工作协调办法;以及统一安排展位的措施。在这次安排中,小张有意识地考虑了各招展员工特长的发挥。在正式招展过程中,小张要求参与招展员工通讯保持畅通状态,以便及时沟通;对招展工作进行及时跟进,发现问题立刻采取措施解决。

问:招展负责人需要重点做好哪些工作?

三、招展代理

指定展会招展代理是办展机构借用外部力量来做大做活招展业务的一种有效手段。它可以增加招展单位的业务网络,扩大业务规模,提高经济效益。指定展会招展代理,要尽可能地保证代理商的资质可靠,因为只有可靠的代理商才能切实地履行其职责。

（一）招展代理的种类及其来源

根据展览项目的需要，展会的招展代理有：

1.独家代理

在某一时期内将某一地区的招展权赋予给某一家代理商独家负责，在该地域内不再有其他的代理商为本项目代理招展，本招展单位也不得在该地域内招展。独家代理的业务范围较大，但一般要承诺完成一定数量的招展任务。

2.排他代理

赋予代理商在某一地区一定时间内的招展权，在该地域内不再有其他的代理商为本项目招展，但本招展单位可在该地区招展。

3.一般代理

在同一地区同时委托几个代理商作为本招展单位的招展代理，本单位也可在该地区招展，但须明确各代理单位的招展权限。采用此种方式时，代理条件必须统一、明确。

4.承包代理

代理商承包一定数量的展位，不论能否完成约定的展位数量，代理商都得按商定的展位费付给本单位。

公司、相关协会和商会、有关媒体、个人、国外驻华商务处、贸易代表处和公司等都可能成为招展代理。为保证代理的资质可靠，我们在指定某一机构为代理前必须对其进行资质考察，只有符合条件的才能被正式确定为代理。对于从事代理招展的公司，要考察其过去的代理业绩、其所熟悉的行业和业务范围、业务覆盖地域、营业执照（包括发证单位和有效期等）、人员数量、业务规模、办公地点、负责人等。对于协会和商会，主要考察其成立的时间、覆盖的地域、会员数量、对行业内企业的感召力以及批准成立的单位等。对于媒体，主要考察其发行量的大小、发行覆盖的地域、在行业内的权威性、对行业内企业的感召力和影响力等。对于个人，要加强考察其可靠性和信誉度，而且要着重考察并核实其身份、履历经历、业务能力和道德品质等。对于国外代理，要考察其业绩、公司注册证件、个人有效证件、实力等。必要时可通过我国驻国外商务处、贸易代表处和公司协助了解。

（二）代理的聘用及代理期限

确定了需要哪种代理和哪种机构可以成为代理后，聘用代理的程序是：取得必要的证明资料，对代理商进行资质验证，确定代理商的资质可靠；展会项目经理或业务员初步与代理商议定代理条件，项目总监或经理审查代理条件；公司负责人（总经理或副总经理）批准代理条件，签订代理合同。

代理的期限，就是代理商代理招展权限的长短。对于不同的展会、不同的代理形式应制定不同的代理期限：对于独家代理与排他代理，刚开始时不应将期限定得过长，可先试用一届（年），再视其业绩如何来确定时间的长短。对于一般代理，代理期限一般是一届(年),期满后视情况再决定是否继续或向独家代理与排他代理转变。对于承包代理,代理期限一般是一届(年),期满后视情况再决定是否继续聘用。对于那些业绩稳定、信誉良好的代理商,可与其建立较长期的代理关系。

(三)代理商的权利与责任

聘用招展代理,要明确他们的权利与责任,只有权利与责任明确了,代理的工作才能更好地展开。

拓展代理商权责

代理商的权利:

- 按合同规定收取佣金;
- 从办展机构获取招展必需的完整资料;
- 按合同享受办展机构对展会及代理商的宣传推广支持;
- 在规定的时间内预订的展位能得到保证。

代理商的责任:

- 按合同规定的代理形式和条件切实履行职责,依法经营;
- 有责任对所代理的展览项目进行宣传推广;
- 定期向办展机构有关负责人汇报情况;
- 对办展机构划定的展位不得有异议;
- 维护办展机构和展会的声誉和形象;
- 按办展机构规定的价格(或价格范围)招展,按时收取和缴纳参展款(含定金);
- 不得对办展机构制订的参展条件作私自改动;
- 必须协助办展机构做好参展商的服务工作。

(四)代理佣金

支付给代理商的佣金要根据代理的形式、代理期限的长短、代理商的业绩水平等来综合确定。办展机构给予代理商的佣金和准许代理商给予参展商的折扣要分开;给予参展商的折扣由办展机构决定,以免引起招展价格的混乱。

独家代理、排他代理和一般代理的代理佣金,一般按办展机构实收到的、由该代理商招来的参展商所交的参展费总额的15%～20%的比例提取;承包代理的佣金一般要高一些,如25%或更高。承包代理一般只有在完成承包展位数量后才可提取佣金。为鼓励代理商的招展积极性,给代理商的佣金可以采取累进折扣制,即按招展的不同数量给予对应的佣金比例。佣金比例的拉开可按该项代理佣金的比例上下浮动 5％～10％计算。

代理佣金支付的时间和方法,可根据具体情况分别采取以下办法:第一,定期结算、定期支付:按季度或月度结付。提取佣金的基数以实际进入办展机构账户的展位费为准。第二,逐笔结算、汇总支付:代理商每促成一笔交易,办展机构收到由该代理商招来的参展商的参展费后即与之结算,但到规定的时间才支付。第三,逐笔结算、逐笔支付:代理商每促成一笔交易,办展机构收到由该代理商招来的参展商的参展费后即与之结算并支付本笔交易的佣金。

另外,无论采取何种结算支付形式,都必须规定由此引起的营业税和个人所得税扣缴办法。

(五)代理商的管理

可以由展会的项目负责人负责对该展会招展代理的联络和管理,要管理好各代理商,就必须要做好:

1.坚持定期书面报告制度

每隔一段时间,要求代理商必须定期汇报其招展的进展情况,汇报自己和当地企业对展会的看法、意见和建议,并对当地市场作出分析,形成简要的书面报告上报给展会项目负责人。项目负责人根据实际情况再对招展工作安排作出必要调整。

2.招展价格的控制

代理商对外招展的价格折扣应严格按照代理合同所规定的价格折扣操作。办展机构给予代理商的佣金和准许代理商给予参展商的折扣要分开,给予参展商的折扣由办展机构决定,代理商无权给予,以免引起招展价格的混乱。

3.收款与展位划定

所有参展商展位的划定一般应由办展机构控制和最后确定,代理商一般无权划位,只能提划位建议,其建议只有办展机构书面认可后才有效。

4.参展商的参展费

除承包代理外,代理商原则上不得代收参展商的参展费及其他一切费用,个别特殊情况,可允许代理商代收参展商的参展费,但代理商必须在办展机构指定的时间内,将其所代收的参展商的参展费扣除商定的佣金后的余额全部交到办展机构。

5.累进制折扣的控制

累进折扣的最高佣金比例,应要求相应招展展位达到一定的数量。佣金的结算,是按当时招展数量对应的比例计算。以后跨档,再补足以前已结算的佣金差额。对于不同的代理商,具体佣金累进折扣可在下面两者中选一:分档固定折扣,代理商招展展位的不同数量适用于不同的档位折扣,档位固定,折扣比例固定,佣金分段计提;分档浮动折扣,代理商招展展位数量档位与佣金比例对应浮动,即以最后招展展位所达到的对应档位下限数的佣金比例计提佣金。代理商的各种办公费用一般由代理商自行承担。

表 6-3　拓展代理商运用中的风险

序号	风险种类	说明
1	多头对外的风险	多个代理商在同一地区招展,则可能会引起多头对外招展,如同一个项目招展条件不一致、招展价格有差异、对外口径不统一等等
2	代理商欺骗客户风险	某些不法代理商以种种手段欺骗客户来获取私利
3	损坏办展机构的声誉和形象风险	出于种种原因,代理商可能有时会有意或无意地做一些损坏办展机构声誉和形象的事
4	收款和展位划位混乱风险	代理商自己划出展位与办展机构统一的展位安排计划不一致,个别代理商代收参展费时多收款、乱收款等
5	展位临期空缺的风险	代理商可能会招不满其当初约定的展位数量,这会导致展会开幕而展位空缺

对于以上风险,我们要注意采取有针对性的措施,加强防范;万一风险真的发生,我们要及时采取有效的措施加以补救。

四、招展宣传推广

招展宣传推广是为促进展会更好地招展而有目的有针对性地举行的一些宣传推广活动,这些宣传推广活动是围绕着展会招展基本策略和目标而制定的,有很强的协调配合性。在招展方案里,我们要提出招展宣传推广的策略、渠道、时间和地域安排以及宣传推广费用预算等。

招展宣传推广的策略:包括宣传推广的出发点、主题、亮点,突出展会的个性化特色,从客户出发,处处体现客户利益。

招展宣传推广的渠道:可以根据招展实际工作的需要,选择召开新闻发布会、在专业和大众报刊杂志上做广告、向有关人员直接邮寄展会资料、在国内外同类展会上宣传推广、在网上宣传推广、通过有关协会和商会宣传推广、利用外国驻华机构和我国驻外机构做宣传等多种渠道进行。

招展宣传推广的时间和地域安排:招展宣传推广在时间和地域的分布和安排上要注意与招展实际工作紧密配合,并且要走在招展实际工作的前面,为招展工作造声势、造知名度。宣传推广在时间上要连贯,要有统一的理念和策略作指导;在地域上要因地制宜,但又不彼此冲突。

展会宣传推广是展会策划和营销活动中的一项重要内容,除招展宣传推广外,它还包括展会整体形象宣传推广和招商宣传推广,在这里,我们只简单介绍招展宣传推广。在下一章里,我们将详细讨论展会整体宣传推广各方面的内容和各种具体实施办法。

五、招展预算

招展预算是为招展各项工作的顺利进行而做的费用支出预算。它是在各招展工作筹划基本已定的基础上,对展会招展可能需要的费用支出作出的整体安排和具体支出计划。招展预算的编制应从招展工作的实际需要出发,本着统筹安排、合理利用的原则,实事求是地编制。展会的直接招展费用主要包括:

表 6-4　展会直接招展费用内容

序号	费用名称
1	招展人员费用(包括招展工作人员的工资、差旅费、办公费等)
2	招展宣传推广费用
3	代理费用
4	招展资料的编印和邮寄费用
5	招展公关费用
6	其他不可预见的费用

招展预算要编制得细致,费用支出要安排得合理,能满足招展工作顺利开展的需要。招展预算还要本着节约的原则,只有确实需要支出的费用才可进入预算支出,这样可以严格控制展会的招展成本,防止招展费用失控。另外,招展预算的费用支出要注意在时间安排上与招展工作的实际需要相配合,不能出现工作开始时费用充足而最后费用不够,或者是开始不愿支出而最后拼命追加费用支出等不良现象。

六、招展进度计划

所谓招展进度计划,就是在招展工作开始实施之前,就对招展工作及其要达到的效果进行统筹规划,事先安排好什么时候该开展什么样的招展活动、采取什么样的招展措施、到什么阶段招展工作要达到什么样的效果、完成什么样的任务等。有了招展进度安排,就可以对展会招展工作进行总体控制和监督,及时对照检查,发现问题,调整策略,使招展工作能更顺利地完成,从而保证展会成功举办。招展进度安排一般采用招展进度计划表来表示。

表 6-5　招展进度计划表

时间	招展措施	宣传推广支持	计划完成的招展任务

　　根据招展进度计划表，就可以有条不紊地按计划开展招展活动，并对招展效果及时作出检查，如果发现没有达到招展阶段性目标，则及时采取补救措施，促进招展任务的顺利完成。招展进度计划一旦制订，就要按该计划将招展工作一步步地展开，努力按计划完成每阶段的招展任务。当然，如果具体情况发生了变化，招展进度计划也可以进行局部调整以适应新情况的需要。但是，一般来说，如果不是该计划本身就制订得不合理，招展进度计划一般不要做过多的大幅度调整，否则招展工作进度将会受到很大影响。

第三节　展位营销方法

　　展位营销是综合利用产品、价格、渠道、促销等要素，结合招展工作人员的努力和展会相关内容的有形展示，用适当的过程传播展会的服务承诺，将展会的展位销售出去的招展活动。在展会的初创阶段，成功的招展是展会能成功举办的重要保证，而展位营销就是为展会成功招展服务的。

一、展位营销的特点和要素

　　参展商因参加展会而租用展会的展位，其目的不在租用展位本身，也不在于要拥有该展位，而是为了能更好地享受展会带给他的各种服务，如更好的贸易成交、产品展示和发布，收集行业最新信息等。因此，从表面上看，展位营销是在销售有形的展位，但从本质上讲，它更多地是在销售一种无形的服务，这种服务就是办展机构以展会为媒介，从多个方面为参展商提供的会展服务。如果没有办展机构为参展商提供的这些服务，参展商即使拥有最好的展位也会变得毫无意义，因为展位仅仅是企业参加展会的一个媒介而不是其本身。所以,展览会的展位营销是一种很特殊的营销行为。它以有形的展位为媒介,但实际上是在销售一种无形的服务。展会展位营销的这种特点,使它成为一种既有产品营销的属性也有服务营销的特征的综合性营销,具有有形的产品营销和无形的服务营销的双重特性。

展位营销的有形产品营销的特性,要求办展机构能熟练使用产品、价格、渠道和促销等产品营销要素;展位营销的无形服务营销的特性,不仅要求办展机构在使用上述营销要素时考虑其所具有的服务价值取向的特点,还要求办展机构要考虑服务营销所特别需要注意的营销要素,因此展位营销要将产品、价格、渠道、促销、人员、有形展示和过程等七个要素有机结合起来,进行科学配置和有效组合,制定出科学的营销策略。

1.产品

展位营销中的产品有双重含义:它既指整个展会,也指展会中的某个特定的展位本身。从展会的角度看,展会所在的行业领域、展会的质量和档次、展会的品牌效应、展会的服务质量和服务项目等无不对展位营销产生影响;但从另一个方面看,如果组合和利用得好,它们也无不是进行展位营销的有力武器。从某个特定展位的角度看,展位的位置好坏和面积的大小直接影响到展位的价格和销售。展会的展位营销要认识到其"产品"特性,并结合参展商的需求,做到有的放矢。

2.价格

在区别一个展会和另一个展会时,展位价格是企业识别不同展会的一项综合指标。因此,办展机构在执行营销价格策略时,不仅要考虑展位的价格水平、折扣幅度、付款条件等有关价格的绝对数量指标,还要考虑参展商对展会的认知价值、展会的质量价格比(即通常所说的"性价比")、差异化系数等有关价格的相对数量指标。只有这样,展位的价格才更容易被目标参展商所接受。

3.渠道

举办展会的所在地以及它在地缘上的可到达性是影响展位营销的重要因素,那些在交通便利、信息发达、产业集中的地方举办的展会,其吸引力往往较大。地区的可达性不仅指地理上的,还指传达和接触的其他方式,如宣传的信息到达的难易程度、营销渠道的形式及其覆盖的地区范围等。

4.促销

包括各种形式的广告和宣传、人员推销、电话推销、营业推广以及公共关系等,促销在展位营销中使用较多,也是一种非常见效的展位营销方式。需要指出的是,促销的各种具体方式往往不是单独进行的,而是有选择地有机配合使用的,如营业推广和广告宣传相结合、人员推销和公关相结合等。组合营销往往比单一营销更有效率。

5.人员

展位营销中的"人"是指两个方面:一是办展机构的工作人员,另一是客户。展览业是高接触度性质的服务业,在展会期间,员工和客户之间的接触非常频繁。因此,在办展机构中担任各种展会服务的人员的行为,在顾客眼里其实就是展会服务的一部分,其贡献也和办展机构的其他营销人员一样重要。所以,展位营销管理和展会现场管理和服务的工作之间必须协调合作,与客户接触的工作人员是展位营销因素的重要组成部分,办展机构要注意对其工作人员的选用、培训和激励,工作人员在与客户接触时要注意自己的外观、行为、态度和工作方法。另外,展览业是一个很重视"口碑"传播的行业,一位客户对一个展会质量的认知,通过口碑传播,会影响到与他有关的一大批其他客户。所以,客户与客户之间的关系对展位营销而言也非常重要。

6.有形展示

就是想方设法将无形的会展服务用可看得见的有形事物表现出来,让客户对无形的会展服务看得见摸得着。将无形的服务用有形的事物表现出来,会使客户对展会的评价产生积极的影响。例如,及时公布展会到会参观的观众的数量、展会现场布置井井有条、标识清楚明白等。有形展示包括对展会现场环境的布置、展会服务设备的实物装备和一些实体性线索等。所谓实体性线索,是指那些能明白提示客户其享受的服务的质量和提醒顾客其正在享受哪些服务的指示物,如观众登记的便利性、公布展会的广告及推广计划等。

7.过程

展会服务的递送过程在展位营销中也十分重要,态度良好的服务人员能弥补展会中的许多问题,但不能弥补其全部;因为展会运作是一个系统的过程,这个系统是由多方面密切配合协调而成的。展会的运作策略、运作程序、手续、服务中的器械化程度、工作人员的裁量权、顾客参与的程度、咨询与服务的流动性等,都是展位营销者需要特别关注的事情。如果上述过程有阻滞,展位营销将遭受打击。

展位营销的双重性质,使那些将销售和操作完全分开的传统做法已经不适应现代展览业展位销售的需要,我们在展位营销时,不仅要注意产品、价格、渠道和促销这四个传统营销要素,还必须特别注意人、有形展示和过程这三个对服务营销有特别重要作用的新的营销要素。只有这样,展位营销工作才会事半功倍。

二、展位营销的方法

(一)关系营销

关系营销是指办展机构与顾客以及展会服务中间商等建立和保持密切的关系,并通过彼此交换和履行共同的承诺,使有关各方都实现各自的营销目的的各种营销行为。关系营销的目的是希望与顾客结成长期的相互依赖的关系,发展办展机构和顾客之间的连续性交往,以提高顾客的品牌忠诚度来巩固市场,促进展位销售。

　　一般来说,现代商业性展会基本都是连续多次举办的,需要参展企业的连续支持,争取有关企业的长期参展对展会的稳定发展非常重要。关系营销就是要通过与企业建立长期的稳定关系来赢得企业对展会的长期支持。在实际操作中,关系营销可以分成三个层次:

表 6-6　关系营销的分类

序号	名称	特点
1	财务性关系营销	营销人员主要以价格为手段,通过价格因素来与企业建立起某种关系,并通过这种关系来刺激和鼓励企业参加展会
2	社会性关系营销	以个性化的服务和在财务关系的基础上寻求与客户建立起某种社会性联系的营销策略
3	系统性关系营销	通过将企业参展和展会服务设计成一个服务价值传递系统,办展机构通过这个系统而不仅仅是营销人员个人与客户建立起紧密的关系

　　办展机构在营销过程中与客户一般会建立起基本交易关系、被动式关系、负责式关系、主动式关系和伙伴式关系等五种关系。基本交易关系是办展机构与参展企业维持基本的关系,办展机构较少努力去联系客户,也较少做展后调查和咨询等工作。被动式关系是指展会开幕或闭幕后,一旦客户找上门来咨询或提出意见,办展机构有专门机构负责接待和处理此事;负责式关系是指办展机构对客户对展会的需要和感受采取负责任的态度,会通过多种途径了解展会是否达到了客户预期的效果,并收集客户关于改进展会或服务的意见;主动式关系是指办展机构经常主动与客户联系,询问客户对展会或其服务的感受,征询客户的意见和建议,并提供展会及其服务的新情况;伙伴式关系是指办展机构与客户建立起高度亲密的关系,一些大的服务措施的出台都有这些客户参与的身影。

表 6-7　交易营销与关系营销的差异

	交易营销	关系营销
基本假设	经济人,关注结果	社会人,关注结果和过程
企业的关注点	以交换实现短期的利益	以承诺实现长期利益
营销的职能	营销组合	以营销组合为基础的营销互动
价格弹性	顾客的价格敏感度较高	顾客的价格敏感度较低
产品纬度	产品的技术质量	产品的技术质量和服务过程
顾客满意度的测量	市场份额	顾客的态度
营销组织和顾客的互动	不具有战略重要性	具有战略重要性

组织战略：组织——顾客关系

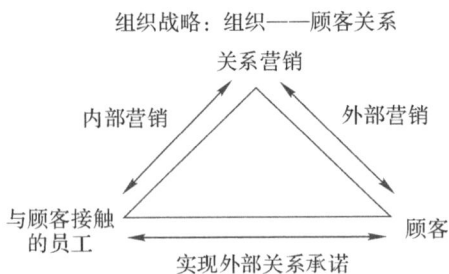

图6-5　关系营销要素关系图

表6-8　关系营销基本模式表

	项目	关系营销的着眼点
1	核心概念	与客户之间建立某种长期的稳定关系
2	营销关系	不是近期利益,而是办展机构的长远利益
3	客户关系	比较牢固,竞争者较难破坏
4	价格	是手段之一,但不是主要的竞争手段
5	营销强调	不仅仅是市场占有率,而是客户重复参展率、客户忠诚度、与客户建立长期的稳定关系、取得客户的满意
6	营销追求	不是追求单项交易的利润最大化,而是追求办展机构和客户互利关系的最佳化
7	市场风险	小
8	对方企业文化	非常有必要了解
9	营销结果	办展机构可能和客户建立一种共存的伙伴关系

需要特别指出的是,关系营销对于针对那些大的参展商或者是那些行业知名企业的招展工作尤其适用。

(二)合作营销

合作营销是指办展机构有选择地与一些机构和单位合作,采取一些有效的策略,共同来对展会展位进行营销的一种营销策略。合作营销的目的是通过与有关机构和单位的合作来扬长避短,优势互补,拓宽营销渠道和营销范围,扩大营销覆盖的地域,取得更好的营销效果。

随着世界经济的全球化和各国经济的市场化,联合办展已经成为许多展会共同的办展取向,而随着展会的国际化程度不断拓展,跨地域和跨国界的招展活动越来越需要当地有关机构的配合。在招展时,办展机构很难有精力在每个方面都亲力亲为、面面俱到,并且每个办展机构都有自己的"营销盲点",这时,向合作机构借力,利用合作机构的力量和渠道来扩大展位营销就变得十分必要了。事实上,目前展览业界举办展会很少有不采用合作营销来营销展会的了。

合作营销关键是要选择好营销的合作伙伴,并制定在营销过程中需要大家共同遵守的营销规则。好的合作伙伴对展位营销可以起到事半功倍的效果,而良好的营销规则则是保证营销秩序的有效办法。合作营销的主要合作机构和单位包括:

表6-9　合作营销的对象与特点

序号	合作对象	特点
1	行业协会和商会	行业协会和商会在行业里有重要的影响和强大的号召力,它们一般都拥有一定数量的会员单位,行业信息灵通,关系广泛,是办展机构理想的合作营销伙伴
2	国内外著名展览主办机构	每一个展览主办机构都有自己擅长的领域和自己的营销渠道,也有自己独特的营销技巧和营销手段,与这些单位合作,能很好地优势互补
3	专业报刊杂志	行业内的专业报刊杂志对本行业有一定的影响,也有一批熟悉的客户,对行业发展趋势比较了解,联系比较广泛,不仅可以充当营销宣传的喉舌,还可以直接招展
4	国际组织	一些相关的国际组织具有一定的权威性,在国际上有较强
5	各种招展代理	招展代理是与办展机构紧密合作的专门的招展单位,适当地发展招展代理对展会招展很有好处
6	行业知名企业	行业知名企业在行业里有一定的号召力,它们的参展对行业企业有一种很好的示范效应,会带动一批企业参展
7	国外同类展会	由于距离较远和展会定位不同,不同国家里举办的展会,有很多彼此之间的竞争并不是很强。我们可以与国外同类展会合作,在各自的展会上推广对方的展会,或采取其他合作方式争取彼此合作、营销互赢
8	外国驻华机构	外国驻华使馆和领馆以及其他机构如贸易代表处、办事处等不仅对该国较熟悉,联系方便,而且对所在国也很了解,它们向该国企业推荐的展会一般很能取得该国企业的信任
9	政府有关部门	尽管政府部门正在逐渐淡出经济事务,但政府的行业主管部门对行业的影响仍然很大,与它们合作,不仅有利于招展,还能取得很多其他便利
10	网站	网站是一个较好的合作营销伙伴。

办展机构可以根据自己的展会特点和本身的优劣势,从上述机构中选择自己

的合作伙伴。选择好合作伙伴以后,制定和遵守一些共同的营销规则是合作营销需要重点考虑的又一个问题。合作营销的合作伙伴可能不止一个,如果这些单位在营销中不遵守一些统一的规则,展位营销的秩序势必会出现混乱,展会的招展效果将会大受影响。展会的营销规则由办展机构统一制定,并要求合作伙伴共同遵守。这些规则主要有招展价格、展会宣传口径、展会服务承诺、展品范围、各单位招展地域或题材范围、展会展区和展位的划分等。这些规则合作伙伴不得擅自更改,也不得擅自作出决定。

值得一提的是,合作营销要求各合作伙伴遵守共同的营销规则,并不是不允许各合作伙伴发挥各自的优势。恰恰相反,合作营销追求的就是在统一规则的统领下,充分发挥各合作伙伴的优势和积极性,为展会展位营销服务。

(三)直复营销

直复营销是一种互动的营销系统,它使用一种或多种广告媒体,以实现在任何地方产生可以度量的回应和(或)达成交易的目的。直复营销最主要的特征是办展机构与客户之间的"互动",彼此之间可以以双向交流的方式传递信息。直复营销的另一个特点是其营销效果是可以测量的,办展机构可以确切地知道对营销进行回复的顾客的比例,还知道他们回复的内容是什么。因此,直复营销的效率非常高。常见的直复营销方式包括:

表 6-10 直复营销的分类特别

序号	分类	特点
1	大众媒体直复营销	目标参展商从电视、报刊和广播等媒体得到展会信息,并通过上述媒体或者直接与办展机构联系而预订展位
2	直接邮寄营销	办展机构将有关展会的宣传资料、招展书和邀请函等以邮件的方式直接邮寄给目标客户
3	电话营销	办展机构的营销人员通过电话直接向目标参展商推销展会,不仅通过电话进行展位促销,还进行市场调查、目标客户的确定、市场定位、提供咨询、处理投诉等
4	直接拜访客户	办展机构的营销人员到目标客户的公司或工厂直接拜访他们,听取他们的参展意见
5	展会现场推广	办展机构直接派出营销人员到国内外其他同类展会上去推广自己的展会

直复营销方式常常组合使用,形成"大众媒体直复营销——直接邮寄营销——电话营销——直接拜访客户"的直复营销渐进促进系统,取得理想的效果。

(四)网络营销

网络营销是以国际互联网为媒介进行展位营销的一种营销方式。网络营销是随着电子商务的发展而发展起来的一种新兴的营销方式,办展机构几乎可以将有关展会的所有信息都"搬"到网上去供客户选用。

和传统的营销方式相比,网络营销的优势非常明显:首先,网络营销不受时空的限制,其营销范围具有全球性,客户只要能上网,就可以在任何地方随时查阅展会的相关信息。第二,网络营销具有交互性。客户可以通过网络及时地反应自己的参展信息,预订展位;办展机构也可以通过网络对客户的要求作出反应,及时满足客户的需求。第三,网络营销可以大幅度减少营销成本。由于有关展会的各种信息都可以在网上看到,办展机构因此可以节省大量的人员出差等费用,成本优势明显。第四,网络营销可以利用网络的互联性来增强办展机构和参展企业之间的协作关系。由于网络营销具有传统营销方式所没有的优势,它因此也被办展机构在营销其展会展位时大量采用。

在进行展位营销时,网络营销的具体办法通常有三种:自己建立展会专门网站、在行业专业网站上营销、自己网站与行业专业网站互联。

（五）公关营销

公关营销是办展机构利用各种传播手段,与包括参展商、参观商、展会服务商、普通大众、政府机构和新闻媒体在内的各方面公众进行沟通,建立良好的社会形象和营销环境的活动。公关营销的目标往往较少是为了直接将展位销售出去,它主要是为了树立办展机构和展会的良好形象,并希望通过这个良好形象的树立来改善展会的经营环境。

公关营销的传播方式比较多,它可以利用各种媒体传播,也可以自己进行直接传播。但公关营销对媒体的利用,主要是以新闻报道的形式出现,而不是做广告。另外,公关营销的作用面不仅仅针对目标参展商,它还针对展会的其他方面。公关营销的社会公信度一般比较高,更容易被目标参展商及潜在的客户所接受。

除了直接销售展位以外,公关营销还具有以下作用:第一,可以协助办展机构拓展新的展览题材,策划举办新的展会;第二,可以促进办展机构与客户建立良好的关系;第三,可以协助办展机构对展会进行调整和重新定位;第四,有利于为办展机构创造良好的外部环境。公关营销的通常方式,如表6-11。

表 6-11　公关营销的分式与特点

序号	方式	特点
1	新闻宣传	办展机构可以通过新闻发布会、人物专访、记事特写、新闻报道等形式,通过媒体对外进行新闻宣传
2	公关关系广告	办展机构以宣传自身和展会的整体形象为内容,以提高办展机构和展会的知名度和美誉度

续表

序号	方式	特点
3	社会交往	办展机构通过扩大和社会有关方面的交往来扩大展会的影响,如组织联谊会、俱乐部、进行行业研究、对有关方面进行礼节性和策略性的拜访等,通过扩大社会交往来与各有关方面建立长期稳定的关系
4	公益或事件赞助	办展机构可以以展会的名义对一些富有新闻价值的事件或者公益事业进行赞助,借以提高展会的知名度和美誉度

需要指出的是,由于公关营销着眼于长期利益,其营销效果可能不像其他营销方式那样容易立竿见影。但是,一旦其产生效应,其作用将是长期的和持久的,办展机构和展会将会长期从中受益。

思考题:

1. 制定合理的招展价格需要考虑哪些因素?执行招展价格时应注意哪些问题?

2. 招展函主要包括哪五个方面的内容?

3. 招展方案的基本内容包括哪些?

4. 管理好招展代理必须坚持做好哪几点?需要防止哪些招展代理可能带来的风险?

5. 什么是招展宣传推广?

6. 何谓招展进度计划?

7. 什么是展位营销?展位营销的方法主要有哪些?

第七章　会展招商工作

【学习要求】

理解展会招商、展会宣传推进的定义；理解"重招展、轻招商"的危害；了解展会的宣传推广的类型；掌握展会的宣传推广规划的内容和指导原则；知晓展会招商方案的基本内容；掌握展会招商的主要渠道；理解招商宣传推广的定义；理解招商预算的定义及其直接招商费用的主要构成；理解招商进度计划的含义；掌握展会宣传推广计划的主要方式；掌握国内外同类展会上进行宣传推广活动的不同形式；了解展会通讯、观众邀请函的定义。

【本章概要】

展会招商主要是指办展机构通过各种方法和渠道邀请观众到展会参观。展会招商最主要的是要邀请尽量多的专业观众到会参观。专业观众是指从事展会上所展示的某类展品或服务的设计、开发、生产、销售或者服务的专业人士以及该产品的用户。展会招商工作的效益是服务于整个展会的。展会招商工作经济效益具有隐形性和间接性；和展会招展是互相影响、互相作用的。"重招展、轻招商"是错误的。

展会宣传推进是为了促进招展招商，扩大展会知名度，提升展会形象等而借助大众媒介的广告或直接借助人员的展会推广活动。促进展会招展招商和建立展会的良好形象是展会宣传推广最为核心的任务；而指导内部员工如何对待客户则是最容易被展会宣传推广所忽视的任务。在展会筹备的不同阶段，展会宣传推广的目的和重点是不同的。按照不同的目的，展会的宣传推广可以分为以下五种类型：显露型宣传推广、认知型宣传推广、竞争型宣传推广、促销型宣传推广、形象型宣传推广等。展会的宣传推广规划包括时间跨度、地域界限、目标受众、性质描述四个方面的内容。从本质上看，展会宣传推广是在宣传和推广展会的各种服务。展会宣传推广的指导原则包括强化有形展示、重视口碑沟通、只承诺能提供的、注重宣传推广的连续性、不忽视内部营销、使用行业和客户熟悉的语言等。

招商方案是在展会招商和宣传推广策划的基础上，为展会邀请观众而制订的具体执行方案。展会招商方案的基本内容包括：制订招商方案的依据、展会招商分工、展会通讯及观众邀请函的编印和发送计划、招商渠道和措施、招商宣传推广计划、招商预算、招商进度安排等。展会招商分工包括办展机构之间的招商分工和本单位内部招商人员的安排及其分工。

招商预算是为招商各项工作顺利进行而做的费用支出预算,它是在各项招商工作筹划基本已定的基础上,对展会招商可能需要的费用支出作出的整体安排和具体支出的计划。展会的直接招商费用主要包括:招商人员费用(包括招商工作人员的工资、差旅费、办公费等)、招商宣传推广费用、招商代理费用、招商资料的编印和邮寄费用、招商公关费用、其他不可预见的费用等。

招商进度计划,就是在展会招商工作开始实施之前,就对招商工作及其要达到的效果进行统筹规划,事先安排好什么时候该开展什么样的招商活动、采取什么样的招商措施、到什么阶段招商工作要达到什么样的效果、完成什么样的任务等。

展会宣传推广计划是展会的整体宣传推广计划,展会的招展宣传推广和招商宣传推广可以独立进行,也可以包含在展会整体宣传推广计划中。展会宣传推广具有整体性、阶段性、计划性等特点。展会宣传推广计划的方式有广告、软性文章和图片、直接邮寄、新闻发布会、人员推广、展会推广、机构推广、公共关系、展会配套活动、在有关网站上宣传推广等。在制订展会宣传推广计划时,办展机构必须做到全面、系统,并按展会筹备工作实施的需要来制订。一般来说,制订展会宣传推广计划的步骤有六个:目标、投入、信息、资料、渠道和评估。

办展机构在做宣传推广之前要考虑以下因素:专业媒体所覆盖的目标客户、竞争与干扰、展会发展阶段、宣传推广的频率。一般来说,选择在哪种媒体上做宣传需要考虑以下一些因素:宣传的主要目标、媒体的特点与覆盖范围、宣传的费用、宣传的时间安排。影响这些宣传推广方式组合的因素主要有:展会的类型、展会的营销策略、客户特性、市场特性、展会发展阶段、宣传推广的预算等。在国内外同类展会上进行宣传推广活动的形式,包括:互换展位、互换会刊版面、到对方展会召开新闻发布会、到对方展会网站发布广告、代为派发对方展会的宣传资料、派出人员在同类展会上展开推广活动等。

展会招商主要是指办展机构通过各种方法和渠道邀请观众到展会参观。展会宣传推进是为了促进招展招商,扩大展会知名度,提升展会形象等而借助大众媒介的广告或直接借助人员的展会推广活动。展会招商与展会宣传推广两者关系密切,它们互相影响,互相促进,共同构成展会策划和营销的另一个中心环节。在展会策划和营销实际操作中,人们常常将它们结合起来考虑,统筹规划,分步实施。招展是基础,招商是关键,宣传推广来促进。参展商前来参展是为了与专业观众洽谈和交流,是参展商参展所期待的目标对象。如果没有做够质量和数量的专业观众,参展商参展就意义不大,展会的发展也会存在很大的问题。当然,参展商和观众是相辅相成的。有足够质量和数量的参展商也是专业观众前来参观的吸引力所在,确保专业观众可以高效率地通过一个展会就能够采购到自己需要的商品。值得一提的是,展商与招展的很多内容、基本原理、工作方法都是相似的,不同的是针对的目标对象不一样。

第一节 展会招商与宣传推广

一、展会招商

展会招商就是邀请观众到展会来参观。拥有一定数量和质量的观众是一个展会成功的重要标志之一。

观众可以分为专业观众和普通观众。所谓专业观众是指从事展会上所展示的某类展品或服务的设计、开发、生产、销售或者服务的专业人士以及该产品的用户。与专业观众相对应的是普通观众,也就是除专业观众以外的其他观众。在实际操作中,有些展会只对专业观众开放,如广交会;也有些展会既允许专业观众进场参观,也允许普通观众进场参观,但对普通观众的参观时间加以限制,如汽车展。普通观众能够增加展会人气、活跃展会气氛、扩大参展商的广告效应和知名度,但是一个展会的专业观众比例最好不能低于30%,这样参展商的展出效果才能得到保证。因此,展会招商最主要的是要邀请尽量多的专业观众到会参观。出于安全的考虑,办展机构会需要通过各种方式调控观众参加展会的人数或时间。

表 7-1 展会对不同观众的开放时间安排

展览会名称	北京国际汽车展览会 BEIJING INTERNATIONAL AUTOMOTIVE EXHIBITION	
展览会主题	梦想·和谐·新境界 Drman·Harmeny·New Yiaon	
展出地点	中国国际展览中心(新馆)	
开幕式	4月22日	上午10:00 只限媒体和特邀贵宾
展出日期	4月20—28日	
新闻媒体日	4月20—21日	09:00—17:00 只限媒体和贵宾
专业参观日	4月22—23日	09:00—17:00 只限专业观众
公众观众参观日	4月24—25日	09:00—17:00 公众
	4月26—27日	09:00—19:00 公众
	4月28日	09:00—15:00 公众

案例：浙江省农业博览会门票问题

浙江省农业博览会是浙江省政府主办、浙江省农业厅承办的大型农业博览会，已经连续举办多届，在浙江省内具有一定的影响力。该展会每年在浙江农业展览馆（杭州和平会展中心）举办，省各级农产品行业协会和省农业专业合作社联合会协办，力求以"品质、安全、竞争力"为主题，展示我省现代农业发展成果，突出推介企业、农民专业合作社和农产品品牌，展销优质农产品及其加工品，并开展贸易洽谈、"杭城市民最喜爱的十大品牌农产品"评选以及形式多样的专题活动等。同时举办网上农博会专场，促进农产品产销对接。浙江省农博会采用购票入场，门票价格为3元。为期5天的浙江农业博览会有近10万人次前来参观和购物，场面火爆，甚至发生有多位老年观众晕倒，对展会安全构成严重挑战。最近，有些市民呼吁：既然是政府主导主办的公益性展会，免收门票。

问：如何理解政府主要的公益性农博会收门票的操作？

展会招商和展会招展是互相影响、互相作用的。一方面，如果展会招商效果好，到会观众数量多，质量上乘，参展商的展出效果就有保证，企业就更乐意来参展；反之，企业参展的积极性就会降低；另一方面，如果展会的招展效果较好，参展企业尤其是行业知名企业较多，展品新，信息集中，观众到会参观就会更加踊跃。可见，展会招商做好了对展会招展很有帮助，同样，展会招展做好了就更有利于展会招商，那些只注重展会招展而不注重展会招商的做法是极其错误的。实际上，在重视展会招展的同时也重视展会招商，邀请到尽量多的专业观众到会参观对展会来说具有重要的意义。首先，专业观众是参展商最主要的目标客户。参展商参展是期待专业观众到他们的展台参观和洽谈。足够数量的专业观众是参展商展出效果的保证，也是企业持续参展的动力所在。不然，"一二不过三"，展会的招展就会越来越困难，展会的发展也就是空谈。其次，能大幅度地提高展会的服务水平。足够数量的高质量的专业观众是办展机构对参展商提供的最基础、最核心的服务。邀请尽量多的高质量的专业观众到会参观，才是办展机构对参展商提供的最好的服务。第三，拥有一定数量和质量的专业观众是一个展会之所以成为"品牌展"的重要标志之一。将展会办成行业知名的品牌展，是每一个办展机构不懈的追求和努力的目标，而品牌展一定要有一定数量和质量的专业观众。

展会招商工作的效益是服务于整个展会的。和展会招展不同，展会招商工作是一项见不到直接经济效益的工作，办展机构招到观众往往不能直接给它带来看得见的经济收益。展会招商工作经济效益的这种隐形性和间接性使一些办展机构在策划展会整体方案时，往往会出现"重招展、轻招商"的错误倾向。当展会是由几个单位联合举办时,就会出现大家争着去招展但展会招商却无人重视的局面,结果使得展会开幕后到会观众不理想,展会质量不能令人满意,展会发展受到影响。

案例:

因为展位的销售是展会收入的主要来源,亚特展览有限公司展会经理 A 主张:"应该和其他很多展览公司的做法一样,将主要力量和大部分经费安排在招展上;而招商只需要安排非骨干的力量和少量经费,结合宣传推广适当做一下即可。"经理 B 主张:"招展是基础,招商才是关键。拥有一定数量和质量的观众是品牌展的重要标志之一。不应该和其他很多展览公司的做法一样,招展和招商应该一样重视,安排相当的力量和经费进行。"

问:你支持哪种观点?为什么?

二、展会宣传推广

展会宣传推广既是展会策划的重要内容,也是展会营销的中心环节之一,在促进展会招展招商;建立展会的良好形象,创造展会竞争优势;协助业务代表和代理们顺利展开工作;指导内部员工如何对待客户等方面作用重大。其中促进展会招展招商和建立展会的良好形象是其最为核心的任务;而指导内部员工如何对待客户则是最容易被展会宣传推广所忽视的任务。

在展会筹备的不同阶段,展会宣传推广的目的和重点是不同的。按照不同的目的,展会的宣传推广可以分为以下五种类型:

表 7-2　展会宣传推广的类型

序号	名称	时间点	重点
1	显露型宣传推广	多在展会创立的初期实施,或者是在展会已经有了一定的名气后作为对客户进行定期"提醒"之用	以迅速提高展会的知名度为主要目的,宣传推广的重点是展会的名称、办展时间和办展地点等简单明了、便于记忆的展会信息,让人知道有这么一个展会,至于展会的详细内容则不做过多的介绍
2	认知型宣传推广	多在行业对本展会已经有了一些初步了解之后,展会作进一步的招展和招商时实施	主要目的是使受众全面深入地了解展会,增加受众对展会的认知度,宣传推广的重点是展会的特点、优势等较详细的内容

续表

序号	名称	时间点	重点
3	竞争型宣传推广	多在本展会受到竞争对手的威胁,或者本展会意欲与其他展会展开竞争时使用	主要目的是与竞争对手展开竞争或进行防御,宣传推广采取与竞争对手针锋相对的措施,是一种针对性很强的宣传推广活动
4	促销型宣传推广	多在展会招展和招商时使用	主要目的是为了在短期内推动展会展位的销售或者招揽更多的观众到会参观,宣传推广的重点是参展商或者观众所关心的主要问题
5	形象型宣传推广	可在展会筹备的任何阶段实施	主要目的是扩大展会的社会影响,建立展会的良好形象,不单纯追求短期销售量的增长;宣传推广的重点是追求目标受众对本展会定位及形象的认同,积极与他们进行信息和情感的沟通,增加他们对展会的忠诚度和信任

展会的宣传推广规划包括四个方面的内容:

表 7-3　展会宣传推广的内容

序号	内容	说明
1	时间跨度	宣传推广的时间范围,从何时起到何时止
2	地域界限	宣传推广活动传播的地域范围
3	目标受众	宣传推广活动主要是针对哪些人的
4	性质描述	宣传推广的主要目的和重点内容是什么,用什么方式将他们准确形象地表达出来并传递给目标受众

从本质上看,展会宣传推广是在宣传和推广展会的各种服务。展会和展台仅仅是办展机构提供各种服务的有形载体,参展商和观众之所以要参加展会,是因为他们想得到展会提供的各种服务。

在进行展会宣传推广时,就要注意使其适应生产和消费的无形性、多样性、易逝性和不可分割性等服务业的特点,依据这些特点来制定展会宣传推广的指导原则。

(一)强化有形展示

有形的东西总会比无形的东西更能给人留下深刻的印象。展会宣传推广要努力将客户看不见的各种无形的展会服务用有形的形式展示出来,让客户对这些服务看得见、摸得着,切实感觉到自己参加展会就能享受到这些服务。比如,对于参展商,要用具体的数据告诉他们本展会有什么样的观众到会,这些到会的观众的构成如何等;对于观众,要实事求是地告诉他们本展会有怎样的企业参展,在展会上他们将看到怎样的展品、能得到怎样的行业信息等。

（二）重视口碑沟通

不管是企业参展还是观众参观展会，口碑传播对他们的最终决策都有着重要的影响。有项调查研究表明，当某个展会的知名度还不高时，有 40％ 左右的观众是因为同行或熟人向他推荐某个展会他才去参观那个展会的。办展机构要重视口碑传播，努力使满意的客户带来更多的客户。

（三）只承诺能提供的

展会宣传推广时向客户承诺什么非常重要，因为客户可能会基于这些承诺而对展会产生各种期望，如果届时展会无法实现当初的承诺，客户将会非常失望，展会将因此而受到极大的伤害。所以，展会宣传推广时只承诺展会能提供的东西，避免客户对展会产生过高的期望。

（四）注重宣传推广的连续性

展会宣传推广要有连续性，其对展会定位、主题、优势和特点等的宣传要一如既往，不能变幻不定。只有这样，展会才能在客户心目中留下深刻的印象，否则，客户将会无所适从。

（五）不忽视内部营销

展览服务有许多是要通过办展机构的员工来完成的，因此办展机构不仅要让员工明白需要向客户提供哪些服务，还要让他们明白如何提供这些服务并努力提高服务的质量。办展机构一定要让自己的内部员工明白自己在展会宣传推广时向参展商和观众承诺了什么，以便让所有的员工都能按该承诺行事，努力实现该承诺；同时，展会宣传推广很多时候宣传的都是展会的经营和服务理念，这都是员工努力的方向，它可以给员工的行为和服务以很好的指引，引导员工更加善待客户。忽视了这一点，展会的营销工作就会和服务工作脱节，展会对参展商和观众的服务就往往难以令他们满意。所以，展会宣传推广不仅要面对办展机构以外的客户，还要面对办展机构的内部员工，要让员工明白展会对客户的各种承诺，鼓励员工向客户提供高质量的服务来实现这些承诺。

（六）使用行业和客户熟悉的语言

展会宣传推广要尽可能地使用行业和客户熟悉的语言，不要使用太抽象的描绘而影响客户对展会的认识和理解，也不要用一些模棱两可的语句而误导客户对展会的期望。

三、宣传推广与展会招商的异同

虽然展会宣传推广与展会招商有密切的联系，但又是两个不同的范畴，在实际的操作中需要厘清。密切的联系表现在：

（一）两者互相影响

展会宣传推广对展会招商都有影响，在很多时候能直接促进展会招商；尽管展会招商的主要目的是吸引更多的观众到会参观，但从某种意义上看，其招商的具体过程也是间接地对展会进行宣传推广的过程。

（二）两者互相补充

展会宣传推广与展会招商在具体实施时经常是互相补充的。有些渠道如果进行展会宣传推广往往成本过大，这时可以用展会招商活动来弥补，通过招商活动来间接地对展会进行宣传；反之，有些渠道通过展会宣传推广比仅仅进行展会招商其效果更好，这时，通过展会宣传推广来进行展会招商更能吸引观众。

（三）两者服务目标相同

尽管各自的具体目标不同，但展会宣传推广与展会招商的共同服务对象却都是促进展会的成功举办。所不同的只是，展会宣传推广是从招展招商、树立展会形象等多方面来促进展会成功举办，展会招商则主要是从吸引更多的观众到会参观这一方面来起促进作用。

展会宣传推广与展会招商不同之处在于：

（一）任务不同

从上述展会宣传推广的任务可以看出，展会宣传推广的目标不仅仅在于展会招商，它是为整个展会服务的。它最为核心的任务是招展招商、树立展会形象等，展会招商只是其中之一；而展会招商最核心的任务是吸引更多的专业观众到会参观。

（二）实施步骤不同

展会宣传推广是一个连续的整体，系统性很强，在具体实施时应根据展会筹备的实际需要，分阶段、有步骤、有计划地实施，并且各个实施阶段的重点目标有所差别。展会招商的阶段性较弱，其主要目的是吸引更多的观众到会参观。

（三）实施渠道不尽相同

展会宣传推广的渠道主要借助于大众媒体如报刊杂志和网站等。展会招商除了借助于这些公开的媒体外，还有其他的专项渠道如直接邮寄、合作营销和人员推广等。

第二节　展会招商方案策划

招商方案是在展会招商和宣传推广策划的基础上，为展会邀请观众而制订的具体执行方案。招商方案是对展会招商工作的整体规划和总体部署，因此，在编制展会的招商方案时，要在全面掌握展会目标观众信息的基础上，结合展会的定位，参考展会展览题材所在行业及其相关行业的特点，对各项招商工作进行统筹规划，合理安排。

一、招商方案基本内容

展会招商方案是为展会邀请观众而制订的具体执行方案，它是在充分了解展会展品的需求市场的基础上，合理地安排招商人员在适当的时间里通过合适的渠道而进行的展会招商活动，是对展会招商活动进行的总体安排和把握，目的是力求保证展会开幕时能有足够的观众到会参观。目前，国内绝大多数展会都是既对专业观众开放也对普通观众开放的，其招商的对象自然也要包括这两类观众，但是邀请的主要观众是那些符合展会需要的专业观众。常见的展会招商方案包含的基本内容如下。

展会招商方案目录

1. 制订招商方案的依据

包括展会展品的主要消费市场的地域分布状况和需求情况、展览题材所在行业及其相关产业在全国的分布状况、相关产业在各地区的发展现状、各有关产业的企业结构及分布情况等。

2. 展会招商分工

包括对各办展单位之间的招商分工进行安排，对本单位内部招商人员及招商工作分工进行安排，对各招商地区的分工进行安排等。

3. 展会通讯及观众邀请函的编印和发送计划

包括观众邀请函的内容、编印办法和发送范围与方法等。

4. 招商渠道和措施

包括提出展会招商计划使用的各种渠道，以及针对各招商渠道计划采取怎样的招商措施。

5. 招商宣传推广计划

包括对配合展会招商所做的各种招商宣传推广活动作出规划和安排。

6. 招商预算

对各项招商活动的费用支出作出初步预算。

7. 招商进度安排

对展会的各项招商活动进度作出总体规划和安排。

二、招商方案具体策划

（一）招商分工

为了保证展会开幕后能有一定数量和质量的观众到会参观，在进行展会招商策划时,首先要对展会招商进行分工,包括办展机构之间的招商分工和本单位内部招商人员的安排及其分工。

1.各办展机构之间的招商分工

为了避免出现这种不利的局面,当展会是由几个单位联合举办时,相关单位必须明确展会的招商工作是由谁来负责;如果展会的招商工作是由各办展机构共同来负责的,相关单位就必须明确各办展机构之间的招商分工。

各办展机构之间的招商分工,包括明确各单位必须共同遵守的招商原则、对各单位负责的招商地区(或行业)和重点目标观众的划分、对招商费用的预算和支付办法的规定、对重点目标观众的邀请和接待的安排等。对各单位的招商工作进行分工,是保证展会到会观众数量和质量的重要手段之一。

对各单位的招商分工必须合理,并经常进行协调。展会招商工作不能平均分摊,必须要有一个主要的负责单位。由于展会招商效益具有间接性,如果招商分工不合理,有些单位就会缺乏招商的积极性;或者有些招商任务根本就是某些单位力所不能及的,这将严重影响展会的整体招商效果。由于展会招商效果具有隐形性,如果展会的招商工作不进行经常性的协调,各单位之间的招商工作就会出现步调不一致的混乱局面。展会招商工作必须要有一个主要的负责单位,否则展会招商的效果就难以有较好的把握。总之,对各单位的招商分工一定要结合各单位的招商实力,充分发挥各单位的优势,做到优势互补,共同圆满做好展会的招商工作。

2.本单位内招商人员及其分工安排

对本单位的招商人员及其分工作出安排,要确定主要负责招商的人员的名单,明确其主要任务是进行展会招商而不是展展;要明确各招商人员负责招商的地区范围和重点目标观众;同时,要制订各招商人员的信息沟通和工作协调办法,对重点目标观众要制订统一的接待安排计划。

展会招商工作带给展会的效益是长期的和持续的,如果展会的招商工作不到位,展会的长期发展肯定会受到极大的影响。展会招商和展会招展一样,都是展会能成功举办所必不可少的重要因素。在筹备举办展会时,一定不要认为展会招商工作是可有可无的,也不要因为展会招商不能带来即时的和直接的经济效益就忽视展会招商工作。

(二)招商渠道

展会招商都要通过一定的渠道来进行,主要包括:

表 7-4 展会招商的渠道

序号	合作对象	特点
1	专业媒体	对本行业比较了解,有一定的影响,通常有一批熟悉的客户,联系比较广泛,展会可与它们展开合作招商,也可以在这类媒体上登广告直接招商
2	大众媒体	主要是针对普通观众,一般都是在比较临近展会开幕时进行
3	行业协会和商会	在行业里有重要的影响和强大的号召力,一般都拥有一定数量的会员单位,行业信息灵通,关系广泛
4	国内外同类展会	由于展览题材相同或相似,观众的范围也基本相同,办展机构可以在国内外同类展会的现场进行推广本展会,可以通过在其展会会刊上做广告等多种方式来招商,或者可以与国外同类展会开展合作营销为彼此展会招商
5	参展企业	展会为企业提供了一个与自己的客户进行交流和联络的有益平台,很多企业会借此机会主动邀请自己的客户到会参观
6	网络招商	网络传递信息迅速便利,联系广泛,观众可以通过网站了解展会信息,进行参观预登记。办展机构可以自己建立专门网站,也可以与其他有影响的网站进行合作招商
7	国内外著名展会主办机构	每一个展会主办机构都有自己擅长的行业领域和自己的营销渠道,也有自己独特的招商技巧和招商手段,与这些单位合作招商,能很好地优势互补
8	国际组织	一些相关的国际组织在世界展览界具有一定的权威性,在国际上有较强大的号召力,与它们合作往往能很好地带动国外观众到会参观
9	各种招商代理	与办展机构紧密合作专门进行展会招商的单位,适当地发展展会的招商代理,对展会招商很有好处
10	外国驻华机构	外国驻华使馆和领馆以及其他机构如贸易代表处、办事处等,不仅对该国较熟悉,联系方便,而且对所在国也很了解,它们向该国企业推荐的展会一般很能取得该国企业的信任,与它们合作能较好地带动国外观众到会参观
11	政府有关部门	政府的行业主管部门对行业的影响大,与它们合作,不仅有利于招商,还能取得很多其他便利
12	在展览期间举办配套活动	在展览期间策划举办一些针对性较强的配套活动,能带动展会的招商工作,如在展览期间举办行业会议、专业研讨会、表演等

根据展会的实际情况,办展机构可以有选择地采用其中几个渠道进行展会招商。

(三)招商宣传推广

招商宣传推广是为促进展会更好地招商而有目的有针对性地举行的一些宣传

推广活动,这些宣传推广活动是围绕着展会招商的基本策略和目标而制定的,有很强的目的性和配合性。在展会招商方案里,办展机构要提出展会招商宣传推广计划,包括宣传推广的策略、渠道、时间和地域安排以及费用预算等。

招商宣传推广的策略需要明确宣传推广的出发点、主题、亮点等。在策略上要注意紧扣展会的定位和主题,突出展会的优势和个性化特色,从客户的角度出发,处处为客户的利益着想。

招商宣传推广的渠道包括召开新闻发布会、在专业和大众报刊杂志上做广告、向有关人员直接邮寄展会资料、在国内外同类展会上宣传推广、在网上宣传推广、通过有关协会和商会宣传推广、利用外国驻华机构和我国驻外机构做宣传等多种渠道,可以根据招商工作的实际需要来选择。

招商宣传推广的时间和地域安排:招商宣传推广在时间的安排和地域的分布上要注意与招商的实际工作紧密配合,并且要走在招商实际工作的前面,为招商工作造声势、造知名度。宣传推广在时间上要连贯,要有统一的理念和策略作指导;在地域上要因地制宜。在重点招商的时间段和重点招商的地区,要加大宣传推广力度,增强宣传推广的针对性。

(四)招商预算

招商预算是为招商各项工作顺利进行而做的费用支出预算,它是在各项招商工作筹划基本已定的基础上,对展会招商可能需要的费用支出作出的整体安排和具体支出的计划。展会的直接招商费用主要包括:

表 7-5 展会的直接招商费用名称

序号	费用名称
1	招商人员费用,包括招商工作人员的工资、差旅费、办公费等
2	招商宣传推广费用
3	招商代理费用
4	招商资料的编印和邮寄费用
5	招商公关费用
6	其他不可预见的费用

编制招商预算,应从招商工作的实际需要出发,本着统筹安排、合理利用的原则,实事求是地进行。招商预算的编制要本着节约的原则。只有确实需要支出的费用才进入预算支出,这样可以严格控制展会招商成本,防止招商费用失控。招商预算还要编制得细致,费用支出安排要合理,能满足招商工作顺利开展的需要。费用支出安排要注意在时间上与招商工作的实际需要相配合,不能出现开始时费用充足而最后费用不够,或者是开始不愿支出而最后拼命追加费用支出等不良现象。

案例：

在某国际奢侈品消费展会招商过程中，负责招商的厉经理工作负责，严格管理招商预算，做到花好每分钱，精打细算，节约有加。最后，招商工作基本达到了预期目标，完成了招商的基本任务，招商费用结余了3万多元。办展机构总经理却以"没有积极主动地开展工作，更好地实现招商的目标"而批评了厉经理，同去招商的工作人员也抱怨工作太累没有得到招商工作必要的物质保障。厉经理为此感到委屈和困惑。

问：如果你是厉经理，你会怎样管理和开支招商预算？

（五）招商进度计划

所谓招商进度计划，就是在展会招商工作开始实施之前，就对招商工作及其要达到的效果进行统筹规划，事先安排好什么时候该开展什么样的招商活动、采取什么样的招商措施、到什么阶段招商工作要达到什么样的效果、完成什么样的任务等。

展会招商工作是一项阶段性和时间性都很强的工作。一方面，当展会筹备工作进行到不同的阶段时，就要相应地采取不同的招商措施予以配合，不然，招商的效果就会不太理想；另一方面，展会招商工作要非常注意时间安排的合理性和配套性，注意"到什么时候做什么事"，如果时间安排不合理，招商工作的效果将微乎其微，难见成效。

展会招商工作既独立于展会招展工作，又受展会招展工作的影响。有了展会招商进度计划，就可以进一步增强招商工作的独立性和计划性，排除其他因素的干扰，对展会招商工作进行总体控制和监督，及时对照检查，发现问题，调整策略，使招商工作能更顺利地完成，从而保证展会开幕后有足够的观众到会参观。

招商进度计划一般用表格的形式来表现。根据招商进度计划表，办展机构就可以有条不紊地按计划开展招商活动，并对各阶段的招商效果及时进行检查。如果发现没有达到招商的阶段性目标，就可以及时采取补救措施，促进招商任务的顺利完成。

表7-6 招商进度计划表

招商进度计划表	时间	招商措施	宣传推广支持	计划达到的招商效果

招商进度计划一旦制订,就要按该计划将招商工作一步步地展开,努力按计划完成每阶段的招商任务。如果不是出现重大变故或者是该计划本身就制订得不合理,招商进度计划一般不要做过多的大幅度调整。当然,招商进度计划也可以根据具体情况变化,进行局部调整,以适应新情况的需要。

第三节 展会宣传推广计划

展会宣传推广计划是展会的整体宣传推广计划,它是展会策划和营销工作中的一个重要环节,对展会的发展有重要的影响。展会的招展宣传推广和招商宣传推广可以独立进行,也可以包含在展会整体宣传推广计划中。在展览业的实际操作中,展会招展宣传推广和展会招商宣传推广常常是按实际需要分别做计划,然后再与展会整体宣传推广进行综合协调,最后融入展会整体宣传推广计划里统一实施。

一、展会宣传推广的特点与步骤

展会宣传推广工作是展会的"导航器",它对展会各方面都有重要的影响,很多客户是通过展会宣传推广才开始认识和了解展会的。

基于展会宣传推广的整体性和计划性等特点,几乎所有的办展机构都将展会的招展宣传推广和招商宣传推广纳入展会宣传推广计划中,由展会负责宣传推广的部门来统一制定和实施。因此,展会宣传推广计划基本上都是展会的整体宣传推广计划,涉及面很广。

鉴于展会宣传推广的重要性,办展机构需要指定专门的人员来负责展会的宣传推广工作。展会宣传推广是一项十分复杂的工作,需要有一定的工作经验才能胜任。

(一)展会宣传推广的特点

1.整体性

和展会招展宣传推广和展会招商宣传推广不同,展会宣传推广是有多重任务的,它是服务于整个展会的,是一种整体的宣传推广工作。前面曾经提到,展会宣传推广的任务主要有促进展会招展、促进展会招商、建立展会的良好形象和创造展会竞争优势、协助业务代表和代理们顺利展开工作、指导内部员工如何对待客户等五个。展会宣传推广要处处注意展会的整体利益,不能因为要实现其中的某一个目标而妨碍其他目标的实现。

2.阶段性

展会宣传推广的五个任务不是同时实现的,也不是在某一个时间段里集中实现的,它们是随着展会筹备工作的进展和展会的实际需要而分步骤、分阶段逐步实现的。所以,展会宣传的阶段性很强,展会发展到什么阶段就进行什么样的宣传推广工作,必须十分清晰和明显。

3.计划性

展会宣传推广的任务多,阶段性强,这就要求在展会一开始筹备时就必须认真规划好展会的宣传推广工作,照顾到展会筹备工作各方面对宣传推广的需要,给展会筹备工作以强有力的全方位的支持。

新展会典型的宣传推广进度计划

在展会开幕前12个月,招商工作就要开始,要进行一些显露性的和提示性的招商宣传推广活动,目的是使行内人士对该展会有一定的认知;

在展会开幕前9个月,随着展会招展活动大规模的实施,展会招商活动也逐步展开,招商宣传推广转为对招商活动的直接支持性宣传;

在展会开幕前6个月,与各行业协会和商会、国际组织等机构的合作招商工作正式开始,招商宣传推广活动范围缩小,目标更明确;

在展会开幕前3个月,展会招商工作大规模地展开,对普通观众的宣传推广力度开始加强,对专业观众开始实施各种客户跟踪服务,为展会顺利开幕作准备;

在展会开幕前后,大众媒体成为重点宣传推广阵地。

展会宣传推广本质上是一种对服务的宣传。展览本质上是一种服务,它属于服务业的范畴,展会只是各种会展服务的一个有形载体。同时,展会宣传推广是一种多媒体多渠道的宣传推广工作。各媒体和渠道的宣传推广安排,要求时间上要协调,口径上要统一,内容上要各有侧重,效果上要互相补充,这样,展会宣传推广对展会发展的促进作用才最明显。

(二)展会宣传推广计划的方式

1.广告

包括在专业报刊杂志、大众媒体、网站、广播电视、户外媒介(如户外广告牌、交通工具等)、包装媒介等上面做的各种广告。不管是在哪种媒体上做广告,广告的主题设计必须明确、突出,并包含目的、好处和承诺三个基本要素;广告文稿的标题要简洁醒目,口号要富有创意,正文要真实具体;广告的图画设计要能引人注意,强化记忆,提示广告的主题和内容,看起来令人精神愉悦。

2.软性文章和图片

包括在专业报刊杂志、大众媒体、网站、广播电视等媒体上刊登的各种对展会的评论、报道、特写和消息以及相关图片等。这些文章可能是展会有关人员写的，也可能是一些记者或专业人士写的，它们一般都是免费的。软性文章是一种隐形的广告，其可信度较高，也容易被受众所接受。

3. 直接邮寄

包括办展机构向其客户直接邮寄的各种展会宣传资料，如展会宣传单张、展会说明、观众邀请函等。直接邮寄是展会宣传推广常用的方式之一，其针对性强，有效率高，效果明显。

4. 新闻发布会

在展会筹备期间以及展会开幕前后就展会的有关情况举行新闻发布会对宣传展会很有帮助。举行新闻发布会的前提是即将发布的内容一定要有新闻价值，否则，就可以改为以邀请记者进行现场采访的方式来代替新闻发布会。

5. 人员推广

包括展会有关工作人员对各机构和客户的直接拜访，电话、传真和 E-MAIL 联络等。人员推广能最直接地和客户进行一对一沟通，能很好地联络客户的感情，倾听客户的声音。

6. 展会推广

包括在国内外各种同类展会上宣传推广活动。

7. 机构推广

包括与各行业协会和商会、国内外的办展机构、国际组织、外国驻华机构和政府主管部门合作进行的各种推广活动。

8. 公共关系

包括开展政府公关、媒体公关、社会公关。举办公益性的活动，邀请政府官员、媒体和社会公众参与，获得他们的支持，提升办展机构和展会的形象。

9. 展会配套活动

展览期间举办的各种活动如会议、表演和比赛等，都是展会宣传推广活动的重要组成部分。

10. 在有关网站上宣传推广

包括展会的专门网站和一些知名的会展机构网站、行业网站。

二、展会宣传推广计划的步骤

在制订展会宣传推广计划时，办展机构必须做到全面、系统，并按展会筹备工作实施的需要来制订。一般来说，制订展会宣传推广计划的步骤有六个：目标、投入、信息、资料、渠道和评估。

（一）目标

就是要确定展会宣传推广所希望达到的目标，如前面提到的招展、招商、建立展会形象等五大任务。制订展会宣传推广计划首先要确定宣传推广的任务是什么,这样才能有目的地去实施各种宣传推广工作;否则,展会宣传推广工作就会变得无的放矢。展会宣传推广任务在总体上受展会的定位和办展机构的办展目标的制约,但在具体实施时具有一定的阶段性。在展会筹备的不同阶段宣传推广的主要任务也有所差别,如前期偏重于招展,后期偏重于招商等。

（二）投入

就是要确定为了达到上述宣传推广目标所需要的资金投入,一般以"展会宣传推广预算"来体现。在实际操作中,展会宣传推广预算可以先按宣传渠道的不同来分别制定,如专业媒体宣传投入预算、大众媒体宣传投入预算等,然后再将各渠道的预算汇总成展会宣传推广的总预算。从国际普遍的做法来看,办展机构一般会将展会收入的 10%～20% 拿出来作为展会宣传推广的资金投入。

（三）信息

就是要确定展会宣传推广需要向外界传递怎样的信息,如展会的办展理念、展会的优势和特点、展会的 VI 形象等。不管展会宣传推广向外界传递的是怎样的信息,这些信息都必须是真实可靠且具有较高的可信度的。另外,展会宣传推广传递的信息要具有自己的特色,不能与别的同类展会雷同,信息要具有差别性和排他性,这样才能起到更好的宣传效果,才不会被其他信息所淹没。

（四）资料

就是要确定制作什么样的宣传资料来承载上述信息。展会的宣传资料很多,如招展书、观众邀请函、展会通讯、广告等,不管是什么宣传资料,在制作这些宣传资料时,要注意使它们遵循:

1.针对性

每一种宣传资料都必须有自己具体的目标客户,如招展书的目标客户是参展商,观众邀请函的目标是观众等。

2.系统性

各种宣传资料既有自己的特色,又互相配合,互相补充,为整个展会服务。

3.专业性

展会宣传资料在制作上要符合展览行业的要求,在内容上要能反映行业的特点和展会的特色,要在国际化的同时又兼顾到各国的不同文化差异。

4.统一性

各种宣传资料在宣传口径上要统一,在各种数据、理念和 VI 形象上要一致,并要继承上届展会的宣传信息。

（五）渠道

就是要确定展会宣传推广的渠道,或者说要确定采用哪种渠道将展会信息传递出去。展会宣传推广的渠道很多,如专业媒体、大众媒体、同类展会、电子商务、直接邮寄、事件推广、公共关系等。办展机构需要充分认识这些渠道的特色,做好渠道组合。

(六)评估

就是测量展会宣传推广的质量与效果,评估展会宣传推广目标完成的状况如何。展会宣传推广的效果可以分为即时效果、近期效果和远期效果。对这些效果的评估可以从观众、参展商和展会功能定位三个方面来进行,也可以从宣传的传播效果、宣传的促销效果和宣传的形象效果三个方面来评估。至于具体的评估指标,评估宣传的传播效果有接收率、注意率、阅读率和认知率等,评估宣传的促销效果有销售增长率、广告增销率、广告费占销率和单位广告费收益等,评估宣传的形象效果有知名度、美誉度和品牌忠实度等。展会的宣传推广效果具有滞后性、交融性和隐含性等特征,有时候较难测定,对此办展机构必须采取科学的方法。

需要着重指出的是,展览行业竞争激烈,在制订展会宣传推广计划时,办展机构不应墨守成规,因循守旧,一成不变,要不断适应市场变化的需要,以变应变,不断创新,以新的思路和新的手段来使本展会的宣传推广工作既符合展览业的惯例,又与众不同,富有自己的特色,在激烈的竞争中独树一帜,取得胜利。

三、展会宣传推广主要计划

(一)新闻发布会计划

新闻发布会又称记者招待会,是一个社会组织直接向新闻界发布有关组织信息,解释组织重大事件而举办的活动。新闻发布会是展会常用的宣传推广方式之一,也是展会与新闻界加强联系的有效办法,是一项成本低而效益高的展会宣传推广手段。

1.召开新闻发布会的时机

一个展会从开始筹备到最后开幕,这期间可以视需要组织多次新闻发布会。比如,在展会筹备之初、在展会招展工作基本结束时、在展会开幕前、在展会闭幕时都是召开新闻发布会的绝好时机。在这些时候召开新闻发布会,对展会具有较大的促进作用。

在展会筹备之初召开新闻发布会,一般是向新闻界介绍举办展会的时间、地点,办展目的、展会主题、展品范围和展会的发展前景等。发布会的目的主要是要通过新闻界告诉行业人士:在某时某地将有一个十分有发展前景的展会要举办。这时召开新闻发布会,主要是起一种"消息发布"和"事件提示"的作用。

在展会招展工作基本结束时,有些展会也会就展会的筹备进展情况、参展商的特点及构成等情况举行新闻发布会,通过新闻发布会告诉社会展会的进展情况,吸引展会的目标观众届时到会参观,对尚未决定参展的目标参展商提供进一步的参展激励。

在展会开幕前,绝大多数展会都会召开新闻发布会,向外通报展会的特点、参展商的特点和构成、展会的招商情况、展品范围、贵宾邀请等内容。在展会开幕前召开的新闻发布会是一次十分重要的发布会,很多展会都会精心组织,广泛邀请记者与会。

在展会闭幕时召开的新闻发布会一般是向外界通报展会的展出效果、展出者的收获、参展商和观众的构成和特点、贵宾参观情况、展望展会的未来发展等内容。这种发布会就像是展会的总结,如果组织得好,对下一届展会的筹备会有一定的帮助。

2.新闻发布会的筹备

新闻发布会是有一定的程序的,不管是在什么时候召开新闻发布会,对新闻发布会的组织一定要准备充分。一般地,在确定了新闻发布会的举办时间以后,组织召开新闻发布会还要准备好以下一些内容:

(1)确定发布会的地点。召开新闻发布会的地点可以在展会的举办地,也可以不在展会的主办地,须视展会的具体需要而定。如果在展会的举办地,新闻发布会通常会在展馆或其附近较高级的酒店里举行;如果在展会举办地以外的地方,通常是在一些较高级的酒店里举行。从实际操作看,很多展会都将展会开幕时和闭幕后的发布会放在展会举办地召开。

(2)确定出席发布会的媒体及相关人员。如果交给不合适的媒体,再好的新闻材料也会被浪费,因此发布会要选择合适的媒体参加才有效果。参加发布会的媒体一定要是对目标参展商和观众有较大影响的媒体,它们可以是专业报刊杂志、大众传媒、网站、电视台等。参加发布会的媒体的数量和地区来源要规划好,除了展会举办地以外,还可以邀请展会的目标参展商和观众比较集中的地区的媒体参加发布会。除了新闻媒体,还可以邀请一些行业协会、工商部门、政府主管机构、外国驻华机构、参展商代表等单位的人员参加。需要注意的是,参加新闻发布会的媒体人员不应该仅仅是记者,还可以邀请一些专栏评论员、摄影师、编辑和其他有舆论导向作用的人员参加。上述人员的全面参与有助于展会获得更高的报道率。

(3)确定发布会的主持人。发布会的主持人可以是有关行业协会或商会的领导、办展机构的负责人、政府主管部门的官员等,也可以由上述机构共同来主持。

(4)确定发布会要发布的内容。发布会内容应视发布会召开的时间的不同而各有侧重,如前所述。发布会的内容可以编成各种新闻资料,如新闻稿、特别报道、特写、新闻图片、专题报道等。这些新闻资料的内容可以覆盖展会的方方面面,但一定要口径一致,并重点突出。上述新闻资料可以装在一个新闻袋里一起提供给媒体。在上述新闻资料中,新闻稿是给媒体提供的最基本和最重要的新闻资料,办展机构一定要精心编写。新闻稿一般不宜太长,新闻稿的写作一定要符合新闻报道的基本写作规律,其内容要有新闻价值和报道价值,要目标明确、重点突出。由于不同的媒体需要的新闻信息各不相同,仅新闻稿有时难以满足各媒体的不同需要,这时,可以在发给不同的媒体的新闻袋里放置各有侧重的专题报道稿件供其选用。

(5)确定发布会的召开程序。新闻发布会的程序一般是:办展机构、行业协会或政府主管部门有关领导讲话,展会信息发布和展示,记者提问。有关领导的讲话要简短,其所占用的时间不要超过展会信息发布和展示的时间,且要精心准备回答记者可能提出的各种问题,避免冷场。发布会的时间不宜太长,一般认为最好不要超过一个小时。

另外,发布会结束以后,还要及时跟踪和收集各媒体的报道情况,如果有媒体需要更详细的资料,要及时提供;如果一时提供不了,可以安排有关媒体进行实地采访和拍摄。

案例:展会新闻发布会

第11届中国佛山(国际)陶瓷博览交易会在筹备之初召开了新闻发布会,目的是向业界发布展会的基本信息。在招展工作基本结束时又开了一次新闻发布会,目的是邀请目标观众届时到会参观,对尚未决定参展的企业进行参展激励。在展会开幕前,办展机构第三次举行新闻发布会,通报展会特点、参展商构成、招商情况和展品范围。在展会闭幕时,办展机构再次召开新闻发布会,通报展会贸易额、观众和参展商数量等。

办展机构负责人安排了专门人员进行媒介跟踪,及时提供媒体所需的详细资料和满足一些媒体进一步实地采访和拍摄的需要。同时,进行各媒体的报道全面收集,分析报道是否符合预期,并在此基础上与媒体进行进一步深度沟通,使媒体很好地传播了该展会的信息。

发布会结束以后,要及时跟踪,如果有媒体需要更详细的资料,要及时提供;如果一时提供不了,可以安排有关媒体进行实地采访和拍摄。同时,需要全面收集各媒体的报道。

问:每次发布会的目的各有什么不同? 新闻发布会后需要做好哪些工作?

(二)专业媒体推广计划

展会宣传推广所指的专业媒体包括展会展览题材有关行业的专业报刊、杂志、展会目录、展会会刊和网站等。这些媒体直接面对展会的目标参展商与目标观众,是展会首选的宣传推广媒介。

在专业媒体上作展会宣传有许多优点:第一,受众稳定,适应范围广。每一种专业媒体都有自己固定的读者群,这些读者是在该媒体上所作宣传的稳定的目标受众,一些影响较大的专业媒体往往拥有非常庞大的读者群。第二,针对性强,富有专业特性。每一种专业媒体都专注于自己特定的领域,并对这一领域产生影响。第三,表现手法灵活,信息容量大。专业媒体如杂志等一般总体篇幅较长,容量较大,办展机构可以利用这一特性,采用图文并茂的形式,对展会作较详细深入的介绍,使受众获得尽可能丰富的信息。第四,寿命较长,重复出现率高。很多专业媒体如杂志等都富有保存价值,常常被读者长期保存,并重复阅读,这使得在它们上面所作的宣传也被长期保存和反复阅读。在专业媒体上作展会宣传也有其局限性:第一,时效性较差。专业媒体的发行周期一般都较长,如杂志一般是一个月一期,时间较滞后。第二,版面位置选择性较差。第三,仅从满足展会招商这一任务的角度来看,在专业媒体上作宣传主要是针对专业观众的招商,它对普通观众的招商效果不如在大众媒体上作宣传的效果大。

展会在专业媒体上进行宣传推广的方式主要有广告、软性文章与图片、机构推广三种,办展机构通常是将这三种方式结合使用以达到最佳效果。其中,机构推广的具体做法很多,如委托专业媒体随刊邮寄展会邀请函、宣传单张和门票等。办展机构一般按展会的需要,将上述宣传推广方式制作成"专业媒体宣传推广计划表",如表7-7。

表7-7　专业媒体宣传推广计划表

媒体名称	期数	时间	推广形式	规格尺寸	价格	金额合计	备注

在选定了专业媒体以后,在专业媒体上进行宣传推广,不管是选择广告、软性文章与图片,还是机构推广,都必须考虑使该推广活动发挥最大的效用。为了达到此项目的,办展机构在做宣传推广之前要考虑以下因素:

1. 客户规模与市场占有率

某专业媒体所覆盖的目标客户规模越大,在它上面做宣传的效果越好,对每一个目标客户单项推广活动的成本越低。市场占有率对展会的宣传推广决策有重大影响,当展会的市场占有率还较低时,宣传推广的边际效果随着宣传推广预算的提高而上升很快;当市场占有率达到一定的程度时,宣传推广的边际效用就开始下降。所以,对于市场占有率较高的展会,增加宣传推广预算的效果不大;但对于那些市场占有率较低的展会,适当地提高宣传推广预算则会达到更好的效果。

2. 竞争与干扰

如果市场竞争激烈,竞争的同类展会较多,展会的宣传推广预算就要大一些,这样才能让客户在众多的竞争者中听到本展会的声音;如果其他展会对本展会的替代性较强,宣传推广的力度就要加大。此外,如果一个媒体上的广告很多,不管这些广告是竞争者的还是非竞争者的,它们都会分散客户的注意力,这时,宣传推广的力度就应该适当提高一些。

3.展会发展阶段

在展会发展的不同阶段,宣传推广的目的和作用是有差别的。在展会的创立阶段,为了让市场尽快知道本展会,宣传推广的力度要大一些;在展会的培育阶段,为了建立展会品牌,宣传推广的力度也不应缩减;在展会的成熟期,因客户对展会已经比较了解,宣传推广的力度可以小一些;当展会进入衰退期,宣传推广的力度也可以小一些,但如果展会此时正在转型,为了突显展会的创新措施与服务,宣传推广的力度又应该大一些。

4.宣传推广的频率

对于一般的广告信息,客户一般要接触几次才能产生印象或者记忆。一般认为,目标客户在一个参展周期里需要接触到 3 次广告信息才能产生对该广告的记忆;接触的次数超过 5 次,影响力就开始递减;当接触的次数超过 8 次时,广告将产生负作用。所以,宣传推广的频率并不是越密集越好,展会在进行宣传推广时,要结合宣传的有效传递情况来确定适当的频率,通常认为,在一个参展周期里让目标客户接触到 6 次广告信息为最佳频率。

(三)同类展会推广计划

国内外举办的同类展会是展会目标客户最为集中的地方,在这些展会上进行宣传推广,费用较低,效果很好。

选择到同类展会推广的优点是:第一,可以直接面对目标客户,与客户进行面对面的交流;第二,信息传达灵活,可以给目标客户以最直接的宣传刺激;第三,容易与目标客户建立关系,可以即时得到客户的反应;第四,容易引起目标客户的注意,迅速产生推广效果。由于具有这些优点,在同类展会上进行宣传推广同时被展会招展、招商和建立展会形象等目标大量使用。在国内外同类展会上进行宣传推广也有其局限性:第一,宣传推广方式的选择受展会彼此之间竞争关系的影响较大,缺乏一定的灵活性;第二,有些推广方式费用较高;第三,每个展会的客户群都是有限的,宣传推广的目标客户的范围因此也有一定的局限性。

在国内外同类展会上进行宣传推广活动,可以根据同类展会与本展会竞争关系的不同而采取不同的形式,包括:

1.互换展位

即互相在对方展会上设立展位进行宣传推广。这适用于在彼此竞争性不强的展会之间进行。双方免费获取对方一个展位作为本展会的推广展位,不仅可以让目标客户直接获取其想要的资料,直接回答客户的问题,直接展示本展会的形象,还可以直接获得客户的有关资料和信息,效果较好。

2.互换会刊版面

在对方展会的会刊里刊登本展会的信息或者宣传广告。如果展会彼此竞争性不强,而派出人员到对方展会进行宣传推广的费用又太高时可以采用这种形式。信息和宣传广告可以是单方面付费有偿刊登的,也可以是双方免费互换的。展会会刊都是直接发放到目标客户手中的,这种方式的有效率较高。

3.到对方展会召开新闻发布会

在对方展会开幕期间举行关于本展会的新闻发布会。对于一些结成战略联盟的办展机构或者展会,可以在对方展会开幕期间,在展会里举行关于本展会的新闻发布会,这样效果很好;如果彼此有一定的竞争关系,可以选择在该展会附近或其他适当的地方举办。

4.到对方展会网站发布广告

互相在对方展会的专门网站里发布关于本展会的信息或广告,或者双方网站互相建立友情链接。

5.代为派发对方展会的宣传资料

可以委托对方展会在展会里适当的地方如信息咨询台等地代为派发本展会的宣传资料。这种资料派发可以是单方面付费有偿的,也可以是双方免费互换的。

6.派出人员在同类展会上展开推广活动

如果展会彼此具有一定的竞争关系,上述方式将难以实现。这时,可以派出人员到该展会上进行专门的宣传推广活动,如直接向目标客户派发本展会的宣传资料、收集客户资料等。

以上这些方式可以结合使用,例如互换展位、互相在对方会刊里做广告、网站互相链接等可以同时进行,这样信息传播的范围将更广泛,宣传推广的目标更容易达到。

确定了在哪些同类展会上做宣传推广活动,并确定了将要采用哪种宣传推广形式以后,就可以将它们制作成"同类展会宣传推广计划表"。

表7-8　同类展会宣传推广计划表

展会名称	时间	推广形式	费用预算	推广目标	备注

(四)大众媒体推广计划

展会宣传推广所指的大众媒体包括各种报纸、电视、广播、户外广告媒体、交通广告媒体、包装媒体、焦点媒体、网站等，这些媒体的普及性较强，社会接触面较广，它们既面对展会的目标参展商与专业观众，也面对展会的普通观众，是展会常用的宣传推广媒介。

展会宣传推广对大众媒体的使用与对专业媒体的使用有一定的差别：首先，从使用目的上看，展会在大众媒体上进行宣传推广一般是为了更好地树立展会的形象，建立展会品牌，或者是吸引普通观众到会参观，它对展会招展与吸引专业观众的作用不如专业媒体大；其次，从使用的阶段上看，展会在大众媒体上进行宣传推广一般是在展会刚创立时，或者是在每届展会即将开幕时进行，而在展会筹备的其他时候进行得较少；第三，从功能上看，展会在大众媒体上进行宣传推广在很多时候是作为对展会其他推广方式的一种补充而出现的，它不是展会宣传推广的主要方式。

尽管如此，在大众媒体上进行宣传推广对展会来说还是必不可少的。因为，大众媒体具有其自身的许多优点：第一，时效性强，传播速度快。报纸和广播电视等每天可以把当天的新闻及时传播出去，在这些媒体上做广告能够及时地对外发布展会信息，传播展会最新动态。第二，覆盖面广，读者群大。大众媒体的影响面涉及一般普通大众，覆盖面极广，读者群体极为庞大。第三，制作简单，手法灵活。大众媒体的种类繁多，可以选择多种形式做展会宣传，如报纸的平面广告、软性文章，广播的声讯广告，电视广告的图文声讯并茂、表现力很强，户外广告的大幅显眼，交通媒体广告的流动性强等。第四，具有一定的新闻性和可信度。在报纸、广播和电视上推出的展会特写、评论、报道等软性广告，具有一定的新闻性质，可信度较高。展会可以充分利用大众媒体的上述优点，采取合适的形式进行展会的宣传推广工作。

和专业媒体一样，展会利用大众媒体进行宣传推广也可以采用广告、软性文章与图片、机构推广等三种形式。其中，广告在大众媒体方面的选择与专业媒体相比将更为广泛：除了报纸、电视、广播和网站外，户外广告媒体、交通广告媒体、包装媒体和焦点媒体也是展会广告经常出现的地方。户外媒体广告是指在户外公共场所使用广告牌、霓虹灯、灯箱等进行的广告宣传；交通媒体广告是指利用车、船、飞机场和地铁等公共设施所做的广告；包装媒体广告是指在包装袋和包装盒等上面做的广告；焦点媒体广告是指在展馆、大型商店和酒店等里面或周围所做的广告。大众媒体广告的多样性使得展会的广告形式更为多样化。确定了以何种形式在哪些大众媒体上进行宣传推广以后，办展机构就可以将它们制作成"大众媒体宣传推广计划表"。

表 7-9 大众媒体宣传推广计划表

媒体类型	推广形式	规格尺寸	时间	地点	规格	合计金额	备注

值得一提的是,不论是在专业媒体还是在大众媒体上进行展会宣传推广,媒体的选择对宣传的效果都极为重要。一般来说,选择在哪种媒体上做宣传需要考虑以下一些因素:

1. 宣传的主要目标

每次展会宣传的任务都会不同,必须明确每次宣传推广的主要目标。如招展或者招商,展会宣传的主要目的不同其选择的媒体也不一样。例如,招展和吸引专业观众一般选择专业媒体,吸引普通观众则多选择大众媒体。

2. 媒体的特点与覆盖范围

媒体是专业媒体还是大众媒体、媒体的表现力和渗透度、媒体的读者群的大小、媒体是全国性的还是地区性等是影响媒体选择的一个重要因素。另外,该媒体主要是对哪些类型的读者和在哪些地区发挥作用也是影响媒体选择的一个因素。

3. 宣传的费用

在不同的媒体上进行宣传推广的费用有很大的差别,对于展会来说,总是希望以较小的费用做最有效的宣传推广,这时,宣传的费用也就成为影响媒体选择的一个重要因素。考虑宣传费用的大小,不仅要考虑绝对宣传成本,还要考虑相对宣传成本。绝对宣传成本是指每次宣传推广的费用总支出额;相对宣传成本通常用每一千个目标客户接触到媒体的费用来计算,它更能反映宣传的实际效果。

4. 宣传的时间安排

宣传推广的时间安排也是进行展会宣传推广时需要仔细考虑的一个重要因素。不管是在哪种媒体上做宣传,宣传的时间安排方式一般有三种:第一,集中时间安排。即将宣传推广集中安排在某一段时间内,以在较短时间内迅速形成强大的宣传攻势。第二,连续时间安排。即在一定时间里均匀地安排宣传推广活动,使展会的信息经常反复在目标市场出现以逐步加深客户的印象。第三,间歇时间安排。即间断地安排展会的宣传推广活动,在一段时间的宣传推广后停一段时间再做宣传。这三种时间安排方式各有利弊。例如,集中时间安排方式适合在开拓新市场、集中招展或招商时使用;连续时间安排方式适合展会已经有一定影响、客户参展参观安排以理智动机为主的时候使用;间歇时间安排方式适合在产品季节性较强或者展会宣传费用不足时使用。至于究竟采用哪种时间安排方式,展会要根据自己的实际情况来最后确定。

（五）专项宣传推广计划

除新闻发布会、专业媒体、同类展会和大众媒体等宣传推广方式外,办展机构通常还会采用一些专项宣传推广方式来宣传推广展会,这些专项宣传推广方式有:

1.人员推广

办展机构直接派出工作人员通过登门拜访、电话交谈等形式直接与目标市场的客户建立联系,传递展会信息的一种推广方式。人员推广灵活性强,信息反馈及时,具有一定的亲和力和说服力,有较强的竞争力,其在客户对展会的评估和参展参观决策阶段以及促使客户对展会建立长期的信心方面能产生强大的促进作用。但是,人员推广的费用一般都较高,其能接触到的客户数量也较为有限。

2.直接邮寄

办展机构直接向目标客户邮寄展会的各种宣传资料,它是展会最常采用的宣传推广方式之一。直接邮寄依赖于办展机构客户数据库的完整性和准确性,也有人因此把它称为"数据库营销"。直接邮寄的针对性极强,效果也较好,但费用也较高。

3.公共关系

公共关系是办展机构利用各种传播手段与社会公众沟通思想感情、建立良好的社会形象和经营环境的活动,如加入国内外著名的行业协会和积极参加行业活动等。公共关系宣传推广可以分为三个层次:一是公共关系宣传,即通过各种媒体向社会公众宣传以树立展会的形象,扩大展会的影响;二是公共关系活动,即通过支持和组织各种社会活动来宣传展会,建立展会品牌;三是公共关系意识,即在办展机构的日常经营中和在全体人员中树立维护企业和展会的整体形象的意识。公共关系的作用面很广,传播手段较多,着眼于展会的形象和长远发展。

4.机构推广

办展机构与有关媒体、国际组织、行业协会和商会、国内外其他展会主办机构和政府主管部门等机构合作,共同推广本展会的一种宣传推广方式,如委托上述机构代为发放展会宣传资料、代为组织观众、代为在会员中宣传本展会等。随着世界经济全球化步伐的日益加快和中国展览市场的日益国际化,机构推广正在被越来越多的展会所采用。

5.配套活动

在展会期间举办一系列的配套活动,也是展会进行宣传推广的一种重要方式。

和其他宣传推广方式一样,在进行展会专项宣传推广活动时,也要注意适当地选择宣传推广活动的时间和地点。在确定了宣传推广的方式、时间和地点以后,办展机构就可以将它们制作成"展会专项宣传推广计划表"。

表 7-10 展会专项媒体宣传推广计划表

推广形式	推广时间	推广地点	推广目标	费用预算	备注

在展览业的实践中,上述五种专项宣传推广方式不是截然分开的,它们经常被组合起来综合使用,例如,人员推广与直接邮寄相结合、公共关系与配套活动相结合等。并且这五种专项宣传推广方式也经常与前面所讲的新闻发布会、专业媒体、同类展会和大众媒体等宣传推广方式组合使用,这些方式如果组合得好,宣传推广的效果将倍增。一般认为,影响这些宣传推广方式组合的因素主要有:

1. 展会的类型

不同题材和功能的展会,其目标参展商和目标观众也不一样,展会的宣传推广组合也应不同。例如,消费品题材的展会人员推广的效果就不太好,但对于生产资料题材的展会,人员推广的效果就非常明显。进一步讲,即使是同题材的展会,其主要功能不同,宣传推广的组合也应不同。例如,以贸易成交为主要功能的展会和以产品展示为主要功能的展会,其对机构推广的要求也不一样。

2. 展会的营销策略

展会是采用"推"的宣传推广策略还是"拉"的宣传推广策略,对展会的宣传组合也有较大的影响。

3. 客户特性

客户参展和参观决策受他们对展会认识深度的影响。一般认为客户的认识深度可以分为三个层次:认识阶段、动心阶段、行动阶段。认识阶段是指客户对展会开始认识到初步了解这一阶段;动心阶段是指客户对展会开始产生兴趣并逐步信赖展会的这一阶段;行动阶段是指客户进行参展或者参观这一阶段。对于对展会处于不同阶段的客户,不同的宣传方式的效果差别很大。例如,对于处于认识阶段的客户,广告和公共关系的效果最好;对于处于动心阶段的客户,人员推广的效果最佳。

4. 市场特性

展会展览题材所在的产业的市场是处于"买方市场"状态还是"卖方市场"状态,对展会宣传组合的影响很大。

5. 展会发展阶段

展会是处于培育期、发展期、成熟期还是衰退期对展会宣传组合的影响很大。

6.宣传推广的预算

费用预算的大小对宣传推广方式的选择具有很大的制约作用,如果预算不足,有些较昂贵的宣传推广方式如人员推广等就不能使用。决定展会宣传推广预算的方法有四种:一是量入为出法。就是根据展会的承受能力,能拿多少钱做宣传就拿多少钱。二是收入百分比法。就是根据展会收入的一定比例确定宣传预算的大小。三是竞争对等法。即以竞争对手的宣传推广费用的大小来决定本展会宣传推广预算的多少。四是目标任务法。就是展会先确定宣传目标,然后再根据实现该目标所需要的费用来决定宣传推广预算的大小。上述四种方法影响着宣传推广预算总额的大小,并进而影响着展会宣传推广组合的选择。

(六)展会宣传推广进度计划

展会宣传推广进度计划,是为配合展会筹备、招展和招商等工作的需要而对展会的宣传推广工作及其要达到的效果进行的统筹规划和事先安排。它计划好到什么时候该开展什么样的宣传推广活动、采取什么样的宣传推广组合、达到什么样的宣传推广效果等。

展会宣传推广工作是一项计划性和系统性都很强的工作。一方面,它要密切配合展会筹备、招展和招商等工作的展开,必须事先严密计划,精心安排;另一方面,它要非常注意时间安排的系统配套性,否则,宣传推广将难见成效。

展会宣传推广工作服务于展会筹备、招展和招商等工作,受它们的影响很大;展会宣传推广进度计划的制订处处要考虑到它们的需要,要与它们的工作进度相配合。但是,展会宣传推广工作又独立于展会筹备、招展和招商等工作。展会宣传推广工作计划一旦制订之后,除非中途出现重大变故,否则就不轻易改变。这样,它可以排除其他因素的干扰,对展会宣传推广工作进行总体控制和监督。展会宣传推广进度计划一般用表格的形式来表现。

表7-11　展会宣传推广进度计划表

时间	宣传推广组合	宣传推广措施	计划达到的宣传推广效果	费用预算	备注

根据宣传推广进度计划表,办展机构就可以有条不紊地按计划开展展会的宣传推广工作,并对各阶段的宣传推广效果及时进行检查。如果没有达到宣传推广的阶段性目标,就可以及时采取补救措施,促进宣传推广各项任务的顺利完成。

第四节　展会通讯与观众邀请函

展会通讯与观众邀请函是两种最为常见的用于展会宣传推广和招商的宣传资料。展会通讯是办展机构根据展会的实际需要编写的、用来向展会的目标客户通报展会有关情况的一种宣传资料;观众邀请函是办展机构根据展会的实际情况编写的、用来进行展会招商的一种宣传单张。

一、展会通讯

展会通讯常常是一本小册子,或者是一份小小的报纸。展会通讯编印出来以后,办展机构就以直接邮寄的方式及时地将它邮寄给其目标客户(即展会的目标参展商和目标观众),或者通过电子邮件发送给其目标客户,并在展会的专门网站上发布。

因为展会通讯能够及时准确地向展会的目标客户传递展会的有关信息,与目标客户保持经常的联络和信息沟通;通过直接邮寄向目标客户发送,针对性非常强,有效率极高,可以扩大展会宣传推广的范围和渠道,建立展会良好形象;可以促进展会招展招商;可以为展会目标客户提供良好的信息服务。因此,展会通讯是一份重要的资料,办展机构往往十分重视展会通讯编制,并花费较多的人力财力直接向目标客户寄送。

展会通讯的邮寄有赖于展会目标观众数据库和目标参展商数据库的建立和完善。如果没有这两个数据库,展会通讯的邮寄就会出现困难。因此,与招展一样,建立一个完整实用的目标观众数据库,对展会招商具有十分重要的作用。一般来说,展会的目标观众的范围比其目标参展商的范围要广,其涉及的行业也要多。所以,办展机构在进行展会招商时,不能把目标观众的范围仅仅局限在展会展览题材所在的行业,还要考虑其相关行业和其产品的各种用户所在的行业。如体育用品博览会的目标观众除了体育行业以外,还有众多的健身休闲产业、房地产行业、各种会所等。收集目标观众的信息的渠道、方法和内容要求与收集目标参展商信息相似。

案例:电子门票系统

为了响应市政府低碳环保的号召,市民卡公司推出了电子门票系统。与此相对应的是,第三届杭州生活品质展取消了传统的门票形式。市民前去参观只需要拿出市民卡,在机器的刷卡处轻轻一刷,就可以进入会场了。市民卡不需要新开通任何功能,只要刷卡就能进。刷卡的同时也记录下了参展市民的个人信息,方便主办方统计人流信息。此举不仅为广大市民带来便捷,也有利于会展和活动主办方准确、高效地统计参会人员的相关信息,给管理带来便捷。

问:电子门票系统对展会观众数据库建设的作用有哪些?

展会通讯目录

1.展会的基本内容

包括展会的名称、举办时间和地点、办展机构、展会的 LOGO、本展会的特点和优势、上届展会的总结和展览现场图片等。

2.市场信息和行业动态

包括国内外同类展会的情况、本展会展览题材所在行业国内外市场状况、行业动态和发展趋势等。

3.展会招展情况通报

包括所有参展企业名单,重点通报行业知名的企业参展情况。

4.展会招商情况通报

包括招商的渠道、招商宣传推广、招商措施和招商效果等。

5.展会宣传推广情况通报

包括各种宣传推广渠道、办法和时间安排,用以增强客户参展和观众参观的信心。

6.配套活动情况通报

包括展会期间将举办一些什么样的配套活动,如专业研讨会、产品发布会等。

7.参展(参观)回执表

包括参展(参观)申请人的单位名称、地址、联系人、联系办法,参展(或感兴趣的)产品介绍,办展机构的联系办法和联系人等。

值得说明的是,因为展会通讯一般是分期编印,并不是每一期展会通讯都要包含以上内容。根据展会进展的实际需要,展会通讯的编印具有一定的阶段性:例如,在展会筹备的初期,展会通讯的主要作用在于向目标客户传递展会信息,扩大宣传,促进展会招展,因此,展会通讯的内容也就要偏重于能促进展会招展的有关信息;在展会筹备的中后期,除了继续促进展会招展以外,展会通讯的主要作用在于与目标客户保持经常的联络和信息沟通,提供信息服务,促进展会招商,因此,展会通讯的内容也就要偏重于能促进展会招商的有关信息;在展会已经成功举办并开始筹办下一届展会时,展会通讯里就必须包含有对上一届展会进行总结的内容。

所以,展会通讯的内容不是一成不变的,它是随着展会筹备进展的需要而不断调整的。

　　展会通讯通过直接邮寄发送到目标客户并对他们的参展(参观)决策产生影响,为此,必须要促使客户在拿到展会通讯时愿意看、能够看,否则,展会通讯即使是邮寄到客户手中,客户也会将它当做垃圾宣传物一样扔掉,这样,展会通讯就起不到任何作用。因此,展会通讯要做到:具有知识性、时尚性和趣味性;外观美观大方;内容短小精悍,信息真实可靠。

　　在实际操作中,展会通讯不仅是展会直复营销的有力武器,也是扩大展会宣传推广、促进展会招展和招商的重要手段,作用大,成本低,效果明显。办展机构要充分认识到展会通讯的重要作用,在网络发达、传送方便的时代利用好这个工具。

二、观众邀请函

　　观众邀请函是专门针对展会的目标观众,尤其是那些专业观众而发送的。和展会通讯一样,观众邀请函一般也是通过直接邮寄的方式发送到目标观众手中。所以,观众邀请函的发送也有赖于目标观众数据库的建立和完善。

　　观众邀请函的主要作用在于邀请专业观众到会参观,其发放的针对性非常强,效果往往也很好。和展会通讯不同,观众邀请函一般只在展会开幕前一个月左右才开始向国内观众直接邮寄;在展会开幕前 3 个月到半年左右向国际观众直接邮寄。

观众邀请函目录

　　1.展会的基本内容
　　包括展会的名称、举办的时间和地点、办展机构、展会的 LOGO、本展会的特点和优势、上届展会简短的总结等。
　　2.展会招展情况
　　包括展出的主要展品、参加展出的新产品和展会招展情况,行业知名的企业参展情况通报。
　　3.配套活动
　　列举展会期间举办的配套活动的时间、地点和主题。
　　4.参观回执表
　　包括参观申请的联系办法和联系人等。

××国际光电(LED)产业博览会观众邀请函

尊敬的　　　阁下：

　　了解最新技术产品、寻求商业伙伴、解读行业趋势、探寻发展商机——"××国际光电(LED)产业博览会"即将揭幕,敬请莅临观摩洽谈。本届展会将于2012年3月22至24日在东莞国际会展中心隆重举行。

　　本次展会由广东省照明电器协会、广东省LED产业联盟、中国同源有限公司联合主办。展品涉及:LED照明、LED室外照明、LED景观灯、LED显示屏、LED芯片及封装、商业照明、酒店照明、照明灯饰、节能灯及LED检测和制造设备。

　　作为2012年LED及照明行业内的重要活动之一,本届展会得到了广东省照明电器协会、广东省LED产业联盟、东莞市半导体照明行业协会、江门市照明电器行业协会、江门LED行业协会、中山市照明电器行业协会、佛山照明灯具协会、深圳市照明电器行业协会、惠州照明电器协会、深圳半导体照明产业发展促进会、台湾光电科技工业协进会行业协会的鼎力支持,同时本届展会也得到了东莞勤上光电股份有限公司的大力支持;本届展会各大品牌企业携最新产品亮相展会,可谓精彩纷呈,盛况空前。

　　展会期间,主办方将邀请国内外LED行业采购商、LED封装厂家、LED照明灯饰厂家、LED显示屏厂家、LED配套产品厂家、LED生产设备及仪器厂家、房地产开发商、建筑承建商、装潢装修公司、市政公司、路灯管理单位、电力电气公司、建筑管理机构、照明工程公司、广告公司、设备安装工程、监理公司、建筑规划设计院、主题公园、会议中心、照明电器生产商、剧院体育馆、进出口代理商、贸易终端用户、批发商、经销商、百货商店、零售贸易商等专业人士;展会现场将举办"LED行业高峰论坛"等系列活动,免费向预登记观众开放,带给您崭新的前沿思想、全面的行业资讯和更多的实用商机。

　　真诚期待您的光临! 相信您定会不虚此行,收获丰厚!

观众回执表

姓名＿＿＿＿＿＿＿＿＿＿＿＿＿＿＿＿＿＿＿＿＿

所在部门/职务＿＿＿＿＿＿＿　单位＿＿＿＿＿＿＿＿＿＿＿＿

E-mail＿＿＿＿＿＿＿　电话＿＿＿＿＿＿＿＿＿＿

手机＿＿＿＿＿＿＿＿＿＿＿　传真＿＿＿＿＿＿＿＿＿＿

地址＿＿＿＿＿＿＿＿＿＿＿　邮编＿＿＿＿＿＿＿＿

同行人员名单＿＿＿＿＿＿＿＿＿＿＿＿＿＿＿＿＿＿＿＿＿

贵公司主要营业产品＿＿＿＿＿＿＿＿＿＿＿＿＿＿＿＿＿＿

请将此表传真至:0769-89308278 或发邮件至 leddongguan@163.com

大会组委会:电话:0769-89296688 传真:0769-89308288

大会网址:www. dg-led. com. cn

电 话:0769-89669988 89603288 传 真:0769-89308288

E-mail:1926191888@qq. com 　 联系人:张李王 13988012688

QQ:1926191888

　　观众邀请函的内容比展会通讯更简洁、更集中,其所有的内容都在于吸引观众到会参观。因此,对展会的特点、优势、展品和参展企业的介绍就成为观众邀请函最主要的内容。观众邀请函也是展会直复营销的有力武器,它在邀请观众到会参观的同时,也直接扩大了展会的宣传推广,间接地帮助着展会的招展工作。

思考题:

1.展会招商的定义?

2.为什么说"重招展、轻招商"是错误的?

3.试述展会的宣传推广规划包括的内容。

4.展会宣传推广的指导原则有哪些?

5.展会招商渠道主要包括哪些?

6.展会宣传推广计划的方式主要有哪些?

7.什么是展会通讯、观众邀请函?

第八章 会展服务与现场管理

【学习要求】

掌握展会服务的分类；掌握根据展会服务的特征提升展会服务的水平；掌握展会可能出现的服务质量缺口；了解展会开幕式操作注意点；了解展会参观指南的基本内容；了解展会会刊一般要收录参展商的信息；掌握展会展览期间现场的主要工作；了解选择展位承建商的基本要求；掌握商务考察、休闲观光的目的地。

【本章概要】

从对象来看，展会服务主要包括对参展商的服务、对观众的服务和对其他方面的服务。展会服务的参展商和观众，不仅包括展会现有的参展商和观众，还包括展会潜在的参展商和观众。同时，展会服务商，如展位承建商、展品运输商、指定旅游公司和指定酒店，对展会客户提供的服务也是展会服务的重要组成部分。从阶段来看，展会服务包括展前服务、展中服务和展后服务。从功能来看，展会服务主要包括展览服务、信息咨询服务和商旅服务。从提供方式来看，展会服务主要包括承诺服务、标准化服务、个性化服务和专业服务。

展会服务具有五个基本特征：无形性、差异性、不可分割性、不可储存性。针对展会服务"无形性"所采取的服务策略是：用服务有形化来克服其不利的一面，用服务专业化来发扬其有利的一面。针对展会服务"差异性"所采取的服务策略是：用服务规范化来克服其不利的一面，用服务个性化来发扬其有利的一面。针对展会服务"不可分割性"所采取的服务策略是：用服务流程化来克服其不利的一面，用服务关系化来发扬其有利的一面。针对展会服务"不可储存性"所采取的服务策略是：用服务灵活化来克服其不利的一面，用服务效率化来发扬其有利的一面。

服务的质量需要以消费者为中心，站在消费者的立场来理解。展会服务的好坏主要取决于经验属性、信任属性、个人需求等三个方面。展会服务的过程中容易出现认知缺口、设计缺口、服务提供与交付缺口、沟通缺口、期望感受缺口等五个缺口，可能会严重影响到展会服务质量。

展会现场工作主要包括展会开幕管理、展会专业观众登记管理、展会现场工作管理等三个组成部分。展会开幕式的典型程序包括由展会工作人员引领国内外嘉宾至开幕式主席台就位、开幕式主持人主持展会开幕并介绍到会嘉宾、主持人请有关领导讲话、相关开幕表演开始、某位重要嘉宾宣布展会正式开幕、主持人宣布开幕式结束并请各位嘉宾和展会观众进场参观等。

展会参观指南是展会编印的用来指引观众参观展会的一种小册子,它主要是向展会的专业观众、媒体记者以及与会参观的嘉宾发放。参观指南的基本内容包括:展会的基本内容、展会的简短介绍、展区和展位划分与安排、其他有关图表等。

观众登记表是用来收集专业观众信息的一种问卷调查表,包括两部分的内容,一是问卷调查的问题,一是观众的联系办法。展会一般要印制多种证件,包括:参展商证、筹展证、撤展证、专业观众证、贵宾证、媒体证、工作人员证、车证等。

展会现场工作是指展会从布展开始,包括展会展览期间到最后展会闭幕这一段时间对展会布展、展览和撤展等事务的组织管理工作。展会展览期间现场的主要工作是参展商现场联络和服务、观众登记和服务、公关和重要接待活动、媒体接待与采访、展会相关活动的协调管理、现场安全保卫工作、知识产权保护工作、现场清洁、有关信息的收集整理、与场地部门结算工作、与有关方面商谈下一届展会的合作与代理事宜、为下一届展会招展预订展位等。

选择展位承建商的基本要求包括技术全面性、经验丰富性、价格合理性、展馆熟悉度、维护保养服务情况等。展位可以分为空地和标准展位、室内展位和室外展位。

展览运输主要包括两个环节:来程运输和回程运输。来程运输是指展会运输代理将参展商的有关物品运到展会现场;回程运输是指按参展商的需要,展会运输代理将参展商的有关物品运回到他们指定的地点。

所谓商务考察就是以收集有关商品的市场信息,了解有关市场的行情为主要目的的商务活动。商务考察的主要目的地一般有两种:一是商品专业市场或大型的商场;二是商品的主要生产地或某些企业的所在地。以观光休闲为主要目的的会展旅游主要集中在展会结束之后,在展会开幕之前和展会进行之中时比较少见。这种会展旅游主要是为了在游览风景名胜和文化古迹等旅游景点的过程中放松身心,增长见识。

一个成功的展会＝一定数量和质量的参展商和观众＋具有优质的展会服务＋良好的展会现场管理。展会服务与展会现场管理、展会招展与展会招商一起共同构成展会策划与筹备最为核心的三个中心环节。展会服务贯穿于展会的始终,且在展会展览现场最为集中和明显。

第一节　展会服务

一、展会服务的内容

(一)从展会服务的对象来看

展会服务主要包括对参展商的服务、对观众的服务和对其他方面的服务。对参展商的服务包括：通报展会筹备情况、提供行业发展信息、提供贸易成交信息、展示策划服务、展品运输、邀请合适的观众到会参观、展位搭建、展览现场服务、商旅服务等，其中，邀请到一定数量和质量的合适观众到会参观是展会提供给参展商最重要的服务。对观众的服务包括：通报展会展品信息、提供行业发展信息、产品供给信息、招揽合适的参展商到会展出、展会现场服务、商旅服务等，其中，招揽到一定数量和质量的合适的参展商是展会提供给专业观众最好的服务。对其他方面的服务的对象范围十分广泛，包括：新闻媒体、行业协会和商务、行业主管部门、国际组织、国外驻华机构等，但是对这些对象服务的内容最主要是信息服务。

展会服务的参展商和观众，不仅包括展会现有的参展商和观众，还包括展会潜在的参展商和观众。同时，展会服务商，如展位承建商、展品运输商、指定旅游公司和指定酒店，对展会客户提供的服务也是展会服务的重要组成部分。需要指出的是，对于服务商提供的服务，参展商和观众通常都把它们看成是展会直接提供的，它们服务中的任何失误都会归结到展会身上。办展机构不但要委托高质量的专业机构来完成，并时刻监督其服务质量。

案例：展会服务的对象

某工业博览会办展机构因为忙于为参展商和观众做好服务，结果疏忽了对部分服务提供商的服务，引来参展商和服务提供商的众多抱怨，以致于影响了展会展位承建、展品运输等，造成部分参展商不能如期完成筹展工作。后来，某媒体对展会展位承建、展品运输等存在的问题进行了大篇幅的批判报道。办展机构回应："展位承建、展品运输服务已经委托给相应的专业机构，对存在问题的责任由这些服务商承担，与我们无关。"

问：办展机构的服务是否存在问题？其回应是否正确？

(二)从展会筹备的不同阶段来看

展会服务包括展前服务、展中服务和展后服务。展前服务，即展会开幕前提供给参展商、观众和其他各方面的有关服务，如展会筹备情况通报、展品运输、参展参观咨询、展示策划服务等。展中服务，即展会开幕期间及以后展览期间的服务，如现场安全保卫、清洁卫生、观众报到登记等。展后服务就是展会闭幕以后展会继续提供给参展商、观众和其他各方面的后续服务，如邮寄展会总结、展会成交情况通报、介绍展会参展商和观众的来源及构成等。

在实际操作中，很多办展机构只注重展中服务，对展前服务只是被动地提供，对展后服务很不重视或根本没有什么展后服务。其实，展前服务、展中服务和展后服务都是展会服务的重要组成部分，对任何一部分的忽视都会严重影响到展会服务的质量。

（三）从展会服务的功能来看

展会服务主要包括展览服务、信息咨询服务和商旅服务。展览服务就是展会提供的产品展示、贸易成交、新产品发布、展示策划服务等传统服务，这是展会最基本的服务，它们主要是在展览现场提供和完成的。信息咨询服务就是展会为参展商、观众和其他有关方面提供有关行业发展、贸易需求、行业动态、市场分析等商务信息及其咨询服务。商旅服务是为了更全面地了解当地市场，有些参展商和观众到某一个展会参展或参观进行的市场考察活动。对于有这些需要的客户，展会应提供商旅咨询和组织商旅考察等服务。

（四）从展会服务提供的方式来看

展会服务主要包括承诺服务、标准化服务、个性化服务和专业服务。承诺服务是指办展机构事先对自己拟向客户提供的服务方式和服务质量等向客户提出承诺，然后严格按照承诺向客户提供服务。标准化服务是指办展机构对自己向客户提供的各种服务制定统一的标准，然后严格按照标准向客户提供规范的标准化服务。个性化服务是指办展机构根据各个客户的不同需求，对不同的客户提供适合其需求的有差别的服务。专业服务是指办展机构根据展览行业实际需要，由经过培训的专业员工，以专业的手段和方式，为客户提供的各种服务。

案例：展会服务的阶段与内容

在该展会筹备工作会议中，高经理说："要做好会展服务！会展服务主要是展会开幕期间针对参展商、专业观众、新闻媒介、行业协会等对象的服务，特别是为参展商做好展览服务，这对展会的发展至为关键！要提供好高质量的三天展会服务。展会结束了，我们的服务工作也就彻底结束了。届时大家好好休息一星期。"

问：高经理对展会服务的论说有什么问题？应如何提升展会服务质量？

二、展会服务的特征和对策

展会服务是一种高接触性的服务活动,参展商和观众在展会服务的各个过程中都有广泛的参与,对办展机构的服务提出了很高的要求。因此,办展机构一定要充分认识展会服务的特征,真正做好展会服务。展会服务具有四个基本特征:

（一）无形性

服务在本质上是抽象的、无形的,在很多时候,参展商和观众对展会的服务只能通过感觉感受到而不能像触摸物品那样触摸得到。从有利的方面来看,服务的"无形"使展会服务难以度量,这为展会提高服务的技巧和满足客户的需要提供了极大的空间,为展会服务技巧的发展提供了广阔的天地。从不利的方面来看,参展商和观众不容易识别这些"无形"的服务,服务的质量也较难控制和测量,一旦发生纠纷,对服务的投诉较难处理。因此,办展机构应该让"无形"的服务有形化,让客户能实实在在地感受到服务的存在,是提高展会服务质量的重要一面。

针对展会服务"无形性"所采取的服务策略是:用服务有形化来克服其不利的一面,用服务专业化来发扬其有利的一面。

用服务有形化来克服其不利的一面的具体做法是:

1.服务承诺化

办展机构对外公布展会服务的质量或者效果标准,并对参展商和观众参加展会的利益加以承诺。

2.服务品牌化

办展机构为自己的展会树立品牌并以该品牌来促进展会服务。品牌是一个无形的概念,但办展机构可以通过展会 LOGO,展会的 CI、VI 等形象来将它展现在广大参展商和观众面前,使参展商和观众对该品牌产生信赖和忠诚。

3.服务展示化

服务展示化是指尽量将展会服务通过有形的线索布置在展会现场,让他们时刻提示参展商和观众展会服务的存在,这要求办展机构在展会现场环境布置上要下一番工夫。服务展示化使办展机构抽象的服务理念和服务手段通过有形的物品和展会现场环境布置来得到体现,从而有利于参展商和观众认识和感知到展会的服务。

4.服务便利化

服务便利化是指办展机构尽量从参展商和观众的需求出发来设计展会服务流程和布置展会现场环境,努力让参展商和观众能以最便利的方式得到展会的服务。

图 8-1 展馆入口的展区展位平面图

用服务专业化来发扬其有利的一面的具体做法是:

1.服务的技巧化

办展机构培养和增强展会服务人员的服务技能,利用服务人员的服务技巧来提高展会的服务质量。

2.服务的知识化

提高展会服务人员的专业知识素养,发挥知识在展会服务中的作用,努力用知识来完善展会服务和满足参展商和观众的服务需求。

3.服务的技能化

提高展会服务人员的服务熟练程度、服务技艺和服务能力来满足参展商和观众的服务需求。

4.服务的国际化

为参展商和观众提供符合展览业国际惯例的服务,如展会资料的制作应充分考虑各国文化的差异,提供不同语言服务等。

(二)差异性

服务是以人为中心的体验活动,是由人提供的一种行为或表现。由于服务操作人员的服务经验不同,各人的素质、修养和技术水平存在差异,同一服务由不同的人来操作,其质量可能会出现很大差异;并且,即使是同一个人进行同样的服务,由于服务对象的不同以及在不同时间里服务人员心理状态的差异,服务质量也可能有较大的波动。另外,不同的客户享受某种服务的经验和对该服务的期望可能有较大差异,这使得即使是同一种服务不同的客户的评价也不一样。差异性带来的有利的一面是有利于针对不同的参展商和观众提供差异化和个性化的服务,有利于提高服务的灵活性,有利于进行服务创新。差异性带来不利的一面是它使得展会服务难以规范化和标准化,服务规范较难严格执行,使服务质量不稳定。

针对展会服务"差异性"所采取的服务策略是:用服务规范化来克服其不利的一面,用服务个性化来发扬其有利的一面。展会服务规范化是指办展机构为展会服务建立起规范并用这些规范来引导和约束展会服务人员,以此来保持展会服务质量的稳定和一致。展会服务个性化是指办展机构在展会服务规范化的大原则下,针对不同客户的需要尽量采取适合其需要的个性化的服务。

用服务规范化来克服其不利的一面的具体做法是:

1. 服务理念化

就是办展机构为展会服务提出符合客户需要和展会实际的服务理念,并在展会服务的实践中要求服务人员从该服务理念出发,努力实现该服务理念。服务理念是办展机构从展会实际情况中提炼出来的服务思想或者经营哲学,它用精练的文字来概括和描述,向社会和员工公布,用以指导员工的服务态度和行为,并提示参展商和观众,他们正被办展机构怎样地重视。

2. 服务标准化

在统一的和被客户接受的服务理念的指导下,办展机构为展会服务建立起一套质量标准,并用这套质量标准来约束服务人员的服务行为。

3. 服务系统化

办展机构在服务标准化的基础上,将展会服务的各环节有机整合,使展会服务流程更加合理化和人性化,将展会服务各环节的质量偏差控制在尽可能小的范围内。

用服务个性化来发扬其有利的一面的具体做法是:

1. 服务多样化

办展机构针对不同客户的不同需求提供不同的服务。尤其是展会的一些大客户和重点客户,他们的需求与一般客户往往不同,而他们对展会又极为重要。

2. 服务特色化

办展机构向客户提供与众不同的能体现自己特色的展会服务。

3. 服务差异化

办展机构根据服务提供的时间和地点的不同,或者根据环境的变化的需要来向客户提供不同的服务。

(三)不可分割性

服务的生产、消费与交易是同时进行、不可分割的。展会工作人员在向客户提供服务的同时,客户也就享受到了这种服务。在很多时候,客户只有而且必须加入到服务的流程中来才能享受到该服务;同一个工作人员,很难同时在两个地方向不同的客户提供服务。不可分割性带来的有利的一面是促使展会为更好地控制服务

图 8-2　服务的多样化和特色化

质量而不得不缩短服务流程,精简服务渠道,更多地采用直接供给的服务方式提供服务;由于客户大量地亲自参与服务流程,有利于展会和客户直接交流并建立更紧密的关系。其带来不利的一面是许多服务展会服务人员只能"一对一"地提供给客户,这会给展会带来不便,如展会开幕时大量的观众准备登记进场参观时极易造成混乱;服务质量的好坏不仅取决于服务人员的操作,还有赖于展会所有相关服务人员及部门的配合和协调,如果某些人员或者部门不愿配合或配合不好,现场服务人员的服务努力有可能毫无成效;服务人员与客户接触的那一瞬间十分重要,如果把握不好,服务质量将深受影响;服务质量的高低还有赖于客户的积极配合,如果客户不配合,服务将很难顺利完成。因此,展会需要经常与客户交流,了解客户的需求,不断改进服务流程。

针对展会服务"不可分割性"所采取的服务策略是:用服务流程化来克服其不利的一面,用服务关系化来发扬其有利的一面。展会服务流程化是指办展机构科学设计展会服务的流程,使展会服务的服务人员和客户之间能实行部分的分离,以此来减少展会服务的复杂性和对服务人员的过度依赖。展会服务关系化是指办展机构在展会服务中强调与客户建立良好的关系及时进行沟通,重视客户口碑传播,利用关系营销来促使客户与展会形成融洽的关系。

用服务流程化来克服其不利的一面的具体做法是:

1.服务自助化

办展机构通过向客户提供部分服务用品或工具,使某些服务由客户自己来完成。例如,对展会的老客户发放多届有效的参观卡或者 VIP 观众卡,他们凭该卡到会参观就不用再排队登记而可以直接进场参观。

2.服务分离化

将展会的某些服务分离出去,由其他专业的服务公司为客户提供服务。

3.服务网络化

通过国际互联网来完成某些展会服务。

用服务关系化来发扬其有利的一面的具体做法是:

1.服务情感化

办展机构使展会服务在服务实施过程中倾注情感因素,如赋予服务人员一定的角色,让其在服务中全神贯注地进入角色;让服务人员处处关心和体贴客户,从细微处照顾客户的需要和感受。

2.服务合作化

办展机构与展会的其他服务商之间通过紧密合作来共同满足客户的需求,发展与客户的关系。展会将有关服务委托给展位承建商、展品运输商、旅游公司以后,并不是就对该服务不闻不问了。办展机构还要与这些服务商密切合作,保证各种服务的质量。

3.服务组织化

办展机构以某种方式将客户组织起来,使客户与展会的关系更加明确化和正式化。例如,采用会员制,展会的参展商和观众达到一定的标准就可以成为展会的会员并享受相应的优惠服务等。

(四)不可储存性

服务产品不能像一般物品一样储存、转售和退还,很多服务如果不即时利用就会过期作废。展会无法将一些服务事先储存起来以满足服务需求高峰时客户的需要。当客户对某项服务不满时也无法像一般物品一样退还给展会。

针对展会服务"不可储存性"所采取的服务策略是:用服务灵活化来克服其不利的一面,用服务效率化来发扬其有利的一面。展会服务灵活化是指办展机构通过对服务时间、服务地点和服务供求关系的调节和灵活处理来满足客户的需求。展会服务"不可储存性"使展会服务供求平衡经常在时间和空间上不一致,展会服务灵活化有助于展会克服这一不利影响。展会服务效率化是指办展机构通过提高展会服务的效率来满足客户的需求。展会服务"不可储存性"要求展会服务能快捷、高效,这样参展商和观众才能在最短的时间里取得其所期望的展会服务。如果展会观众登记效率不高,观众将会对登记台前的排队长龙望而生畏。

展会服务灵活化主要通过调节展会服务时间、服务地点和服务供求关系来实现。例如,对展会开馆和闭馆时间的调节,对展会现场服务点设立地点及其布局的调节,对观众进馆参观高峰时间的人流量的调节等。展会服务效率化主要通过服务的便捷化、服务的一条龙化和服务的多功能化来实现。

三、展会的服务质量

服务质量需要以消费者为中心,站在消费者的立场来理解。展会服务的好坏主要取决于经验属性、信任属性、个人需求等三个方面。

所谓经验属性,就是参展商和观众对服务的评价主要取决于自己对该服务的主观感受,他们主要根据自己的经验来评价该服务的质量,并决定是否重复参加该展会。所谓信任属性,就是其他人对某一展会的服务的评价会极大地影响到参展商和观众对该服务的评价。个人需求,对于有些服务,参展商和观众凭自己的经验也难以判断其好坏,这时,他们会征求其他人对该服务的意见,然后以其他人对该项服务的评价来评价该服务,这时,展会的口碑好坏就成为影响参展商和观众信任属性的重要因素。

从经验属性和信任属性出发,参展商和观众主要从五个方面对展会服务的质量作出评价:一是可靠性,就是办展机构是否已经准确可靠地履行其对展会服务所作的各项承诺,如买家到会参观的状况是否如当初宣传那样多。二是责任感,就是办展机构是否愿意帮助参展商和观众并提供快捷的服务。三是可信度,就是办展机构是否具有举办其所宣称的展会的能力,展会的实际情况是否和当初宣传推广的信息一致。四是同情心,就是办展机构是否真正介意满足参展商和观众的需求,是否对不同参展商和观众的需求采取有针对性的服务措施。五是有形环境,就是展会现场的环境布置、服务设施、服务人员以及展会的各种宣传资料给他们的印象。

展会服务的过程中容易出现认知缺口、设计缺口、服务提供与交付缺口、沟通缺口、期望感受缺口等五个缺口,可能会严重影响到展会服务质量。

(一)认知缺口

认知缺口就是参展商和观众对展会服务的实际需要与办展机构对他们这种需要的认识之间的差距。衡量服务质量好坏的基本标准是客户标准,如果展会服务不符合参展商和观众的期望,或者与他们的期望相去很远,即使办展机构费尽心机,参展商和观众也会认为展会服务质量不高。办展机构要注重了解目标参展商和观众对展会服务的期望及其发展趋势,如果这些期望是合理的,就在展会服务中努力满足它。

(二)设计缺口

办展机构还必须采取适当的方式去满足他们的需求,也就是设计一些服务品种去满足他们的期望。在很多时候,虽然办展机构能正确理解参展商和观众的期望,可为满足这种期望所设计的服务及其所定的服务质量标准却不能很好地满足参展商和观众的服务期望,或者服务质量标准本身就设计得脱离实际而不可行,于是就产生了"设计缺口"。

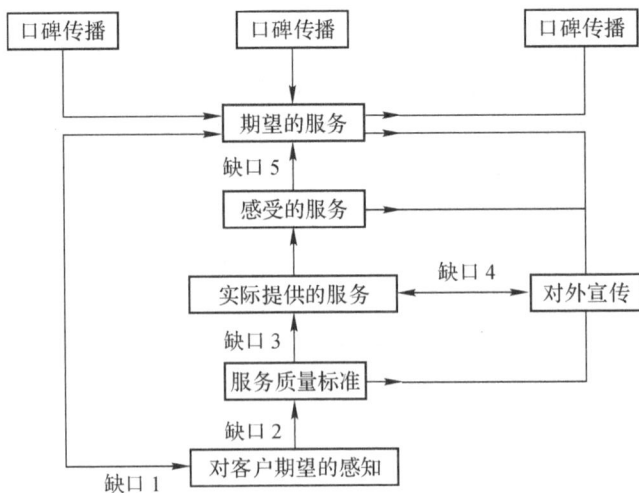

图 8-3　服务质量缺口示意图

(三)服务提供与交付缺口

在实际操作中,由于存在服务人员素质和技术的差异等种种原因,依照这种设计所提供的服务与所定标准或参展商和观众的期望还是有很大的差距,于是就产生了"服务提供与交付的缺口"。服务提供与交付的缺口很多时候是由于服务提供与交付过程中出现某些偏差而产生的,如服务现场管理不善、服务流程设计不合理、服务人员素质不高等。

(四)沟通缺口

沟通缺口是指办展机构所宣传的展会服务与其实际提供的服务或承诺之间的不一致。办展机构对展会服务的宣传通常是根据自身服务提供能力和市场研究结果而提出,参展商和观众往往根据经验属性、个人需求和信任属性来判断服务的好坏,这很容易产生沟通缺口。办展机构夸大其词的宣传将提高参展商和观众对展会服务的期望,如果到时办展机构不能满足他们的期望,将严重影响展会的形象。如果办展机构服务能力很强却又宣传不力,就会使参展商和观众对本展会形成比竞争对手低得多的期望,这十分不利于本展会展开市场竞争。

(五)期望感受缺口

期望感受缺口是指参展商和观众实际感受到的展会服务与他们对该服务的期望之间的差异。参展商和观众在展会现场感受到的服务可能超出他们的原来期望,会使参展商和观众对展会极为满意。参展商和观众在展会现场感受到的服务也可能低于他们原来的期望,会使参展商和观众对展会深感失望。

第二节 展会开幕管理

展会现场工作主要包括展会开幕管理、展会专业观众登记管理、展会现场工作管理等三个组成部分。展会开幕管理是展会现场工作的第一个阶段,它是对展会开幕式的筹划、准备、控制和协调。展会开幕式是展会展览期间的开始,参展商和观众对展会的第一印象是从展会开幕式上得到的,因此,筹划好展会的开幕式,对举办好展会有着十分重要的作用。

一、展会现场布置

很多办展机构在展会开幕之时都要举行展会开幕仪式。在举办展会开幕式之前,必须将展会现场布置好,以便为展会开幕式和观众到会参观作充分的准备。展会现场布置需要安排好以下各项内容:

如果展会开幕式在展馆外广场举行,那么在展会开幕现场就需要布置好展会背板、门楼或展览会横幅,并在背板上写上展会名称、开放时间,展会的主办、承办、支持单位等办展机构的名称等。如果有单位祝贺展会开幕或有企业做现场广告,还要布置好现场空飘气球或其他广告牌等。另外,对于展会举行开幕式的主要场所要提前安排。如果展会开幕现场有表演,还要按表演的需要布置好表演的场地。开幕式现场要布置得庄严隆重,气氛要营造得符合展会定位的需要。

如果展会展馆有序幕大厅,则一般还要在展馆序幕大厅里布置好以下内容:展馆、展区和展位分布平面图、各服务网点分布图、各参展企业及其展位号一览表及名录牌、展会简介牌、展区参观路线指示牌、展会宣传推广报道牌、展会相关活动告示牌等。序幕大厅的布置要与整个展会的气氛相协调,要醒目,容易辨认。

图 8-4 展会开幕式现场

在展会各展馆里,除了各参展企业的展位以外,办展机构还要布置一些内容:各展馆(展区)的主要展览内容提示牌、参观路线指示牌、本展区服务网点提示牌、至其他展馆(展区)的路线提示牌、本展区参展企业及其展位号一览表等。上述内容要布置在展馆(展区)比较显眼的地方,或在观众容易迷路的地方,这样更有利于观众参观。

除此之外,很多展会还会在展会适当的区域内开辟一定的空间作为展会嘉宾的休息室或者会客室供展会嘉宾使用。在该休息室或者会客室里,除了要配备一些茶水、咖啡和小点心等以外,还可以放一些有关展会的介绍资料。如果有必要,还可以为该休息室或会客室配备专门的服务人员或者翻译。

图 8-5 贵宾室

为了方便参展商现场租赁各种展具和申请额外用水用电,展会可以在展馆适当的地方设立展会布展"一条龙服务点",集中处理参展商布展及展览期间租赁展具和申请额外用水用电的需求。

另外,为了方便参展商和观众,大会还可以在展馆序幕大厅、展馆的主通道或其他便利的地方设立"联络咨询服务中心",安排专门的人员在该中心负责接待和联系客户,现场处理和回答客户的有关问题。如果展会规模较大,除了该联络咨询服务中心外,展会还可以在其他合适的地方再设立一些"联络咨询服务点",多服务点地为客户服务。

对展会现场进行上述各种布置是为展会开幕作准备。因为展会一旦开幕,观众就将入场参观,如果展会现场的各种布置在观众进场后还未完成,那势必会严重影响展会的现场秩序和展会的整体形象,影响观众的参观和参展商的展出效果,对展会发展不利。

二、媒体接待与管理

在展会现场适当的地方开辟一定的区域作为展会的"新闻中心"供各媒体和记者使用。新闻中心里除了要配备有电脑、传真机、写字台、纸笔等供记者写稿、发稿用的必要设施之外,还要配备供记者小憩的茶水、咖啡以及小点心等。

在新闻中心放一些有关展会的介绍资料如展会的办展背景、行业概况、展会特点、相关活动安排计划以及展会的相关数据等,以便记者在写新闻报道时参考。

对于所有的媒体记者,展会可以给他们每一个人发放一个"新闻袋"。所谓新闻袋,就是办展机构发放给有关媒体以及到会嘉宾的装有有关展会资料的资料袋。新闻袋里放置的展会资料一般有:展会开幕新闻通稿、展会背景介绍、展会特点介绍、展会有关数据、展会相关活动安排计划、展会会刊、展会参观指南以及一些小礼品等。新闻袋务必发放到每一个记者手中,这样更有利于他们编写展会新闻报道。

展会要安排专人负责新闻记者的接待和联络工作,负责接待新闻记者的展会工作人员要对展会的有关情况非常熟悉,能随时回答记者提出的有关展会的各种问题。

对于各媒体和新闻记者对展会的各种采访报道,办展机构在展会展览期间及展会闭幕以后要注意及时收集和整理,要分析这些资料对展会报道的内容和角度是否符合展会发展的需要,分析这些报道还有哪些可以改进的地方,以便下一届展会开幕时与媒体沟通改进。

三、展会开幕

展会开幕式是办展机构用一种隆重的仪式向社会各界宣布展会正式开幕。开幕式是一项大型活动,一般还有有关领导参加并伴有一些表演活动。

展会开幕式的典型程序

1. 由展会工作人员引领国内外嘉宾至开幕式主席台就位
2. 开幕式主持人主持展会开幕并介绍到会嘉宾
3. 主持人请有关领导讲话
4. 相关开幕表演开始
5. 某位重要嘉宾宣布展会正式开幕
6. 主持人宣布开幕式结束并请各位嘉宾和展会观众进场参观

图 8-6　开幕演出

　　展会开幕的时间和地点要提前做好安排并通知到有关方面。展会开幕的时间一般不宜太早,太早了不利于参展商进场准备和出席开幕式的嘉宾按时到场。展会开幕式持续的时间也不宜太长,太长了会让等待进场参观的观众产生厌烦的情绪。开幕式的地点一般安排在展会展馆前的广场上,这样更方便有关人员在开幕式结束后入场参观。如果开幕式上安排有一些表演活动,要注意适当安排好表演的时间和地点,使表演和展会开幕式交相辉映,相得益彰。

　　展会一般都会邀请一些行业主管部门官员、行业协会与商会的领导、外国驻华机构代表以及其他有关人员作为展会的嘉宾出席展会开幕式。对于这些嘉宾,展会要事先落实他们的名单并与他们多方沟通,告诉他们展会开幕的准确时间和地点。一旦他们出席开幕式,展会就要派专人负责接待,要准备签到簿让嘉宾签到。如果有必要,该接待人员还要懂外语并承担起翻译的任务。对于这些嘉宾在开幕式嘉宾台上的位置也要事先作出安排。

　　展会开幕式讲话稿和新闻通稿是办展机构对外宣布展会正式开幕的“宣言”,它对展会的介绍对社会各界正确认识展会有重要的影响。展会新闻通稿是各新闻媒体报道展会的基调,是展会给媒体和记者的第一印象,办展机构要认真准备。首先,新闻通稿的选题定位要适当。新闻通稿的选题定位极大地影响到记者报道展会的新闻视角,展会要充分考虑到展览题材所在行业的发展特点、亮点和趋势,并从中提炼出展会的时代特点。第二,新闻通稿要把本展会的特点和亮点一一列出,并尽量以醒目和方便阅读的方式把他们展现在读者眼前,为记者编写展会新闻报道提供入手点。第三,新闻通稿在内容上要对展会各方面进行全面和系统的介绍,要包含有关展会的翔实数据,如展览面积、参展商数量、预计观众数量等,翔实的数据比空洞的描述更有说服力。第四,作为新闻通稿的补充,办展机构还要为新闻通稿附上一些背景材料,如出席展会开幕式的嘉宾名单、展会相关活动安排、展会行业背景和展会有关图片等,对于一些重要的相关活动,还可以附上专门的介绍材料。

图 8-7　嘉宾在开幕式上

展会可以以多种方式来举行开幕式,如鸣放礼炮、嘉宾剪彩、领导讲话等。如果是鸣放礼炮,要事先安排好布置礼炮的地点和鸣放礼炮的时机;如果是嘉宾剪彩,要安排好剪彩嘉宾,并安排礼仪小姐;如果是领导讲话,要准备好讲话稿。不论是哪种方式开幕,展会都要安排好现场摄影人员摄影,留下珍贵瞬间,供后继的总结和宣传。

开幕式操作需要注意：整个开幕式的程序要紧凑，不拖拉；开幕式上的表演要恰到好处，不喧宾夺主；开幕式结束后，重要的嘉宾参观展会要有专人陪同；如果嘉宾对展会某方面有兴趣，陪同人员要能随时作出相关说明和介绍。

开幕式当天可以举行一个开幕酒会。在展会开幕的当天中午或晚上，办展机构一般还会为展会举行开幕酒会，用来招待出席开幕式的领导、嘉宾和参展商代表。开幕酒会是展会的一项重要公关活动，它可以很好地起到促进展会与参展商、行业领导和其他有关各方面的关系的作用。开幕酒会举办的地点最好安排在离展馆不远的酒店里举行。选择举办酒会的酒店时要考虑酒店的档次、接待能力、便利程度。另外，对于酒会的安全问题也要加以充分考虑。开幕酒会的方式可以采用自助餐的形式，也可以采用围餐的形式。在酒会开幕前可以安排一个小型的鸡尾酒会供大家互相认识和交流。在酒会正式开始前可以由展会主办单位领导致简短欢迎词，并安排其他有关领导发表简短讲话。酒会期间，可以播音乐，也可以安排表演活动，用以活跃气氛。展会可以视需要确定出席酒会的人员范围，一定要全面兼顾，不能漏掉某一方面。对于出席酒会的所有人员，展会都要事先通知他们有关酒会的情况，并对他们发出正式与会邀请，派专人跟踪落实他们到会情况。

第三节　专业观众登记管理

展会的成功关键在于三个方面：一个方面是优质的参展商，一个方面是优质的观众尤其是专业观众，一个方面是优质的办展机构的组织管理和服务。做好专业观众登记管理与展会成功的三个方面息息相关，具有重要意义。

一、展会参观指南

展会参观指南是展会编印的用来指引观众参观展会的一种小册子，它主要是向展会的专业观众、媒体记者以及与会参观的嘉宾发放。

参观指南目录

1. 展会的基本内容
包括展会的 LOGO、名称、展览时间和地点、办展机构名称和展品范围等。
2. 展会的简短介绍
简单介绍展会的规模、参展企业数量和来源、展品特点、展会相关活动安排等。

3.展区和展位划分与安排

主要包括展会的展区展位划分图,各展区的位置和范围、各参展企业名单及其展位号一览表,大的或知名参展企业的名字及具体位置等。

4.其他有关图表

主要有展馆在该城市中的位置及交通图、展馆内部交通图、展馆内各服务网点的分布图等。

好的参观指南就像是到展会参观的指南针,观众有了它,不但可以很方便地找到自己要到的展馆或者展区,还可以很容易地找到某一个具体的参展企业的位置。参观指南的编写一切都是从观众的需要出发,方便观众参观。

二、观众登记表

观众登记表是用来收集专业观众信息的一种问卷调查表,专业观众需要填写它才能取得可以进入展馆参观展会的"专业观众证"。观众登记表主要包括两部分的内容,一是问卷调查的问题,一是观众的联系办法。

问卷调查的问题包括:调查观众参观本展会的主要目的,以了解观众为什么来参观本展会,以便今后更好地调整展会的功能;调查观众感兴趣的产品和技术种类,以了解本展会的展品范围是否符合市场的需要,以便今后据此作出适当的调整;调查观众所在单位的经营业务性质及领域,以了解观众对本展会展品范围的态度如何;调查观众从什么渠道得知本展会的信息,以检测展会宣传推广的效果,以便今后适当调整宣传推广策略;调查观众对下一届展会的意向,以便在下一届展会中为他们更好地提供服务;调查观众在产品购买中的角色,以了解观众的质量如何。

观众登记表

展会调查 ※请在合适项目前空格内打" "(多项选择)

1.您参加展会的目的(　　　):

收集产品信息　采购设备　　　寻求合作

自荐代理　　　其他_____

选择其他请输入。

2.您所感兴趣的产品(　　　):

焊接设备　　　　　　　焊接消耗材料和焊条、焊丝、焊药及焊粉　切割设备

辅助设备与各种工夹具　工业机器人和自动焊接设备　　　　　　检验设备与仪器

科学仪器和实验室仪器　过程监控器和测量装置　　　　　　　　其他

选择其他请输入：

3.您公司的经营性质及领域（　　　）：

铁道机车	军工国防	水利电力
销售/代理公司	航空航天	石油管道
船舶/集装箱	汽车制造	压力容器
机械制造	工程设计安装	科研院校
宣传媒体/专业杂志	政府部门	其他

选择其他请输入：

4.您是如何知道此次展会的（　　　）：

收到信函　报纸广告　网站宣传

专业刊物　展商邀请　其他

选择其他请输入：

5.您对下届展会的意向（　　　）：

我公司希望在展览会中展出产品　我公司希望参观展览会　其他

选择其他请输入：

6.您在企业采购中扮演的是（　　　）：

购买决策者　决策参与者　具体采购者　产品使用者

选择其他请输入：

对于观众联系办法部分，主要包括观众的名称、职务及其所在单位名称、地址、联系办法等，可以在观众登记表上设置专门调查栏目，也可以直接索要名片。直接索要名片是观众联系登记的最快捷的方法，但是有时候难以与问卷调查的问题一一对应，造成问卷调查部分分析的困难。

图 8-8　展会中的名片盒

三、展会证件与门票

展会一般要印制多种证件,如表 8-1 所示。

表 8-1　展会中的证件

序号	证件名称	使用范围
1	参展商证	供展会参展商进出展馆使用
2	筹展证	供展会在布展时,承建商和参展商的相关工作人员使用
3	撤展证	供展会在撤展时,承建商和参展商的相关工作人员使用
4	专业观众证	供展会的专业观众使用
5	贵宾证	供到会参观的嘉宾使用
6	媒体证	供各新闻媒体的记者及摄影等工作人员使用
7	工作人员证	供办展机构的有关工作人员使用
8	车证	供参展商、观众和到会嘉宾在展馆停车场停车之用

为了便于展会现场管理,展会一般要求所有进馆人员都必须将有关证件佩戴在胸前,并自觉配合展会保安人员的查验。所有的证件一般都不许涂改,不许转让,也不允许一证多用。有些展会对普通观众开放并出售门票,专业观众凭"专业观众证"进馆参观,普通观众凭门票进馆参观;还有一些展会对所有的观众都出售门票,所有观众都凭门票进馆参观。如果展会出售门票,展会要事先与当地税务部门取得联系,在取得税务部门的同意后方可印制和出售门票。

四、会刊的编印与发放

展会会刊是本届展会所有参展商的有关信息的汇编。展会会刊一般要收录参展商的以下信息:单位名称,地址,联系人,联系办法如电话、传真、电子邮件和网址,单位及产品简介,产品主要面向的市场范围等,同时还会标明该参展商在本届展会里的展位号,以便观众寻找。展会会刊还会附上展会展区和展位划分平面图。

会刊的编印是一项十分细致的工作。编辑人员不仅需要专业经验,而且需要认真扎实的态度。为了做好会刊编印工作,首先展会应要求所有的参展商必须在规定的时间前提供登录会刊的有关信息,这样展会才有时间及时汇编印刷;其次,各参展商提供的资料必须真实可靠并且文责自负,展会只负责照样刊登;第三,展会必须对所有参展商的信息仔细核对,不能出现与参展商提供的信息不符的错误,例如,不能将参展商的地址、联系电话和传真等任何信息印刷错误。

展会会刊发行的两种方式。一是免费赠送,主要是赠送给行业协会和商会、外国驻华机构等组织以及所有的参展商,有些展会也部分赠送给展会的专业观众。二是出售,主要是出售给展会的专业观众。在展会展览期间,展会可以在专业观众登记柜台附近设一个专门的会刊出售(或赠送)点来出售(或赠送)会刊。

　　展会会刊是展会为参展商提供的一项宣传服务,它有利于补充参展商在展会上接触的信息的不足,为参展商架起一座走向市场的桥梁:展会将所有参展商的有关信息汇编成册,然后通过多种渠道分发到展会所有参展商、专业观众、行业协会和商会、外国驻华机构等手中,借此帮助参展商扩大宣传,扩大参展商的知名度。一些著名的展会的会刊发放的范围很广,宣传效果很好,除了提供会刊收录的上述信息外,很多参展商还在会刊里专门刊登企业或产品广告。

五、观众登记

　　在展馆的序幕大厅或者专门的观众进馆大厅内设立专业观众登记柜台来进行展会的专业观众登记工作。展会可以根据以前对专业观众发放邀请函的情况,将

图 8-9　观众登记

专业观众登记柜台和通道分为"持有邀请函观众登记柜台"和"无邀请函观众登记柜台"。这样做的好处是:第一,减少观众登记现场工作量,提高登记效率。有展会邀请函的观众一般在登记前就在邀请函的附表上填写了展会需要的信息,观众在现场不必再填写"专业观众登记表"。第二,由于登记效率提高,观众不必长时间排队等候登记领证。第三,展会录入观众资料更容易,也更准确,更有利于展会进行客户管理。有些展会在向观众发放观众邀请函时,就将观众一一编号,给每一位观众赋予一个客户号码,并将该号码印在给观众发放的邀请函上;一旦观众到会参观,展会只要读取该客户号码就可以知道该客户的有关信息而不必现场录入该信息。

观众登记工作是展会的门户,它为展会把守门户。所有到会观众要入馆参观展会首先就必须进行观众登记,观众登记对展会现场管理工作十分重要。如果观众登记有条不紊地进行,展会现场秩序也会井然有序;如果观众登记出现混乱,展会现场秩序也会受到严重的干扰。观众登记所获得的资料还是展会客户资料数据库重要的信息来源,这些资料不仅可以及时准确地更新和补充客户数据库的信息,还是展会进行客户分析的第一手资料,对展会改善客户关系管理办法和调整宣传推广策略有重要的作用。

观众登记的秩序、便捷和专业性是展会服务质量的重要标尺。观众登记应注意的问题包括:第一,要有专人负责管理观众登记的现场事务,观众登记现场要保持秩序井然,不杂乱。第二,观众提交的资料要尽量完整。如果观众没有填写好观众登记表的相关内容,现场工作人员要提醒观众填写,并在观众按要求填写后才给其办理进馆手续。第三,工作人员现场录入的观众信息要力求准确,尽量少出错误。第四,如果现场来不及录入观众的所有信息,可以录入其中主要的信息,其他信息在展会后期录入。第五,观众提交的填写好的观众登记表、邀请函和名片等资料要妥善保管,分类整理,以便以后对录入的观众资料进行核对。第六,现场工作人员的工作态度要好,动作要迅速,并对展会有一定的了解,能回答观众提出的关于展会的一般问题。

第四节 展会现场工作

展会现场工作是指展会从布展开始,包括展会展览期间到最后展会闭幕这一段时间对展会布展、展览和撤展等事务的组织管理工作。展会现场工作是办展机构对展会进行组织管理的集中体现,是办展机构与参展商和观众等有关方面最直接的面对面的交流。

一、布展管理

从参展商的角度看,布展是指参展商为准备展览而在展会开幕前对展位进行搭装、布置和将展品陈列在展位上的系列工作;从办展机构的角度看,布展是指对展会现场环境进行布置和对参展商的有关工作进行协调和管理。展会布展是展会开幕前的现场筹备工作,一般在展会开幕前几天进行。不同题材的展会需要的时间长短不同,主要取决于展览题材及展品的复杂程度。展会规模的大小对布展时间也有一定的影响,展会规模越大,其需要的布展时间往往越长。对于一般的展会,布展时间常常在2～4天之间。

布展管理工作对展会的如期召开十分关键。办展机构在组织展会布展前需要到工商、消防、安保和海关等部门办理有关手续,在办理有关手续后展会才能开始布展。如果展馆位于城市的中心地带,在有些城市还需要办理外地车辆进城证以方便外地企业运送展品到展会现场布展。在进行展会布展前,还需要与展会指定承建商和展品运输代理进行充分的协调和沟通,共同交流对展会现场环境布置和展位搭建的指导思想、意见和建议,及时解决展品运输过程中可能出现的各种问题,避免出现现场布展格调不统一或展品迟迟未到等不良现象,保证展会布展现场秩序井然、有条不紊。

办展机构要对布展工作进行全面协调和管理,包括展位画线工作、展位地毯铺设、参展商报到和进场、展位搭建协调工作、现场施工管理和验收、海关现场办公、展位楣板的制作安装和核对、现场安全保卫工作、消防和安全检查、现场清洁和布展垃圾的处理等。

在展位画线工作方面,办展机构要按照各参展单位租用的场地面积和位置画好每一个展位的地域范围,确定每一个展位的具体位置和面积大小。在参展商报到和进场时,各参展商必须凭合同及其他有关证明到展会现场报到,付清各种款项,领取相关证件,办理入场手续。在展位搭建协调工作过程中,办展机构要监督所有的承建商都按展会要求搭建;对于展位搭建中出现的各种问题,展会要及时协调处理。在现场施工管理和验收方面,展会要派出专门人员管理各承建商的现场施工,如现场用电、用火、噪声、展位高度控制、电线线缆的安装和走向、灯光的设计和使用、搭建展位的材料的防火性能、展位之间通道宽度的控制、重型机械的地面承重控制、标准展位的标准配置等要及时查验,避免施工现场秩序混乱和出现安全隐患。在海关现场办公方面,对于海外参展的展品要及时办理海关通关手续,如果海外参展比例较大,可以邀请海关现场办公。对于所有海外参展展品,展会要陪同海关进行现场抽样查验。展会要负责展会的一般安全保卫工作,按照要求每500平方米配备一个保安,但对参展商的展品丢失、损坏和人员以外伤亡等不负责任。在展会临期的前一天下午,要申请消防部门对展会安全进行检查,协助消防和安保部门对所有的展位进行一次全面系统的检查,保证展会符合消防和安全要求,获得开展许可,彻底清除展会现场可能存在的安全隐患。

二、展览期间现场工作

展览期间现场工作是保证展会展览现场秩序的重要工作,是办展机构与参展商、观众和其他有关各方进行直接沟通和交流的重要时机。

展会展览期间的现场的主要工作是参展商现场联络和服务、观众登记和服务、公关和重要接待活动、媒体接待与采访、展会相关活动的协调管理、现场安全保卫工作、知识产权保护工作、现场清洁、有关信息的收集整理、与场地部门结算工作、与有关方面商谈下一届展会的合作与代理事宜、为下一届展会招展预订展位等。

在参展商现场联络和服务方面,办展机构一般都会抓住这一机遇亲自到各参展的展位拜访参展商,或者邀请参展商座谈,了解他们的需求,征求他们对展会的意见和改进建议,及时为他们提供其需要的各种服务。在观众登记和服务方面,观众通过登记进入展会会场以后,展会要对观众参观、观众信息咨询、中场休息场地和设施的提供、观众与参展商贸易谈判等提供便利和服务。在公关和重要接待活动方面,展会展览期间,展会往往会安排一些重要的公关活动,如邀请重要领导参观和视察展会、接待外国参展和参观代表团、接待行业协会和商会的考察、接待外国驻华机构代表的访问等。这些公关和接待活动对扩大展会影响、树立展会良好形象有重要作用。在媒体接待与采访方面,展览期间,展会还会安排一些媒体对展会进行参观和采访,一些著名的展会媒体还会主动申请采访。接待媒体与安排媒体采访对扩大展会宣传推广有重要作用,展会要认真对待。另外,展会还可以通过展会的新闻中心有意识地对外发布一些展会方面的新闻,以进一步扩大展会的影响。在展会相关活动的协调管理方面,对于展会展览期间举办的会议、比赛、表演和其他相关活动,展会要积极安排和协调。在现场安全保卫工作方面,展览期间的安全保卫工作主要是防止可疑人员进入展会、防止展品丢失和被盗、展会消防安全保护、协助参展商处理一些安全保卫方面的工作等。和布展时一样,展览期间展会也只负责提供一般的保护工作。在知识产权保护工作方面,展会往往会邀请有关知识产权保护部门在展会现场设立专门的"知识产权保护办公室",负责处理参展商有关知识产权方面的侵权投诉,处理可能出现的侵犯知识产权的事件。对于被投诉侵犯了知识产权的展品,展会一般会禁止其展出。在现场清洁方面,展会一般要负责展场公共区域如通道等的清洁卫生工作,展览期间以及每天闭馆后派出相关人员清洁和打扫这些区域;展会一般不负责各展位里面的清洁卫生工作,这些区域的清洁卫生工作由各参展商自己负责。在有关信息的收集整理方面,展会展览期间,各种信息汇集于同一个展馆里,展会要抓住这一时机收集有关信息,如对参展商和观众进行问卷调查,了解他们对展会各方面的看法和意见等。展览期间收集的信息是改进展会办展策略的重要参考资料,展会要认真收集、分析和整理。在与场地部门结算工作方面,办展机构要派出专门人员与展馆场地部门核对展会租用面积、参展类别和各服务收费,准备相关资料和数据,为展会闭幕后与场地部门结算做准备。在与有关方面商谈下一届展会的合作与代理事宜方面,展览期间,展会的各合作单位和招展、招商代理一般都会亲临展会,办展机构这时需要与他们商谈下一届展会的合作与代理招展、招商等事宜,为下一届展会提前做准备。在为下一届展会招展预订展位方面,展览期间,行业内企业和人员大量汇集,展会可以在大会现场设立专门"招展办公室",负责为参展商预订下一届展会的展位。

三、撤展管理

展会的撤展工作主要包括展位的拆除、参展商租用展具的退还、参展商展品的处理和回运、展场的清洁和撤展安全保卫等工作。展会的撤展工作涉及大量物品和人员的进出,会产生许多安全的隐患,需要办展机构的大力介入和进行必要的管理。

撤展管理工作重要内容包括:展位的拆除,展会要监督各参展商或承建商按规定的程序进行展位的拆除工作;参展商租用展具的退还;参展商展品的出售、赠送、销毁和回运;展品出馆控制,展会要对所有的出馆展品进行查验,需要出馆的展品,需要在查验展品与"放行条"一致时才准许其出馆;展场的清洁,展会或其指定的承建商要及时处理;撤展安全保卫,展会撤展时往往比较杂乱,展会不要松懈撤展现场的安全和消防保卫工作。

第五节　展会服务外包

服务外包是社会发展、团队合作的象征。展会是一个系统工程,很难由一个企业单独完成。社会分工的发展,也为展会服务外包提供了条件。服务外包是展会提升服务质量,降低成本的基本举措。展会外包一般采取招标方式进行。在一些小型展会的实际运作中,相互熟悉的会展相关企业往往组成商会,以各自的专长共同参与一个展会的运作。

一、展位搭建外包

办展机构需要外包展位搭建,为参展商的展位提供搭建服务,确保展位搭建质量,确保展位搭建工作的按时完成,以便展会如期开幕以及展会期间的安全。展位承建商负责展会展位的搭建。办展机构需根据展会的规模和特点,指定一家或几家展位承建商来为展会服务。

（一）展位承建商基本要求

为了保证展位搭建施工安全,以及展位搭建后展览期间展品和展出人员的安全,展会通常都会建议参展商接受展会选定的承建商来搭建展位。展会选定的承建商通常就被称为展会"指定承建商"。展位承建商的任务,不仅是要能切实满足有展位搭建要求的参展商的展位设计和搭建需求,能将参展商的展出理念艺术地体现在展位设计和搭建中,它还要能全面领会办展机构的办展目标和展会定位,能在展位整体设计中把握展会的整体形象。

1.技术全面性

展会的展位设计不仅要设计科学,有艺术上的美感,还要实用,有利于参展商展出目标的实现和做成买卖。要达到这样的效果,展位承建商必须要有全面的技术能力。这些技术能力包括:室内设计与装潢技术、工程结构知识、绘图绘画和模型方面的知识、照明知识、文图和图表知识、展架展具以及施工材料和施工方面的知识、供排水方面的知识、电子和机械方面的知识。

2.经验丰富性

经验丰富的承建商能更好地处理以下这些问题:展位设计的目的性、艺术性、功能性、主题性。展位设计和承建本身不是目的,展位的设计和承建必须要与参展商的展出目标追求相匹配,要与办展机构对展会的定位相符合,要能被观众所接受。因此,承建商对展位的设计,不仅要理解参展商的需求,还要了解办展机构的期望,更要知道观众的参观习惯。展位设计要能够用艺术的手法反映参展商的形象,传达展出者的意图,并能吸引观众的目光,使展位赏心悦目,富有魅力,既能给人以简洁、和谐和美的感觉,又能很好地处理展示和贸易、展示与艺术的关系。展位需要兼顾展示、演示和营销功能、内部办公和会议功能、休息、餐饮和资料储存功能。展位设计要能突出展出者希望表达的展出主题和形象,要能突出展示的焦点,而不能只注重设计的吸引力和震撼力而不注重其本来的商业意图,要避免展位设计的华而不实。

3.价格合理性

展位承建价格的高低既关系到办展机构办展成本的高低,也关系到参展商参展成本的大小。对展位承建商提供的价格的关注,既要关注它们向办展机构提供的服务的价格,也要关注它们向参展商提供的服务的价格。另外,承建商都会提供展具租用服务的价格也是一个值得关注的目标。展位承建商的价格并不是越低越好。一般来说,展位承建商的价格与它们的实力是有一定关系的。实力强大的公司,由于其工作质量有保证并值得信赖,其价格自然要高些。所以,在选择展位承建商时,价格是一个值得考虑的重要因素,但不是绝对因素。

4.展馆熟悉度

是否熟悉展览场地及其设施。各个展览场地的布局、结构及其设施各不相同,而展览会的布展和撤展时间有限,展位承建商要对展览场地及其设施有所了解,才能更顺利地展开工作。只有熟悉展览场地及其设施,展位承建商才能更好地考虑展位的空间设计和布局,才能更好地安排参观人流的流向。同时,承建商还需要了解展览场地方面对展位搭装的限制性要求、对展具展架使用的限制、有关通道和公共用地的限制、有关消防和安保方面的规定。

5.维护保养服务情况

展位承建商搭装好展位以后,并不是就完成了他们所有的工作,他们还要按参展商和办展机构的需要,对展位承担维护和保养的义务。展会开幕以后,如果有需要,参展商和办展机构要很方便地就能找到承建商,承建商要能及时地提供服务,能很好地完成参展商对展位进行改进和调整的要求。

图 8-10　搭建中的展位

(二)指定展位承建商的方法

根据展会规模的大小和展会展览题材的不同,一个展会可以选定一个或者几个展位承建商来为参展商提供展位搭建服务。同时指定几个承建商的展会通常都是那些规模较大,或者展览题材较多,或者是展区划分较细致的展会。如果一个展会由几家承建商来共同负责展位的承建工作,办展机构就要加强对各家承建商工作的协调,要统一安排进度,统一对各家承建商的工作进行监督和指导。可以按照展会对承建商的资质要求,来具体选定承建商。可以通过招标、专家推荐等方式来具体选定展会的承建商。除了办展机构自己负责展位承建工作以外,通过招标来选定承建商是最为常见的方式。

招标是指办展机构将展会的基本情况以及对展位的搭装要求等,以广告或邀请的形式招引对该展会展位承建有兴趣的承建商,由这些承建商对承建该展会展位的价格和施工方案等进行报价,展会选择其中价格较合理并且较有信誉的承建商的过程。

1.公开招标

公开招标是一种无限竞争的招标方式,即办展机构在国内外有关报纸和杂志等传媒上公开刊登招标广告。凡是对该展会展位承建有兴趣的承建商都可以参与投标,办展机构再按标准择优选取。公开招标一般用于规模较大的展会项目。

2.选择招标

选择招标是一种有限竞争的招标方式。即办展机构根据展会的基本情况,只对有限几家承建商发出投标邀请,然后再根据投标单位的资质和投标价格等进行选择。选择招标对规模不是太大的项目较为合适。

3.两阶段招标

两阶段招标是将无限竞争的招标方式和有限竞争的招标方式结合起来的一种新的招标方式。办展机构先公开招标,开标之后再从中选择几家单位,邀请他们进行第二次投标报价,办展机构从第二次投标报价中择优选取承建单位。两阶段招标对那些首次投标价格与预期价格相差较大的招标项目比较实用。

展位种类对选择承建商数量有较大影响。展位可以分为空地和标准展位、室内展位和室外展位。

空地展位是在展览场地里划出一定面积的场地,办展机构不负责提供任何展具和展架,租用该场地的参展商需要自己设计和搭建展位。空地展位可以根据参展商的需要,搭建成岛形、半岛形、环形展位等。"岛型"展位四面都与过道相接,观众可以从任意一个侧面进入展位内,由于没有毗邻的展位,也没有其他类型展位所必须遵守的种种视线的限制,高度可以高至展厅天花板的高度,更能吸引观众的注意力。"半岛型"展位三面与过道相接,标准高度可达到 3.65 米左右,通常位于一排展位的尽头,观众可从三个侧面进入这种类型的展位。环形展位形状基本上与标准展位相似,一般后墙和侧翼的高度略有增加,一般可高达 3.65 米左右,多为沿墙搭建。

标准展位是一种由展会统一设计、使用统一的标准、用标准的展架、配备基本展具的展位,它的面积一般是 9 平方米,有些特殊题材的展览也有 12 平方米或者

15平方米的。标准展位可以分为单开口展位和双开口展位。单开口展位,又称排式展位,它夹在一排展位中间,观众只能从其面前的过道进入展位内。双开口展位,又称墙角型展位,它位于一排展位的顶端,两面邻过道,观众可以从它前面的通道和垂直于它的过道进入展位。标准展位的最低配置是有3面围板、展位楣板和常规照明,一般配置是除了上述配置外,还有谈判桌、椅子、普通电源,有的还有地毯。由于展位搭建的难易程度有很大的差异,有些展会将空地展位和标准展位的承建工作交给不同的承建商来完成,这样有利于节省成本,但可能会增加管理难度。

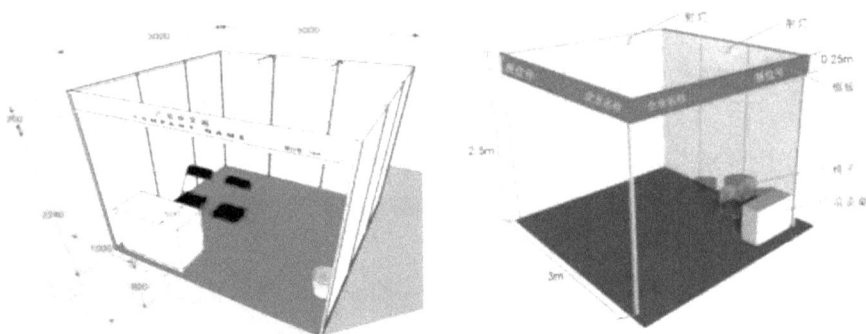

图 8-11　单开口展位与双开口展位

　　室内展位是指展览馆内的展览场地,室外展位是指露天的展览场地。大部分的展览及展品是在室内展览场地里举行和展示的。对于一些超大、超重和超高的

图 8-12　室外展位

展品以及一些特殊的展品来说,室外展场是其首选,特别是一些工业类和农业类题材的展览,通常是在室内展位和室外展位同时展出。由于在室外展出的展品一般都是一些比较特殊的展品,与室内展位相比,它们对展位搭建的要求有较大的不同。因此,有些展会将室内展位和室外展位的搭建工作分开,交给不同的承建商来完成。

二、展会运输外包

办展机构需要选择合适的展会运输代理,来承担参展商展品运输工作。展会运输代理的基本任务是将参展商的展品、展具和宣传资料等物品安全及时地运到展会现场。海外运输代理需要熟悉各类运输方式综合使用。跨国运输基本上都是一种国际联运,整个运输过程基本都要经过陆运——海运——陆运,或者陆运——空运——陆运等几个环节,参展的货物要从一个国家运到另一个国家才能完成。海外运输代理必须是一家能力比较全面的公司,它必须要有能力安排和协调陆运、水运和空运以及对它们的联合使用,而不能仅仅只熟悉其中的一种。

图 8-13　海运

图 8-14　空运

（一）来程运输和回程运输

展览运输主要包括两个环节:来程运输和回程运输。来程运输是指展会运输代理将参展商的有关物品运到展会现场;回程运输是指按参展商的需要,展会运输代理将参展商的有关物品运回到他们指定的地点。

来程运输是指将参展商的展品及相关物资自参展商所在地运至展会现场之间的运输。首先是展品集中与装车。参展商将展品及相关物资,按要求的日期集中到统一指定的集中地点,由国内运输代理进行理货并安排运输路线和运输方式;在确定了运输路线和运输方式后,将展品及相关物资装上运输工具,运往车站、机场或者码头。其次是长途运输。根据展品及相关物资的特点,结合最佳运输路线和运输方式,最后具体采用的运输可能是水运、空运、火车运输或汽车运输。如果是汽车运输,最好是安排从运输地到展馆的"门到门"运输,以减少装卸次数;如果是空运,就要注意提前一些时间订舱;如果是水运和火车运输,要注意出港和出车站以后的运输衔接。再次是接运和交接。对于水运、空运和火车运输,一般都存在一个中途接运的环节。如展品从船上卸下后再由汽车运到展馆等,接运要注意安排好接运的时间,尽量减少接运次数。货物运到展览现场,交接要安排将货物交给指定的展位人员。将相关工作和货物列成详细清单以便交接。最后是掏箱和开箱。掏箱是指将展品箱从集装箱或其他运输箱中掏出或卸下,并运到指定的展位的过程;开箱是指打开展品及相关物资箱,取出货物。掏箱工作要准确有序,时间和人员安排要合理;开箱工作一般由参展商自己负责,但要注意清点和核对货物。

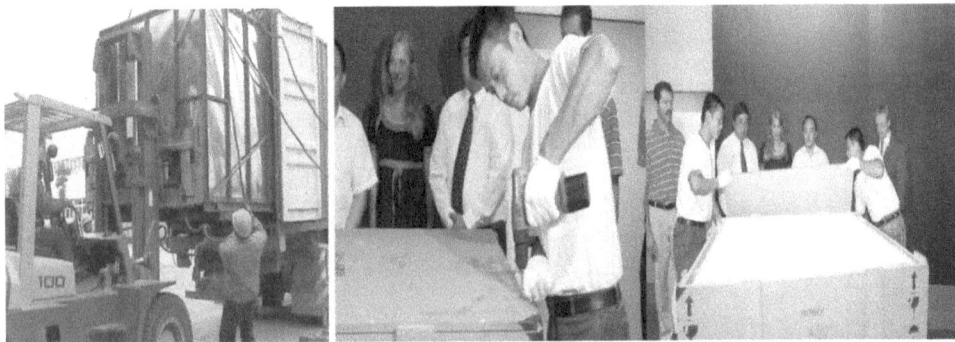

图 8-15 掏箱和开箱

回程运输是指在展会结束后,将展品及相关物资自展位运至参展商指定的其他地点的运输工作。回程运输的目的地可能是参展商的所在地,也可能是参展商指定的其他地点,如其经销商和代理的所在地或另一个展会的所在地等。对于办展机构和运输代理来说,回程运输的筹备和计划工作在展会筹备时就要着手策划,不能等到展会结束时才开始,否则,将引起撤展现场的严重混乱和无序。回城运输除了在撤离展馆时要抓紧时间以外,其他各运输环节对时间的要求一般都不高。

(二)海外运输代理要求

海外运输代理需要熟悉海外运输过程中的各种单证管理。海外运输需要准备好有关文件,包括展览文件、运输单证、海关单证、保险单证等。展览文件是有关展品及相关物品的证明和文件,主要有展品及相关物品清单、展品安排指示书、需送海关审查的特殊物品样本和清单、发票等。有些国家可能还要产地证书、商品检验证书等文件。在这些文件中,展品及相关物品清单是最基本也是最重要的文件,其编制一定要完整、数量要准确。运输单证是办理货物运输所需的证明文件,主要有装运委托书、装箱单、集装箱配装明细表、提单、运费结算单等。如果货物需要回程运输，那么还需要有委托回运通知书。海关单证是办理货物海关报关时需要的证明文件，主要有报关函、报关单、清册、进口许可证、发票等。保险单证是参展商为其交付运输的展品投保的文件。展览所涉及的保险险别比较多，在运输过程中，一般办理投保"一切险"，有的还会投保一些附加险。展览涉及的险别比较常见的还有展品和道具险、第三者责任险、展出人员险等。保险最重要的单证是保险单，如果货物受损，还有受损报告书等。运输代理要明确告诉参展商提供各文件的具体时间和最后期限，以便及时办理有关手续。

海外运输代理需要熟悉各种货物进口报关形式。对于来程运输时的货物进口报关有 ATA 形式、保税形式、再出口形式、进口形式等四种办理形式。ATA 形式是一种准许货物免税暂时进口的报关制度。使用 ATA 形式报关可以大大减少通关工作量，缩短报关时间，简化报关手续，还不用交关税，并且 ATA 临时进口证在一年的有效期内，还可以用于一个以上的国家。ATA 形式只有在 ATA 公约成员国之间才能使用，而且展会结束后货物必须回运。如果展会是保税性质的展会，货物报关就可以采用保税的形式。保税形式报关手续要比一般报关简单一些，货物一般也可以在展会现场再进行检查。但是，如果是需要检疫的动植物物品就不适用于这种报关形式。另外，使用这种形式报关，物品不能带出保税现场。再出口形式是指提供相当于展品等物资进口关税相同金额的保证金，再办理报关手续使货物通关展出的形式。这种形式是以展品等货物的再出口为前提条件，展品等货物再出口时必须与进口报关时完全一致。因此，使用这种形式报关，检验十分严格，展览时货物也不能随便出售或处理。展会结束货物再出口后，参展商可以取回保证金。再出口形式报关手续较多，也比较费时。进口形式是指将展品等货物当成一般货物办理进口手续，交纳关税。采用进口形式报关，展会结束后货物可以自由处理，如出售或交给当地代理商等，但使用这种方式需交纳的关税可能较高。

（三）运输代理工作管理

展会运输代理的工作很大程度上依赖于对三个方面的有效管理：联络、海关手续、搬运操作。联络包括与办展机构和参展商之间的联络。要求展会运输代理必须配备懂英语、法语、德语或者其客户大部分人员所熟悉的语言的工作人员；必须在展会现场或合理的距离内设立办公设施；配备国际电话、电传和传真；必须提供详细、有效的邮政联系地址以方便客户联络和邮寄有关运输单据。在海关手续方面，对于国际参展商来说，不管是来程运输还是回程运输，都涉及海关报关的问题。海关报关往往也是展会运输代理的主要工作之一。展会运输代理要与海关有关人员商妥现场工作的期限和时间，包括正常工作日之外的工作时间，如周末、节假日和加班等，要有足够的时间办理海关手续。展会运输代理与办展机构共同为展会设立临时免税进口手续。根据海关的规定，对于有些题材如汽车的展会，展会运输代理可能还要担保和交纳保证金。在搬运操作方面,要熟悉展览现场,并在展位施工和撤展期间能随时使用合适的搬运设备和有经验的搬运工;要在展览现场安排仓储地,如果没有条件,要安排在尽可能近的地方;空箱应存放在离展会尽可能近的地方;卸车和装车必须按事先商定的时间进行;必须协调好所有参展商的搬运要求,并提前将相应的安排通知办展机构和参展商。

为了给参展商提供最好的运输服务,办展机构有必要督促运输代理为参展商安排最佳运输线路和运输方式,坚持做到"门到门"的服务、尽量一次发运而不多次转运、尽量使用集装箱或其他安全运输方式等基本原则。办展机构有必要让运输代理向参展商提供合理的运费及杂费的收费标准,防止运输代理收取的费用过高;要让运输代理向各参展商明确可以提供哪些现场服务及其收费标准,以供有需要的参展商选择。办展机构一般不负责展出者的展品丢失、损坏等风险,因此要督促运输代理提醒参展商在安排运输时需要投保的险别。

三、展会旅游外包

参展商和观众在展会开幕前后,有许多会希望去一些产业集中的地区或市场集中的地区实地深入了解一下有关商品信息和市场行情,或者到当地著名风景区去适度放松心情。适应这种需求,办展机构就会选择合适的旅游服务公司,来满足这些需求,提高参展人员对展会的满意度。

(一)商务考察与观光休闲

所谓商务考察就是以收集有关商品的市场信息,了解有关市场的行情为主要目的的商务活动。参展商和观众对展会具有贸易、展示、信息和发布四大功能的选择重点各有所不同。如果参展商和观众觉得在展会上获取的东西还未达到他参加此次展会的全部目的,那么,他们就有亲自到市场中去看一看的愿望。于是,商务考察的需求就应运而生。参展商和观众进行商务考察的主要目的是收集市场信息和了解市场行情,这在展会开幕之前和展会进行之中的会展旅游安排中最为明显。商务考察安排在展会结束之后也较为普遍,因为这时参展的主要目标已经完成,时间又较充裕,商务考察较从容。在展会结束之后的商务考察常与观光休闲统筹安排,彼此兼顾。商务考察的主要目的地一般有两种:一是商品专业市场或大型的商场;二是商品的主要生产地或某些企业的所在地。前者主要是为了收集诸如商品销售价格、了解商品设计和流行款式、研究消费者需求等与市场有关的信息;后者主要是为了进一步了解企业实力、了解生产技术和生产规模等与产业有关的信息。

以观光休闲为主要目的的会展旅游主要集中在展会结束之后,在展会开幕之前和展会进行之中时比较少见。这种会展旅游主要是为了在游览风景名胜和文化古迹等旅游景点的过程中放松身心,增长见识。如果说商务考察是展会的一种补充的话,那么,观光休闲基本就是展会的一种延伸。在大型国际性展会中,有许多参展商和观众是来自海外不同国家和地区，他们对展会所在地的市场可能有一些了解但没有亲身经历，对当地的名胜古迹和风土人情有一些耳闻但没有亲眼所见。商务考察的主要目的地是商品生产地和销售场所，观光休闲的主要目的地是风景名胜古迹所在地，因此，在筹划旅游线路时，要特别注意了解客户的需求，否则，效果将会适得其反，使客户对展会服务产生不好的印象。

值得指出的是，随着我国会展经济不断走向成熟，展会的基本功能也在发生变化。一般来说，展会具有贸易、展示、信息和发布四大功能，处于不同发展阶段的展会对上述功能的选择重点也有所不同。在展会发展初期，贸易功能占主导地位，企业参展和观众参观更多的是追求贸易成交；随着展会逐步走向成熟，展会的展示、信息和发布功能变得日益重要，企业参展的目的更多是要展示企业形象、获取行业最新信息或者是将展会作为自己发布新产品的一个重要场所，观众也将获取行业最新信息作为参观展会的主要目的之一。在策划举办展会和安排会展旅游时，有必要结合展会的功能定位，注意客户需求的变化，安排适合客户需要的商务考察。同时，在很多时候，客户参加会展旅游具有观光休闲和商务考察的双重目的，这时，我们在安排旅游路线时就必须做到两种兼顾，不能偏废其一，否则客户将会逐步流失。

图 8-16　商务考察

图 8-17　休闲观光

（二）展会旅游代理

办展机构在指定旅游代理时，一定要选择那些资质好、能力强的公司，以便以良好的旅游服务来加深参展商和观众对展会的良好印象。根据客户的来源或者旅游线路的不同，展会在指定旅游代理时，可以考虑分别指定一个海外旅游代理和一个国内旅游代理；如果某家旅游公司的实力特别强，也可以只指定一家旅游代理，将海外和国内旅游的业务都交给它来经营。

会展旅游不仅仅是旅游,它还包括交通、住宿和餐饮等一系列问题,如参展商和观众往返机票的预订、展会期间和展会前后的住宿等等。在指定展会旅游代理时,除了要考察各旅游公司的实力和服务水平外,还要注意考察它们的接待能力、收费标准和个性化服务等因素。由于会展旅游的客户一般都是商务人士,他们的素质一般较高,独立意识强,个性化十足,加上会展旅游的时间一般都较短,随机性较大,所以会展旅游的安排一定要突出个性化特征;否则,将会损伤一部分客户的旅游动机,对办展机构来说得不偿失。对于海外参展商和观众,旅游代理在除了要安排好他们的旅游线路外,还要提供海关签证、交通指引、住宿选择、餐饮安排甚至语言翻译等多种服务。在安排他们的旅游线路,那些具有民族特色的旅游项目更能满足他们的需求。

四、其余服务外包

除了展会的展位搭建、展品运输、展会旅游外包之外,办展机构一般还会将安保、清洁、酒店、餐饮等外包。

办展机构需要委托专业的安保公司来为展会提供安全保障。展会安全主要内容包括:消防安全、人员安全、展品安全以及公共安全等。在消防安全方面,展位搭建的材料必须是耐火材料;电力符合要求;通道保持有一定的宽度,大的展位要考虑消防安全的需要。一般禁止在展会内抽烟。展会的消防安全计划以及特装展位的搭装计划还必须送交审批。在人员安全方面,办展机构对参展商在布展时或在展会开幕后有关人员的安全问题不负责任,但办展机构一般都要求参展商为其参展人员购买“第三者责任险”和“展出人员险”等以保障其人员的安全。在展品安全方面,展品在搬运时的风险要由参展商和运输代理负责解决,在布展时,参展商要负责保管好自己的展品,使之不出现损坏或丢失。在展会开幕后,办展机构将有专门的保安人员负责在展会内巡视,协助参展商保护展品安全,但如果展品被偷或者损坏,展会不承担责任。所以,为了保证展品的安全,办展机构一般也建议参展商为其展品购买第三者保险。在公共安全方面,办展机构负责大会的公共安全保卫工作。办展机构要聘请专门的保安人员24小时巡回会场,负责展会的公共安全工作,防范展会里的安全隐患。在制订展会的保安计划时,不仅要注意分清责任,制订措施,防患于未然;还要制定危机处理计划。

办展机构需要委托专业的清洁公司来为展会提供清洁服务。从时间上看,展区清洁包括布展时的垃圾清理和展会开幕后展区的清洁;从空间上看,展区清洁包括展位内的清洁和展馆通道及公共区域的清洁。一般情况是,展位搭装和布展时产生的大量垃圾由产生垃圾的参展商负责处理,如果该参展商不处理,办展机构或者承建商在清洁该垃圾后,会向他们收取一定的费用。展会开幕后,通道和公共区域的清洁工作由展会负责,展位内的清洁工作由参展商自己负责。展会都有专门的工作人员在展馆内巡回处理通道和公共区域的垃圾，并在每天展览时间结束后对通道和公共区域的垃圾进行清理；参展商则需要负责保持自己展位内的清洁。在展会闭幕撤展时，参展商还需要将自己展位内的搭建物和展品等及时撤离展馆。涉及办展机构相关的展区清洁，办展机构往往外包给专门的清洁公司进行；同时为了更好地服务参展商负责的展区清洁，办展机构也会指定展会清洁代理公司，来方便参展商选择。

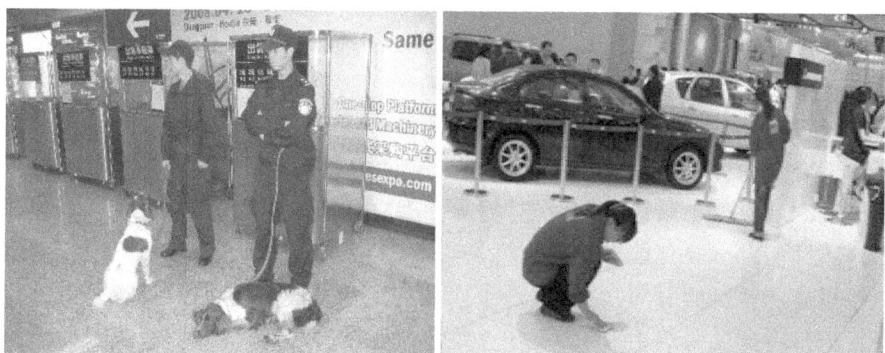

图 8-18　展会安保与清洁

办展机构需要委托专业的酒店来为展会提供高质量的酒店服务。展会往往还会和一些宾馆酒店合作，与这些宾馆酒店签订合作协议，指定这些宾馆酒店为展会的接待酒店。届时，展会将向所有的参展商和观众推荐这些指定的宾馆酒店，推荐他们在这些宾馆酒店住宿；这些宾馆酒店也将按和展会签订的合作协议，以比市场价更优惠的价格向该展会的参展商和观众提供住宿等服务。展会在指定接待酒店时，往往会选择那些离展览场地较近、信誉较好的宾馆酒店，这样不仅服务质量有保障，还有利于参展商和观众在住宿地和展馆之间的往来。展会在指定接待酒店时，要根据展会参展商和观众需求的不同，高中低档的酒店都选择一些，以供展会参展商和观众选择。但一般来说，展会的指定接待酒店的档次也不能太低，如一般不能低于三星级。指定了展会接待酒店以后，展会就要将这些宾馆酒店的协议入住价格、地址、联系人和联系办法、酒店离展馆的距离远近、展馆与酒店之间的交通等基本信息告诉展会的参展商和观众。

办展机构需要委托专业的餐饮服务机构来做餐饮服务工作。展会现场餐饮服务的重点包括午餐和饮料提供。因为早餐和晚餐客商基本都可以通过展会指定酒店或自己解决，但午餐时绝大多数参展商和观众都在展馆，用餐时间集中，人员多，场地有限，需要认真对待。在饮料供应方面，展会饮料提供并不仅仅只是供应咖啡、饮料和饮用咖啡、饮料的地方，它还需要是一个休憩、洽谈和品尝点心的地方。展览开幕期间，展会解决展会现场的餐饮服务问题通过指定展会餐饮服务商、推荐展场周边餐饮设施,或者将上述两种结合起来进行。如果展会展览现场有足够的空间,或者展会所使用的展馆有专门的"餐饮服务区",展会一般会指定一些餐饮服务商,如酒店、饭馆和其他餐饮供应者,在展会现场指定的地点设立供应点为展会提供餐饮服务。展会一般会根据展馆设施情况和展会规模的大小,通过招标的形式指定一家或几家餐饮服务商。这些餐饮服务商在展会现场一般提供商务套餐、快餐、点心餐、咖啡及各种饮料。如果展会展览现场场地不够,或者展会所使用的展馆不允许在展会现场设立餐饮供应点,或者展会的规模较小,无法或没有必要指定餐饮服务商在展会现场设点供应,这时,展会推荐展场周边餐饮设施给参展商和观众及其他有关人士使用,当是一种不错的选择。餐饮服务是展会现场服务的一个重要组成部分,展会如果不在现场设点供应,一定要给参展商和观众及其他有关人士推荐展场周边一些餐饮设施以解决他们的餐饮问题。否则,将会引起他们的强烈不满。推荐展场周边餐饮设施,展会要高、中、低档的都选择一些,以满足不同客户的不同需求。并且展会还要事先向他们通报这些餐饮设施,并详细介绍展会到这些设施所需要的时间、它们的地址以及它们能提供哪些主要餐饮服务等以供选择。如果展会规模很大、展馆条件也允许,很多展会在指定一些展会餐饮服务商在展会现场设点供应餐饮的同时,也推荐一些展场周边餐饮设施供客商选用。这种做法有利于给客商在餐饮方面以更多的选择。

思考题:

1.简述展会服务的分类。

2.如何针对展会服务的特征提升展会服务的水平?

3.展会可能出现的服务质量缺口有哪几个?

4.展会开幕式操作需要注意哪些方面?

5.展会展览期间的现场的主要工作包括哪些?

6.选择展位承建商的基本要求有哪些?

7.商务考察、休闲观光的目的地有什么不同?

第九章　会展配套活动

【学习要求】

掌握策划举办展会配套活动要遵循的基本原则；掌握专业研讨会和技术交流会的差异；掌握产品发布会和产品推介会的区别；掌握专业研讨会所需资金费用的来源途径；了解技术交流会的策划需要注意点；了解当前国际会议运作的创新实践表现；理解办展机构在产品发布会和产品推介会中的作用；了解评奖活动的组织程序和操作技巧。

【本章概要】

展会配套活动紧密服务于展会的举办，推进展会贸易、展示、信息和发布四大基本功能的最大程度实现。在展会期间举办的配套活动一般有：论坛、评奖活动、表演活动、其他配套活动。策划举办展会配套活动要遵循以下基本原则：首先是配套活动的主题与形式要符合展会的需要。其次是配套活动能进一步丰富和完善展会的基本功能。第三是配套活动要有助于展会吸引更多的潜在企业参展和观众参观。第四是配套活动要有助于活跃展会现场气氛但不影响企业展出和观众参观。第五是配套活动本身要能产生较好的效果。

专业研讨会和技术交流会讨论的问题往往能紧扣展览题材所在行业的发展热点，论题富有一定的前瞻性和导向性，能给听众带来一些新思维、新理念和新技术。专业研讨会和技术交流会相同点包括：组织形式相似、筹备过程相似、会议的某些功能相同。专业研讨会和技术交流会差异表现为：专业研讨会的主题偏重理论性的话题，目标为听众加深对行业发展现状、发展特点和发展趋势的了解，主讲人主要是科学研究机构、大专院校和专业杂志的有关专家，涉及的议题较为抽象，不需要太多的设备和演示，复杂程度相对较低；技术交流会主题偏重实用性的技术方面的问题，目标为促进技术的交流和传播，主讲人主要是企业技术部门以及科学研究机构、大专院校的有关技术人员，涉及的议题基本都和技术有关，在会议中需要较多的操作示范和技术演示，复杂程度相对较高。

产品发布会是以发布新产品或者是有关新产品的信息为主要内容的活动，产品推介会是以向特定的对象推广某些特定的产品的活动。这两个会议的联系主要表现为会议的最终目的相同，会议的主办者相似，对展会的促进作用相似。这两种会议的区别主要表现为：产品发布会标的是新产品，形式以新闻发布会为主，听众主要是新闻记者、产品设计等技术人员和企业管理人员，会议内容强调产品的"新"，包括技术、设计和款式，展示平台注重会议的环境布置，对展示平台的灯光、音响要求较高，服务要求重在突出形象，因此，它对会议现场服务的要求相对较低；产品推介会标的是已大批量生产和销售的商品为主，形式以用户座谈会、经销商会议为主，听众主要是经销商及其最终用户，会议内容强调介绍产品的用途、性能和结构等实用性较强的、与最终用户关系密切的一些内容和知识，展示平台注重以实用为主，对展示平台的设计和环境布置等的要求较低，服务要求重实物操作演示与示范，它的现场服务事项相对较多，因此，它对会议现场服务的要求相对较高。

当前国际会议运作的创新实践表现为会议座位排法日趋体现互动性、变茶歇为社交活动、高科技迅速渗透。需要注意的是，我们学习和借鉴国际先进的会议经验，应该深刻理解其创意的内涵，而非盲目仿效；形式和方法均需结合当时当地的情况不断创新。独特的创意是会议运作发展的源泉，优质高效的管理和服务是会议运作发展的保证。

评奖活动往往是与展览会现场表现有关、或者是产品评奖、或者是独立活动的评奖活动。评奖活动的组织程序包括成立评审评委会、制订和发布活动方案、发动参会人员参与、评委会评选、公布评奖结果等。评奖活动的操作技巧是确保权威公正、合理控制时间、提升展会价值、制造新闻事件。

表演活动既可以调动现场气氛、丰富展出内容，也有助于参展商优化展出效果。越来越多的参展商倾向于选择用演出（包括演示）来宣传自身的产品和服务。要成功地组织展览会的表演活动，主办单位必须考虑：提前策划、选择场地、现场协调、安全防卫等。

第一节　会展配套活动种类

贸易、展示、信息和发布是展会的四大基本功能。之所以要在展会期间策划举办各种展会配套活动，是为了更好地实现这四大功能。具体地说，举办展会配套活动能进一步丰富和完善展会的基本功能，能活跃展会现场气氛，能吸引更多的潜在参展企业和潜在观众，具体表现在：展会配套活动能丰富展会的信息功能、展示功能、发布功能、贸易功能，能吸引更多的潜在参展企业和潜在观众，能提升展会档次、扩大展会影响，能活跃展会现场气氛。

展会配套活动紧密服务于展会的举办，推进展会贸易、展示、信息和发布四大基本功能的最大程度实现。它们可以是办展机构主办的，也可以是参展企业或其他有关单位主办的。根据展会策划和营销的需要，我们在此主要讨论由办展机构主办的展会配套活动。从展会配套活动的主办者是办展机构的角度来看，在展会期间举办的配套活动一般有:论坛、评奖活动、表演活动、其他配套活动。

一、论坛

论坛是展会期间最常见的配套活动。现代展会越来越讲究展览和论坛并重,办展机构在展览期间往往会组织各种与展览题材相关的论坛,并邀请一些著名的学者、专家、企业和政府官员参加。通过举办各种论坛,交流行业内的最新信息和动态,传播新技术,介绍新项目,提倡产业内发展的新理念和新思维。论坛是帮助展会加强行业信息交流、增进友谊、架设桥梁的有益纽带,它对提升展会档次、增进展会质量和扩大展会的影响力有重要的促进作用。

由于组织论坛的目的和参加论坛的人员不同,在展会期间举办的论坛可以分为很多种类,如以学术交流为主要目的的专业研讨会,以技术交流和技术合作为主要目的的技术交流会,以发布新产品为主要目的的产品发布会,以推介新产品为主要目的的产品推介会等。

二、评奖活动

展会期间,众多的观众带来大量的人群聚集,展览使某个行业的有关企业齐集一堂,在此期间举办一些评奖活动有许多有利条件,也会在行业内和在社会上产生较大的影响。和表演一样,评奖对于活跃会场气氛和吸引潜在观众也有较大帮助,另外,有些专业性的评奖活动对于吸引企业参加展会也有一定的帮助。

三、表演活动

展会期间,举办各种与展览主题或展览题材相关的表演也是一项十分常见的展会配套活动。展会期间举办的表演活动可以分为三种:一是文艺性表演活动。这类表演活动基本上是为了活跃展会气氛和扩大展会影响才举办的。例如,有些展会在开幕晚宴或闭幕答谢晚宴时会策划举办一些文艺表演助兴,还有些展会在展览期间还会专门组织有著名歌星或影视明星参加的文艺晚会。二是营销性表演活动。这类表演活动多是为了帮助产品营销和提升企业形象而举办,并且举办者多为参展企业。例如,在汽车展等展会上,很多大的参展企业都会在自己的展位里设立表演场所,并定时举行表演活动。三是程序性表演活动。这类表演活动很多是依照行业惯例而按行业程序举办的。例如,很多办展机构会在展会开幕时,在展会开幕现场同时举办一些或大或小的表演活动等。

四、其他配套活动

除了最为常见的会议和比赛外,有些展会在展会期间还会举办一些其他配套活动,如群众性参与活动、投资项目招商洽谈活动、项目招标活动、明星及公众人物与大众见面活动等等。

展会配套活动的举办是为展会服务的,展会配套活动与展会之间应存在某种内在的联系,配套活动不能脱离展会而存在,更不能为举办活动而举办活动。对于那些以展会为依托的配套活动的举办一定要符合展会的需要。一般地,组织展会配套活动要遵循以下基本原则:首先是配套活动的主题与形式要符合展会的需要。配套活动的策划不能天马行空,漫无边际,活动的主题不能与展会毫不相干,活动的形式不能脱离展会的实际,否则,活动不但会与展会脱节,还会扰乱展会现场秩序,甚至还会给展会带来安全隐患。其次是配套活动能进一步丰富和完善展会的基本功能。即使是在同一个展会里,不同的参展企业和观众对展会的贸易、展示、信息和发布功能的需求程度也会各不相同,有的可能对贸易功能的需求要强一些,有的可能不需要贸易功能而注重信息功能,一个展会有时难以同时兼顾这四项基本功能,这时,配套活动就要能丰富和完善展会的一项或者几项基本功能;另外,即使展会能同时提供这些功能,但往往有强有弱,这时,配套活动就要能针对弱项而策划,要用配套活动来进一步丰富和完善该功能。第三是配套活动要有助于展会吸引更多的潜在企业参展和观众参观。展会不能没有一定数量的参展企业和观众,有一定数量和质量的企业参展是一个展会存在的基础,而有一定数量和质量的观众参观则是一个展会进一步发展的根本。展会配套活动的举办要对一些企业参展或观众参观形成一定的吸引力,用配套活动来促进展会进一步发展。第四是配套活动要有助于活跃展会现场气氛但不影响企业展出和观众参观。像表演、比赛等配套活动往往能产生十分热闹的气氛,能吸引大量的人群围观和参与,这对活跃展会现场气氛有一定的帮助。但是,如果展会现场气氛过分热烈,到会的无效观众太多,就会对企业的展出效果产生不利影响,对观众参观产生干扰。例如,活动现场噪音过大影响到企业谈生意,围观的人群太多使观众进出展位发生困难等等。第五是配套活动本身要能产生较好的效果。活动本身要策划得当,组织有力,秩序井然,是人们所喜闻乐见的,并能产生良好的效果。例如,专业研讨会要能紧紧抓住行业的热点和难点问题,群英聚集,智慧激荡,要有助于拓宽视野、更新知识、开拓思路;表演要富有观赏性等。如果活动本身都不能产生较好的效果,则活动本身的存在就是一个问题,更不用说借助于展会配套活动来促进展会的进一步发展了。

第二节　展会论坛组织

专业研讨会和技术交流会是最为常见的两种展会论坛。专业研讨会和技术交流会讨论的问题往往能紧扣展览题材所在行业的发展热点,论题富有一定的前瞻性和导向性,能给听众带来一些新思维、新理念和新技术。因此,它们不仅对参展企业和观众有较大的吸引力,也对丰富展会的信息功能有着十分重要的作用。

专业研讨会和技术交流会相同点包括：第一，组织形式相似。专业研讨会和技术交流会都是以会议的形式出现，组织形式上有很多相同的地方：如都有主讲人，都要事先拟定会议的主题，都作为展会的附加活动而存在等等。第二，筹备过程相似。专业研讨会和技术交流会的筹备过程有很多相似的地方，如专家的邀请和接待、听众的组织、会务的筹备、会议现场的管理、会场的安排和准备等，在会议筹备过程中都大同小异。第三，会议的某些功能相同。专业研讨会和技术交流会都是为了拓展和进一步丰富展会的信息功能而举办的，它们都是展会的重要组成部分，也都是展会的有益的补充。它们都可以为提升展会档次作出贡献。另外，专业研讨会和技术交流会对吸引企业参展和观众参观展会都能起到一定的积极作用。专业研讨会和技术交流会差异见表 9-1。

表 9-1　专业研讨会和技术交流会的差异

	专业研讨会	技术交流会
主题	偏重理论性的话题	偏重实用性的技术方面的问题
目标	为听众加深对行业发展现状、发展特点和发展趋势的了解	促进技术的交流和传播
主讲人	主要是科学研究机构、大专院校和专业杂志的有关专家	主要是企业技术部门以及科学研究机构、大专院校的有关技术人员
复杂程度	涉及的议题较为抽象，不需要太多的设备和演示	涉及的议题基本都和技术有关，在会议中需要较多的操作示范和技术演示

产品发布会和产品推介会也是展会期间较为常见的两种配套活动，它们的主办者可以是办展机构，也可以是参展企业，还可以是行业协会。产品发布会的产品发布和信息发布功能强大，产品推介会的产品展示和贸易功能很强。这两种会议，除了能起其他配套活动对展会的各种促进作用外，对丰富展会的发布功能和展示功能的促进作用尤其显著。因此，按照展会的需要，在展会期间策划举办这两种活动，对于促进展会的成功举办有很大的帮助。

产品发布会是以发布新产品或者是有关新产品的信息为主要内容的活动，产品推介会是以向特定的对象推广某些特定的产品的活动。这两个会议的联系主要表现为会议的最终目的相同，会议的主办者相似，对展会的促进作用相似。这两种会议的区别主要表现为：

表 9-2　产品发布会与产品推广会的差异

	产品发布会	产品推介会
标的	新产品	已大批量生产和销售的商品
形式	新闻发布会	用户座谈会、经销商会议
听众	新闻记者、产品设计等技术人员和企业管理人员	经销商及其最终用户
会议内容	强调产品的"新",包括技术、设计和款式	介绍产品的用途、性能和结构等实用性较强的、与最终用户关系密切的一些内容和知识
展示平台	注重会议的环境布置,对展示平台的灯光、音响要求较高	以实用为主,对展示平台的设计和环境布置等的要求较低
服务要求	重在突出形象,因此,它对会议现场服务的要求相对较低	实物操作演示与示范,它的现场服务事项相对较多

一、专业研讨会组织

专业研讨会是以研讨行业发展动态为主要内容的会议。这种会议的组织流程如下:收集市场信息、确定会议主题、准备会议方案、邀请主讲人员、会议召开、会后总结、会议危机管理方案、会议预算和赞助办法等。

(一)收集市场信息

为了使研讨会研讨的内容有的放矢,在准备展会期间举办专业研讨会以前,办展机构要多方收集市场信息,对该行业做深入的研究,努力抓住行业热点问题,为下一步确定会议提供翔实的背景资料和参考依据。

(二)确定会议主题

会议一定要有能紧紧把握时代脉搏、能切实反映该行业某一领域发展动态的鲜明的主题。会议的主题要有创意,具备前瞻性、总结性和时尚性等特征。所谓前瞻性,是指会议的主题针对行业的对发展现状和发展趋势要适度超前,行业热点问题要看得更远、更深,不能只局限于眼前情况;所谓总结性,是指会议主题要能高屋建瓴,能对行业发展有所总结,能体现行业发展的特点和趋势,不能脱离行业发展,泛泛而谈;所谓时尚性,是指会议的主题要能有的放矢,紧扣行业热点和难点问题,不能远离现实。

为了更好地确定会议的主题,办展机构可以征询相关科研机构、大专院校有关专家的意见,也可以对行业中的各类企业展开调查,让它们提出一些建议,在此基础上,办展机构再综合各方面的意见,并结合展会的定位,确定会议的主题。

(三)准备会议方案

会议方案是有关会议召开的具体实施计划。要组织一个高水平的会议,会议实施计划一定要做到详尽周密、高效协作。

专业研讨会策划书目录

1. 会议的名称、时间、地点和规模
2. 会议的主题和议题
3. 会议的主讲人和听众
4. 编制会议议程
5. 会议资料的准备
6. 会议的召开方式
7. 会议预算
8. 会议接待计划

（四）邀请会议主讲人员

会议的主讲人员对于会议的作用是非常重要的，因此，会议的组织者必须花费一定的精力来邀请自己所期望的主讲人员到会。对于某主讲人员负责演讲的议题，会议的组织者至少应在会议开幕前的一个半月或更早通知他们以便其早做准备；要妥善安排主讲人员的吃住行，对于一些重要的主讲人员，要安排专人陪同；如果演讲者或者听众中有持不同语言者，还要注意配备翻译人员，如有可能，可以事先让翻译人员了解一些演讲的内容以便其在现场更好地翻译。

（五）会议召开

当会议召开日期临近，组织者要妥善安排和布置会场以迎接会议的召开。组织者要落实会议召开的场地以及场地中电源、音响、投影、录音录像等相关设备，并备有后备的电源、音响等；要安排好会议现场的工作人员和技术设备维护人员，落实服务人员以及茶水的供应；保障会议现场的光电、温度和通风处于正常状态；制定会场纪律；组织专业人员对会议现场进行安全检查，疏通通道，开启安全门。

案例：

某市委书记到和平会展中心视察。该会展中心管理层高度重视，强调一定要使该次会议顺利举行，要求相关工作人员调试好音响、准备好演示设备和图片等。负责音响管理的人员反复调试了音响，确认音响系统正常；负责演示设备的人员也将设备调试到最好状态。结果会议当天，正当王书记一行到达会场要开会的时候，音响系统怎么也不响了，拖延了半个多小时，还是没有弄好，只好在没有话筒的状态下开会。演示过程也因为中途穿插、细小失误等原因，时间比预计的超出了半个多小时,结果王书记一行取消了原定对会展中心的参观而匆匆离去。之后,市政府对该会展中心由于该次会议准备不充分进行了严厉的批评,给会展中心造成了不可挽回的负面影响。经最后查验,音响系统不灵是因为老化所致;而中途穿插、细小失误等所花费的时间亦属于在正常时间范围。

问:是否有人应对该次事件负责?有何教训?

（六）会后总结

会议召开以后,要及时对会议筹备及举办过程中的经验和教训进行总结,以便下一次举办该会议时能使会议的水平得到进一步的改善和提高。对会议进行总结时,首先要评估会议对于展览的意义和作用。其次,要对会议主题、议题以及主讲人和听众进行评估,要检讨会议的主题和议题是否适当,会议的主讲人是否合适,演讲的内容及效果是否达到原来的预期,分析听众的来源和构成。第三,要对会议的筹备和实施方案进行评估,考察会议的筹备各过程是否合理、会议的实施方案有无可以改进和调整的地方、会议的现场布置是否恰当、会议的工作人员是否称职。第四,对会议的收支情况进行评估,看看各项支出是否必要、是否可以进一步扩大收入来源等等。从以上各项评估中,找出好的经验,总结出不足之处,作为改进和提高下一次会议的参考依据。对会议进行全面的总结,对于继续开好下一次会议有着十分重要的作用。

（七）会议危机管理方案

会议危机管理方案包括两部分的内容:一是针对突发事件的管理方案,这与展会期间可能出现的危机事件的管理办法基本相同;二是会议备用方案,即针对一旦原会议策划方案因故不能全部或部分实施而制订的替代方案。由于会议涉及面广、影响大、牵涉的人众多,一旦会展期间出现危机,影响将十分严重。

（八）会议经费与会议赞助

会议所需要的各项费用,办展机构要事先做好预算。会议所需资金费用的来源有:第一,可以从展会收入中划出一部分作为会议筹备资金,做到"以展养会,以会促展";第二,可以向与会人员收取一定的会务费用;第三,可以寻求企业赞助。由于与会人员都是一些行内人士,如果会议举办出色,影响较大,很多企业会愿意对会议加以赞助。企业对会议的赞助可以有很多种形式,如转让会议的冠名权、允许企业在会议的某些特定地方做广告、允许赞助企业在会议期间做简短发言介绍自己的企业、让企业赞助会议现场使用设备等。

二、技术交流会组织

技术交流会是以技术的交流和传播为主要内容的会议。技术交流会的组织流程和专业研讨会有很多相似之处,但由于技术交流会和专业研讨会是两种不同的会议。与专业研讨会相比,技术交流会的组织需要注意:

(一)关注最新技术发展

在收集市场信息阶段,技术交流会侧重收集展览题材所在行业的最新技术发展状况和发展趋势,了解该行业的实用技术发展状况。要多与该行业内的著名的企业尤其是那些技术领先的企业联系,或者是与专业的科研机构沟通,以确定技术交流会需要的技术。

(二)注重务实易懂

在确定会议主题阶段,会议主题要与技术问题密切相连,要务实,尤其是会议的议题,既要反映技术方面的内涵,也要通俗易懂,能为一般人所理解。

(三)现场演示要求高

在准备会议方案阶段,尤其要注意会议时间的安排、会议议程的确定和会议数据的准备工作。由于技术交流会的演讲内容是关于技术的话题,因此很多演讲都需要伴有现场演示,这就要求会议的每一个具体议题的时间安排都要合理;在安排时间时要考虑到有些演示在演示中途可能会出现一些细小的失误,所以,对于某一议题演讲时间的安排要留有一定的余地,在编制会议议程时不可太紧。技术交流会的数据比较复杂,准备时要小心,尽量不要出错。

(四)主讲人员要求是技术人员

在邀请会议主讲人员阶段,主讲人最好要有一定的技术背景和经历,要能回答听众关于该技术议题的一些问题;如果会议需要现场翻译人员,要尽量让翻译人员事先熟悉该演讲所包含的一些技术专有名词,以保证翻译人员在现场能流利翻译。

(五)场地布置要求高

在会议召开阶段,要根据技术议题的特殊要求对会议现场进行布置,要能够提供和维护会议所需要的特殊设备,要安排懂技术设备操作和维护的现场工作人员。如果办展机构不能提供这些人员,可以要求演讲者提供。

(六)一般收取一定费用

在做会议预算和征求会议赞助时,由于技术交流会常常是企业唱主角,因此,技术交流会往往会向有关企业收取一定的费用来作为会议经费的主要来源,企业赞助往往较少。和专业研讨会一样,技术交流会一般也分节举行。所谓"节",是指办展机构对会议各演讲的时间安排,一"节"一般是两小时,也有两个半小时的。会议的主办方有时候会按演讲时间对演讲者进行收费,如每"节"收费 2000 元。对演讲者进行收费很多是针对那些带有产品推广或者广告性质的演讲,这种现象在举办技术交流会时尤其普遍。

案例：

在杭州市召开的某国际展览同期举办的技术交流会，租用了某五星级宾馆的会议场所和设备，邀请了北京大学李教授进行演讲，同时雇请了浙江大学外语系研究生进行现场翻译。

会议过程中，演示设备出现了故障，但是因为宾馆配备了熟练的设备维护人员得以很快解决。李教授的演讲偏向理论，不能和听众关心的技术问题形成良好呼应。同时，外语系研究生因为没有行业背景，对会议所涉及的行业术语和技术专有名词不能够准确翻译，进一步造成了演讲者和听众的沟通，导致了该次技术交流会没有实现预期的效果。

问：该技术交流会有哪些方面的经验教训值得总结？

国际会议运作的创新实践

理念先进、创意十足的会议已成为当今会议运作的主流。作为参会者阐述新思想、交流新观点的平台，成功的会议往往能以充满创意的安排，激发参会者的灵感，使参会者之间的交流达到最理想的效果。而令人耳目一新的会议创新形式能让参会者得到更加人性化的体验。

■ 会议座位排法日趋体现互动性

会议的一个重要功能就是加强与会者之间的沟通交流。为了保证会议代表之间、演讲者和听众之间、参会者与新闻媒体之间的互动性达到理想的效果，国际会议在这方面做出了很大的努力。座位的排法已经突破了"剧场式"、"课桌式"等传统概念，"圆桌式"的座位排法使参会代表可以流动入座，并以小组的形式进行交流。在培训式讲座上，椅子的摆放采取弧形和平排并用，左右区排列交错，放置空间宽松，便于参会者自由讨论，以及演讲者走入听众区进行互动问答。在百人以上的观众区内，会议主办方事先设置了多处站式麦克风便于讲台上下交流。另外，有的国际会议在主席台上设置了两个主持讲台，由两位高层领导轮流并分别主持不同内容和板块的会议，既体现高层管理的和谐，又有利于调节会场的单调气氛。

■ 变茶歇为社交活动

会议期间的茶歇，一改以往单纯的与会者享用茶点等活动安排，将"coffee break"（茶歇）改称为"networking break"（社交时间），让与会者有充足的时间沟通交流，扩大结识面，整理获取的信息资料。很多大型国际会议还设计了多种形式的助兴活动，例如当地历史文化的展示、扳手劲桌、棋盘桌、参与型纪念品制作等,看似与会议主题无甚关联,但有效地创造了更多社交机会,加强了与会者之间的感情联络。

■ 高科技迅速渗透

Facebook、Twitter、Linkedin 等社交媒体已经成为了国际会议不可缺少的一部分,正发挥着越来越大的作用。诸如会议推广营销、信息发布、会前交流、寻求商机、会中约见、实时议程查询、经验分享、会后联络、资料上传、内容回看……多种渠道的社交媒体已经渗透到大型国际会议的运作过程中。会议还可以在指定网站上有选择地进行直播或录播,以扩大会议的影响力,吸引更多未参会的从业者学习和获取前沿动态和观点。此外,形式多样、功能各异的会议 Apps(基于一种便携式互动信息终端)的应用正日渐普及。它可使与会者进行实时互动、获取最新会议进展、寻找目标对象等。以 Spotme 机型为例,该小型装置具有无线通信功能,备有微型键盘,以及主要应用功能键。大会将与会者的个人基本信息导入到该设备中,以便其与目标对象进行联络沟通。会议结束后,参会者可通过大会专门网站下载个人收集积累的会议信息、电子名片和日记等。

需要注意的是,我们学习和借鉴国际先进的会议经验,应该深刻理解其创意的内涵,而非盲目仿效;形式和方法均需结合当时当地的情况不断创新。独特的创意是会议运作发展的源泉,优质高效的管理和服务是会议运作发展的保证。

三、产品发布会的组织

由于产品发布会的真正主办者一般是企业或者行业协会,所以。在组织举办产品发布会时,办展机构首先要与一些研发能力较强的企业或者行业协会多方沟通,了解该行业新产品发展的动态和他们对发布会的设想与要求,然后才开始策划发布会方案。

一般来说,产品发布会的主要策划方案是由有关企业或者行业协会完成的,但在展会中的产品发布会,很多是由办展机构与发布新产品的企业或行业协会共同合作完成的。在发布会的策划和筹备过程中,办展机构主要是起一种穿针引线、提供展示平台和现场管理与服务的作用。对于办展机构来说,组织产品发布会时的工作主要有三点:

(一)穿针引线

就是办展机构在策划展会配套活动总方案时,将产品发布会作为一项活动列入其中。有了举办产品发布会的初步打算以后,办展机构就开始与相关企业或者行业协会进行联系和沟通,了解他们是否有举办产品发布会的需要,如果有,就进一步了解他们的意图和设想。通常来讲,由于展会所特有的功能和优势,很多企业和协会是愿意将新产品在一些较有影响的展会上首次发布的。办展机构在了解了这些信息以后,就可以将这些拟在展会期间举办的产品发布会综合起来,统一安排和统一协调,制订一个现场实施方案。

（二）提供展示平台

在产品发布会中,产品的展示平台对发布会的成功举办有重大影响。办展机构要为每场发布会提供一个适合的展示平台,如果展会期间有多场发布会,就需要办展机构将所有场次的发布会统筹协调安排。例如,服装展中的流行趋势发布会,办展机构必须与企业协调,妥善安排好各发布产品的出场次序;在汽车展中,办展机构甚至专门安排一天的时间作为"媒体和 VIP 日",专供汽车厂家举行新款车型发布会时媒体采访和嘉宾参观;还有一些展会,办展机构专门开辟一个展区专供新产品展示之用。值得注意的是,展示平台以及平台的布置要适合产品的特点,符合产品的需要,如服装发布会的 T 型舞台等。

（三）提供现场管理与服务

产品发布会的现场管理和服务一般是由办展机构负责。对于发布会的现场管理,办展机构首先要在提供合适的展示平台的基础上,按要求布置好发布会现场,提供必要的道具,安排好合适和足够数量的服务人员;其次,办展机构要妥善安排好各发布会的时间顺序,不要因时间安排不当而引起彼此冲突或者现场混乱;第三,如果发布会在展会现场举行,办展机构要协助发布单位控制现场人流和秩序,不能因为该发布会而影响相邻展位企业的展出。对于现场服务,办展机构主要是要能按企业和协会的要求及时提供人员、道具和现场安全保护。

很多产品发布会都会事先邀请一些新闻媒体对会议进行现场采访报道。因此,办展机构在协助企业召开产品发布会时,还要注意为有关新闻媒体提供必要的安排和一定的服务,这样更有利于会议的成功举办。

四、产品推介会组织

产品推介会的主办者一般是企业,办展机构在产品推介会中的角色与其在产品发布会中的角色有些相似,也是主要起着一种穿针引线、提供展示平台和现场管理与服务的作用。与产品发布会相比,产品推介会组织需要注意:

（一）内容侧重实用知识

产品推介会的策划重点在于采取何种方式或手段来推介产品,如何才能让听众更了解本产品,因此会议的主要内容是介绍产品的用途、性能和结构等实用性较强的、与最终用户关系密切的一些内容和知识,以求将产品尽快地推向市场;产品发布会更多的是强调该产品"新"在哪里,有哪些技术进步,或者设计和款式上如何与众不同等等,有时候并不在乎产品是否能立即进入市场,但它绝对在乎新产品的新闻效应以及消费者对新产品的反应。产品发布会往往会安排新闻媒体采访报道,产品推介会则往往没有这项内容。

（二）展示平台要求相对较低

由于产品发布会所发布的产品一般都是新产品,发布新产品的企业对它一般也寄予厚望,因此,产品发布会更加注重会议的环境布置,对展示平台的要求因此也都较高,有些特殊的产品更特别在乎发布现场的灯光、音响等布置;产品推介会由于更在乎产品的最终用户是否了解该产品,因此,它对展示平台的要求基本上是以实用为主,对展示平台的设计和环境布置等的要求一般比产品发布会要低。至于会议的地点安排,这两种会议都可以安排在展台现场举行,但产品发布会所需要的场地面积往往要大于产品推介会。

（三）服务要求相对较高

由于产品发布会一般是展示新产品,引起市场对新产品的注意力,它很多时候在发布一种产品"概念",产品实物展示重在突出形象,因此,它对会议现场服务的要求相对较低,有时候甚至可以基本不需要办展机构的现场服务,现场的各种事务基本都由会议的主办企业或协会来完成;产品推介会由于有较多的实物展示,有的还有实物操作演示与示范,还有的会邀请现场观众亲自参与操作,因此,它的现场服务事项相对较多,也更需要办展机构的协助。

案例:

某办展机构在展会期间负责为参展商提供产品发布会的现场管理和服务。在展览期间,该办展机构把原产品推介会的会场、服务人员提供给某参展商进行产品发布会;并对各参展商发布会的时间进行了合理的安排,同时派出人员协助该参展商进行现场人流控制和维护秩序,使所有产品发布会取得了成功。

问:办展机构应如何为参展商提供产品发布会的现场管理和服务?

第三节　评奖活动组织

展会期间,办展机构往往会组织各种各样的评奖活动。评奖活动往往是与展览会现场表现有关、或者是产品评奖、或者是独立活动的评奖活动。比如关于展位设计和搭装以及展台布置的比赛,关于展会参展展品的比赛,关于其他展出内容的比赛等。其中,关于展会参展展品的比赛最为常见,这种比赛通常被称为"评奖",例如,现在很多企业在宣传自己的产品时,往往会提到曾"获得某某博览会金奖"等。有些会展还会对社会或有关方面征取论文,并对应征论文进行评奖。有时候比赛也可以与表演结合起来进行,即通过表演来比赛。

一、评奖活动的组织程序

(一)成立评审评委会

为保证展览会评奖活动的可信度,主办单位首先要组织专门的专家评审团。有些大型展览会还同时成立评奖工作指导委员会和专家委员会,前者主要起指导、组织和服务作用,后者才是负责具体评审的主体。专家评审团负责对有关比赛的评比工作。在邀请专家组成专家评审团时,评审团的成员要有一定的代表性,并要向所有的参赛者公开,这样评出的比赛结果才更有说服力。

(二)制定和发布活动方案

一般来说,展览会评奖方案包括活动目的、专家评审团、评奖范围、设立奖项、评奖程序(具体操作办法)、授予奖项等内容,并将其向所有的参展商公开,由参展商自行决定是否参与比赛。一般来讲,展会所有比赛的最后评比都是只评好不评坏,参展企业因此参与比赛的积极性也比较高。因为,如果在比赛中能获奖,对参展企业来说就是一个很好的宣传机会;万一不能获奖,参展企业也不会有什么损失。因此,除特殊情况外,比赛的范围可以包括所有的参展商及其参展展品、展位或者其他相关事项。对于比赛规则以及评奖办法,要做到公正、公开和合理,不能有所偏颇。比赛规则以及评奖办法制定出来以后,可以事先征求参展商的意见,以求更加合理和完善。有一点需要指出,很多主办单位认为评奖活动是针对参展商的,所以不大注重对专业观众的宣传,结果导致很多专业观众根本就不了解评奖情况,从而使得评奖活动的效果大打折扣。

(三)发动参会人员参与

评奖活动需要积极向参展商和专业观众宣传,发动参展商和专业观众积极参与评奖活动。评奖方案可以穿插在招展招商函中,也可以单独作为附件放在最后,有些主办单位还将评奖活动作为展览会的亮点来宣传。

(四)评委会评选

按照预先制定的评奖办法组织实施。为了提升专业观众参与度,除了依托专家评审团外,办展机构还可以组织专业观众对参展商和产品进行评选。多元主体参与评奖活动,有利于评奖活动举办目的的实现。

(五)公布评奖结果

在比赛评奖结果揭晓时,一般需要组织一个公开的颁奖仪式,这样会使得该项比赛更加正式和有影响力。要为所有的获奖者颁发一些对获奖有纪念意义的物品,如奖杯、奖状、获奖证书等等,这样可以使比赛更受参展商的欢迎。当然,还可以为获奖者颁发一定的奖金。除此之外,还可以其他方式给获奖者以奖励,如以下一届展会一定面积的展位作为奖励,这样可以鼓励企业继续参加本展览会。对于比赛奖励资金的来源,可以从展会利润中提取,也可以寻求企业赞助。

二、评奖活动的组织技巧

(一)确保权威公正

展览会的主办单位首先必须确保评奖活动的权威公正,以期激发参展商的兴趣,取得他们的信任。这里,办展机构切忌利用展览会设立名目繁多的奖项,未经有关部门审批,没有专家小组考核,评奖成了卖奖,企业出的钱多就给大奖,钱少就给小奖。

(二)合理控制时间

评奖活动最好提前3～6个月发布评奖方案,以给参展商充足的时间做准备,并确定揭晓评奖结果的合适时间。一般来说,揭晓评奖结果安排在展览会结束的前一天比较好,这既会让所有参与评奖活动的参展商有所期待,从而在展览会期间表现更加积极,又不至于在最后一天要闭幕时匆匆收场。组织比赛时,要事先让比赛的所有参加者知道比赛评比结果的揭晓时间。比赛评比的揭晓时间一般会安排在展会结束的前一天,这会让比赛充满悬念,并让比赛所有的参与者都有所期待,使他们对展会准备与展出活动更加投入,展会的整体展出效果因此也会更好。

(三)提升展会价值

组织任何评奖活动的目的都是为了提升展览会的价值,而不能为了评奖而评奖。对于参展商,设计精美、功能合理的展台或质量优秀、创新性强的产品的确能受到认可,并通过奖杯、奖状等一定形式表现出来;对于专业观众甚至是大众消费者,能通过组委会组织的评奖活动切实了解最新、优质的产品。

(四)制造新闻事件

比赛一般都会评出获胜者和获奖者。在展会上,一些关于参展展品的评奖有时会引起行业和新闻媒体的极大关注,因此,这类评比活动对参展商有一定的吸引力,因为如果某位参展商获奖,不但媒体当时就会对他加以报道,他以后还可以此为题材大做有关产品的宣传推广。在展览会现场尤其是颁奖仪式上,本行业的不少领军人物、许多参展企业的主要领导都会出席,众多媒体自然也会慕名而来。此时,主办单位应该抓住时机,围绕颁奖活动,适当制造新闻事件,以提升展览会在业内和公众心目中的形象。

案例:

某展会设计了评奖活动,为此,办展机构组织了专家评审团,制定并广泛传播比赛范围和比赛规则。参展商参与较为积极。但是因为评比结果的揭晓时间是在展会结束前一天,而且没有提前广泛通知,部分参展商已经撤展。鉴于此,办展机构只是将结果通知了获奖的参展商,没有举行公开的颁奖仪式。

问:请对该评奖进行评价,如何改进?

第四节　表演活动组织

展会期间举办的各种表演活动可以是参展企业牵头举办的,也可以是办展机构牵头举办的。一般地,如果场地等条件允许,那些由办展机构牵头举办的表演活动通常与展会在同一个地方举行,因为这样更有利于将表演活动和展会联为一体,借表演活动的影响扩大展会的影响,借表演活动来扩展展会的潜在观众。对于那些由参展企业牵头举办的表演活动,其举办场地可以按企业的需要自由安排,但从实际操作来看,多数参展企业都倾向把表演活动安排在展会现场。还有些表演活动是办展机构和参展企业联合举办的,其活动地点也就由办展机构和参展企业双方来决定。对于参展企业在展会现场举办的表演活动,办展机构一般都要求它们要事先向展会通报审查,并由展会综合各企业的活动计划时间安排,对各企业计划举办的表演活动从时间上加以统筹安排,以免它们在举办时间上彼此冲突而影响到其他参展企业的展出效果。另外,有些行业协会和政府主管部门也会利用展会的影响和便利的条件,与办展机构合作在展会期间举办一些表演活动。

表演活动既可以调动现场气氛、丰富展出内容,也有助于参展商优化展出效果。越来越多的参展商倾向于选择用演出(包括演示)来宣传自身的产品和服务。要成功地组织展览会的表演活动,主办单位必须考虑:

一、提前策划

主办单位要清楚自己正在策划的是什么性质的表演。是与展览会主题相关的还是纯粹的娱乐性表演,是开幕式表演还是欢迎晚宴表演(或答谢晚宴表演),是为整个展览会服务的还是由某家参展商出资委托的表演……在明白了这些问题后,项目人员才能对整个展览会的所有表演活动(参展商自身的演示除外)进行策划和宏观把握。

二、选择场地

为表演活动预先选择合适的场地。如果是为整个展览会服务的表演,譬如开幕式上的乐队或舞狮表演,则应该选择在展览会的公共场所举行;如果由某家参展商出资委托的表演,则应安排在该参展商的展台上或附近举行。总之,除了闭幕式上的活动外,各类与展览主题相关的表演安排在展出现场比较合适。当然,具体选择在什么地方表演,要根据实际情况而定。

三、现场协调

对展览会现场的各种表演活动进行有效协调是很重要的。首先,主办单位应该对由组委会自身组织的表演进行统筹安排,并做好现场调度与服务,确保表演活动的顺利、安全举行;其次,参展商与参展商之间有时候也会因为对方的表演(或演示)活动影响了自己的展出效果而发生纠纷,这时就需要主办单位出面进行协调。

四、安全防卫

无论是为整个展览会服务的表演,还是参展商自己组织的表演或演示,现场表演活动往往会吸引大量专业观众驻足观看,因此,主办单位要事先和场馆协商,提前制定危机处理方案并安排适当人力,努力做好安全保卫工作。

思考题:

1.组织展会配套活动要遵循的基本原则有哪些?

2.专业研讨会和技术交流会差异表现在哪些方面?

3.产品发布会和产品推介会的区别主要表现在哪些方面?

4.专业研讨会所需资金费用的来源可以是哪几个途径?

5.技术交流会的组织需要注意哪些方面?

6.办展机构在产品发布会和产品推介会中的作用有哪三个?

7.评奖活动的组织有哪几个程序? 评奖活动的操作技巧上需要注意哪几点?

第十章　会展信息化管理

【学习要求】

理解展会信息化的定义;了解会展信息管理的具体工作内容;了解展会信息化管理的内容;掌握智慧会展的内涵;理解展会电子商务;了解展会电子商务的优越性;掌握主要的三种展会电子商务的应用模式;掌握展会电子商务的分类;掌握展会电子商务的功能。

【本章概要】

展会信息化管理是指办展机构应用现代信息技术,在生产、管理、经营等各个层次、各个环节和各个领域中,采用计算机、通信和网络等现代信息技术,充分开发、广泛利用办展机构内外部的信息资源,不断提高生产、经营、管理、决策的效率和水平,从而提高办展机构经济效益、增强办展机构竞争力的过程。展会信息化管理的作用主要体现在优化办展机构各类资源、提高客户关系管理能力、提高会展服务质量和效率、拓展会展业务领域等四个方面。会展信息管理的具体工作内容主要有信息收集、信息统计分析、数据库建设与维护。

展会信息化管理包括展前、展中、展后的信息化管理。展前信息化管理的内容包括网页开发制作和信息发布、胸卡设计和印刷、参展商和观众预登记、其他展前管理的工作等。展中信息化管理的内容包括观众入场即时信息采集、现场调查信息采集、观众会后信息采集等。展后信息化管理的内容包括商业线索追踪服务、展后回访、展会数据分析。

展会电子商务是电子商务多种运营模式中的一种专业模式,实现会展采购商和参展商之间的网上购物、商户之间的网上交易和在线电子支付等商业贸易活动。从广义上讲,展会电子商务不仅包括企业间的商务活动,还包括企业内部的商务活动,如生产、管理、财务等,它不仅仅是硬件和软件的结合,而且是把买家与卖家、厂家与合作伙伴在 Internet、Intranet 和 Extranet 上利用信息技术与原有的系统结合起来进行业务活动,在网络化的基础上重塑各类业务流程,实现电子化、网络化的运营方式。展会电子商务所指的商务不仅包含交易,而且涵盖了贸易、经营、管理、服务和消费等各个业务领域,其主题是多元化的,功能是全方位的,涉及社会经济活动的各个层面。

与传统的会展商务活动方式相比,展会电子商务具有的优越性包括:交易虚拟化、交易成本低、交易效率高、交易透明化、优化社会资源配置、使企业技术创新与市场无缝连接、为向消费者提供个性化服务创造了条件、提高企业内部团队合作效率等。

展会电子商务的应用主要有三种模式:一是会展企业建立一个与现场展会相配套的网上会展网站,使会展企业的服务水平得以提高时提高现场展会的成交量。二是参展商建立自己的电子商务网站,通过参展商和采购商互动的过程,使采购商能主动决定产品规格、品质与价格,使参展商可以更快、更准确地捕捉采购商光临网站的各项数据信息,以此来了解采购商的偏好,预测新产品概念和广告效果,最终使采购商参与到产品的设计中来。三是电子商务平台与展会合作,以电子商务平台参展的形式出现,展览主办方与电子商务平台合作以互利为合作基础,电子商务平台参加展会多作为媒体与展会进行资源互换。展览主办方是想利用电子商务平台的点击量、行业资讯栏目发布相关展会预告,而电子商务平台则通过展会扩大知名度,宣传品牌,同时也为未来战略性合作打基础。

展会电子商务按参与展会电子商务交易涉及的对象分类,可以分为以下三种类型:参展企业与采购商之间的电子商务(B2C)、会展企业与参展商之间的电子商务(B2B)、企业与政府方面的电子商务(B2G)。如果按照展会电子商务交易所涉及的商品内容分类,电子商务主要包括间接电子商务、直接电子商务等。根据开展电子商务业务的企业所使用的网络类型框架的不同,展会电子商务可以分为 EDI 网络电子商务、Internet 电子商务、内联网络电子商务等。电子商务通过 Internet 可提供在网上的交易和管理的全过程的服务,具有广告宣传、商务洽谈、网上交易、网上支付、信息服务、市场调研、综合管理等七大功能。

第一节　展会信息化的内容

展会信息化管理是指办展机构应用现代信息技术,在生产、管理、经营等各个层次、各个环节和各个领域中,采用计算机、通信和网络等现代信息技术,充分开发、广泛利用办展机构内外部的信息资源,不断提高生产、经营、管理、决策的效率和水平,从而提高办展机构经济效益、增强办展机构竞争力的过程。展会信息化建立在信息化管理系统之上。信息化管理系统是个广泛的概念,它一般指收集、存储、处理和传播各种类型信息的有完整功能的集合体。具体来说,信息系统是一个人机系统,它由人、硬件、软件和数据资源组成,目的是及时、正确地收集、加工、存储、传递和提供信息,实现组织中各项活动的管理、调节和控制。计算机信息系统一般指面向企业支持管理和决策的信息系统。

展会信息化包括展览和会议企业及其项目管理的信息化。展览行业的服务链包含:场馆、主办商、服务商(搭建、酒店、餐饮、运输、观众登记等)、参展商、买家、普通观众等。展览服务贯穿于整个展览会的展前、展中、展后等各个不同的阶段,展览行业的信息化管理牵涉面广,所要处理的事务与数据庞大。通过展览全面信息管理和深入挖掘,提高展览参展商和观众交流效率,建立以展览会为基础的行业客户数据中心,全面提高展览的品牌竞争力。展会信息化管理的作用主要体现在优化企业各类资源、提高客户关系管理能力、提高会展服务质量和效率、拓展会展业务领域等四个方面。会展信息管理的具体工作内容主要有:

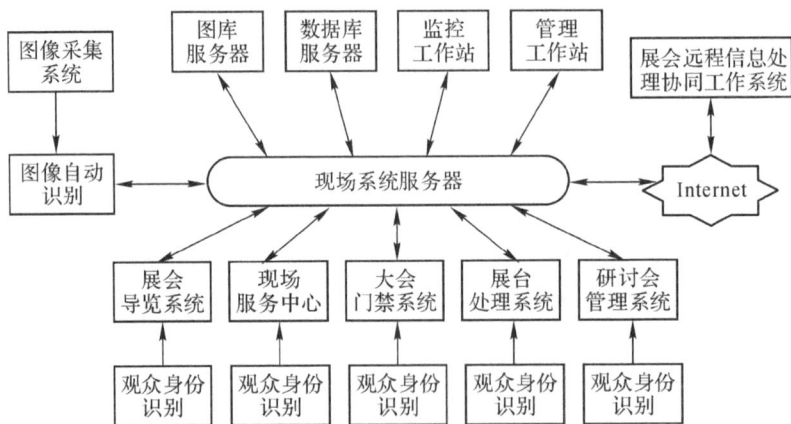

图 10-1　某展会信息管理系统前台技术结构图

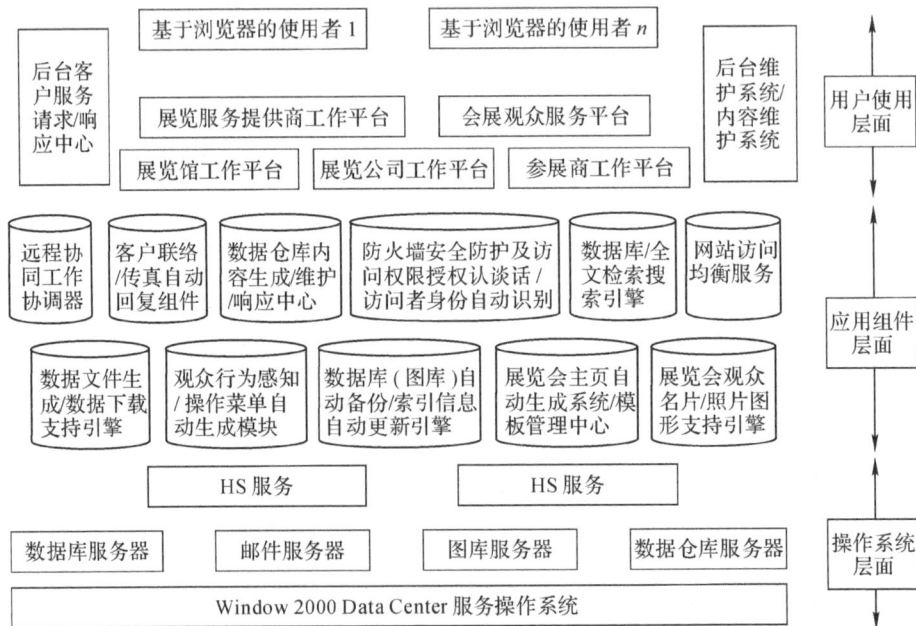

图 10-2　某展会信息管理系统后台技术结构图

一、信息收集

在展览会的现场,主办方通过观众登记等方式收集观众信息,并为参展商所利用,而参展商可在展台收集观众信息。展览公司还可以把最新的展会动态通过文字、图片、视频等方式放在互联网上,让参展商在第一时间了解到展会的最新进展,也可以使那些没来参展的企业及时了解到展会的相关情况。

二、信息统计分析

会展信息是多元素的信息,可以细分为多种信息,例如观众信息可分为基本信息、需求信息和行为信息。基本信息是以名片和现场登记为主采集的,主要是观众的姓名、单位、部门、职务信息和通过邮寄、电话、传真、E-mail、手机、网络等多种方式能联系该观众的必要数据。观众在入口填写的调查表答案反应了观众的需求信息,这样主办方就能清楚定义每个观众的参观目的和个人需求,从而能从此角度去查找有价值的观众。观众在展览会上进出各场馆、参加研讨会、访问各展台留下的数据是观众的行为信息。通过这些数据,能得到有用的结果,如希望知道展会第一天上午来的人有哪些,参加了某个会议的观众有哪些,哪些观众在不同的时间内多次来参观、参观了哪个分场馆或展台,每天的高峰期情况,观众滞留率,等等。

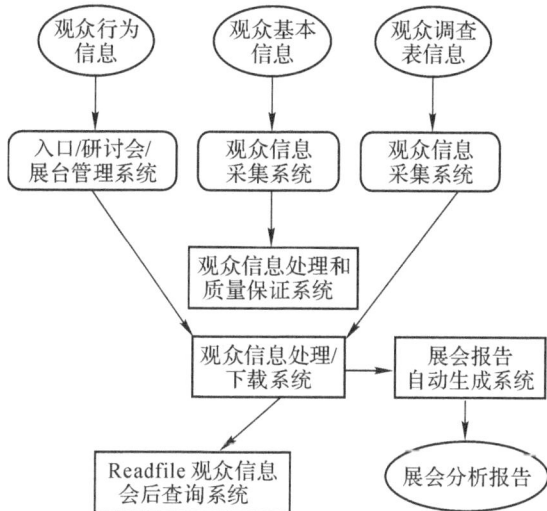

图 10-3 观众信息采集系统示意图

会展公司的客户管理的目标是:提高客户的忠诚度,扩大有效客户的信息收集渠道,量化客户的积分指标,提高客户服务满意程度,集中安全的客户数据管理。会展服务公司通过信息统计分析获得的信息资源可以为客户提供更多的配套服务,如商务旅行、VIP 礼仪接待等。

三、数据库建设与维护

会展营销实践证明,历届参展商与专业观众名单是会展组织机构最重要的资产。使用历届参展商与专业观众数据库名单发送邮件会获得 25％的回应率,而外部名单的回应率仅为 3％(非往届参展商、专业观众或预期目标客户的名单)。因此,维持老客户比开发新客户所投入的费用要少,建立和维护历届参展商与专业观众的数据库关系到展览组织机构营销工作的核心竞争力的建设,应引起足够的重视。在会展市场竞争越来越激烈的情况下,欲保持企业的核心竞争力,客户资源是关键。品牌展会和一般展会的一个区别就在于前者拥有一个完整的并不断更新的数据库,随时跟踪行业内企业的变化、不断保持与新老客户的联系,提供详实全面的数据资料。而具有良好的计算机和网络技术支持的会展信息系统,在数据库的建设方面就会占据很大的优势。

数据库系统是一种合理组织和动态存储有联系的各种数据,并对其进行统一调度、控制和使用的计算机软件和硬件所组成的系统。也就是:数据库反映客观问题和实际数据,通过分类、整理等定量化和规范化处理后,记录为单位存储在计算机中;数据库管理系统实现对数据的完整性、唯一性、安全性的有效管理,提供各种简单明了的管理和控制数据的命令;用户通过应用程序向数据库发出查询、检索等操作命令,以获得满足不同需要的信息。展会的数据库有很多类型,并不局限于客户数据库,例如,对于展会相关行业或产业的信息(产品、价格、技术指标等)也可以建立数据库。会议组织者则可以建立相应的客户数据库,以及交通、酒店、餐饮、旅游目的地数据库等。

会展企业数据库的建设有两种方式:自行开发和外包,对于大型会展项目,主办方往往采用外包的形式,由专业的信息服务公司进行会展数据的采集和处理,所建立的数据库也存放在信息服务公司的服务器上,此时,数据安全问题即数据库的保密问题就必定引起主办方的重视和担忧。数据库是会展企业最重要的资产之一,会展客户数据库无疑属于商业机密,如何防止泄密是会展项目信息管理中必须解决的问题。实践中,一些国家和地区的会展信息服务公司在数据库安全方面做得较好。原因很简单,倘若有出卖客户信息的行为,则这家信息服务公司即使逃过法律的制裁,也再没有客户上门。当然,这些国家在法规制度完善、讲究诚信、自律性方面做得较好也是重要原因。

案例："智慧会展"

基于云计算、物联网、移动互联、3D技术、大数据应用，在传统会展服务基础上突破传统会展时间与空间的局限，寻找新需求、新机遇，极大地拓展了会展的市场空间和盈利空间，紧密结合线上与线下资源，以"O2O模式"（即 Online to Offline)，实现线上与线下的互动，从而达到真正的线上线下、业务驱动、数据核心的智慧会展。

智慧会展，以移动互联网技术为依托，不仅强调物联网、云计算等新一代信息技术应用，更强调建立一个以人为本、协同、开放、互动的实时社交平台。智慧会展的核心是以一种更智慧的方法，提供一个实时社交的开放平台，改变参展商和采购商相互交流的方式，高效利用资源，节约成本和时间，改进会展服务，以便提高商务洽谈的明确性、效率、灵活性和响应速度。

基于"智慧会展"的核心发展理念，办展机构纷纷探索会展行业发展新模式，尝试提出移动会展整合运营方案，整合所有展商的产品信息，建立了一个专业的展会信息实时交流平台，提供展会相关信息的发布与浏览、个人参展信息的推送及沉淀、现场商务社交、产品发布、让意向永不丢失、充分自由和方便的个人管理中心、提取参展用户最常用的行为和基础需求以及为与会展商和采购商提供一站式会展服务等功能；使得线上线下的展会同步进行，让更多的买家尽快找到所需信息，促成见面会谈，优化采购流程，使交流更顺畅，交易更快捷；使其成为同一时间、同一地点、同一目的的人最有效的社交方式，真正做到了让产品更容易发布，让产品能跟人互动，同时让用户无限自由和方便地管理和分享个人和产品信息。

参展商可以把相关产品资料信息上传到随行画册上，产生对应的二维码，然后通过移动终端（如智能手机、平板电脑）或 E-mail 等，快捷即时地发送给意向客户，为参展商提供一个低成本的、精准的营销推广方案。它以二维码作为进入移动互联的入口，充分利用了移动互联的特点及其在信息传播方面的优势，大大增强了企业产品营销推广的效率，让广大中小型参展企业以低成本、快捷、智能的方式将产品信息推广出去，达成双赢。采购商将参展商的产品信息保存至手机后，既可以轻轻一扫就带走感兴趣的所有产品，等到有时间了再细细对比，从中挑出合适的产品，以作进一步的洽谈；也可以很方便地转发给他人，如转发给上司以提高决策效率，或转发给感兴趣的朋友以促进友谊等，这就迅速扩大了参展商产品的推广范围。

不同于其他社交应用的是，"智慧会展"的立足点开始于线下会面，因此当用户未产生社交关系时，随行将引导用户线下会面，当产生好友关系后，线上的互动功能则用以维系已经建立的社交关系。这种纵横贯通的社交模式,使得展会成为一个不停运转的社交网络,无时无刻不在传达着商务信息。

不仅如此,为了让每个人都能够以一种既高效又轻松的方式参加展会,"智慧会展"提取出最常用的三个功能:参展导航、二维码应用与拍照功能。采购商在展会上能够轻松获得交通指引、通过地图查找展馆位置、查找自己感兴趣的展位分布等,主办方也可以统计与会客商的分布,第一时间获取用户商业倾向,从而为参展商推送更精准的会展信息服务。

"智慧会展"还可以结合用户的当行行为,向用户提供周边的商务服务,带动会展周边交通、旅游、餐饮、住宿、通信、广告等相关产业的发展,从而形成一个会展孵化的消费链,带动区域经济和行业经济的高速跨越。同时由于用户以及商务信息的沉积,还可以构建新的产业结构,形成展会经济的二次发酵,带动产业经济的持续发展。

"智慧会展"完美整合各种商流、物流、人流、资金流和信息流,轻松实现智慧技术高度集成、智慧会展高端发展、智慧服务高效智能,有整体营销、综合运营、整合产品与商务服务接入等一整套智慧会展整合服务体系,完成了"传统会展——数字会展——智慧会展"的跃升,从而促进会展行业的高速发展,带动相关产业的发展,创造更大的经济效益。

第二节　展会信息化管理运用

一、展前信息化管理

(一)网页开发制作和信息发布

利用会展企业网站或建立特定项目的会展网站,通过多种网络技术手段进行会展项目的信息发布,对会展项目进行在线宣传,是拓宽信息传播渠道,发布会展企业和项目招展、招商信息的重要方式之一。会展网站的巨大优势可以为广大参展企业和浏览者提供功能强大的信息查询系统,方便参展商和观众迅速找到自己需要的信息,作出参展、参会或参观的决策,从而使会展企业能充分利用网络营销的优势,开拓会展产品营销市场,进一步延伸会展项目和品牌企业的网络形象。

(二)胸卡设计和印刷

注册登记流程是为主办方和参展商提供跟踪观众信息的手段,并提供更多的信息以确保更高效更完整的管理流程。这个流程的信息化是以胸卡的制作为中心进行的。目前,胸卡有多种类型。(1)条码胸卡。条码胸卡是在彩色硬卡纸卡上打印观众的姓名和公司,并以一个唯一的条码来实现整个展会期间的扫描和跟踪。这个条码能使人们通过主系统对观众的辨认号码进行交叉配对。某些会展信息服务公司能在一定范围内选择颜色并通过制作多种不同的胸卡来区分不同类别的会展参加者。还可以按照会展组织方选择的文字尺寸来打印观众的名字和一切所需要的信息。在这些信息的下面会打印出一个独立的、唯一的认证条码和与其相配对的数字。一台入口条码扫描器被应用于登记所有进入展会的出席者,一旦这些记录被下载到信息服务公司的系统中,系统将会提供出席者的名字等信息。进而,参展商也可以通过使用条码扫描器来获取观众详细资料,并且有资格在展会上对他们进行线索跟踪。(2)二维条码。二维条码是一种包含大量观众信息的条码,它包括了观众的公司、职务、地址、电话号码、传真和电子邮件地址等信息,数据录入员可以通过很便捷的方式用高速打印机制作二维条码胸卡。展会信息管理者通过激光扫描器就可以读取二维条码。这使得参展商可以很容易、清晰地阅读观众的胸卡,观众们也可以快速地进入展会现场。(3)磁条胸卡。磁条胸卡直接把所有观众的详细资料储存在胸卡背面的磁条里,就和普通信用卡把相关用户资料储存在背面磁条相类似。研究显示,在信用卡普及的社会里,人们将会持续偏好于类似的塑料卡片,使用这类胸卡能有效增加预先登记观众的出席率。在特定的展会上,自己设计的个性化塑料胸卡可以用来提供给特别的赞助商,或者吸引公众对展会的关注和兴趣。当然,通常在卡片正面的会展信息下会粘贴一张清晰打印着观众姓名和单位以及其他必要资料的标签。入口处的工作人员在某一个特殊的门边扫描胸卡,以便观众迅速无阻地进入会展,与此同时,他们的进入已经被记录下来。参展商可以使用特殊的商业线索跟踪器,并通过观众的胸卡磁条带即时获取参观其层位的观众的详细信息。(4)智能芯片胸卡。通过和制作磁条带相同的流程可以制作智能芯片胸卡。它的最大优点在于智能卡片上的芯片可以储存大量的信息。这个芯片可以使用一套"信用点数"的系统,观众可以通过卡上预先储存的点数在现场享受相应的服务。也可使参展商或会展组办者在处于潜在的没有直接联系的状态下,对现场的观众和代表的位置进行持续的跟踪。

(三)参展商和观众预登记

预登记是时下组织和管理商业展会中十分重要的一个流程,主办方可以提前预知到访观众和其他一些与展会相关的信息。利用信息管理系统实行预登记时,会展参加者(参展商、观众等)通常只需登录指定的会展网站,详细填写在线登记表格并提交,就可以收到组织方发送的一封电子确认函。在一些更先进的会展信息化系统中,会展参加者的手机上还会同时通过短信收到一个条码。当他们到达展会现场时,他们只需出示收到的短信息条码,在门口扫描一下就可以进入展会现场。信息化能够让观众对参观展览的时间和顺序做更好的安排规划,因为观众已经通过网络上查询,了解到展览会的大概情况,这样就能根据自己的兴趣需要来安排参观的流程,用最短的时间达到最优的效果。但前提是观众要在主办方的系统中留下自己的信息。信息化的观众登记能使现场管理变得很容易,据统计,持续三天的展览会有 60% 的观众会在第一天和第二天早上 9 点到 11 点之间到达会场,以上预登记和先进的胸卡制作方法,一般都能保证观众在高峰时段也能尽快地进场。

（四）其他展前管理的工作

如观众邀请、邮寄标签和打印,也都能通过信息化方式提高工作效率。利用电脑软件强大的制图功能,可实现在展会策划和展会招展中的展位图制作与销售。人们可以利用系统提供的载入功能,将已有的展位平面图调入到某个特定的制图软件中,根据精确的刻度进行层位图的重新测量,设定展区展位规则后可批量制作层位,也可直接选择系统提供的各类标准层位的面积制作展位图。制作好的展位图根据层位销售状态的不同显示不同的颜色,让客户直观地得到一张层位销售图,更神奇的是这张展位图可以将每一个展位与展商、招展员、层位费、层位合同、销售日期等客户所关心的所有要素都丝毫不漏地显示出来,当然,需要纸张存档时也可以打印出来。

案例:云计算

云计算(Cloud Computing)是基于互联网的相关服务的增加、使用和交付模式,通常涉及通过互联网来提供动态易扩展且经常是虚拟化的资源。云是网络、互联网的一种比喻说法。狭义云计算指 IT 基础设施的交付和使用模式,指通过网络以按需、易扩展的方式获得所需资源;广义云计算指服务的交付和使用模式,指通过网络以按需、易扩展的方式获得所需服务。这种服务可以是 IT 和软件、互联网相关,也可以是其他服务。它意味着计算能力也可作为一种商品通过互联网进行流通。

云计算由一系列可以动态升级和被虚拟化的资源组成,这些资源被所有云计算的用户共享并且可以方便地通过网络访问,用户无需掌握云计算的技术,只需要按照个人或者团体的需要租赁云计算的资源。云计算是继 1980 年大型计算机到客户端—服务器的大转变之后的又一种巨变。云计算的出现并非偶然,早在 20 世纪 60 年代,麦卡锡就提出了把计算能力作为一种像水和电一样的公用事业提供给用户的理念,这成为云计算思想的起源。在 20 世纪 80 年代网格计算、90 年代公用计算,21 世纪初虚拟化技术、SOA、SAAS 应用的支撑下,云计算作为一种新兴的资源使用和交付模式逐渐为学界和产业界所认知。中国云发展创新产业联盟评价云计算为"信息时代商业模式上的创新"。

继个人计算机变革、互联网变革之后,云计算被看做第三次 IT 浪潮,是中国战略性新兴产业的重要组成部分。它将带来生活、生产方式和商业模式的根本性改变,云计算将成为当前全社会关注的热点。

二、展中信息化管理

展中信息化管理阶段包括现场接待和组织管理过程中的观众信息的采集、录入、处理；发放事先印刷好的参观卡、现场打印观众基本信息，生成个性化的参观卡，便于参展商识别，现场打印带照片的参观卡、一一对应的 IC 卡、电子标签卡等；展会出入口门禁管理；现场分析报告制作；提供展览会各会场和研讨会当天的观众到达人数曲线、到达人数变化曲线、观众区域分布、观众职位统计等分析报告。

（一）观众入场即时信息采集

观众首次入场时提交个人信息，通过技术手段处理信息并写入观众胸卡。一般通过自动识别系统处理后，经过人工校对，并完成录入过程，但是如果观众信息不规范，比如手写信息等，则需要人工录入。但是这样会导致观众等待时间过长，通道处理能力较低，容易引起观众投诉和现场混乱。对系统来说，需要名片识别系统、制卡系统、录入系统同时并存，如果对现场恶劣环境的防范程度不够，再加上所有观众都必须经过一样的流程，紧急情况下就会导致部分观众的信息不能被写入卡上。在信息使用中，可以推荐参展商租用设备读取观众卡中的信息，参展商扫描观众胸卡后即能马上得到观众的详细信息，观众参观完毕后，参展商只需把这些信息通过软盘拷贝回去即可。这种方式易于利用，无论对参展商还是主办商，都能及时得到信息，会中也能生成完整的报告。但是，众多的兼职人员在现场会影响信息处理的准确度，可能降低信息的价值。观众入场时即采信息不但能很好地服务参展商，而且能得到及时的报告，但是实施难度比较大，存在着准确度低的风险。

（二）现场调查信息采集

可以分为观众入场时的调查、观众完成参观后的意见反馈、参展商问卷调查等。观众入场时的调查一般在观众登记处完成，在观众登记时给每人提供一份调查问卷。通过调查了解观众的参观目的、所属行业、参展兴趣、展会的渠道等相关信息。观众完成参观后的意见反馈一般采用抽样调查的方式对已经参观过展会的观众进行调查，由专门的工作人员通过面对面的方式完成。通过调查可以了解观众对展会的意见和建议，是直接了解观众的观展感受的好方式。参展商问卷调查在展会的后半时段进行，调查人员直接到参展商的展台上询问相关负责人来完成。通过调查能了解参展商的参展反馈和意见，并且能让参展商有一种被重视和受关注的感觉。

（三）观众会后信息采集

在这种方式中，观众入场时只需要现场接待即可，信息的录入处理在会后完成。不论何种名片，快速录入公司、姓名、职务即可打印，只需要录入系统和打印机即可。可以现场打印，高峰期可以简单采集信息，发放参观卡。展台使用简单，但没有观众的详细信息。因为会后他们还需要从服务商那里得到扫描观众的详细信息,这样可能存在风险。观众信息不及时,要等到会后一段时间才能看到,但这样时间就比较充裕,准确度较高。会后采集信息的方式入场,接待速度快,准确性高,但是不能使参展商立刻得到详细信息,存在无法获得参展商信息的风险。

案例:物联网

物联网(the internet of things)顾名思义即"物联网就是物物相连的互联网"。这有两层意思:第一,物联网的核心和基础仍然是互联网,是在互联网基础上的延伸和扩展的网络;第二,其用户端延伸和扩展到了任何物品与物品之间,进行信息交换和通信。物联网通过智能感知、识别技术与普适计算、泛在网络的融合应用,被称为继计算机、互联网之后世界信息产业发展的第三次浪潮。物联网是互联网的应用拓展,与其说物联网是网络,不如说物联网是业务和应用。因此,应用创新是物联网发展的核心,以用户体验为核心的创新2.0是物联网发展的灵魂。

在市场应用方面来看,占据中国物联网市场主要份额的应用领域为智能工业、智能物流、智能交通、智能电网、智能医疗、智能农业和智能环保。产业分布上,国内物联网产业已初步形成环渤海、长三角、珠三角,以及中西部地区等四大区域集聚发展的总体产业空间格局。其中,长三角地区产业规模位列四大区域之首。作为被寄予厚望的新兴产业,物联网正四处开花,悄然影响着人们的生活。2012年我国物联网产业市场规模达到3650亿元,比2011年增长38.6%。

随着我国物联网产业发展迅猛的态势和产业规模集群的形成,我国物联网时代下的产业革命也初露端倪。从具体的情况来看,我国物联网技术已经融入到了纺织、冶金、机械、石化、制药等工业制造领域。在工业流程监控、生产链管理、物资供应链管理、产品质量监控、装备维修、检验检测、安全生产、用能管理等生产环节着重推进了物联网的应用和发展,建立了应用协调机制,提高了工业生产效率和产品质量,实现了工业的集约化生产、企业的智能化管理和节能降耗。与此同时,物联网的提出为会展运作、商品流通带来了极大的便利,为智慧会展建设奠定了基础。

随着物联网技术的研发和产业的发展,预计2015年中国物联网市场规模将达7500亿元,发展前景将超过计算机、互联网、移动通信等传统IT领域。作为信息产业发展的第三次革命,物联网涉及的领域越来越广,其理念也日趋成熟,可寻址、可通信、可控制、泛在化与开放模式正逐渐成为物联网发展的演进目标。而对于"智慧会展"的建设而言,物联网将信息交换延伸到物与物的范畴,价值信息极大丰富和无处不在的智能处理将成为会展管理者解决问题的重要手段。

三、展后信息化管理

(一)商业线索追踪服务

借助于信息技术,通过收集专业观众信息和购买意愿,发现和挖掘商业机会,进一步联系专业观众,达成贸易;及时跟进专业观众订购的信息,通过电话等途径与参展商进行联系,提供及时周到的服务,提高成交量。

(二)展后回访

形成完善的卖家信息资料库和买家信息资料库,以此为基础,提供专业的观众回访服务,方式包括邮寄、E-mail、传真等,内容包括会后满意度调查、下届参观意向等,通过展后回访,可以分别管理观众各种联系方式的有效性,进一步提高信息质量。观众展后访问本次展览会站点时,可以查看新发布的展览会资料,查询曾经访问过的展商,查看参展商的最新信息,下载参展商的参展资料,并可通过留言簿或电子邮件联络参展商或主办单位。

(三)展会数据分析

展后数据需进行规范化处理,一般采用专业统计分析工具 SPSS、SAS,以便提出全面翔实的数据分析报告。这些展会统计分析报告是基于观众基本信息、需求信息等数据的多种分析和关联性分析报告,包括:

1. 曲线类分析报告

提供展览会各会场和研讨会的观众到达人数曲线、在馆人数曲线、到达人数变化曲线等,这些曲线可以帮助主办者分析现场展览效果,辅助未来展览策略。例如,研讨会主办者可以分析和比较不同研讨会会场的在馆人数曲线,了解演讲的受欢迎程度和达到的效果等。

2. 比例类分析报告

根据规范化的数据,以饼图或柱图的形式提供基于观众职位、部门、观众来源区域等的分析报告。

3. 调查类报告

通过对观众填写的调查表进行统计和分析,对组委会关心的调查问题提供备选答案的饼图、柱图或图表报告,以及对每个调查问题的相关性分析,如对职位和某个问题看法的相关性分析。

4. 专业角度的思考和建议

对展览会收集到的信息进行价值评估,作出合理的建议和咨询。

案例：移动互联网

移动互联网（Mobile Internet，简称 MI）是指互联网的技术、平台、商业模式和应用与移动通信技术结合并实践的活动的总称。

移动互联网是一种通过智能移动终端，采用移动无线通信方式获取业务和服务的新兴业态，包含终端、软件和应用三个层面。终端层包括智能手机、平板电脑、电子书/MID 等；软件包括操作系统、中间件、数据库和安全软件等。应用层包括休闲娱乐类、工具媒体类、商务财经类等不同应用与服务。随着技术和产业的发展，未来 LTE（长期演进，4G 通信技术标准之一）和 NFC（近场通信，移动支付的支撑技术）等网络传输层关键技术也将被纳入移动互联网的范畴之内。

随着宽带无线接入技术和移动终端技术的飞速发展，人们迫切希望能够随时随地乃至在移动过程中都能方便地从互联网获取信息和服务，移动互联网应运而生并迅猛发展。然而，移动互联网在移动终端、接入网络、应用服务、安全与隐私保护等方面还面临着一系列的挑战。

移动互联网带来人们生活形态的改变，导致商业运作形态，包括会展运作的巨大变迁。这个变革包括移动社交将成客户数字化生存的平台、移动广告将是移动互联网的主要盈利来源、手机游戏将成为娱乐化先锋、手机电视将成为时尚人士新宠、移动电子阅读填补狭缝时间、移动定位服务提供个性化信息、手机搜索将成为移动互联网发展的助推器、手机内容共享服务将成为客户的黏合剂、移动支付蕴藏巨大商机、移动电子商务的春天即将到来。

第三节　展会电子商务

展会电子商务通常是指在世界各地广泛的商业贸易活动中，在 Internet 开放的网络环境下，基于浏览器/服务器应用方式，买卖双方不谋面地进行各种商贸活动，实现消费者的网上购物、商户之间的网上交易和在线电子支付以及各种商务活动、交易活动、金融活动和相关的综合服务活动的一种新型的商业运营模式。展会电子商务是电子商务多种运营模式中的一种专业模式，实现会展采购商和参展商之间的网上购物、商户之间的网上交易和在线电子支付等商业贸易活动。从广义上讲，展会电子商务不仅包括企业间的商务活动，还包括企业内部的商务活动，如生产、管理、财务等，它不仅仅是硬件和软件的结合，而且是把买家与卖家、厂家与合作伙伴在 Internet、Intranet 和 Extranet 上利用信息技术与原有的系统结合起来进行业务活动，在网络化的基础上重塑各类业务流程，实现电子化、网络化的运营方式。展会电子商务所指的商务不仅包含交易,而且涵盖了贸易、经营、管理、服务和消费等各个业务领域,其主题是多元化的,功能是全方位的,涉及社会经济活动的各个层面。

一、展会电子商务的优越性

与传统的会展商务活动方式相比,展会电子商务具有的优越性包括:

(一)交易虚拟化

通过 Internet 为代表的计算机互联网络进行的贸易,贸易双方从贸易磋商、签订合同到支付等,无需当面进行,均通过计算机互联网络完成,整个交易完全虚拟化。对卖方来说,可以到网络管理机构申请域名,制作自己的主页,组织产品信息上网。而虚拟现实、网上聊天等新技术的发展使买方能够根据自己的需求选择产品,并将信息反馈给卖方。通过信息的推拉互动,签订电子合同,完成交易并进行电子支付,整个交易都在网络这个虚拟的环境中进行。电子商务的发展打破了传统企业间明确的组织界限,出现了虚拟企业。

(二)交易成本低

展会电子商务使得买卖双方的交易成本大大降低。一是距离越远,网络上进行信息传递的成本相对于信件、电话、传真而言就越低,此外,缩短时间及减少重复的数据录入也降低了信息成本。二是买卖双方通过网络进行商务活动,无需中介者参与,减少了交易的有关环节。三是卖方可通过互联网络进行产品介绍、宣传,避免了在传统方式下做广告、发印刷品等大量费用。四是电子商务实行"无纸贸易",可减少 90% 的文件处理费用。五是互联网络使买卖双方即时沟通供需信息,使无库存生产和无库存销售成为可能,从而使库存成本降为零。六是企业利用内部网可实现"无纸办公",提高了内部信息传递的效率,节省时间,并降低了管理成本。通过互联网络把其公司总部、代理商以及分布在其他国家的子公司、分公司联系在一起,及时对各地市场情况作出反应,即时生产、即时销售,降低存货费用,采用高效快捷的配送公司提供交货服务,从而降低产品成本。七是传统的贸易平台是展馆摊位,电子商务贸易平台则是网站,大大降低了摊位的租金。

(三)交易效率高

由于互联网络将贸易中的商业报文标准化,使商业报文能在世界各地瞬间完成传递与计算机自动处理,使原料采购、产品生产、需求与销售、银行汇兑、保险、货物托运及申报等过程无需人员干预,而在最短的时间内完成。传统贸易方式中,用信件、电话和传真传递信息必须有人的参与,且每个环节都要花不少时间。有时由于人员合作和工作时间的问题,会延长传输时间,失去最佳商机。电子商务克服了传统贸易方式费用高、易出错、处理速度慢等缺点,大大缩短了交易时间,使整个交易非常快捷与方便。

(四)交易透明化

买卖双方从交易的洽谈、签约以及货款的支付、交货通知等整个交易过程都在网络上进行。通畅、快捷的信息传输可以保证各种信息之间互相核对,可以防止伪造信息的流通。例如,在典型的许可证系统中,由于加强了发证单位和验证单位的通信、核对,假的许可证就不易漏网。海关 EDI 也帮助杜绝边境的假出口、兜圈子、骗退税等行径。

(五)优化社会资源配置

由于一个行业的所有企业不可能同时采用展会电子商务,所以率先使用展会电子商务的企业会有价格上的优势、产量上的优势、规模扩张上的优势、市场占有上的优势和规则制定上的优势,而那些后来使用者或不使用者的平均成本则有可能高于行业的平均成本。这样,社会的资金、人力和物力等资源会通过市场机制和电子商务的共同作用,从成本高的企业向成本低的企业流动,从利用率低的企业向利用率高的企业流动,从亏损的企业向盈利的企业流动,从而使社会资源得到更合理和更优化的配置。

(六)使企业技术创新与市场无缝连接

展会电子商务促使中小企业更新技术,提高市场应变能力。Internet 的飞速发展为产品的研发提供了快捷的方式,在企业技术创新和产品升级方面,电子商务发挥了一定的积极作用。因为电子商务使新技术、新创意在网上迅速传播,为企业开发新产品提供了准确、及时的信息,开发者可以利用网络快速调研,了解顾客最新的需求。在开发产品的过程中,电子商务是迅捷简便的,具有友好界面的用户信息反馈工具,决策者们能够通过它获得高价值的商业情报,辨别隐藏的商业关系和把握未来的趋势。因而,他们可以作出更有创造性、更具战略性的决策。开发者利用网络迅速得到市场反馈,以便随时对产品进行改良,使产品最大限度地满足市场需求。

(七)为向消费者提供个性化服务创造了条件

在传统方式下,人们必须在展会开幕期间去展会购物,受较强的时间和地点限制。展会电子商务的全球市场由计算机网络连接而成,网络工作的不间断特性使之成为一个与地域及时间无关的一体化市场,世界各地的任何人都可以通过计算机和 Internet 随时、随地、随意地进行商务活动。企业也可以利用网络追踪和分析每一位消费者的偏好、需求和习惯,同时将消费者的需求及时反馈到决策层,促进企业针对消费者而进行的研究和开发活动,使企业对客户的了解和认知更为透彻,更好地为他们提供个性化服务,提高他们的满意度和忠诚度,为企业增加盈利。

(八)提高企业内部团队合作效率

在企业内部,展会电子商务模式可以促使企业打破部门之间的界限,把相关人员集合起来,按照市场机制去组织跨职能的工作,从而减少企业的管理层次和管理人员的数量。将那种容易形成官僚主义、低效率、结构僵化、沟通壁垒的单一决策中心组织改变为分散的、多中心决策组织。因为决策的分散化能够增强员工的参与感和责任感,提高了决策的科学性和可操作性,改变下级服从上级、上级行政干预下级的专制型的企业管理模式。在管理思想上,强调高效敏捷;在管理体制上,注重各环节的协调、配合和并行工作;在组织功能上,强调企业领导者的协调、服务和创新,着力培养企业员工的团队精神,增强企业的凝聚力;在管理的任务方面,强调以客户需求为中心。

电子商务是运用现代电子计算机技术,尤其是网络技术进行的一种社会生产经营形态,根本目的是提高企业生产率,降低经营成本,优化资源配置,从而实现社会财务最大化。从这个意义上说,展会电子商务要求的是整个会展贸易生产经营方式价值链的改变,是利用信息技术实现会展商业模式的创新与变革。

图 10-4　基于网络技术的电子商务

案例:3D 打印技术

3D 打印技术是一种以数字模型文件为基础,运用粉末状金属或塑料等可黏合材料,通过逐层打印的方式来构造物体的技术。3D 打印机则出现在上世纪 90年代中期,即一种利用光固化和纸层叠等技术的快速成型装置。它与普通打印机工作原理基本相同,打印机内装有液体或粉末等"印材料",与电脑连接后,通过电脑控制把"打印材料"一层层叠加起来,最终把计算机上的蓝图变成实物。3D 打印技术不是 3D 技术。3D 技术是指靠人两眼的视觉差产生的立体感觉。人的两眼(瞳孔)之间一般会有 8 厘米左右的距离。要让人看到 3D 影像,就必须让左眼和右眼看到不同的影像,使两幅画面产生一定差距,也就是模拟实际人眼观看时的情况。目前,在全球的电影院里商用化的 3D 放映技术主要包括主动立体和被动立体两种。近期,一些公司又推出采用 RGB 分色技术的光谱立体放映技术(INFITEC)。

如今 3D 打印技术在多个领域得到应用,由于打印精度高,打印出的模型品质自然不错。除了可以表现出外形曲线上的设计,结构以及运动部件也不在话下。如果用来打印机械装配图,齿轮、轴承、拉杆等都可以正常活动,而腔体、沟槽等形态特征位置准确,甚至可以满足装配要求,打印出的实体还可通过打磨、钻孔、电镀等方式进一步加工。同时,粉末材料不限于砂型材料,还有弹性伸缩、高性能复合、熔模铸造等其他材料可供选择。

3D 打印技术最突出的优点是无需机械加工或任何模具,就能直接从计算机图形数据中生成任何形状的零件,从而极大地缩短产品的研制周期,提高生产率和降低生产成本。与传统技术相比,3D 打印技术还拥有如下优势:通过摒弃生产线而降低了成本;大幅减少了材料浪费;而且,它还可以制造出传统生产技术无法制造出的外形,让人们可以更有效地设计出飞机机翼或热交换器;另外,在具有良好设计概念和设计过程的情况下,3D 打印技术还可以简化生产制造过程,快速有效又廉价地生产出单个物品。

3D 打印技术带来的变化或将改变制造业的经济面貌。许多人认为,这项技术将让商业完全去中心化,逆转伴随着工业化到来的城市化进程,人们将不再需要工厂,届时每个村庄都将拥有一个由打印机组成的制造厂,制造所需的物品。3D 打印技术减少了对工厂工人的需求,削减成本工资,增加发达国家的生产能力。

3D 打印技术给展示实体物品的会展业带来挑战,对物流公司带来的威胁是显而易见的,当然其间也涉及税收、知识产权保护等问题。

二、展会电子商务的类型

展会电子商务的应用主要有三种模式:一是会展企业建立一个与现场展会相配套的网上会展网站,使会展企业的服务水平得以提高,同时提高现场展会的成交量。二是参展商建立自己的电子商务网站,通过参展商和采购商互动的过程,使采购商能主动决定产品规格、品质与价格,使参展商可以更快、更准确地捕捉采购商光临网站的各项数据信息,以此来了解采购商的偏好,预测新产品概念和广告效果,最终使采购商参与到产品的设计中来。三是电子商务平台与展会合作,以电子商务平台参展的形式出现,展览主办方与电子商务平台合作以互利为合作基础,电子商务平台参加展会多作为媒体与展会进行资源互换。展览主办方是想利用电子商务平台的点击量、行业资讯栏目发布相关展会预告,而电子商务平台则通过展会扩大知名度,宣传品牌,同时也为未来战略性合作打基础。

展会电子商务按电子商务交易涉及的对象、电子商务交易所涉及的商品内容和进行电子业务的企业所使用的网络类型等对电子商务进行不同的分类。

（一）按参与交易的对象分类

按参与展会电子商务交易涉及的对象分类,可以分为以下三种类型:

1.参展企业与采购商之间的电子商务(B2C)

这是采购商利用 Internet 直接参与会展经济活动的形式,类同于商业电子化的零售商务。随着 Internet 的出现,网上销售迅速发展起来。目前,在 Internet 上有许许多多各种类型的虚拟商店和虚拟企业,提供各种与商品销售有关的服务。通过网上商店买卖的商品可以是实体化的,如书籍、鲜花、服装、食品、汽车、电视等;也可以是数字化的,如新闻、音乐、电影、数据库、软件及各类基于知识的商品;还有提供的各类服务,如安排旅游、在线医疗诊断和远程教育等。

2.会展企业与参展商之间的电子商务(B2B)

企业可以使用 Internet 或其他网络对每笔交易寻找最佳合作伙伴,完成从订购到结算的全部交易行为,包括向供应商订货、签约、接受发票和使用电子资金转移、信用证、银行托收等方式进行付款,以及在商贸过程中发生的其他问题,如索赔、商品发送管理和运输跟踪等。企业对企业的电子商务经营额大,所需的各种软硬件环境较复杂,但在 EDI 商务成功的基础上发展得最快。

3.企业与政府方面的电子商务(B2G)

这种商务活动覆盖企业与政府组织间的各项事务。例如企业与政府之间进行的各种手续的报批,政府通过 Internet 发布采购清单,企业以电子化方式响应,政府在网上以电子交换方式来完成对企业和电子交易的征税等,这成为政府机关政务公开的手段和方法。

（二）按交易涉及的商品内容分类

如果按照展会电子商务交易所涉及的商品内容分类,电子商务主要包括两类商业活动。

1.间接电子商务

电子商务涉及商品是有形货物的电子订货,如服装、工艺品、食品、汽车等,交易的商品需要通过传统的渠道,如邮政业的服务和商业快递服务来完成送货,因此,间接电子商务要依靠送货的运输系统等外部要素。

2.直接电子商务

电子商务涉及商品是无形的货物和服务,如计算机软件、娱乐内容的联机订购、付款和交付,或者是全球规模的信息服务。直接电子商务能使双方越过地理界线直接进行交易,充分挖掘全球市场的潜力。

（三）按电子商务使用的网络类型分类

根据开展电子商务业务的企业所使用的网络类型框架的不同,展会电子商务可以分为如下三种形式:

1. EDI 网络电子商务

EDI 是按照一个公认的标准和协议,将商务活动中涉及的文件标准化和格化式,通过计算机网络,在贸易伙伴的计算机网络系统之间进行数据交换和自动处理。EDI 主要应用于企业与企业、企业与零售商之间的贸易业务。EDI 电子商务目前已得到较大的发展,技术上也较为成熟,但是因为开展 EDI 对企业有较高的管理、资金和技术的要求,因此至今尚不太普及。

2. Internet 电子商务

Internet 电子商务是指利用连通全球的 Internet 开展的电子商务活动。在 Internet 上可以进行各种形式的电子商务业务,所涉及的领域广泛,全世界各个企业和个人都可以参与,正以飞快的速度在发展,其前景十分诱人,是目前展会电子商务的主要形式。

3. 内联网络电子商务

内联网络电子商务是指在一个大型企业的内部或一个行业内开展的电子商务活动,形成一个商务活动链,可以大大提高工作效率和降低业务的成本。

案例:大数据

大数据(big data)指的是所涉及的资料量规模巨大到无法透过目前主流软件工具,在合理时间内达到撷取、管理、处理、并整理成为帮助企业经营决策更积极目的的资讯。大数据的特点有四个层面:第一,数据体量巨大。从 TB 级别,跃升到 PB 级别。第二,数据类型繁多。网络日志、视频、图片、地理位置信息等等。第三,价值密度低。以视频为例,连续不间断监控过程中,可能有用的数据仅仅有一两秒。第四,处理速度快。最后这一点也是和传统的数据挖掘技术有着本质的不同。业界将其归纳为 4 个“V”——Volume, Variety, Value, Velocity。大数据搜索的主要挑战在于:海量处理规模、多字段多类型数据融合、高效的索引压缩技术及毫秒级的索引更新技术。

对大数据关注的一个原因就是它的大价值,比方 eBay,建立的大数据分析平台可以准确分析用户的购物行为。通过对顾客的行为进行跟踪、对搜索关键字广告的投入产出进行衡量,优化后 eBay 产品销售的广告费降低了 99%,顶级卖家占总销售额的百分比却上升至 32%。大数据的作用很多,拿球赛来说,我们现在可以通过比赛录像找出对手的缺点。有个大数据应用是视频教练工具,用这个工具,球员可以比较和对比同一投球手的不同投球,或是几天或几周的投球情况的时间序列数据。

大数据更多地体现数据的价值。各行业的数据都越来越多，在大数据情况下，保障业务的顺畅，有效地管理分析数据，能让领导层做出最有利的决策。

最早提出"大数据"时代到来的是全球知名咨询公司麦肯锡，麦肯锡称："数据，已经渗透到当今每一个行业和业务职能领域，成为重要的生产因素。人们对于海量数据的挖掘和运用，预示着新一波生产率增长和消费者盈余浪潮的到来。"Teradata大中华区首席执行官辛儿伦对新浪科技表示，随着大数据时代的到来，企业应该在内部培养三种能力：第一，整合企业数据的能力；第二，探索数据背后价值和制定精确行动纲领的能力；第三，进行精确快速实时行动的能力。而当大数据到来的时候，会展企业将会缺少这方面的采集收集分析方面的人才，工作人员面临大数据将是一种挑战，会展企业要在平时的时候多对员工进行这方面的培训，以确保在大数据到来时，员工也能适应相关的工作。

三、展会电子商务的功能

电子商务通过Internet可提供在网上的交易和管理的全过程的服务，具有以下七大功能：

（一）广告宣传

电子商务使企业可通过自己的Web服务器和网络主页和电子邮件在全球范围同时作广告宣传，在Internet上宣传企业形象和发布各种商品信息，客户用网络浏览器可以迅速找到所需的商品信息。与其他各种广告形式相比，在网上发布的广告成本最为低廉，而给顾客的信息量却最为丰富。

（二）商务洽谈

电子商务使企业可借助非实时的电子邮件、新闻组（news group）和实时的讨论组（chat）来了解市场和商品信息，洽谈交易事务。如有进一步的需求，还可用网上的白板会议（whiteboard conference）、公告板BBS来交流即时的信息。在网上的咨询和洽谈，能超越人们面对面洽谈的限制，提供多种方便的异地交谈形式。

（三）网上交易

电子商务通过Web中电子邮件的交互传送，实现客户在网上的交易。企业的网上交易系统通常都是在商品介绍的页面上提供十分友好的交易提示信息和交易交互表格，当客户填完订购单后，系统回复确认信息单，表示交易信息已收悉。电子商务的客户交易信息采用加密的方式，使客户和商家的商业信息不会泄露。

（四）网上支付

网上支付是电子商务交易过程中的重要环节，客户和商家之间可采用信用卡、电子钱包、电子支票和电子现金等多种电子支付方式进行网上支付，采用网上电子支付的方式节省了交易的开销。对于网上支付的安全问题现在已有实用的 SET 协议等来保证信息传输安全。电子账户交易的网上支付由银行、信用卡公司及保险公司等金融单位提供电子账户管理等网上操作的金融服务,客户的信用卡号或银行账号是电子账户的标志。电子账户通过客户认证、数字签名、数据加密等技术措施的应用,保证电子账户操作的安全性。

（五）信息服务

电子商务通过服务传递系统,将所有客户交易的商品尽快传递到已订货并付款的客户手中。对于有形的商品,信息服务传递系统可以对本地和异地的仓库在网络中进行物流的调配,并通过快递业完成商品的传送;而无形的产品如软件、电子读物、信息服务等则立即从电子仓库中将商品通过网上直接传递到用户端。

（六）市场调研

企业的电子商务系统可以采用网页上的选择、填空等,及时收集客户对商品和销售服务的反馈意见。客户的反馈意见能提高网上交易售后服务的水平,使企业获得改进产品、发现市场的商业机会,使企业的市场运作形成一个良性的封闭回路。

（七）综合管理

电子商务的综合管理系统,可以完成对网上交易活动全过程中的人、财、物、客户及本企业内部的各方面进行协调和管理。电子商务的上述功能,为网上交易提供了一个良好的交易服务和进行管理的环境,使电子商务的交易过程顺利和安全地完成,并可以使电子商务获得更广泛的应用。

案例：网络会展

近日,环球资源宣布,公司将推出全新的网上展览会,以进一步扩大公司的"环球资源采购交易会"(China Sourcing Fairs)的覆盖面及价值。第一个网上展览会已于 2011 年 4 月"环球资源采购交易会"香港春季展期间推出。公司计划陆续推出网上展览会,目标是全面覆盖公司在六个城市所举办的超过 60 场展览会。

环球资源董事长兼首席执行官韩礼士表示:"每一个网上展览会与其相应的面对面展会相辅相成,目标是为买家及供应商带来更多、更具价值的服务。环球资源深信,网上展览会的推出将帮助我们在展中及展后接触到更广泛的买家社群。此外,公司预计有关举措将可以提高广告客户的续约率,吸引更多新的参展商以及增加新的营收来源。"

即使买家不能亲身到现场参观展会,也可以通过网上展览会浏览参展商的展位及搜寻他们的产品。此外,买家也可以使用不同的网上渠道与供应商联系,包括使用视频会议与参展商洽谈及观看有关展会的报道。就参展商而言,网上展览会可以帮助他们争取更多订单的机会,并提升他们的品牌知名度。参展商将可以获取更多具价值的销售查询,而他们的参展回报将会从展前、展中及展后不同阶段累积起来。

网上展会的优势首先在于其没有时间限制,每天 24 小时均可访问,真正实现了展会的永不落幕。其次是网上展会无地域限制,只需有一台连上互联网的电脑,即可随时随地参观访问。这种优势,可以将世界各地的资源聚合起来。第三,网上展览成本低、效率高。作为传统展览的延伸和增值服务的形式,网络展览潜力待挖。

思考题:

1.试述展会信息化的定义。

2.展会信息管理的具体工作内容主要有哪些?

3.展会信息化管理的内容包括哪些方面?

4.什么是智慧会展?

5.何谓展会电子商务?

6.展会电子商务的应用主要有哪三种模式?

7.请简述展会电子商务的分类和功能。

第十一章　会展危机管理

【学习要求】

掌握会展危机的种类；理解不同种类的会展危机；理解"RCRR模式"；了解会展危机预警的基本步骤；了解会展危机预警中需要避免的情况；掌握危机预警机制的种类；掌握会展危机预防的四种应对措施；掌握会展危机中的形象管理；掌握会展危机中的沟通技巧；掌握会展危机媒体管理的办法和要点；掌握会展危机反应管理的目的和具体措施；掌握会展危机的恢复管理的内容和具体措施。

【本章概要】

危机管理是确保展会能按期举行的有效措施，确保展会安全举行的有力手段，能最大限度地减少办展机构的损失，是对客户高度负责的具体体现。危机的种类可以分为市场危机、经营危机、财务危机、合作危机等。

为了应对会展危机，办展机构一般采用"RCRR模式"，即预警（Readiness）、沟通（Communication）、反应（Response）、恢复（Recovery）来进行危机管理。

会展危机预警的基本步骤为进行会展危机风险评估、建立会展危机预警机制、开展会展危机预防措施。危机预警机制分为指标性危机预警系统和电子危机预警系统等。指标性危机预警系统是将判断危机是否发生的信息转化成一系列较容易识别的指标，并根据指标的变化情况来进行危机预警的系统。电子危机预警系统主要是通过有关电子装置对可能引起危机的信息进行收集、监视和分析并发出危机预警的系统。会展危机预警中，办展机构需要避免出现两种情况：一是有关人员对危机预警信号反应迟钝而错失进行危机预防和危机反应的良机；一是危机预警系统本身失灵，不能及时对即将到来的危机进行预警。

危机预防是指尽量避免危机的发生，尽量减少危机发生的可能性，或者是尽量降低危机发生后所造成的损失。对可能发生的危机进行预防的四种应对措施（"PETA方法"）是：阻止（Prevent）、回避（Evade）、转移（Transfer）、接受（Accept）。

会展危机中的媒体管理办法包括将媒体作为危机管理的重要对象、多渠道地与媒体保持沟通和密切联系、适当地控制媒体在危机中的活动范围等。会展危机中的媒体管理要点包括不要和媒体发生冲突、不要责怪其他组织和个人、尽量提供真实的信息、保持冷静并表现得坦率和诚实、要富有责任心和同情心、注意运用应对采访的技巧等。

为了做好危机中的形象管理,办展机构应做到:注意及时处理外部关注的焦点问题、反映组织的真实态度和行为、与危机发生前的态度和行为保持一致、协调与利益攸关者的关系。

办展机构需要在危机管理中做好沟通工作。由于危机管理中沟通的特殊性,要求我们对沟通做到:使用合适的沟通渠道、使用规范化的沟通方式、培养信息收集和分析的技能、公开地与外界进行交流、避免引起冲突和过分的情况等。

危机反应管理的主要目标就是努力减少危机造成的直接和间接损失并为危机恢复创造条件。具体来说是迅速消除危机或阻止和延缓危机的蔓延;阻止和减少危机的交互作用;阻止或减少危机对人、财、物的伤害。危机反应管理的措施包括:迅速成立危机反应小组、把握住危机反应的黄金时间、获取信息和保持内外部的沟通畅通、按轻重缓急对行动进行排序、重视对人的管理、牢记法律义务等。

会展危机恢复管理包括人的恢复、物和系统的恢复、形象和声誉的恢复等三个方面。危机恢复管理的任务在于保持会展的连续性,维持办展机构的生存并改进办展业务流程,恢复办展机构和有关会展的声誉和形象,恢复有关人员的信心,使办展机构和有关会展获得新的发展。危机恢复管理的具体措施包括:成立危机恢复小组、及时沟通、对需要恢复的对象进行排序、重视对人的全面恢复、整合资源寻求新发展。

第一节　会展危机的种类

会展行业进行危机管理是确保展会能按期举行的有效措施,确保展会安全举行的有力手段,能最大限度地减少办展机构的损失,是对客户高度负责的具体体现。危机的种类可以分为市场危机、经营危机、财务危机、合作危机等。

市场危机,是指那些由市场和社会宏观环境所产生的、对所有办展机构都发生影响的危机,如战争、恐怖袭击、自然灾害、瘟疫、经济衰退、通货膨胀、游行示威等。市场危机属于系统性危机,属于"不可抗力",一旦发生,将对所有会展活动产生重大影响。办展机构可以通过慎重选择办展地点来规避这类风险。

案例：

- 2001 年，美国发生"9·11"恐怖袭击事件，人心动荡，全球著名的 IT 展览 Comdex，企业参展意愿非常勉强，来场参观人数更是剧降六成，办展机构几乎血本无归。

- 2003 年 3 月打响的美伊战争使得中东国家的会展业首当其冲，发生了严重萎缩，很多品牌展会停止举办，办展公司申请破产。

- 2003 年非典肆虐横行，很多会展活动被迫停止举办，造成会展业巨大损失，全球会展业一片萧条。2003 年 3 月，SARS 疫情初露峥嵘，致使许多展会的参展商和观众人数锐减，海外客商基本都拒绝参加展会。5 月份，疫情达到高峰，全国各地的 98 个大型展览会（其中有国际展 55 个）全部取消，整个行业基本上是"颗粒无收"。6 月份，疫情开始缓解，全国各地的各种会展活动还是基本全部停办，仅北京地区就取消了 79 个展览会（其中 34 个国际展），全国会展行业损失惨重。据中国展览馆协会统计，在 2003 年 1～5 月，全国举办展览会的收入比 2002 年同期减少 55%，利润减少 60% 以上。7 月份，疫情基本得到控制，但它的影响却依然存在：如原定于 2003 年 10 月 22～25 日在北京举办的"第九届中国国际激光及电子产品展览会"，因日本、韩国和我国台湾省等展团的退出而无法举办，只得推迟到 2004 年；原定于 2003 年 9 月 14～21 日在北京举办的"2003 国际礼品展"，因参展外商全部退出而被迫取消。

- 2008 年以来，世界经济衰退可能将严重高于预期。各行各业将无法逃脱经济衰退带来的严重后果。时至今日，愈演愈烈的欧洲债务危机已经危及了欧元区的稳定，并造成世界经济的动荡。经济衰退造成了百业萧条，会展业深受其害。通货膨胀给社会带来的危害是严重的。带来物价上涨，市场机制破坏，社会动荡和人心不安等。会展业发展需要的和平环境将被根本性破坏。宽松货币政策下带来了世界各国物价上涨。最极端的例子是 2008 年的津巴布韦，通货膨胀率达到 100500%，当地货币的纸面价值已经低于纸的价值。

- 2012 年伦敦奥运会期间，相继发生的出租车司机、货车司机、市民的游行示威和罢工，造成了参观奥运会的游客的不便，影响了奥运会的顺利举办。英国是一个游行示威和罢工多发的国家，公民习惯用这些方式表达自己的意愿，是民主和发达的表现。但是对于举办会展活动来说，却是值得再三考虑的一个因素。

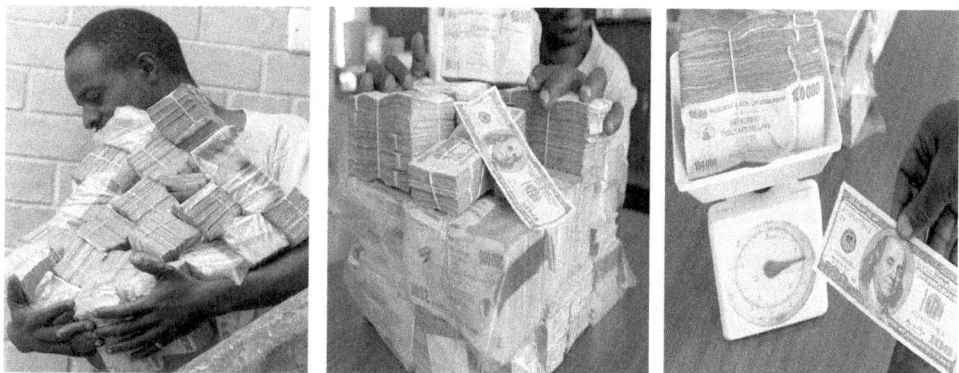

在津巴布韦，抱着钱出去购物的男子，这么多纸币只相当于 100 美元，商家不得不用秤称这些钱。

经营危机是指因办展机构经营方面的原因而给举办展会带来的危机，如展会现场布置不当和设施老化等引起的展会现场火灾和展位坍塌；因通道安排不合理而致人群拥挤并出现事故；因展会定位不当、招展不力、招商不顺、宣传推广效果不佳、人力资源及人员结构不适合、出现新的竞争者而使展会无法继续举办等；展览期间的饮食卫生得不到保证、公众健康受到威胁、展览管理失误而引起参展商"闹展"或"罢展"等。

案例：

• "2004 中国（上海）绿色交通工具展览会"招展过程中，宣传中以醒目标题提示：此次展览五六百个展位"爆满"，但是到了开幕那一天，才发现只有 58 家企业参展，仅租出去 100 多个展位。并且，办展机构当初承诺参展的都是电动车企业，但他们来之后才发现，展会上只有寥寥十几家电动车企业。而原来"2004 中国（上海）绿色交通工具展览会"变成了"2004 中国（上海）绿色交通工具、地铁、轻轨及智能交通展览会"。参展商集体"罢展"，对办展机构进行索赔，惊动了地方政府和多家媒体。

• 2006 年 1 月，波兰霍茹夫市举办的"2006 年信鸽展览会"，因为展馆上方积雪没有被及时清扫，致使展馆坍塌酿成 65 人死亡、100 多人受伤的重大悲剧。

• 2007 年 11 月 10 日上午，家乐福重庆沙坪坝店举行 10 周年店庆促销活动，由于人多拥挤发生踩踏伤亡事故，造成 3 人死亡、31 人受伤。

• 某国际酒店设备产品及服务展览会举办期间，部分参展商和观众因为吃了办展机构指定餐饮服务商提供的快餐，100 多人出现肚痛、发热、拉肚子等现象，

20多人住院治疗,给展会带来恶劣影响。

- 某汽车用品交易会上,出现了一批混迹展会之中,借展会的旺盛人气,推销与展览无关的、甚至是假冒伪劣或三无产品的人员或企业。这就是业内所称的"展虫"。他们的伎俩包括:一些上规模的展虫,经常变换参展公司名称,变换营业执照,逃过展览主办方的参展资格审查,被称之为"变色龙";许多展览会有些参展商因故缺席,展虫就会耍无赖抢占摊位进行产品销售,被称之为"寄居蟹";脸皮厚、老油条无赖型,如果主办方下了逐客令,就狮子大开口,要求主办方赔偿交通费和住宿费,被称之为"铁甲虫";利用展馆监管人员人手不够,躲躲闪闪跟主办方捉迷藏,销售假冒伪劣产品的,被称之为"蚊子"。这些"展虫"不但坑害了消费者,还严重损害了展会和参展厂商的声誉。

财务危机包括办展机构自有资金投入和举债筹措办展资金给财务成果带来的不确定性。如果资金安排跟不上展会筹备工作对资金投入的需要,展会的筹备进展就会受到影响;如果投入不当,办展机构投入筹办展会的各种资金就难以按期如数收回。因此,办展机构必须慎重选择会展投资项目,设定合理的盈利目标,维持一个合理的资金筹措结构。一般情况下,展会利润率要维持在正常的利息率之上。

合作危机是指办展机构和各合作单位之间、办展机构与展馆之间、办展机构与展会各服务商以及各营销中介之间,在合作条件、合作目标和合作事务各环节上可能出现的不协调、不一致和其他不确定性而对展会产生严重的影响。例如,某合作机构中途退出展会、展会指定展品运输商工作失误使展品运输紊乱、展馆因某种原因而延迟展会的排期等。为了确保合作的成功,合作双方需要细化合作条件,通过文字性的合同条款明确各合作单位的权、责、利,并且在合作过程中保持积极沟通和协调,以解决合作中出现的问题为基点推进合作的实现。

案例:

A会展公司和B会展公司决定把各自的两个同类型的展会合并进行合作办展。两公司签订了合作办展的原则性的君子协定。但是,在实际的操作过程中,两公司还是因为权利、责任、利益分配不清的问题出现了很多矛盾,严重影响了展会筹备。对此,B会展公司主动积极地和A会展公司进行了沟通和协调,最后实现了展会的顺利举办与合作的成功。

问:该案例对我们在防范合作风险方面有何启示?

经营危机、财务危机、合作危机都属于个体性风险,不属于"不可抗力",一旦发生,对办展机构个体将产生重大影响。办展机构可以通过提升自身实力来规避这些风险。

为了应对这些危机,办展机构一般采用"RCRR 模式",即预警(Readiness)、沟通(Communication)、反应(Response)、恢复(Recovery)来进行危机管理。预警(Readiness),就是在危机发生前对可能发生的危机事件进行预测和预防,通过捕捉危机可能发生的蛛丝马迹,分析危机事件发生的可能性,针对危机可能发生的概率制订不同的预防措施,做到防患于未然。沟通(Communication)是指为了阻止危机事件的发生,或者在危机发生以后为了有效地进行危机管理,办展机构内部的信息交流和沟通以及他们与外部的沟通十分重要,没有很好的信息交流和沟通就没有有效的危机管理。反应(Response),就是危机事件发生以后不惊慌失措,能按计划和实际情况对危机采取必要的应对措施并作出快速而正确的反应,使危机能得到控制,使危机所造成的损失能减低到最低限度。恢复(Recovery),就是在危机持续期间和危机得到控制以后,办展机构能采取切实措施,使受危机影响的客户、展会、设施和有关人员等尽快恢复到危机发生前的正常状态,能抓住危机中的机会,化不利为有利,使展会得到更好的发展。

第二节　会展危机预警

办展机构可以采用科学的办法,对各类危机发生的可能性的大小以及它们发生后可能造成的影响进行评估,为危机预警提供依据。

一、会展危机风险评估

找出会展可能面临的危机有哪些,办展机构对可能发生的危机进行预防和采取有效的控制措施。办展机构可以采用科学的办法,对市场危机、经营危机、财务危机和合作危机等四种危机发生的可能性的大小以及它们发生后可能造成的影响进行评估,为危机预警提供依据。

二、建立会展危机预警机制

危机预警机制分为指标性危机预警系统和电子危机预警系统等。指标性危机预警系统是将判断危机是否发生的信息转化成一系列较容易识别的指标,并根据指标的变化情况来进行危机预警的系统。这种预警系统一般是用来针对那些根据直接的信息一时无法判断危机是否发生的危机事件。建立指标性危机预警系统,关键是要选择合适的预警指标体系。电子危机预警系统主要是通过有关电子装置对可能引起危机的信息进行收集、监视和分析并发出危机预警的系统。电子危机预警系统有的是一种自动装置,如预警火灾的烟雾报警器等;有的是自动装置与人员监视相结合,如闭路电视监视系统等。电子危机预警系统主要用于那些可以通过电子技术来收集的危机信息,而且这些信息与可能发生的危机之间的因果关系明显。电子危机预警系统可以根据需要做成很多种不同类型,如动态移动系统、动态固定系统、静态移动系统、静态固定系统和混合系统等。在进行危机预警时,办展机构要避免出现两种情况:一是有关人员对危机预警信号反应迟钝而错失进行危机预防和危机反应的良机;一是危机预警系统本身失灵,不能及时对即将到来的危机进行预警。

案例:

  某展览会中,安保人员 A 和 B 同时发现,家电展区内有烟雾,但是因为很多时候参展商的活动都会产生烟雾,属"正常"现象;并且如果真有问题,电子火警系统也会鸣叫,因此没有在意。结果,正是这一不在意,导致了展会火灾的发生,造成了重大损失。后来发现,电子火警系统处于失灵状态。

  问:危机预警机制建立中需要避免哪些问题?

三、开展会展危机预防措施

  危机预防是指尽量避免危机的发生,尽量减少危机发生的可能性,或者是尽量降低危机发生后所造成的损失。对可能发生的危机进行预防的四种应对措施(PETA 方法)是:阻止(Prevent)、回避(Evade)、转移(Transfer)、接受(Accept)。

  危机阻止(Prevent)是指根据危机预警,在危机发生前采取有效的措施阻止危机的发生。例如,在火灾发生前就将可能引起火灾发生的危机源消灭掉,在观众入场参观前就合理地安排好参观通道以避免过度拥挤等。危机阻止简单易行,可以彻底地消除危机,或使危机在萌芽状态就被消灭,对保证会展安全举行具有重要作用。但是,它只对办展机构或有关部门可以控制的危机事件有效,对一些危机如市场危机等行业性危机就显得无能为力。并且,如果危机阻止的成本很大,大到超过阻止危机发生而获得的收益时,采用这种危机预防策略也很不经济。办展机构专门成立现场督察小组,对会展的布展、展览和撤展等阶段进行监控,一旦发现危机源,就立即消灭。几乎所有的办展机构在会展举办期间都是与有关政府部门联合行动以防止危机的发生,如与消防部门合作以防止火灾的发生,与安全保卫部门合作以维护现场秩序等。

  危机回避(Evade)是指危机预警发出的危机信号,办展机构在危机发生前就主动地远离危机而避免危机给自己带来更大损失的一种危机预防策略,包括先期回避和中途放弃。先期回避是办展机构根据危机预警,在危机发生前就远离危机而不承担危机风险的一种策略。这种策略在现实中应用很广,在 2003 年 SARS 疫情危机期间很多办展机构就是如此操作的。中途放弃是因为种种原因而使办展机构中途放弃已经承担的危机风险,这种策略一般不常见,使用这种策略很多是被迫的。和先期回避策略相比,中途放弃的成本较高,也较难处理中途放弃后与各方面的关系和有关利益补偿等问题。

危机转移(Transfer)是指办展机构通过合理的途径,将危机风险或危机可能造成的损失转移给其他有关机构承担的一种策略。危机转移策略在展览业的实践中经常被使用。例如,办展机构通过与指定展品运输代理签订协议,将展品运输过程中可能出现的各种风险转移给展品运输代理;办展机构通过向保险公司投保展品险以及第三者保险等险别,将展品损坏和人员伤亡等风险转移给保险公司。危机控制型转移策略是将危机风险及其潜在损失和危机控制等一起转移的策略,如指定展品运输代理转移运输风险策略,危机控制型转移策略具体可以采用出售、分包和签订免除责任协议等办法来实施。危机财务型转移策

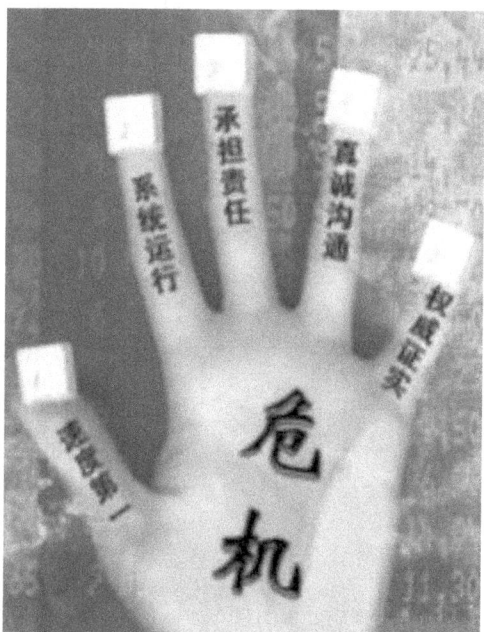

图 11-1 危理管理要略

略是将危机风险的潜在损失从财务上转移到相关机构的一种办法,如向保险公司投保等。危机转移只是转移了危机的风险承担对象及财务损失,而却不能转移危机对会展带来的不利影响。

危机接受(Accept)是主张在危机风险无法或来不及阻止、回避或转移的情况下,办展机构要勇敢地承担起自己的责任,主动地接受危机风险,并通过采取一系列有效措施来尽量降低危机发生的可能性,降低一旦危机真正发生所带来的不利影响和损失,使会展能顺利渡过难关。在危机接受策略下,办展机构有损失预防、损失减少、不利影响掌控和财务对策等应对措施来努力消除危机造成的损失和带来的不利影响。

第三节　会展危机媒体管理

媒体对危机管理的积极作用表现在帮助办展机构传递信息,维护会展和办展机构的形象,为办展机构提供社会支持,帮助办展机构进行危机预警、反应和恢复,帮助办展机构与其客户及其他利益攸关者进行沟通。媒体对危机管理的消极作用

包括媒体可能成为危机的制造者，媒体可能使危机进一步恶化，媒体可能妨碍危机管理。

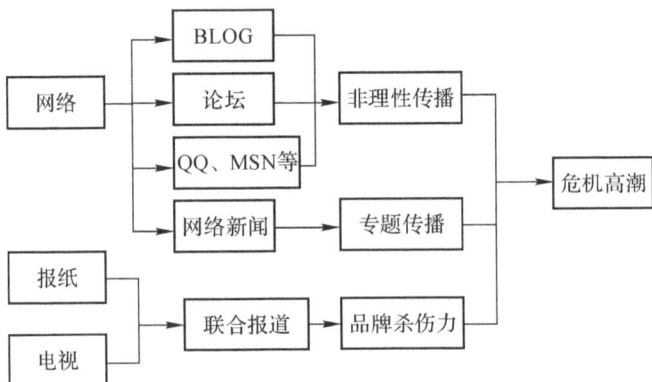

图 11-2　危机在媒体中扩大的路径图

一、会展危机中的媒体管理办法

（一）将媒体作为危机管理的重要对象

将媒体作为一个重要的管理对象纳入会展危机管理计划，可以通过主动地引导媒体报道和采访、主动地向媒体提供信息来有计划地引导媒体为危机管理服务。指定与媒体沟通的负责人或成立相应的管理部门，是办展机构将媒体纳入管理对象的一项重要举措。媒体管理部门对内进行信息筛选，对外进行沟通，发挥极大的协调作用。

（二）多渠道地与媒体保持沟通和密切联系

办展机构可以采用新闻发布会、媒体会议、现场采访、随机采访等，多渠道地与媒体保持沟通和密切联系。对于新闻发布会和媒体会议，要注意使发布的信息满足新闻发布的四个要素，即危机在本会议召开时的情况如何、人们的兴趣所在、当前事态的进展怎样、将来会如何发展等。在发布形式上，要注意做到：简明清晰地介绍信息发布的动机和内容；做一个本事件给人们带来的影响的简要评论；清楚地陈述自己已经、当前和将要采取的危机管理措施；给媒体留下如何继续获取信息的时间、地点和途径。在新闻发布会和媒体会议上，如果有背景材料介绍效果会更好。对于各种采访，危机管理者要有一定的准备，要使被采访者能镇静应对，不要陷入猝不及防的尴尬状态；被采访者对外提供的信息要口径一致，不要随意发挥。

（三）适当地控制媒体在危机中的活动范围

控制媒体在危机中活动范围的目的在于减少干扰，抓紧时间和集中精力处理好危机事件。在对媒体活动范围进行适当控制时，还要对媒体说明原因，取得媒体的理解和配合;同时,还要积极给媒体提供必要的信息,这样,范围控制才会有效。适当地控制媒体在危机中的活动范围,并不是拒绝媒体对危机现场进行采访和报道,更不是对媒体搞封锁。实际上,通过控制媒体在危机中的活动范围来达到封锁消息的目的是行不通的。因为,如果媒体得不到有关信息,媒体总会想方设法冲破危机管理者的限制。另外,一旦媒体不能从正常渠道得到其所希望的信息,他们就会从非正常渠道去获取,而这种渠道得到的信息往往是不真实的。不管哪种情况,结果常常都会对危机管理者不利。不容许媒体进入的范围也可以是动态的。随着危机被逐步控制,受限制的范围可以逐步缩小,到危机完全被控制,就可以取消范围限制,给媒体活动的自由。

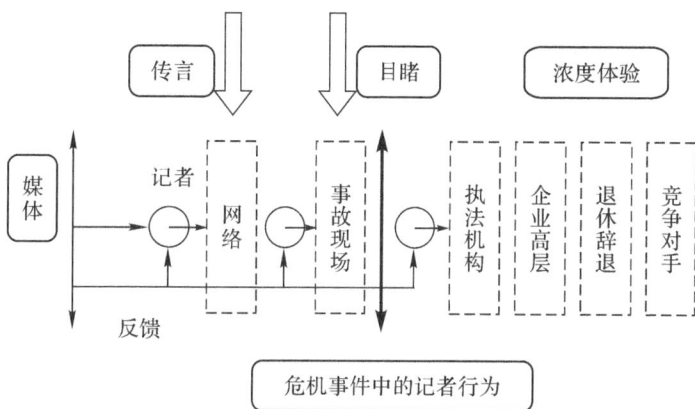

图 11-3　危机事件中的记者行为

二、会展危机中的媒体管理要点

危机中的媒体管理工作是一项富有挑战的工作,它要求管理者熟悉媒体的运作,了解媒体的报道规律,与媒体有良好的关系,能与媒体进行有效沟通,这样,媒体管理工作才会事半功倍。

(一)不要与媒体发生冲突

任何时候与媒体发生冲突都是一种不明智的选择,因为一旦机构与媒体发生冲突,媒体就可能联合起来共同捍卫行业的整体利益。这时,媒体可能发布一些不利于危机控制的信息,媒体就可能成为危机的制造者和危机控制的妨碍者。

(二)不要责怪其他组织和个人

对其他组织和个人的任何指责都会给人一种逃避责任的印象,会破坏危机管理团队的团结。哪怕其他组织或个人真的有过错,在危机得到控制前,也不要向媒体吐露,更不要让媒体推测。因为,在危机管理期间,核心的任务是如何有效控制和消除危机而不是追究究竟该谁负责任。在危机被有效控制和消除以后,一切事实都会真相大白。

（三）尽量提供真实的信息

一旦媒体发现危机管理者提供的某条信息不是事实，他们就会有一种被欺骗的感觉，他们就会对危机管理者提供的其他信息也产生怀疑。因此，要尽量向媒体提供真实的情况，对一些暂时还不明确的情况不要进行主观臆测。如果发现已经提供的某些信息与事实有出入，或者彼此之间出现不一致，要主动地承认这种情况，并就出现这种情况的原因对媒体作出合理的解释。

（四）保持冷静并表现得坦率和诚实

不论媒体的采访提问如何尖锐，危机管理者都要保持冷静，要心平气和，要避免情绪化；对一些敏感的问题，只要不影响危机管理的效果，都可以公开，这样以坦率和诚实方式与媒体交往，有利于在彼此之间形成一种和谐和友好的气氛。对于一些确实不知道的情况，不要以"无可奉告"来回答，因为这样会给人一种傲慢和故意隐瞒事实真相的印象，对维护办展机构的形象极为有害。

（五）要富有责任心和同情心

对于一些涉及危机的受害者和其他利益攸关者的问题，危机管理者要表现得富有责任心和同情心，不要表现得漠不关心，否则，就容易引起媒体和社会公众的反感。

（六）注意运用应对采访的技巧

在接受采访之前，要尽量事先拟定回答问题的答案提纲，以便到时应对自如。在被采访时，要在较短的时间内简要阐明自己的重要立场，这样更有利于媒体报道的传播。在安排新闻发布会或媒体会议时，要安排危机管理的主要负责人出场，这样就给人一种较权威和较负责任的印象；在其他场合，如果不是非常必要，就尽量不要安排危机管理的主要负责人出场，因为一旦他将有关情况说定，与媒体进行再协调的机会就少了，危机管理工作就可能陷入被动。

第四节 会展危机沟通管理

一、危机中的形象管理

声誉和形象是一个展会和办展机构重要的无形资产，它和办展机构的有形资产一样宝贵，保护无形资产不受损害也是危机管理的重要任务之一。形象管理是用来保护和恢复办展机构和有关会展的声誉和形象的各种能力和技能的管理活动，它关注的是有关方面对办展机构和有关会展的看法，并通过内部文化的认同和沟通以及外部公共关系的处理和协调来达到管理的目标。为了做好危机中的形象管理，办展机构应做到：

（一）注意及时处理外部关注的焦点问题

很多危机管理者在处理危机事件时只关注组织的内部，只关注减少物质利益的损失，这会使外部世界对组织产生"不负责任"和"漠不关心、没有人情味"的印象。这种印象一旦产生，对组织的形象损害就不可避免。所以，在危机管理时，管理者不仅要关注内部事务，还要注意及时处理外部关注的焦点问题。例如，针对危机，我们已经做了什么、我们正在做什么和我们将要做什么等等。针对这些问题与外界多方沟通，努力使组织表现得更加诚实、公开、积极和富有同情心，为组织建立一种"正在为大家的利益而积极和公正地解决问题"的声誉，使组织免遭外部舆论的攻击。

（二）反映组织的真实态度和行为

与外界的沟通要畅通，意思传递要准确，一旦因为沟通原因而引起误解，不良形象就会很快产生。例如，危机管理者声明将要做什么，但外界却认为他正在做什么，这使外界会误以为组织"言行不一致"，组织形象因此而受损。为此，危机管理者在与外界沟通时，要尽早提出某种有利于自身组织形象的观念或概念，要为人们描述未来行动的计划，并在随后的行动中加以验证。

（三）与危机发生前的态度和行为保持一致

如果办展机构在危机发生前有一个良好的形象，那么在危机发生后，千万不要因为一时忙乱而改变了以前的态度和行动原则，要一如既往地善待客户和其他利益攸关者，要密切注意外界对危机的现有看法。危机过后，不要因为危机已经被消除了而中断危机中所作的各种承诺，要使危机中的各种行动承诺和公开态度在危机消除之后还继续保持。

（四）协调与利益攸关者的关系

危机之中，办展机构在努力控制危机的同时，还要努力协调与各方面的关系，如与社会大众的关系、与媒体的关系和与利益攸关者的关系等。其中，因为涉及利益问题，与利益攸关者的关系很难协调；而一旦协调不好，他们经常会将办展机构已经受损的形象危机放大。危机中，要倾听利益攸关者的呼声，了解他们的看法，重视他们的利益。如果有必要，可以让他们选派代表参与危机管理，使他们了解管理者的难处和处境，争取他们的合作与支持。

案例：

某展会发生了展台倒塌事件，媒体蜂拥而至，办展机构老总为控制负面影响，有意识地控制媒体的活动范围。但是个别媒体试图突破活动范围进行采访，致使工作人员和媒体发生了肢体冲突。

在随后的新闻发布会中,办展机构老总对展会的一些不利信息进行了弱化和回避处理。对展台搭建商因为其搭建质量问题而导致的本起事故进行了言辞激烈的指责。最后,表示对此造成的参展商和观众的损失承担全部赔偿责任,并表示慰问。在随后的采访中,办展机构经理 A 对着电视台采访侃侃而谈,对电视台的采访讲了很多。结果,播出后的节目因为是经过剪辑的,于是,该经理提出了强烈的抗议,认为电视台"断章取义"!

问:该办展机构进行媒体沟通哪些方面需要改进?

二、危机中的沟通技巧

办展机构需要在危机管理中做好沟通工作。由于危机管理中沟通的特殊性,要求我们对沟通加以特别关注,努力做到:

(一)使用合适的沟通渠道

沟通渠道的选用要具有一定的抗干扰能力。要考虑危机环境和交互作用对沟通渠道的影响,应考虑到与危机管理无关的人员可能使用该通道的情况,做到有备无患。要尽量简化沟通渠道的层次。危机中的很多信息可能要经过逐级上报,如果经过的级次太多,不仅会使信息走样,还会错过最佳时机,所以沟通渠道的层级要尽量简短。沟通渠道要有一定的代偿性。不能因为一个渠道遭到破坏或者被堵塞就没有可用的替代渠道。不管怎样,选择合适的沟通渠道是保持沟通畅通的基础。

(二)使用规范化的沟通方式

使用规范化的方式进行沟通,可以节省大量的沟通时间,提高沟通的准确性,在危机管理中经常被使用。规范化的沟通方式可以从多个方面对危机中的沟通进行规范,例如,沟通程序的规范化、沟通内容的规范化和沟通渠道的规范化等。对于沟通程序的规范化,可以规定什么样的危机事件应向什么级别的领导汇报,由什么级别的领导来处理等。对于沟通内容的规范化,可以采用格式化的报告、调查表和格式化的记录来进行。对于沟通渠道的规范化,可以规定什么样的危机通过什么样的渠道来汇报,有时候,使用专用通道也不失为一种快速和有效沟通的办法。

(三)培养信息收集和分析的技能

危机管理中,确保被传递的信息的真实性和准确性是非常重要的,所谓"失之毫厘,谬以千里"就是这时的真实写照。在危机中,能否对有关信息进行准确的判断并及时准确地向有关方面传递出去,往往关系到危机反应措施的成败。所以,危机管理者要培养所有管理成员的信息收集和分析技能,充分发挥集体的智慧,不能仅仅只是依靠管理者一人。

（四）公开地与外界进行交流

危机一旦发生，除非能很快地消除和控制，否则，主动公开地与外界交流比隐瞒和躲躲藏藏要好。因为，公众和专家不同，公众是感觉危机风险，而专家是理解危机风险。如果能以坦诚的态度与公众交流，就能更多地获取他们的理解和支持，而公众的理解和支持是危机管理的一个重要力量来源。同时，积极与媒体沟通和联系，在第一时间把最新的危机信息告知媒体，争取媒体对危机解决的帮助。

（五）避免引起冲突和过分的情况

危机一旦发生，情况就已经十分混乱了，如果因为沟通不畅或沟通不当而再引起冲突，那可真是"乱上加乱"了。在危机管理中，要尽量避免因沟通不畅或沟通不当而引起冲突。例如，对于任何有关危机的提问，都要以礼貌、不张狂和不僵化的方式来回应；及时与利益攸关者进行沟通，了解他们对危机的看法，征求他们对下一步行动的意见和建议。如果有可能和必要，可以让他们选派代表参与危机的管理，这样更能调和与他们的利益冲突；可以寻求其他可信的机构出面，对危机的发生原因和反应措施以及后果进行独立的评价，这样更能增加危机管理和善后处理的公正性。

基于沟通在危机管理中的重要性，危机管理者必须对它加以高度重视，否则，不当的沟通或不畅的沟通不仅会阻碍危机管理，还会严重地破坏会展和办展机构的形象。

第五节　会展危机反应管理与恢复管理

一、危机反应管理

危机反应管理的主要目标就是努力减少危机造成的直接和间接损失并为危机恢复创造条件。具体来说是迅速消除危机或阻止和延缓危机的蔓延；阻止和减少危机的交互作用；阻止或减少危机对人、财、物的伤害。危机反应管理的措施包括：

（一）迅速成立危机反应小组

办展机构需要设立一个常设的危机管理机构来负责会展的危机管理，这个机构一定要责任明确、分工清楚、人员到位；同时危机管理机构也要是一个富有弹性的和适应性很强的机构。

危机反应小组应该做到：第一，它的成员都要富有代表性，能符合危机事件的性质的需要。例如，成员可以由办展机构主要负责人、公关人员、展馆技术人员、负责展务的人员和法律顾问等组成，这样可以满足各方面的需要。第二，它需要有一个既权威又民主的决策程序，能在紧急环境中作出富有力度而又有弹性的决策。第三，责任和管理目标必须层层分解，使责任到人，发挥集体的力量和团队的智慧，让所

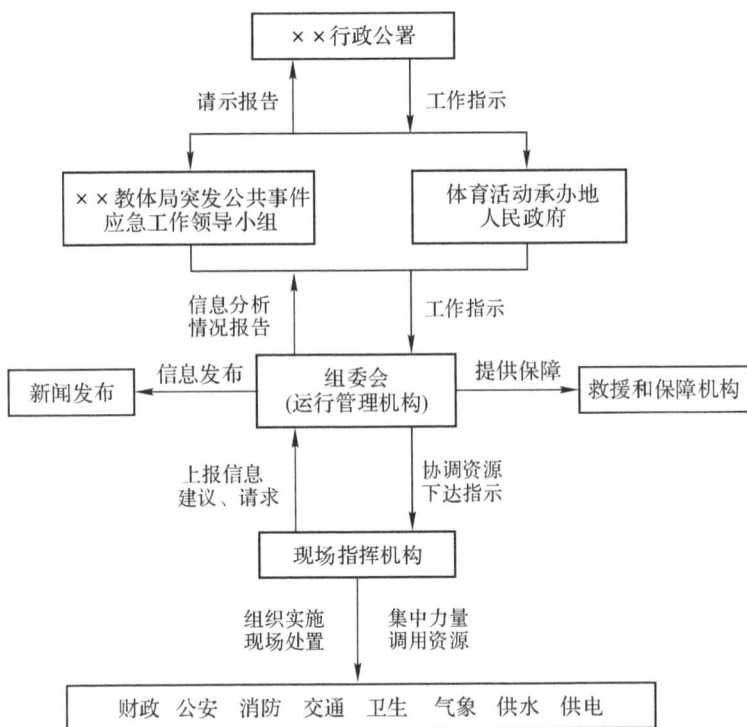

图 11-4　大型活动危机管理体系示意图

有成员都齐心协力,向一个共同的目标努力,要避免出现"只管不理"的现象发生。第四,管理层次的设立要尽量简洁,要避免层次过多而引起信息传递不畅和沟通困难。

(二)把握住危机反应的黄金时间

从接到危机预警或危机爆发消息的最初几个小时至关重要,是危机反应的黄金时间。要很好地把握这个黄金时间,就要在这段时间里弄清危机源,评估环境,防止发生交互作用,具体来说:一是要立即弄清引起危机发生的危机源是什么,并提出控制或清除这些危机源的可行办法;二是要评估危机发生的周边环境,并采取措施阻止危机的进一步蔓延;三是防止发生交互作用,避免发生连锁反应。

(三)获取信息和保持内外部的沟通畅通

获取信息和保持内外部的沟通畅通是危机反应能有效进行的保证。如果在危机反应中获取不到充分的信息,就很难作出有效的危机反应决策和进行有效的危机反应行动,一旦信息缺失,面对谣言和挫折所导致的冲突就可能不断升级,危机所导致的损失就会进一步扩大,危机反应就会顾此失彼。

在危机反应中,管理机构的所有成员既有收集信息的责任,也有分析信息的要求,还有传递信息的义务。收集信息是为了弄清楚事情的真相,分析信息是为了给决策提供依据,传递信息是为了保持内外沟通的畅通。不过,在收集和处理信息时,要注意将内部信息流和外部信息流分开,这样更有助于对整个危机事件保持清醒的认识;并且在收集和处理信息时,要注意将交流和控制的场所相对分开,因为如果没有相对分开,它们就会彼此影响而使决策受到干扰。

（四）按轻重缓急对行动进行排序

接到危机预警或危机发生以后,由于危机反应的时间和资源极其有限,危机管理者不能对危机的各个方面平均地使用力量,否则,就会漏失危机中急需解决的主要矛盾而招致重大损失。为避免更大损失,危机反应行动应有轻重缓急和主次先后之分。

危机管理人员可以根据以下几个标准来分清危机反应行动的主次先后和轻重缓急:第一,危机继续造成损失的严重程度。因为危机已经造成的损失已无可挽回,危机反应的当务之急是要想法阻止危机继续造成损失。第二,危机各部分继续蔓延的可能性。一旦危机蔓延,危机将更难控制,损失将更大。第三,危机各部分会否引发连锁反应。越能引起连锁反应,危险程度越高,也越应引起重视。第四,危机中是否存在这样的因素:它影响到会展的生存和办展机构的可持续发展,影响到危机的尽快恢复。如果有,就要及时采取应对措施。

对危机反应行动的上述评估,有赖于当事人对危机的熟悉度、对危机发展的预见性和专业技术能力,这是保证评估正确的关键。另外,在危机反应中,要避免出现主要管理者过分介入具体事务细节工作,因为,一旦他们介入到应如何做每项具体工作时,他们就可能失去了对危机全局的看法,而失去了对全局的把握能力,这不仅无益于危机的有效控制,还可能将其下属成员置于危险的境地。

（五）重视对人的管理

危机爆发以后,人的作用至关重要。如果管理危机的有关人员出现混乱,危机将很难得到控制,严重时还可能会出现人员伤亡。在危机反应中普遍存在的一个问题,是大家的注意力都被危机事件所吸引而很少去关注正在为控制住危机而奋斗的人。危机管理者应该跟踪这些人员的部署情况和精神状态,监控每个人所处的最新位置和最新情况,在确保每个人职责分明的同时,让每个人都有一定的应变权利。这样,他们在处理突发事件时才会更加积极主动。另外,危机管理者要精干,如果管理者太多,令出多头,大家就会感到无所适从,危机管理工作就会出现混乱。

（六）牢记法律义务

无论是在刚接到危机预警时,还是在危机爆发以后,在进行危机反应时,危机管理者要牢记自己的法律义务,如法律对安全方面的要求、对有关方面进行照顾的义务等。不遵守法律义务而一味地蛮干,将会导致一系列的后遗症。

对危机进行反应,是进行危机管理的决定性阶段。如果危机反应及时而正确,危机就可能被很快控制和消除;如果反应延迟或失误,危机就可能蔓延和扩大。所以,在危机反应中,要尽量避免出现:第一,对危机预警麻木不仁,没有危机意识,缺乏预见性;第二,延用惯性思维,缺乏应变能力,决策不果断,措施不坚决;第三,信息沟通不畅,报喜不报忧;第四,三心二意,分不出轻重缓急,措施不到位;第五,言而无信,做表面文章,不以诚相待;第六,盲目乐观,分不清是危机还是机遇。

为了能对可能发生的危机尽早作出科学的反应,有些办展机构在策划会展筹备方案时,往往对可能发生的危机提前提出危机反应和恢复计划。通过这个计划,可以节约进行危机反应的决策时间,指导人们对危机事件作出科学合理的反应和恢复工作。

二、危机恢复管理

会展危机恢复管理包括人的恢复、物和系统的恢复、形象和声誉的恢复等三个方面。危机恢复管理的任务在于保持会展的连续性,维持办展机构的生存并改进办展业务流程,恢复办展机构和有关会展的声誉和形象,恢复有关人员的信心,使办展机构和有关会展获得新的发展。危机恢复管理的具体措施包括:

(一)成立危机恢复小组

危机恢复小组可以在危机管理的最初就成立,也可以在危机基本得到控制之后再成立。危机恢复小组的主要任务是进行危机恢复的信息收集、制订恢复计划和进行恢复决策,小组成员可以包括受危机影响的有关部门的主管、公关人员、恢复所需要的技术人员和一些危机反应人员。公关人员的参与是为了更好地与内外部进行沟通,恢复会展及办展机构的形象和声誉,恢复人们的信心;危机反应人员由于对危机情况较为了解,将他们中的一部分包含在恢复小组中可以提高决策的科学性。成立了危机恢复小组,可以使危机恢复工作按计划有条理地进行,使会展尽快恢复到正常状态。

(二)及时沟通

在危机恢复时,保持及时有效的沟通仍然十分重要。通过及时有效的沟通,外界知道办展机构正在做什么,办展机构也知道外界期望自己去做什么,有关恢复人员也知道自己应该做什么,这对于尽快使事情恢复到正常状态十分必要。如果沟通不畅,人们发现在合理的时间内某些"应该"要采取的行动却没有开始,人们就没有信心按随后的信息去行动。如果沟通中断,受害者就会感到被抛弃和孤立无援,利益攸关者就会觉得办展机构对他们的利益漠不关心,社会公众会觉得办展机构缺乏人性关怀,这样可能引起新的冲突甚至新的危机,危机的恢复工作就难以进行。

(三)对需要恢复的对象进行排序

在进行危机恢复工作时,首先要明确需要恢复什么,然后要区分需要恢复的对象的重要性,按轻重缓急决定恢复工作的优先次序。一般地,如果在危机中有人员伤亡,那么,对人的恢复应该放在最优先的次序;如果没有人员伤亡,那么,对核心业务的恢复工作应该优先考虑。支持业务和延伸业务也是危机恢复的对象,但其优先次序比不上上述两者的重要。

（四）重视对人的全面恢复

包括对有关人员的生理恢复和心理恢复。这里所说的"人",包括明显受危机影响的受害者、与危机相关的各利益攸关者、进行危机反应的人、那些关注危机进展情况的人以及办展机构的内部员工,这些人都是需要恢复的对象。在危机恢复中,有关执行恢复工作的人员可能只关心那些受害者,受害者当然是需要关怀和恢复的首要人员。但如果对人的恢复工作仅限于此,那么,恢复工作可能就很难成功。例如,各利益攸关者的利益如果得不到应有的补偿,他们将会制造新的危机;如果那些关注危机进展情况的人如媒体等没有得到及时的关注,他们就可能还继续传递对会展及办展机构不利的信息;如果内部员工在危机得到控制后得不到应有的关怀,他们在高兴之余就可能产生失落。人是危机影响的最终承担者和评价者,从某种意义上讲,除非有关人员感到他们的需求和忧虑正在被妥善地解决,否则,恢复工作做得再好也是徒劳。

（五）整合资源寻求新发展

危机恢复的目标,不是使遭受危机打击的有关会展及办展机构在危机过后劫后余生而勉强维持生存,而是要努力恢复到危机发生以前的水平并尽量超过该水平。危机的爆发会暴露会展及办展机构薄弱的一面,危机恢复工作可以对之加以改正和提高,使有关会展和办展机构获得新的发展。例如,改进业务流程中不合理的一面而提高工作效率,重新对会展进行定位以求新的发展等。

在进行危机恢复工作时,要防止出现追究责任式的恢复工作。危机已经形成,尽管危机已经得到基本控制,但影响还远未消除,这时还不是追究责任的时候,此时,关键还是要努力保持内部团结,使大家齐心协力,努力进行危机的恢复工作。如果此时就大张旗鼓地追究责任,可能会给危机恢复工作带来很大的危害。所以,危机责任的追究是要进行,但决不是在危机恢复之时。

思考题：

1.会展危机的种类有哪些？如何理解不同种类的会展危机？

2.什么是"RCRR 模式"？

3.会展危机预警的基本步骤有哪些？会展危机预警中需要避免哪两种情况？

4.如何做好会展危机中的形象管理？会展危机中需要注意哪些沟通技巧？

5.会展危机媒体管理的办法和要点有哪些？

6.会展危机反应管理的目的和具体措施有哪些？

7.会展危机的恢复管理的内容和具体措施有哪些？

第十二章　会展客户关系

【学习要求】

掌握会展客户关系管理体现的核心理念和终极追求;掌握客户关系生命周期;认识客户关系生命周期的重要意义;掌握会展客户关系管理的目标;理解客户满意、客户价值的内涵;掌握客户关系给展会带来的价值;掌握影响关系盈利性的主要因素;掌握促进潜在客户向现实客户转化的要点;掌握展会客户关系弱化的显著信号;掌握赢返流失客户的策略;掌握增加客户价值的方法。

【本章概要】

客户关系管理,英文为 Customer Relationship Management,缩写为 CRM。会展客户关系管理体现的是"以客户为中心"的核心理念。

会展客户关系管理的目标是增加客户满意和客户价值。客户满意是客户参加展会后对展会的综合满意的程度。纵向层次的满意包括物质满意、精神满意、社会满意。横向层次的满意包括对展会办展理念的满意、对展会营销的满意、对展会的外在视觉形象的满意、对展会实物的满意、对展会服务的满意等。办展机构对客户满意度的追求目标不是客户基本满意,而应该是"客户惊喜",即努力使客户在展会的实际所得大于客户参加展会的期望所得。影响客户满意度因素包括展会效果、展会服务和系统支持、现场环境、承诺兑现、客户互动、情感因素。

为了让客户最大程度地对展会满意,办展机构必须充分注意增加客户的总价值。同时,办展机构还必须努力减少客户参加展会的总成本。客户价值是指客户让渡价值,即客户从参加展会及其服务中所获得的总价值减去为参加展会而支出的总成本。基本公式为:客户让渡价值＝客户总价值－客户总成本。客户总价值是客户从参加展会及享受其服务中所获得的全部收益,客户总成本是客户为参加展会而支出的所有耗费。客户总价值包括展会价值、服务价值、人员价值、形象价值和个人价值等五个方面。客户总成本包括货币成本、时间成本、精力成本和心理成本等四个方面。

所谓关系盈利性是指在客户关系生命周期里客户能给展会带来收益的可能性。基本公式为:客户关系的盈利性＝客户关系给展会带来的价值－展会发展所付出的成本。客户关系给展会带来的价值包括经济价值、示范价值、推荐价值、能力价值。展会发展客户关系所付出的成本包括关系的初始投入成本、关系的维持成本、关系的结束成本。影响关系盈利性的主要因素包括客户参加展会频次、客户消费能力、客户消费份额、协议价格、办展成本、关系策略、客户忠诚度。

在开发展会新客户过程中，与潜在客户沟通需要清楚地确定与谁沟通、确定预期沟通目标、设计好沟通信息、选择好沟通的渠道。促进潜在客户向现实客户转化的要点是重视客户的需求、完整地传播展会信息、尽量降低客户的成本付出、重视与客户的每次接触、了解客户的参展(参观)阻力、尽量提供参展(参观)便利。

忠实的老客户是企业最有价值的资产。开发一个新客户比留住一个老客户的成本要高出许多倍，而一个老客户为企业所带来的利润比一个新客户要高出许多。因此，留住老客户比开发新客户更重要。客户关系弱化的显著的信号是客户参展面积减少；客户投诉增多；客户对展会不满增加；客户与展会的接触减少；客户觉得自己受到了不公正的待遇。

展会客户流失的类型包括展会有意摈弃的客户、需求无法满足的客户、被竞争对手吸引的客户、低价格寻求型客户、条件丧失型流失的客户、服务流失型客户。并不是素有的流失客户都值得赢返。展会希望赢返的客户主要是需求无法满足的客户、被竞争对手吸引走了的客户和服务流失型客户三种。赢返流失客户的策略包括：一是健全展会功能，改善展会服务。二是寻求与客户建立某种社会连接。三是寻求与客户建立某种结构连接。

增加客户价值的方法包括两个方面，一方面，积极提高客户感知的价值收益；另一方面，千方百计降低客户感知的成本支出。提高客户感知的价值收益包括提高展会本身的价值、改善展会的服务、提高人员价值、提高展会形象的价值、增加个人价值。降低客户感知的成本支出包括减少客户参加展会的货币成本、减少客户参加展会的时间成本、节省客户参加展会的精力成本、减低客户参加展会的心理成本。

第一节　会展客户关系界定

一、会展客户关系的定义

客户关系(Customer Relationship)是指企业为达到其经营目标，主动与客户建立起的某种联系。这种联系可能是单纯的交易关系，也可能是通讯联系，也可能是为客户提供一种特殊的接触机会，还可能是为双方利益而形成某种买卖合同或联盟关系。它不仅仅可以为交易提供方便，节约交易成本，也可以为企业深入理解客户的需求和交流双方信息提供需度机会。通常所说的客户关系管理，英文为

Customer Relationship Management,缩写为 CRM。

　　会展客户关系管理就是要在全面了解客户的基础上,通过办展机构内部的资源整合和对客户提供创新服务,与客户建立互利、互信和合作双赢的关系来促进展会长期稳定发展。它是指办展机构通过收集客户信息,在分析客户需求和行为偏好的基础上积累和共享客户知识,并有针对性地对不同客户提供个性化的展会专业服务,以此来培养客户对展会的忠诚度和实现展会与客户的合作共赢共荣。办展机构实施会展客户关系管理的目的,是实现展会与客户之间的合作共赢共荣。

　　会展客户关系管理体现的是"以客户为中心"的核心理念。办展机构销售的产品是服务,高质量的服务必须以客户为中心,个性化地满足客户的需求。因此,从办展机构企业整体的战略高度上看,会展客户关系管理是一种现代展会经营管理战略。这种战略强调"以客户为中心",将客户视为和企业的设备、资金一样的企业重要资产。会展客户关系管理不仅是市场和销售部门的事,也是技术支持和后勤服务部门的事。CRM 应用软件系统只是一种应用工具和手段,而"以客户为中心"的服务思想是核心与关键。同时,从办展机构营销策略上看,会展客户关系管理是一种"以客户为中心"的展会营销战略。通过对客户的有效识别,发展与特定客户之间的良性、长期和有利可图的关系;同时,由于不同的客户具有不同的价值,办展机构的个性化营销策略的重点是那些对展会价值最大的客户,必须用差别化的措施最大限度地满足他们的个性化需求。另外,从办展机构的技术支持微观层次上看,会展客户关系管理意味着一套 CRM 应用软件系统。基于数据库、互联网、计算机联机数据分析处理、数据挖掘和聚类分组算法等信息技术而形成的 CRM 应用软件系统。

　　会展客户关系管理所需要的支持包括展会经营管理战略支持。办展机构要将会展客户关系管理上升到企业发展的战略高度来对待,要像支持展会招展和招商一样地来大力支持和倡导开展会展客户关系管理工作,让所有员工都有客户关系管理的理念,并制定相关行为准则,让员工遵守和切实执行,减少在企业业务流程、具体操作和管理控制等方面的阻力。其次是展会营销战略支持。办展机构要将会展客户关系管理的理念融合在展会营销战略里,并在具体执行时贯彻实行。只有这样,办展机构才能与客户进行有效的沟通,并通过各种营销手段为客户提供个性化的服务,满足客户的特别需求。再次是 CRM 应用软件系统支持。CRM 应用软件系统要有一个强大的客户数据库;有较强的数据聚类分组分析功能;有较强的数据挖掘功能;符合一般展会的办展业务和服务流程,能促进该流程的合理化和规范化。

二、展会客户关系管理对象

（一）参展商

包括展会现有的参展商和潜在的目标参展商。参展商在展会客户群体中处于核心地位，是展会经济效益的主要来源，展会主办者的办展经济收益主要来源于参展商的参展费用；参展商在行业中的影响力和代表性直接关系到展会的品质和档次的高低；参展商是否连续参加展会是一个展会成功与否的重要标志。另外，参展商的参展收益是展会综合效益的重要组成部分。因此，参展商是会展客户关系管理的中心环节。

（二）观众

观众是展会另一个重要的客户，观众也有现有观众和潜在的目标观众之分。潜在的目标观众是展会扩大观众数量的基础，我们在规划展会的客户关系管理时，不能只看重展会的现有观众而对潜在的目标观众置之不理。展会的观众还有专业观众和非专业观众之分。专业观众是展会观众的核心，专业观众的多少往往是展会成功与否的一个重要标志。如果让非专业观众进场参观，也就需要做好对非专业观众的服务。

（三）展会服务商

展会的服务商主要包括展会展位的指定承建商、展品的指定运输代理、展会指定旅游代理、指定接待酒店和指定保安机构等。展会一旦将一些服务事务交给展会服务商去完成，展会服务商即与展会融为一体。参展商和观众会将展会服务商提供的各种服务视为展会本身提供的服务，展会服务商的形象直接影响到展会的形象，展会服务商服务的好坏和服务质量的优劣直接影响到参展商和观众对展会的整体评价。因此，展会必须与展会服务商协调，统一行动。

很多企业在进行客户关系管理时，分为对外客户关系管理和对内客户关系管理。对内客户关系管理是将本企业内部有关的员工也考虑在客户范围之内。这是因为，内部员工是办展机构服务的直接交付者，他们对展会服务的理解、服务提供时的状态直接决定着展会的质量，所以必须进行有效的管理。

三、客户关系管理的作用

展会进行客户关系管理是会展业本身特点的需要。因为每届展会开幕，都会有许多企业参展和大量的观众积聚，展会主办单位瞬间面对的客户群体非常大；不同企业参展和不同观众参观的目标各不相同，其所期望得到的服务也不一样；展会服务对象的数目非常庞大；参展商和观众所需要的服务面很广，办展单位对客户的整体掌控能力严重不足，展会发展中客户管理的基石因此而动摇，展会发展也因此而停滞。其次是客户关系管理是适应会展业日益激烈竞争的需要。这是因为办展主体之间的竞争日益多样化；同题材展会之间的竞争日益白热化；展会城市之间的竞争日益突显；我国会展业日益更多地参与国际竞争；会展业相对垄断的趋势越来越明显，一两个知名展会相对垄断某个题材的展览市场是大势所趋，也是会展业发展的必然趋势。第三是对客户关系价值重要性的重新认识的需要。办展单位开始将客户关系管理作为促进展会稳定发展的一项战略，"关系也是一种资产"，对客户关系的管理也就是对展会战略资产的管理。第四是客户接触和服务日益复杂化的需要。一方面，与客户接触和沟通的方式越来越多，如电话、传真、电子邮件、互联网、直接邮寄、客户拜访等。面对不同客户的不同渠道偏好，展会面临着细分沟通与接触渠道、降低接触与沟通成本的任务。另一方面，由于不同的渠道沟通的效果不同，展会还面临着如何优化渠道组合、最大限度地实现与客户沟通的问题。接触和服务的复杂化使办展单位必须创新客户管理办法，能让每个业务员有效分享展会的客户信息与资源，准确地把握每一个客户的需求，为客户提供个性化的服务。第五是技术飞速发展的需要。信息技术的飞速发展使会展客户关系管理体系日益成熟。促进会展客户关系管理体系日益成熟的信息技术主要包括数据库、互联网、计算机联机数据分析处理、数据挖掘和聚类分组算法等。这些技术使办展单位可以从大量繁杂的客户信息中找出有用的信息，分析客户的需求和偏好，预测客户的需求和行为，创造更好的客户管理和服务流程。通过这些技术，在客户关系管理的指引下，办展单位可以将基本的客户数据转变为有用的客户信息，并进一步将这些信息转换为实用的客户知识，进而把潜在的客户变成忠实的客户，把老客户变成终身客户，展会因此而长盛不衰。办展机构实施会展客户关系管理的作用如下：

（一）提高销售和服务功能

会展客户关系管理是一种以客户为中心的营销策略，它在信息技术的支持下，通过分析不同客户的不同需求来提供个性化的应对措施，制订有针对性的营销计划，对不同客户提供符合其需求的个性化服务，这极大地提高了展会展位销售能力，提高了展会的服务质量和服务水平。

（二）降低获取客户的成本

研究表明，开发一个新客户的成本比挽留一个老客户的成本平均要高出 5 倍。会展客户关系管理通过有针对性的个性化服务，能够很好地挽留老客户，赢返流失的客户，从而降低展会获取客户的成本；在开发新客户时，会展客户关系管理可以通过客户聚类分组技术，识别有价值的客户，减少新客户开发的盲目性，节省不必要的开支。

（三）增加客户价值，提高客户满意度

参展商和观众参加展会的主要利益，在于通过参加展会来实现自己的参展（参观）目标。展会通过分析不同客户的特殊需求，采取积极的应对措施，最大限度地满足客户的各种需求，努力帮助他们实现其参展参观目标，客户的价值因此而增加,他们对展会的满意度也因此而提高,客户与展会的长期合作关系因此也变得更加牢固。

第二节　客户关系的盈利性

一、客户关系生命周期

客户关系生命周期可以分为五个阶段:

（一）关系培育阶段

针对客户需求采取有效的营销手段吸引他们对展会的注意,使目标客户逐步对展会产生一种认知。在这一阶段里,展会的宣传推广等营销手段和口碑传播至关重要。

（二）关系确认阶段

客户通过对参加该展会所期望获得的价值和准备付出的成本的评估,决定是参加该展会还是参加其他同类展会。客户一旦参加了该展会,则客户与展会之间的关系就得到初步确认。

（三）关系信任阶段

客户刚开始参加某一个展会,很多时候可能是出于一种尝试,即他对展会还并不是特别信任,他必须通过自己的亲身经历来增强自己对展会的判断:该展会是否值得参加? 如果参加几次展会以后,客户已经完全信任该展会能实现自己参加展会的目标,那么他就会成为展会的忠实客户,展会与客户之间的信任关系就得以建立。

（四）关系弱化阶段

客户的需求和参加展会的目标是随着时间的变化而不同的,除非展会能不断创新以满足客户的需求,否则,客户在参加展会几次之后必然会发现展会已经对自己没有吸引力,参加展会的所得很小而成本却很大,这时,他们对展会就会由信任而变为不信任。一旦客户对展会产生不信任,客户与展会的关系就将开始弱化。

（五）关系消失阶段

一旦客户与展会的关系开始弱化,如果展会不及时采取补救措施,那么该关系就会继续弱化,当这种弱化的客户关系达到某一个客户不能容忍的临界点时,客户就将不再参加展会,这时,客户就会流失,展会与客户的关系就将基本结束;如果经过展会的客户挽留措施,客户还是难以挽回,那么,展会就将失去该客户,展会与客户的关系就将消失。

可以说,客户关系生命周期是指展会与客户的关系所能维持的时间。对于新客户,客户对展会一般都会有一个从不信任到信任、从不熟悉到熟悉的过程;对于老客户,他们对展会也会有一个从信任到不信任、从熟悉到陌生的过程。客户从对展会的不信任到信任,从信任到不信任的过程,就是客户关系生命周期的变化过程。延长客户关系生命周期是会展客户关系管理的重要任务之一。客户关系生命周期的五个阶段可以用于分析展会与客户的关系发展的一般过程,揭示展会与客户的关系由弱到强又由强到弱的一般变化规律。当然,并不是所有的客户关系都要经历上述五个阶段。

认识客户关系生命周期具有重要意义:首先是延长客户关系生命周期,最重要的是要延长客户关系的关系确认阶段和关系信任阶段,尤其是要延长关系信任阶段。只有这样,展会才能不断地将现有客户变成展会的忠实客户,将忠实的客户变成展会的终身客户。第二,要延长客户关系的关系确认阶段和关系信任阶段,最重要的是要努力提高客户对展会的满意度,增加客户的价值,只有这样,客户才能在一次或几次参加展会后在最短的时间内对展会产生信任,否则,客户将对是否参加该展会始终处于摇摆状态,会展客户关系管理的难度将加大,展会也难以赢得客户的持续支持。第三,在客户关系的不同发展阶段,展会客户工作的重点应有所不同:在关系培育阶段,展会客户工作的重点应放在展会的宣传推广等营销方面,这样才能更好地让客户认知展会;在关系的确认阶段,展会客户工作的重点应是提高展会的效果,这样才能满足客户的参展需求,增加客户的价值;在关系的信任阶段,展会客户工作的重点应是跟踪客户的需求变化,采取措施满足客户变化的需求,这样才能继续保持客户对展会的信任;在关系的弱化阶段,展会客户工作的重点应是找出客户对展会产生不满意的原因,并采取措施消除这些使客户产生不满的因素,重新赢得客户的信任;在关系的消失阶段,展会客户工作的重点应是尽量消除客户流失给展会带来的不利影响,并通过创新继续保持展会的吸引力和竞争力。第四,处于不同发展阶段的展会要注意特别关注客户关系发展的不同阶段。对于新开发的展会,由于绝大多数客户都是新客户,客户基本还没有对展会产生信任,这时,关系的培育阶段、关系的确认阶段就尤其重要,因为,只有培育更多的新客户,让更多的客户参加展会,新开发的展会才能发展;对于已经成熟的展会,就需要特别关注客户关系的弱化阶段,因为,尽量减少客户流失对于成熟的展会来说至关重要。对于处于培育期的展会,就尤其需要关注客户关系的信任阶段,因为只有不断地取得客户的信任,将现有客户变成忠实客户,展会才能稳定。

展会必须通过客户关系管理,让尽可能多的客户满意并帮助客户增加价值,以此来延长客户关系的生命周期,达到实现展会与客户之间的合作共赢共荣、保持展会长盛不衰这一目的。

二、客户满意与客户价值

会展客户关系管理的目标是增加客户满意和客户价值。

(一)客户满意

客户满意是客户参加展会后对展会的综合满意的程度。办展机构必须把满足客户的现实需求和潜在需求作为展会发展的重要组成部分,并在展会服务的各个环节中尽可能地满足客户的需求;同时,展会还要及时跟踪研究客户对展会满意度的变化,并据此改进展会服务、研究展会定位、调整办展业务流程,以稳定老客户,赢得新客户。

表 12-1　客户满意的层次

满意	纵向层次	物质满意	客户对展会的功能、品质、定位和效用等感到满意,这是客户对展会满意的核心层
		精神满意	客户对展会的服务、展会展场环境、工作人员的态度、服务的有形展示和服务的过程等感到满意,是客户对展会满意的外延层
		社会满意	客户对在参展参观过程中所体验到的展会对社会利益的维护感到满意
	横向层次	对展会办展理念的满意	展会的办展理念给客户带来的满足程度,包括展会的定位、价值观、经营理念和经营哲学等
		对展会营销的满意	展会的运行状态给客户带来的满意程度,包括展会的参展规则、行为规范、宣传推广、业务流程和布展撤展规定等
		对展会的外在视觉形象的满意	展会的有形展示给客户的满意程度,包括展会的 LOGO、标准色、标准字、展场环境和办展机构的外在形象等
		对展会实物的满意	展会包装、档次、价格等的满意程度
		对展会服务的满意	展会服务的专业性、规范性、灵活性、及时性以及便利性等

客户满意度是客户在参加展会前对参加展会的期望与其参加展会后对展会的实际感受的吻合程度来决定的。基本公式为:

$$客户满意度＝参加展会的期望所得－参加展会的实际所得$$

"参加展会的期望所得"是客户在参加展会前,根据种种信息而对展会产生的期望,或者说是客户认为自己参加展会能够实现的利益;"参加展会的实际所得"是客户参加展会后的真实所得,即他们参加展会而得到的实际利益。如果前者大于后者,客户就不满意;如果前者与后者基本吻合,客户就基本满意;如果前者小于后者,客户不仅会感到满意,而且还会产生意外的惊喜。办展机构对客户满意度的追求目标不是客户基本满意,而应该是"客户惊喜",即努力使客户在展会的实际所得大于客户参加展会的期望所得。

客户满意度与客户期望紧密相关。办展机构对展会的宣传推广是客户形成对展会的期望的重要信息源,尤其是在客户对展会的了解还不多的时候,这些信息能极大地影响客户对展会期望的形成。例如,如果办展机构言过其实地宣传自己的展会,结果必然会导致客户对展会产生过高的期望,等到客户参加展会,必然发现自己上当,由此也必然对展会产生不满;如果办展机构实事求是地宣传自己的展会,客户对展会产生的期望必然与参加展会的实际所得相接近,客户就会对展会基本满意;如果办展机构在宣传自己的展会时有意识地留有余地,客户参加展会后,必然发现自己的所得超出当初参展的期望,他们岂不喜出望外。有鉴于此,办展机构可以有意识地调整自己的宣传推广策略,引导客户对展会期望的形成。当然,办展机构对展会的宣传切不能言过其实,并且只宣传自己能办到的事情,一旦对外宣传就务必兑现承诺。

表 12-2 影响客户满意度因素

序号	因素	说明
1	展会效果	展会的效果是客户参加展会的基本理由
2	展会服务和系统支持	在展会同质化倾向日益严重的环境下,需要通过展会创新服务和系统支持来与其他展会区别开来,增加客户满意
3	现场环境	展会现场环境布置、展位装修等对客户的满意度的影响
4	承诺兑现	承诺与期望直接关联,期望的实现是满意的前提和基础
5	客户互动	会展业是一个高度频繁接触的服务行业,展会工作人员与客户的互动过程和结果对客户的满意度会产生较大的影响
6	情感因素	人是兼具理性和感性的动物,建立良好的客户情感能够提升满意度

展会必须深刻理解客户对展会的期望以及客户参加展会的不同需求,理解客户对展会满意的不同层次。通常,鉴于以往的参展经历和在别的展会的参展经验,客户在参加一个展会时,往往会事先认为应该理所当然地获得某些收益、享受到某些服务;参加展会以后,即使这些收益和服务得到满足,客户通常只是基本满意,他们并不会感到特别满意。同样,大多数办展机构并不能让客户特别满意,因为他们的工作往往按部就班。如果每件事情都按部就班,那么展会为客户所做的是不够的。只有超出客户的期望,让他们惊喜,才能在激烈的市场竞争中高人一等。所以,展会必须为客户提供与众不同的个性化服务。

(二)客户价值

客户价值是指为了让客户最大程度地对展会满意,办展机构必须充分注意增加客户的总价值。同时,办展机构还必须努力减少客户参加展会的总成本。

客户价值是指客户让渡价值,即客户从参加展会及其服务中所获得的总价值减去为参加展会而支出的总成本。基本公式为:

$$客户让渡价值 = 客户总价值 - 客户总成本$$

客户总价值是客户从参加展会及享受其服务中所获得的全部收益,客户总成本是客户为参加展会而支出的所有耗费。客户考虑是否参加一个展会的过程其实就是客户对这些价值和成本进行比较参考的过程。

客户总价值包括展会价值、服务价值、人员价值、形象价值和个人价值等五个方面。第一,展会价值,即展会的功能、特点、品质、品牌等展会自身的效果。展会本身的价值是客户价值的第一构成要素,办展机构必须努力按客户的需求健全展会的各项功能,提高展会的效果,这样展会对客户才有核心吸引力。第二,服务价值。客户参加展会的过程也是客户享受展会服务的一个过程,客户评价展会服务的标准只有一个:满意。客户对展会服务的评价不仅包括展会展览现场的服务,还包括展会的展前和展后服务。办展机构的展会服务一定要比展会本身更加为客户度身定制,投其所好,在提供规范化的展会服务的同时尽量为不同的客户提供不同的个性化服务。第三,人员价值。展会工作人员和服务人员的语言、行为、服饰、服务态度、专业知识、服务技能等极大地影响到客户在特定时期的情绪和心情。因此,展会工作人员和服务人员的价值就是让客户满意,让客户时时刻刻感受到被关怀,时时刻刻感受到被尊重。第四,形象价值。品牌可以帮助其整理、加工、储存和解决展会的识别信息,简化参展决策。良好的展会形象可以降低客户的参展风险,增强其参展的信心,可以使客户获得超出参加展会所获得的收益之外的社会收益和心理收益。第五,个人价值。客户参加展会,除了完成本职工作之外,往往在增加个人知识和阅历、广泛开拓社会关系网络等方面受益匪浅。因此,展会不仅要努力搞好自身的建设,还要时刻关注从展会、服务、人员、形象和个人价值等方面增加客户的价值。

客户总成本包括:货币成本、时间成本、精力成本和心理成本等四个方面。第一,货币成本。是客户参加展会的所有货币支出,包括展位租赁费、展品运输费、展位装修费、人员费和相关宣传费等。货币成本是客户在决定是否参加展会时首先需要考虑的成本。第二,时间成本。和行业规律一样,客户对自己的时间往往也有安排,有些时间很重要,有些时间相对不很重要。客户在参加一个展会之前,往往会考虑展会是否符合自己的时间安排,自己花费在展会上的时间是否值得等。第三,精力成本。是客户在参加展会时在精神和体力等方面的支出。参加一个展会往往会涉及很多相关问题,如交通、住宿、吃饭、安全等,客户为了解决这些问题往往要花费大量的时间和精力。第四,心理成本。客户参加展会是要付出一定的心理成本的,例如,参加展会前对展会效果的担心、对参加展会的花费、社会和安全等感知风险的担忧、对展会噪音和拥挤的忍受等等。心理成本是无形的,由于接收到的有关展会的信息不同,不同的客户参加展会的心理成本是不一样的。办展机构减少客户参展成本并不仅仅是减少他们参展的货币支出,还必须减少他们的时间成本、精力成本和心理成本。

客户价值和客户成本是一种相对的指标,不同的客户对展会的收益期望是不一样的。客户价值和客户成本有些可以精确计算,如贸易成交额和货币支出等;有些只能为客户所感知但不能精确计算,如展会的服务价值和客户心理成本等。所以,展会及时与客户沟通,多与客户交流,及时采取措施解决问题,对增加客户价值和减少客户成本将有很大的帮助。

三、关系的盈利性

(一)关系盈利性的定义

所谓关系盈利性是指在客户关系生命周期里客户能给展会带来收益的可能性。并不是所有的客户都能给展会带来盈利的。客户关系到底能不能盈利取决于客户关系给展会带来的价值和展会发展该关系所付出的成本之间的差额。基本公式为:

客户关系的盈利性＝客户关系给展会带来的价值－展会发展所付出的成本

1.客户关系给展会带来的价值

(1)经济价值。即客户能直接带给展会的经济效益,主要表现为其经济盈利性。经济盈利性是所有商业性展会在考虑客户关系时首先考虑的因素,因为,如果客户不能给展会带来利润,展会将失去根本。

(2)示范价值。即某一特定客户参加展会后给行业带来的示范效应。在每一个行业里都有一些大的知名企业,这些企业的一举一动深受行业同行关注,如果这些企业参加展会,可以带动一大批企业跟进;如果这些企业不参加展会,将极大地影响其他企业参加展会的积极性。

(3)推荐价值。即某一特定企业参加展会后向行业同行进行的口碑传播作用。有些客户在参加展会后会充当推荐人的作用,积极向同行推荐该展会;有些客户则相反,他们会积极劝告同行不要参加该展会。

(4)能力价值。即展会通过维持与该客户的关系而从他们那里学到和吸收自身缺乏的知识的价值。例如,有些客户经常参加世界各地的展会,他们会将别的展会好的做法告诉本展会,帮助本展会改进办展思路和方式;有些客户对行业了解很深,他们能给展会提供很多改进的好的建议,等等。

可见,不同的客户给展会带来的价值是不同的,即使是同一客户,给展会带来的价值也不是唯一的。展会发展客户关系不能只着眼于经济价值,还要兼顾示范价值、推荐价值和能力价值,这在展会的大客户管理方面表现尤其突出。展会的大参展商一般参展面积大但价格低,展会从他们那里在经济上基本无利可图,可是,这些大参展商往往具有极大的行业号召力,他们的示范价值很大。还有一些客户,如行业专业杂志和行业协会,展会在它们身上基本也无利可图,但它们的推荐价值和能力价值很大。

2.展会发展客户关系所付出的成本

(1)关系的初始投入成本。即展会与客户建立起最初关系所耗费的成本,它主要花费在客户关系的培育阶段。

（2）关系的维持成本。即客户关系建立后，展会为持续维护和培育该关系所花费的成本，它主要花费在关系的确认阶段、信任阶段和弱化阶段。

（3）关系的结束成本。展会与客户的关系结束时，展会不能对客户置之不理，而是要对客户施加积极的影响，以免客户给展会散布负面的影响，展会为此而花费的成本是关系的结束成本，它主要发生在客户关系的消失阶段。

（二）影响关系盈利性的主要因素

从长期看，只有能给展会带来盈利的客户关系才是值得延长的客户关系。客户关系的盈利性反映的是该关系主体能给展会创造利润的能力，显然，凡是影响关系创造利润的因素都将影响关系的盈利性。

表 12-3　影响关系盈利性的因素

序号	因素	说明
1	客户参加展会频次	客户在其生命周期内参加展会的次数,对参展商而言是参展的次数,对观众来说是参观的次数
2	客户消费能力	参展商每次参展面积的大小
3	客户消费份额	客户参加本展会在其所有参加展会计划中份额的大小
4	协议价格	展会与客户就客户参加展会所达成的价格
5	办展成本	展会的办展成本也极大地影响到客户关系的盈利性
6	关系策略	展会的客户关系策略直接影响到关系成本的大小
7	客户忠诚度	高忠诚度的客户对价格的敏感性较低并能多次参加展会,这直接影响到关系的盈利性

第三节　会展客户关系策略

一、开发新客户

（一）开发新客户基本步骤

1. 在目标市场中寻找潜在客户

会展客户关系管理的新客户开发方法是：通过市场细分选定特定的目标市场以后，经过特定的渠道收集目标客户资料，然后将这些资料输入客户数据库，通过聚类分组将客户按展会的需求分成不同群体，再通过数据挖掘技术，从大量的数据中发现有用的信息，寻找到展会的潜在客户。

2.与潜在客户沟通

与潜在客户进行卓有成效的沟通是将潜在客户转化为现实客户的第一步。他们是否最后认知我们的展会并变为我们的新客户,还需要我们与潜在客户进行有效的沟通。

3.将潜在客户转化为现实客户

展会还要通过各种营销手段将展会的有关信息传递给潜在客户,以便促进他们向展会现实客户的转化。展会必须站在客户的角度考虑问题。一方面,展会可以借助于 CRM 软件系统仔细分析客户的需求和欲望,跟踪客户的动态,了解客户的参展(参观)阻力;另一方面,展会可以根据已经掌握的客户信息制定有针对性的营销和客户沟通策略,促进潜在客户对展会的认知和接受,使他们成为展会的现实客户。

(二)寻找展会的潜在客户

1.确定目标市场

经过市场细分确定目标参展商范围;根据展会展览题材产品用户特征,经过市场细分确定目标观众的范围。

2.收集客户信息,编制客户数据库

确定目标客户范围以后,可以通过行业企业名录、商会和行业协会、政府主管部门、专业报刊、同类展会、外国驻华机构、专业网站、电话黄页、朋友熟人和社会行业知名人士去收集展会目标客户的具体信息。

3.通过聚类分组和数据挖掘技术找到潜在客户

我们可以借助于 CRM 软件系统的帮助,先通过将客户进行聚类分组来分析、统计和归类客户的行业属性、产品特性和需求特点,然后通过数据挖掘技术来筛选出符合展会定位需求的潜在客户,并将他们作为展会开发新客户的来源。

(三)与潜在客户沟通

1.确定与谁沟通

沟通的第一步是要首先弄清楚我们将与哪类客户打交道,也就是说,要按照展会定位的需要,将经过上述筛选的客户进行再分类:他们哪些是潜在的参展商? 哪些是潜在的观众? 潜在参展商主要生产什么产品? 潜在观众主要采购什么产品? 这些潜在的参展商和观众都分布在什么地方,各有什么特点?

2.确定预期沟通目标

要有计划地一步一步地实现我们的沟通目标。五个阶段的反应过程:知晓、认识、接受、确信、参展(参观)。只要我们每次接触都能达到上述五个目标中的一个,这个潜在客户就有可能最终变成我们的新客户。

3.设计好沟通信息

沟通要达到预期的目标,我们就必须根据展会的优势和特点,结合客户的需求来精心设计沟通的信息。对于那些理性诉求倾向较强的客户,我们的信息设计就应从客户的利益出发,着重描述展会的优势、特点以及能给客户带来什么样的利益;对于那些情感诉求倾向较强的客户,我们的信息设计就应努力激发起客户的某种特定情感;对于那些道德诉求倾向较强的客户,我们的信息设计就应利用客户的道德感来强化他们参加本展会的理由,如此等等。

4.选择好沟通的渠道

要根据潜在客户接收信息的渠道偏好来选择合适的沟通渠道,可以多渠道同步与客户沟通,并且,对于一些重点客户,面对面的沟通是非常必要的。要特别注意沟通的连续性和一致性,沟通的信息在实体上和心理上要彼此关联。从信息的实体上看,通过不同渠道沟通的信息要遵从展会定位的统一要求,要采用同一口径和展会 LOGO;从心理上看,不同渠道向客户传递的信息不仅要有同一口径和展会LOGO,还要有统一的客户利益主张和展会定位诉求,只有这样,才更有利于与潜在客户沟通。

(四)促进潜在客户向现实客户转化

1.重视客户的需求

必须从客户的需求出发,强调展会的特点和品质与客户需求之间的一致性;在与客户沟通时,要对潜在客户的参展(参观)需求、客户的个性品位、客户对展会的评价标准等进行充分了解,根据这些信息制定营销和沟通策略。

2.完整地传播展会信息

展会可以通过精心策划展会的营销,通过多渠道和多途径的营销来完整地向潜在客户传播展会的信息,使潜在客户对展会有一个全面而完整的认识,从而促进他们参展(参观)。

3.尽量降低客户的成本付出

客户参展(参观)展会的成本绝对不仅仅是货币支出,它还包括客户为此而付出的时间成本、精力成本和心理成本。

4.重视与客户的每次接触

展会与客户的接触通道包括人员接触和媒体接触两种,对于不同的客户,展会可以选择不同的接触通道。对于某些客户,如果以媒体接触为主,展会首先就要有客户的媒体接触习惯和类型;对于某些客户,如果以人员接触为主,展会要选择合适的接触地点、时间和方式,强化接触的主题。不管以哪种通道与潜在客户接触,展会都要解决两个重要问题:一是最能影响潜在客户信息传递的关键通道是什么?另一是最能影响潜在客户参展(参观)决策的关键通道是什么?

5.了解客户的参展(参观)阻力

在潜在客户准备参展(参观)的决策过程中往往会遇到各种阻力,这些阻力可能来自经济方面,也可能来自社会、时间、心理和竞争者的影响等其他方面,它们影响着潜在客户的参展（参观）决策。展会要及时了解潜在客户所面临的参展（参观）阻力，做好客户意见的收集和整理分析工作，并及时采取措施，对展会的营销和客户沟通策略进行有针对性的调整，尽量消除潜在客户的参展（参观）阻力，促使他们参展（参观）。

6.尽量提供参展（参观）便利

由于多数潜在客户没有参加本展会的经历，他们对如何参加本展会，如何办理各种参展（参观）手续，如何解决参展（参观）期间的食、住、行等问题基本不了解。展会要站在潜在客户的角度考虑如何解决这些问题，如何将解决这些问题的信息传递到潜在客户手中，让他们以最便捷的方式来参展（参观）。

二、留住老客户

忠实的老客户是企业最有价值的资产。开发一个新客户比留住一个老客户的成本要高出许多倍，而一个老客户为企业所带来的利润比一个新客户要高出许多。因此，留住老客户比开发新客户更重要。

（一）客户容忍的范围

客户参展（参观）的潜在收益期望：展会与它的老客户之间的很多互动和交往经常是发生在一定的范围里，时间一长，双方对这些互动和交往中的许多做法就习以为常，它们也就成为彼此今后交往和互动的惯例。展会服务和收益在这个范围内，客户就基本接受该展会；展会服务和收益低于这个范围，客户就不能接受该展会；展会服务高于这个范围，客户就会从展会获得意外的收益和惊喜。这里的范围就是客户"容忍的范围"。从本质上讲，"客户容忍的范围"代表着客户参加展会过程中所隐含的一系列期望。这些期望的产生，与客户认为展会必要的服务和收益以及客户参加展会所获得的意外服务和收益有关，这两者之间存在的区域就是客户容忍的范围。

客户对展会不满意，往往是因为他们参展（参观）所实际享受到的服务和获得的收益低于某一个特定的合理界限，即他们潜在的收益期望，这是他们所不能容忍的；相反，客户对展会基本满意，是因为他们参展（参观）所实际享受到的服务和获得的收益基本符合他们潜在的收益期望，这是他们可以容忍的。

认识"客户容忍的范围"对留住客户的意义在于：首先，它有利于展会提高服务水平，争取更多客户对展会满意。在认识"客户容忍的范围"以后，一方面，展会可以将为客户提供的服务标准化，以此来满足客户对展会的基本期望；另一方面，展会可以针对不同客户的不同期望而为他们提供差别化的个性服务，使他们对展会产生惊喜。从两方面来提高客户对展会的满意度从而留住客户。其次，它有利于展会消除客户的不满意。认识"客户容忍的范围"以后，展会可以采取措施，尽量使展会服务和客户收益不低于客户容忍的范围，尽量减少使客户产生不满意的可能性。第三,它促使展会努力去了解不同客户参加展会所隐含的不同期望,使展会服务更具有针对性并更能满足客户的需求。客户对展会隐含的期望可能是可见的,如展品质量和档次、观众数量和质量等,也可能是隐性的,如渴望被尊重等。展会只有充分了解这些期望,才能更好地实现客户的期望和留住客户。第四,它有利于培育客户的忠诚度,有利于展会与客户建立长期稳固的关系。一旦客户对展会由惊喜而产生非常满意,客户往往会觉得自己与展会的关系不仅仅是一种商业关系,客户的这种感觉极易使他们对展会产生一种亲近感,而这种亲近感正是培育长期客户关系所最需要的。

（二）识别正在弱化的客户关系

展会与很多客户的关系是处于不断变化之中。一旦展会与客户之间的联系或沟通出现什么意外,这些脆弱的关系就可能弱化。正在弱化的客户关系是客户准备从展会流失的前兆。展会必须定期评估一下自己与特定客户之间的关系是否健康,定期为展会的客户关系把脉。通常,当一个客户关系开始弱化或者出现裂痕时,它往往会显现某些信号。展会的客户管理人员要善于识别这些信号。

客户关系弱化的显著的信号表现为:客户参展面积减少,客户投诉增多,客户对展会不满增加,客户与展会的接触减少,客户觉得自己受到了不公正的待遇。一旦我们发现某个客户与展会的关系正在弱化,我们在采取挽救措施之前,还必须慎重地分析该关系的价值,判断展会是需要通过努力挽救这种关系呢,还是让该关系继续衰退直至消失为好。分析该关系的价值,我们就要弄清楚下述问题:挽救并修复该客户关系对展会有多重要? 如果成功挽救了该关系它能给展会带来什么回报? 要挽救该关系并得到该回报展会需要付出什么? 什么样的策略才可以挽救并加强该关系? 弄清这些问题所需要的信息,一部分可以取自 CRM 数据库,另一部分需要展会工作人员的亲自调查。通过分析,负责会展客户关系管理的部门要明白,哪些客户关系需要改善和补救、哪些关系需要维持、哪些关系有待加强、展会需要将客户关系管理的重点投放在哪里。面对正在弱化的关系,只要展会留住一个老客户的边际成本低于获取同样条件的一个新客户的边际成本,展会就应该采取有效措施对其进行挽救;否则,展会就可以决定终止该关系。要终止该关系,除了要确认终止该关系对展会基本无伤害外,还应该确保终止该关系不会影响和威胁到展会与其他有价值的客户的关系,也不会影响到展会的口碑。

（三）赢返流失的客户

一般地,即使展会暂时有客户流失,展会一般都不会立即放弃该客户,而是还会继续跟踪该客户并希望通过努力赢返他们。对于流失的客户,展会要赢返他们,既有优势又有困难。优势在于展会已经拥有该客户的大量信息,可以很方便地分析出该客户的特征和偏好;困难在于展会要重新树立该客户对展会的信心。

表 12-4 展会流失客户的类型

序号	类型	说明
1	展会有意摈弃的客户	因不具备潜在价值或不符合展会参展(参观)要求而被展会主动摈弃的客户
2	需求无法满足的客户	展会试图挽留、但因展会本身功能无法满足客户的参展(参观)需求而流失的客户
3	被竞争对手吸引的客户	不是因为竞争对手的价格更低,而是因为他们展会对该客户而言价值更大,客户因此而流失
4	低价格寻求型客户	因认为本展会的价格太高,或者转向更低价格的同类展会而流失的客户
5	条件丧失型流失的客户	因客户本身的某些条件发生变化,如产品市场方向的改变、产品转产、突发事件影响、营销策略的调整、关系生命周期的影响等原因而流失的客户
6	服务流失型客户	因不满意展会服务而流失的客户

并不是所有的流失客户都值得赢返。展会希望赢返的客户主要是需求无法满足的客户、被竞争对手吸引走了的客户和服务流失型客户三种。如果展会认为他们值得赢返,展会就要注意倾听他们的意见,处理好他们的投诉,并针对各客户的特点制订客户接触计划,促进流失客户的赢返。在与流失客户的沟通中,要特别注意对他们流失原因的回应,要消除他们对以前促使他们流失的原因仍继续存在的担忧,增强他们对展会的信心。赢返流失客户的策略包括:一是健全展会功能,改善展会服务。展会独特的功能和良好的展会服务对客户最具有吸引力,这也是展会的核心竞争力,展会健全展会功能和改善展会服务能赢返大批流失的客户。二是寻求与客户建立某种社会连接。展会将客户参加展会赋予一种社会责任,让客户与展会之间建立起一种超乎商业关系以外的更为亲近的关系,客户会将参加展会视为自己的一种必然。三是寻求与客户建立某种结构连接。例如,与客户建立一种合作伙伴关系,或者提高客户退出展会的转换成本,将客户的发展和展会的兴旺紧紧捆在一起,客户就不会轻易流失。

展会也可以采用降低价格的办法赢返流失的客户。但是,采用这种办法,展会没有充分考虑到那些始终支持展会的忠诚客户,而不忠诚的行为似乎通过降价而得到了奖赏,这会极大地挫伤忠诚客户的积极性。另外,降价赢返策略不仅最容易被竞争对手复制,并且,如果一旦降价行动带有某种可预见性,那么,一些客户就可能持久地等待展会的这种行为,而且只要他们能够避免,他们就永远不会去支付全价。所以,用降价来赢返流失的客户尽管也是一种可以在短期内起作用的方法,但它不是一种长期有效的方法。当然,如果我们不做任何事情来区分展会的核心优势和服务,那么客户就只有错误地选择价格作为唯一的区分标准了。

（四）增加客户价值

增加客户价值的方法最基本的是两个方面,一方面是积极提高客户感知的价值收益,另一方面是千方百计降低客户感知的成本支出。

展会是否最终为客户创造了更多的价值并不是由展会说了算,客户才是最终的评判者,只有客户才能判定展会所采取的各种措施是否为客户增加了价值。要为客户创造更多的价值,展会首先必须要了解客户的需求和愿望,然后有的放矢,对症下药,这样才能真正地给客户增加更多的价值,才有利于留住老客户。

1.提高客户感知的价值收益

（1）提高展会本身的价值。即健全展会的功能,提高展会的品质,完善展会品牌形象,突出展会的优势和特色,提高客户的参展（参观）效果。展会本身的价值是客户价值的第一构成要素,是客户参加展会的核心价值所在。

（2）改善展会的服务。展会服务包括展会展览现场的服务、展会的展前和展后服务。展会服务一定要比展会本身更加为客户定身度制,例如,对参展商最好的服务就是为其邀请到大批高质量的观众,对观众最好的服务就是邀请到大批高质量的企业参展。

（3）提高人员价值。加大对展会工作人员和服务人员的培训,使他们在语言、行为、服饰、服务态度、专业知识、服务技能等方面得到提高,让客户满意。

（4）提高展会形象的价值。良好的展会形象可以降低客户的参展（参观）风险,增强其参加展会的信心,使客户获得超出参加展会所获得的收益以外的社会收益和心理收益。

（5）增加个人价值。通过展会相关活动等手段,增加客户个人知识和社会阅历,为他们广泛开拓社会关系网络提供平台。

2.降低客户感知的成本支出

（1）减少客户参加展会的货币成本。展会的展位租赁费一般难以变动,但我们可以帮助客户降低其展品运输费、展位装修费、人员费和相关宣传费用。

（2）减少客户参加展会的时间成本。安排好展会的开幕时间、展览时间,对重要客户参加展会的时间安排提出合理的建议,尽量帮助客户合理安排自己花费在展会上的时间。

（3）节省客户参加展会的精力成本。尽量为客户着想,帮助和指导客户安排好交通、住宿、吃饭、安全等问题,节省客户为了解决这些问题而花费的时间和精力。

（4）减低客户参加展会的心理成本。通过营销和人员沟通等手段降低客户对参加展会各种可能风险的担忧,通过良好的现场布置来降低展会噪音和拥挤对客户的影响,使客户参加展会时心情舒畅。

三、与客户合作双赢

与客户建立合作伙伴关系,形成展会与客户共荣双赢的局面,是会展客户关系管理的终极追求,也是展会长期稳定健康发展的客观需要。通过会展客户关系管理,经营好客户这一核心资产,必将为展会的持续快速发展开辟出一条通向成功的捷径。

(一)与客户结成合作伙伴

很多展会在做客户管理工作时,一般总不外乎这样四种手段:保持、关系、推荐和修复。所谓保持,就是通过各种措施来满足和超过客户的需求来留住他们;所谓关系,就是通过与客户交流,相互理解,彼此守信和互相信任,争取客户对展会的长期支持;所谓推荐,就是通过使客户满意来带动客户对展会的良好口碑传播;所谓修复,就是挽救那些处于弱化中的客户关系和赢返流失的客户。

成功的会展客户关系管理是通过各种客户工作,使客户自愿与展会结成合作伙伴关系,最终实现展会与客户的合作双赢。一旦展会与客户形成了一种合作伙伴关系,这个客户就将成为展会最为忠实的客户。

要与客户建立一种合作伙伴关系,展会必须向客户提出一个为其所喜爱的富有吸引力的客户价值主张,这个主张可能是展会的定位、品质和功能,也可能是展会在客户营销策略组合中所处的位置。但不管是什么,这一主张一定要为客户所接受和喜爱。展会主张要为客户所接受和喜爱,与展会的责任感和客户对展会的信任感有很大的关系。一方面,展会要富有责任感,自己承诺的东西就一定要实现;另一方面,客户对展会的信任是建立在客户价值持续实现的基础上的。所以,建立一种合作伙伴关系,首先离不开责任感和信任。影响展会与客户建立合作伙伴关系的其他因素还有:第一,轻松感和互动频率,即客户参加展会的感觉和客户与展会之间彼此互动的频繁程度;第二,接近程度,即展会和客户之间的亲和力、熟悉程度和亲近的感觉;第三,相似程度,即展会和客户之间拥有相同或相似的价值观、态度和目标;第四,相互关系,即展会与客户相互联系在一起的感觉和对展会的共同愿望;第五,相互依赖感,即展会和客户为了达到彼此的目标而对另一方的依赖。

(二)实现合作双赢

不论客户的大小,每一个客户都不能被忽视;每一个客户都有一种能力和影响力,它既可以给我们带来一定数量的业务,也可以导致我们丧失一些业务,每一个客户都代表着某种水平的参展(参观)能力和利润率。客户的真实感觉才是最重要的。如果每一个客户都有被重视的感觉,他们与展会的关系自然会更进一层,客户与展会之间的合作自然会更好。

展会与客户建立合作伙伴关系的目标是实现合作共荣双赢,展会为客户所做的一切都是向这个方向努力。当客户的参展(参观)目标得以很好地实现,客户得到很好的服务时,客户自然也会给展会以丰厚的回报:持续的参展(参观),给展会组织改进以好的建议,发挥自己的影响在行业里传播展会的口碑,向有关企业和行业人士推荐本展会等。

展会只有在自身利益与客户利益之间找到平衡点,提高展会的品质,健全展会的功能,充分为客户着想,满足客户的需求,才能最终实现展会与客户的精诚合作,实现展会与客户的共荣和双赢。

思考题:

1.会展客户关系管理体现的核心理念和终极追求是什么?

2.客户关系生命周期的阶段有哪些?认识客户关系生命周期有何重要意义?

3.会展客户关系管理的目标是什么?如何理解客户满意、客户价值?

4.影响关系盈利性的主要因素包括哪些?

5.促进潜在客户向现实客户转化的要点有哪些?

6.哪些是展会客户关系弱化的显著的信号?

7.请谈谈赢返流失客户的策略。

8.增加客户价值的方法有哪些?

第十三章　会展评估总结

【学习要求】

了解国际会展评估的模式；掌握展览项目绩效评估的总指标体系；掌握会议绩效定量评估、定性评估的内容；掌握全面进行节庆绩效评估的范畴；掌握会展总结的一般形式；了解展会闭幕以后的后续工作内容。

【本章概要】

2002 年国家经济贸易委员会制定了《专业性展览会等级划分及评定》，于 2003 年 3 月 1 日起实施。2013 年 7 月，国家标准化管理委员会发布的 2013 年第 2 号（总第 158 号）行业标准备案公告，其中会议中心运营服务规范（SB/T 10851-2012）、展览场馆运营服务规范（SB/T 10852-2012）、展览服务（布展工程）单位运营服务规范（SB/T 10853-2012）开始实施，并分别成为指导对应领域的首个国家级标准。

国际会展评估可分为 FKM 模式和 UFI 模式。德国的会展评估是由专门的第三方机构德国展览会和交易会数据自愿监督组织（FKM）来承担的。UFI 是一个由世界大型展会机构和世界著名展览会自愿加盟组成的非政府组织，是迄今世界展览会行业最具盛誉的组织。

展览项目绩效评估的总指标体系包括展览环境的评估、展览工作的评估、展览效果的评估等三个方面。展览项目绩效评估方法体系实施步骤为制定评估标准、制定评估方案、收集和分析材料、确定评估结果、编制评估报告。

会议绩效定量评估的内容包括：接待客户情况、接待客户平均成本、成交情况、成交平均成本、成本效益分析等等。定量的评估内容也常被称作评估指数。定性评估的内容包括：会议宣传、设计、行政、管理、工作态度、工作效率、工作效果、服务意识等的评估；对会议营销方式的比较和评估；对会议市场潜力、趋势的评估等等。定性的评估内容有时也被称作评估因素。会议绩效评估构建的基本指标体系主要包括会议主题和议题的评估、会议的议程和程序的评估、与会者要素的评估、会议发言评估、会议时间评估、会议地点评估、会议接待服务的评估、配套活动评估、会议宣传评估、会议总体评估。会议绩效评估的五个基本步骤为：被评估的单位对会议应提出书面报告与各项统计资料；评估机构对被评估单位的业绩、会议的规模、与会单位或人员数量、各项统计资料进行实地考察,对会议的实际效益进行科学评估;评估机构对会议的合同成交额、成交的产品结构、成交的机构以及协议的实施结果实施跟踪咨询,以获得切实可靠的数据;评估机构通过与会人员、贸易商及传媒机构了解会议的实际活动情况,对会议的服务水平、服务态度进行专项评估;评估机构出具体标准的评估报告,并且将在主要的会议专业网站以及会议行业媒体上公布、宣传评估结果。

节庆绩效评估包括对活动的工作内容评估、效益评估、影响评估等方面。大型节庆活动项目的评估内容包括活动时间选择、活动地点、活动筹备、安全、物品运输、工作人员表现、票务和入场、急救、人群控制、指示引导系统、广告宣传、饮食服务与设施、媒体联络、通信、停车、旅馆等。节庆的效益评估的近期评估指标包括向社会提供某种产品的服务,包括资源配置能力指标、效益能力指标、竞争能力指标;节庆的远期效益评价涉及的因素包括潜力增长的能力、环境改善的能力、品牌创新的能力。节庆的影响评估涉及的要素包括城市形象影响力、城市文化影响力、市民素质影响力等。节庆效益评估的实施程序为制定评估计划、确定评估方法、数据的收集和分析。

会展总结的作用是通过总结各种经验可以继续发扬好的做法,通过总结发现问题以改进以后的工作,为继续办好下一届展会作准备。进行会展总结的一般形式是:组织所有参加展会举办、筹备和管理的人员召开一个总结大会,让大家就一些议题畅所欲言,在发言中,既可就自己所负责的工作进行总结,也可以对其相关工作进行评估;对于各种发言,大会派专人做好记录,会后整理成文;同时,还要求每个工作人员会后就自己的发言写一份书面总结材料,办展机构再将会议记录和该书面材料相结合,整理成一份完整的总结报告。一般地,会展总结会议的内容主要有:展会策划总结、展会筹备工作总结、招展工作总结、招商和宣传推广工作总结、展会服务总结、现场管理工作总结、展会服务商总结、展会时间管理总结、客户关系管理总结、配套活动总结、财务总结。

展会的后续工作既是本届展会的收尾工作,也是下一届展会的开始。展会闭幕以后的后续工作主要有:向客户邮寄展会总结并致谢、更新展会客户数据库、进行展会总结性宣传、发展和巩固客户关系、处理展会遗留问题、准备下一届展会。

对于会展业的主管机构来讲,通过会展评估可以掌控会展企业及会展项目的发展状况,对会展行业做出宏观指导、调控;对于会展业来说,会展评估便于企业衡量自身水平,有利于其今后发展;而对于参展商来说,会展评估可以更直观地决定是否参加某些会展活动,或是选择适合自己的会展活动,以及更科学地对会展活动的投入和效果做出科学的判断。

第一节　展览绩效评估

一、国内外展览绩效评估现状

（一）我国展览绩效评估现状

1.展览绩效评估无全国性的统一标准

2002年，国家经济贸易委员会制定了《专业性展览会等级划分及评定》，于2003年3月1日起实施。该标准将专业性展览会的质量分为A、B、C、D四个等级，每个等级都列出明确的评定条件。等级的划分以专业展览会的主要构成要素为依据，从展览面积、参展商、专业观众、展览的连续性、参展商满意率等方面对展览做出评价。

2003年末，经济日报联合国务院发展研究中心、中国社会科学院、商务部国际经贸研究院、全国成贸联等单位的专家及业内人士组成专家组，制定了展览城市办展环境评价指标体系。该体系主要是对城市办展的综合环境和构成综合环境的办展基本条件、基础设施、产业集群、自然环境、社会环境、城市管理、组织成本、国际化程度等给以不同级别的评价。但这一评价主要针对办展环境，而非具体展览质量的评估。

2004年，吉林大学博士研究生王新刚对国内专业展览会级别作了研究，对专业展览会进行了五个级别的划分：

表13-1　国内专业展览会级别及相应展出面积范围

单位：平方米

	专业展览馆级别	展览会展出面积
1	国际级展览会	30000以上
2	国家一级展览会	20000～30000
3	国家二级展览会	10000～20000
4	国家三级展览会	4000～10000
5	国家四级展览会	4000以下

但这种研究对展览会的定级要素仅仅局限在硬件设施即展馆建设上，未涉及到具体效益的评估。

2008年2月，商务部草拟了《中国境内对外经济技术展览会评估标准和认证办法（试行）》，公开向社会征求意见。它本着公开、公平、公正的原则，对会展的办展水平、实际业绩、社会效果、发展潜力等进行评估后给予等级认定，分为AAA、

AA、A 三个等级,评估工作不收取任何费用。所以,这一试行标准和认定办法被业内人士认为是中国会展认证评估制度取得实施性进展的标志。

2013 年 7 月,国家标准化管理委员会发布的 2013 年第 2 号(总第 158 号)行业标准备案公告,其中会议中心运营服务规范(SB/T 10851－2012)、展览场馆运营服务规范(SB/T 10852－2012)、展览服务(布展工程)单位运营服务规范(SB/T 10853－2012)开始实施,并分别成为指导对应领域的首个国家级标准。该三项标准充分借鉴了国内外知名会议中心、展览中心和展览服务(布展工程)单位的先进运营经验和理念,同时结合起草行业成员在实践中探索并总结出的管理模式,兼顾一线、二线城市会展场馆运营的实际情况,规定了会议中心、展览场馆及展览服务(布展工程)单位运营服务应具备的基本资质、部门设置、功能设置、配套设施以及对安全管理、工程管理、现场管理和服务管理等方面的要求。标准实施后,对优化行业发展的软环境、健全行业发展管理体制、规范场馆经营行为、促进行业发展将发挥重要作用。

2. 各地方自行组织评估

虽然在中国还没有一个统一的展览评估标准,但是一些会展业发展前景比较好的城市已经开始探索并建立起自己的评估标准和体系。

我国最早开展系统性展会评估工作的是温州市会展业协会。该协会采用百分记分法对其会员单位举办的所有展会进行评估,分为优秀、良好、合格、不合格四等,并在每年上半年和下半年各公布一次评估结果。当然,这些评估比较粗放。

上海市会展行业协会于 2005 年推出国际展览会项目评估标准。该标准是以参加评估的会展项目群体的平均水平为参照点,通过数据收集和分析后,评定出优秀展览会。此外,宁波、广州、厦门、深圳、南京等城市也都制定了自己的展览评估标准。

经中国国家标准化管理委员会批准,全国会展业标准化技术委员会在 2008 年 6 月在北京正式成立,全国会展业标准化技术委员会上海世博会事务协调局副局长陈先进担任主任委员,秘书处承担单位为上海市标准化研究院。第一届全国会展业标准化技术委员会主要负责会展术语、条件、环境、等级、评价、分级、管理领域的标准化工作,涉及会展业的策划、组展、搭建、运输、展馆租赁及服务等会展业的各个环节。全国会展业标准化技术委员会的成立将加快推进在全国范围内建立统一的会展业标准化体系。通过制定与实施会展基础条件、会展服务质量、会展管理等方面的标准,对会展服务人员进行专业化和标准化培训,有利于培育具有服务标准化理念的会展业企业,推动会展服务企业的品牌化、集团化和国际化进程。通过与国际标准化组织和国内外会展组织的交流与合作,有利于积极采用、转化国际会展业服务标准运用于我国的会展业运作中。

2010 年 11 月,浙江省会展业标准化技术委员会成立,该委员会是为了尽快建立会展服务标准化体系,充分发挥浙江省会议与展览公司(项目)、会议与展览场所(馆)、会展配套各项服务等方面专家的作用,全面开展会展服务与规范的标准化工作,加大标准实施的监督力度,提高会展服务水平和市场竞争力的基础上,经浙江省质量技术监督局批准成立的专业承担全省会展领域相关标准化技术工作的社会团体。会展标技委主要从事浙江省会展行业服务的标准化工作的技术组织,负责会展行业内的标准化技术归口工作。会展标技委是由浙江省质量技术监督局领导,杭州市质量技术监督局负责业务指导,浙江中汽会展有限公司负责日常工作。

2010年12月,广西国际博览事务局提出并正式实施《会展服务规范》和《会展场馆安全管理要求》。这"两项标准"由广西国际博览事务局提出,广西会展业标准化技术委员会归口,广西国际博览事务局、广西标准技术研究院共同研究制定,分别对会展组织者的资质、会展服务人员的素质能力、会展举办场所的环境与设施条件、参展参会人员者和会展服务商的管理以及会展安全与保障等方面提出规范性要求,确保会展所涉及的会议、展览的整个服务流程均达到基本服务质量。这"两项标准"是广西首次发布的会展标准,有利于加强广西会展业管理,规范会展服务,提高会展效率,提升服务质量,对于规范广西会展业发展具有十分重要的意义。

但是现阶段,展会评估的实施者多由政府或行业协会进行,国内对展会评估研究多集中于对展会的定级或是办展环境测评上,实践中对展会的评估也多是一些展会主办方对自己的展会做出的评估总结。国内的展会评估目前还处于起步阶段,缺乏统一的评估标准和体系使得对于具体某个展会的全面绩效评估仍处于探索之中。

(二)国外展览绩效评估现状

与国内相比,国外会展业相对成熟的一些国家都已经建立了相关展会的评估体系,评估工作一般由一些独立的专业会展咨询企业或行业协会进行。有些国家还建立起全国性统一的行业机构从事展会的评估、认证工作,对各类数据进行审核认证,定期公布认证结果。

1. FKM模式

德国的会展评估是由专门的第三方机构德国展览会和交易会数据自愿监督组织(FKM)来承担的。FKM隶属于德国展览与博览会协会(AUMA),它的主要业务是制定统一的展览会相关标准。其成员自觉遵守相关规定,按照规则和标准申报展览会统计数据,接受FKM对数据的专门审计。为了能够给参展商参展和主办方办展提供可信的依据,FKM的成员还必须保证在各种环境下使用或者发布的数据与FKM一致。

FKM模式评估由一些独立的专业会展咨询企业或行业协会进行,这在评估中可以保持公正性、客观性,一般德国展会在推广方面都会有标记该展会是否经过FKM的审核。由于该评估的结果更能起到借鉴、指导的作用,FKM自然地成为了德国普遍的展览认证模式。

2.UFI模式

UFI是一个由世界大型展会机构和世界著名展览会自愿加盟组成的非政府组织,是迄今世界展览会行业最具盛誉的组织。UFI的认证是高品质贸易展览会的标志。

"UFI认证指标少,只有展览面积、参展商数量、参展商国籍、观众数量。侧重于量化分析和横向比较。重视展会国际性。重视观众结构分析,严格将出席的人次、观众人数、参观频率、观众来源地等各个指标进行细化分析。认证体系建立和认证过程由市场化完成。"[①]

UFI模式对我国展会认证具有很大的借鉴意义,但也存在一定的局限性,不能全面概括和满足我国会展业的实际情况和需求。而且,最关键的是UFI模式是一种认证模式而非评估体系,我们目前不仅要积极开展展会的认证工作,更要做好对展会的评估工作。

二、展览绩效评估体系构建

展览的绩效评估对于展览主办方或承办方、参展商、展览业管理部门等都有着极其重要的指导意义,但到目前为止,我国还未建立起展览评估的统一标准,根据我国目前展会评估现状和国外展会评估的成熟经验,我们认为,构建我国展览评估体系可以从内容和方法两方面进行。

（一）展览项目绩效评估的总指标体系与分值

根据对展览项目的长期跟踪,我们从展览环境的评估、展览工作的评估、展览效果的评估等三个方面对展览项目评估进行指标体系的构建,并对各项的具体分值进行量化的合理分配。具体见表13-2。

表13-2　展览项目绩效评估的总指标体系

序号	指标体系	一级分值	分指标体系	二级分值
1	展览环境		对展览规模和连续性	
			对展览时间地点	
			对参展商要素	
			对专业观众要素	

---

① 李智玲:借鉴UFI认证模式,建立我国展会评估体系[J],集团经济研究,2007(10),p54。

续表

序号	指标体系	一级分值	分指标体系	二级分值
2	展览工作		对展览配套活动	
			对展览现场管理工作	
			对展览后勤保障工作	
			对展览媒体宣传工作	
3	展览效果		综合印象	
			经济效益	
			对办展目的	

＊所有分值需根据不同展览项目实际情况确定

需要指出的是,由于展览项目类型的多样性,该展览项目评估指标体系只是一般的参考性体系,在具体的展览项目评估中,应该根据实际情况对具体分值和指标体系进行针对性的调整或补充。下面,我们对每个分指标体系进行进一步的讨论,以便该体系具有操作的可行性。在分指标体系的讨论中,我们可以对每项以百分制进行分值计算,在实际的操作中各项的具体得分应该再乘以展览项目评估的指标体系中各项的分值的百分数。

(二)展览环境的评估指标

1.对展览规模和连续性评估指标

展览的规模指展览面积和展位数量,展览的连续性指展览举办的历史延续情况。展览的规模在一定程度上体现展览的实力,而展览的连续性则显示展览的生命力。

表 13-3　展览规模和连续性评估指标

序号	指标	三级分值
1	本展览举办的届数	
2	特殊装修展位面积占净面积的比例	
3	展出的净面积和展位数	
4	展出的净面积和展位数比预计数增减情况	
5	三年本展览实际展出的净面积和展位数增减情况	

＊展览规模和连续性评估得分×二级分值比例＝总评单项分

2.对展览时间地点的评估指标

展览举办的时间、地点的选择在一定程度上会对展览效果产生影响。展览时间主要包括展览举办的时机、展期、周期等方面。展览地点是主办者或参展商陈列展品、发布信息,观众感知展览信息的空间,是参展商、展品、观众的集合地。对展览地点的评估主要包括市场条件、硬件条件、接待能力、展馆管理等方面。

表 13-4　展览时间地点评估指标

		序号	指标	三级分值
展览时间地点评估	展览时间	1	展览举办的宏观环境的时机合适度	
		2	展览的举办时间是否同其他同类的或重要的展会冲突	
		3	展期是否需要延长或缩短	
		4	展览周期是否需要延长或缩短	
		序号	指标	三级分值
	展览地点	1	举办地的市场开放程度、产业结构、经济特色以及经济的辐射能力	
		2	举办地的硬件条件,如展览馆、会场、新闻中心、交通	
		3	举办地宾馆饭店、餐饮购物、旅游观光等的接待能力	
		4	当地的政府、相关的行业组织、市民以及相关媒体的态度	
		5	展馆的面积与展览规模的匹配度	
		6	展馆内的供水和供电设备、通信设备、电视大屏幕、触摸屏等配套设施	
		7	展馆企业的管理水平和服务质量	
		8	展馆租赁的价格合理度	

＊展览时间地点评估得分×二级分值比例＝总评单项分

3.对参展商要素的评估指标

参展商是展览的关键要素之一,展览的收益主要来自参展商,所以,参展商的各项指标可以直接影响展览的效果。对参展商的评估主要涉及数量和质量两个方面。数量评估包括参展商总数、境外参展商数量、近三年情况等,并应与历史相关数据进行比较;质量评估包括骨干企业、龙头企业参展数量、境外参展商的比例等,并应与历史数据进行比较。

表 13-5　参展商要素评估指标

		序号	指标	三级分值
参展商要素评估	参展商数量	1	近三年参展商的数量数据情况	
		2	本届展览国内参展商的数量增减情况	
		3	本届展览境外参展商数量与比例	
		4	本届展览境外参展商的数量增减情况	

续表

参展商要素评估	参展商质量	序号	指标	三级分值
		1	行业龙头企业参展情况	
		2	境外知名企业的参展比例增减情况	
		3	本届展览境内外参展商租用的展位数比例	
		4	参展商参加下一届展会意向	
		5	参展商表示是否将推荐他人参加下一届展会	

＊参展商要素评估得分×二级分值比例＝总评单项分

4.对专业观众要素的评估指标

专业观众既是展览的核心要素,又是展览行为的起点和终点。对专业观众的评估主要从数量、分布区域、分布行业、参观天数、参观展区、是否愿意继续参加、推荐他人参加等方面进行。

表 13-6　专业观众要素评估指标

序号	指标	三级分值
1	近三年观众总人次增减情况	
2	境外观众的比例增减情况	
3	具有决策权的观众的比例	
4	观众的地区分布	
5	观众的行业分布	
6	观众所在单位的性质和规模情况	
7	专业观众的比例	
8	每个观众平均参观天数	
9	专业观众中参加下一届展会意向	
10	观众推荐他人参加下一届展会的情况	

＊专业观众要素评估得分×二级分值比例＝总评单项分

(三)展览工作的评估指标

1.对展览配套活动的评估指标

展览活动一般都有相应的项目配套活动,如开幕式、午餐会、研讨会(论坛)等,尤其是对研讨活动的举行和规格的考核,已经成为当前展览评估的一项重要内容。

表 13-7　展览配套活动评估指标

序号	指标	三级分值
1	配套活动是否与展览的主题适应性评价	
2	配套活动对展览吸引力和影响力评价	
3	参展商对配套活动的关注度评价	
4	各项配套活动的参加人数的增减情况	
5	配套活动的时间与展览主体活动适应性评价	
6	配套活动与展览的气氛适应性评价	

＊展览配套活动评估得分×二级分值比例＝总评单项分

2.对展览现场管理工作的评估指标

对展览现场管理的评估包括注册登记、安全保卫、交通疏导、布展撤摊、展品进出馆流程等方面。

表 13-8　展览现场管理评估指标

序号	指标	三级分值
1	登记注册手续的办理便捷性	
2	现场安全保卫工作	
3	场馆周边的交通疏导	
4	布展撤展安排的周密度与及时度	
5	展品进出馆手续完备度	

＊展览现场管理工作评估得分×二级分值比例＝总评单项分

3.对展览后勤保障工作的评估与分值

展览的后勤工作是展览工作的重要组成部分，是展览顺利开展的保证。展览后勤保障工作内容评估主要包括接待注册、展馆引导、咨询和指示系统、考察、游览、娱乐服务等。

表 13-9　展览后勤保障工作评估指标

		序号	指标	三级分值
对展览接待服务的评估	接待注册工作方面	1	参展商与专业观众报到注册便捷性	三级分值
		2	参展商与专业观众对接待服务满意度	
		3	报到注册表的项目设计和语言表达人性化	
		序号	指标	三组分值
	展馆引导、咨询和指示系统方面	1	场馆内专门的引导人员配备情况	
		2	引导人员佩戴证件、统一着装、礼仪情况	
		3	场馆参展观展指示标志设置情况	
		4	电梯、安全门、洗手间等配套设施指示情况	
		5	场馆内的咨询服务的满意度	
		序号	指标	三级分值
	考察、游览、娱乐服务方面	1	展览期间安排的考察、游览、娱乐项目合适度评价	
		2	展览期间安排的考察、游览、娱乐时间性评估	
		3	展览期间安排的考察、游览、娱乐的陪同规格评估	
		4	展馆与住地之间专门的交通车接送评价	
		5	讲解和导游的质量评价	

＊展览后勤保障工作评估得分×二级分值比例＝总评单项分

除了以上的指标外,有的展览还需要考虑会场饮水和茶歇、餐饮服务等方面的工作。

4.对展览媒体宣传工作的评估指标

媒体对展览的宣传具有及时传达展会信息,扩大展会知名度,树立良好形象的巨大意义。展览宣传的方式包括新闻报道、新闻发布会、网站、展览广告等。对展览媒体宣传工作的评估主要包括参展商和专业观众获取展会信息的途径、召开新闻发布会的次数、媒体报道情况、网站宣传情况、广告投入及效果等方面。

表 13-10　展览媒体宣传工作评估指标

序号	指标	三级分值
1	参展商与买家获得展览举办信息的渠道与展览媒介投放组合的吻合度	
2	广告选择的媒体和投放的时机评价	
3	展前、展中、展后举行新闻发布会的次数	
4	展览主办方的广告宣传经费投入占总收入的比例	
5	媒体对展览的报道情况评价	
6	网站宣传评价	
7	报刊广告、邀请函、朋友介绍、电话等促销方式的有效度	

＊展览媒体宣传工作评估得分×二级分值比例＝总评单项分

（四）展览效果的评估指标

1.综合印象的评估指标

综合印象是指参展商和观众对展览的专业化和国际化程度、展馆的总体布置质量、展览服务、展览现场的安全状况和秩序等的印象和评价。

表 13-11 展览综合印象评估指标

序号	指标	三级分值
1	参展商和观众对展览的专业化和国际化程度的评价	
2	参展商和观众对展馆的总体布置质量印象	
3	参展商和观众对展览服务的总体评价	
4	参展商和观众对展览现场的安全状况和秩序评价	

＊综合印象评估得分×二级分值比例＝总评单项分

2.经济效益的评估指标

经济效益是举办展览的基本目的，因此经济效益评估是展览评估的重要内容之一。宏观经济效益是指整个展览（包括交易会、洽谈会）的成交情况，包括消费性展览直接销售情况和贸易性展览的交易量等。微观经济效益是指办展机构获得的直接经济效益，内容主要包括成本、利润、成本效益分析等方面。评估的具体指标包括：

表 13-12 展览经济效益评估指标

经济效益评估		序号	指标	三级分值
	宏观经济效益	1	展览达成的总成交额	
		2	展览签订的投资项目数	
		3	境外投资或贸易额	
		4	境外投资项目数	
		5	展览签订投资或贸易意向的项目数量及其标的评价	
	微观经济效益	序号	指标	三级分值
		1	本届展览的成本	
		2	本届展览的利润	
		3	本届展览成本效益评估	

＊经济效益评估得分×二级分值比例＝总评单项分

3.对办展目的评估指标

展览是一种目的性的信息交流活动。对展览目的评估的作用之一是检验最初确定的展览目的是否恰当,作用之二是确认展览目的是否实现。展览的目的一般分为基本目的和战略目的。基本目的指通过办展,为参展商和专业观众提供一个良好的信息、产品交流平台,并取得一定的经济效益。战略目标指通过办展,显示一定区域的政策、经济、科技、文化等投资环境方面的实力,以达到提升品牌影响力的目的。

对展览基本目的的评估指标包括参展商、专业观众的满意程度、成交量、经济收益等内容。对展览战略目的的评估包括展览影响力、媒介评价、国际知名度等方面。而展览主题是贯穿所有展品和展览中各项活动的红线,是对展览目标的阐释和体现。主题鲜明、突出,展览才会具有特色,效果明显。

表 13-13　展览目的评估指标

<table>
<tr><td rowspan="15">展览目的的评估</td><td rowspan="5">展览的基本目标</td><td>序号</td><td>指标</td><td>三级分值</td></tr>
<tr><td>1</td><td>参展商对参展的效果满意度</td><td></td></tr>
<tr><td>2</td><td>本届展览招展实现程度</td><td></td></tr>
<tr><td>3</td><td>本届展览收入目标实现程度</td><td></td></tr>
<tr><td>4</td><td>本届展览成交项目或达成意向的项目情况</td><td></td></tr>
<tr><td rowspan="5">战略目标的方面</td><td>序号</td><td>指标</td><td>三级分值</td></tr>
<tr><td>1</td><td>本届展览社会影响</td><td></td></tr>
<tr><td>2</td><td>本届展览国际参展商和客商满意度</td><td></td></tr>
<tr><td>3</td><td>国内外媒体对本届展览报道</td><td></td></tr>
<tr><td>4</td><td>举办地国际知名度提升情况</td><td></td></tr>
<tr><td rowspan="5">展览主题方面</td><td>序号</td><td>指标</td><td>三级分值</td></tr>
<tr><td>1</td><td>主题鲜明度</td><td></td></tr>
<tr><td>2</td><td>参展商和观众对展览主题认知度</td><td></td></tr>
<tr><td>3</td><td>参展的企业与展览主题吻合度</td><td></td></tr>
<tr><td>4</td><td>实际展品与展览主题吻合度</td><td></td></tr>
</table>

* 办展目的评估得分×二级分值比例=总评单项分

三、展览项目绩效评估方法体系

表 13-14　展览项目绩效评估方法体系

序号	步骤
1	制订评估标准
2	制订评估方案
3	收集和分析材料
4	确定评估结果
5	编制评估报告

1. 制订评估标准

评估的标准是整个评估活动开展的依据。"评估的标准要根据评估的原则及评估的具体对象的情况,从会展评估的内容中选择"①。

2. 制订评估方案

评估方案是有效开展评估活动的保证。评估方案要根据评估的标准确定。评估方案的内容应包括:评估分值标准、评估内容、评估目标、评估方法及程序、各阶段时间安排、调查对象、调查方法、人员分工等。

评估方案应在展览举办前制订完成。

3. 收集和分析材料

收集和分析材料是评估工作中的重要环节,对正确有效的评估工作具有重要意义。收集相关材料可以通过现场观察、注册登记、问卷调查、访谈等方式进行。对收集来的材料要进行信息筛选、数据分类、审核以及分析等。

4. 确定评估结果

根据评估标准,结合相关数据材料,对展览划分等级、评判分数等。

5. 编制评估报告

要将评估结果形成书面报告,以便交流、发布和保存。目前,评估报告写法一般有两种:一种是文章式的评估报告,以文字描述、分析为主,做出总结、提出建议;另一种是表格式的评估报告,评估结果以图表形式表示。

特别需要指出的是,展览绩效评估的执行需要根据实际的评估目标和要求,灵活选取以上的标准体系中的内容进行操作。

第二节　会议绩效评估

随着近几年我国经济的飞速发展和商务活动的增多,会议市场得到了蓬勃发展。对先进技术的使用不断促使会议发展基础设施的完善,从而在发展会议的同时使得会议已成为现代商务谈判和交流沟通的一个重要手段。人们利用会议和活动,不仅可以交流客观事实、交换看法和改变行为,更重要的是还能鼓励人们去学习、改进工作,从而在提升的过程中得到更多的乐趣。

会议产业具有全球性和区域性的双重特点。在全球化的发展过程中,交流成为了一种普遍存在的需求,会议作为交流沟通的一个重要途径在产品和服务上都得到了发展。同时,区域性体现在会议举办地的选择上。举办地对于会议举办措施的实施以及区域对旅游者的感染力在选择的过程中有着极为重要的作用。因为

---

① 龚维刚:会展实务.华东师范大学出版社,2007 年版,第 45 页。

在会议产品的提供和服务保证上,各种水平的新生力量不断涌现,竞争是异常激烈的。未来几年,会议的替代形式如远程会议或虚拟会议能够全天候不间断地交流信息,会成为现实中威胁会议举行类型的最大的潜在竞争者。从另一方面看,会议业在世界范围内又拥有真正意义上的联盟。这使得会议业本身具有了极大的吸引力,几乎创造了一种家的感觉即业内人士"地球村的礼堂"。[①] 会议业开放和共享、会员之间的友谊和协作的特点,让整个会议业有了继续提升的空间,而发展也会促进业内机构设置的合理化,从而激发出会议业更多的潜力,产生更大的效益。现代会议业之所以能赢得行业内外、国内外的重视,主要是因为其不但能产生巨大的利益,更重要的是在利益分配的过程中结成国际友谊和协作。

在会议业逐渐成熟的过程中,对会议进行绩效评估显得尤为重要。必要的绩效评估能使相关行业积极而迅速地做出反应,这不仅能促进会议业变得更加的成熟,还能培养出会议业对社会的责任意识。另外,不同的评估主体可以根据实际评估的需要适当地选择出合理的相关项目进行评估工作。本文将对会议绩效评估体系进行分析并提出问题,总结会议绩效评估体系的设计,希望能给会议绩效评估的发展有所帮助。

一、会议绩效评估体系建立的意义

（一）会议绩效评估的概念

1.会议绩效评估的含义

会议绩效评估是对会议的内容、主题、形式和效果等方面进行系统、深入的考核和评价,是会议整体运作的一个重要环节。召开一次会议,尤其是大型会议,有很多的构成要素。[②] 所以有必要对这些要素进行评估。但是由于各种会议的目的不同,评价的内容类型不可避免地有很大的差别,在目前还没有规范化的会议内容评估标准的情况下,很难对其进行客观合理的评估。

2.定量与定性评估

定量评估的内容包括:接待客户情况,接待客户平均成本、成交情况、成交平均成本、成本效益分析等等。定量的评估内容也常被称作评估指数。

定性评估的内容包括:会议宣传、设计、行政、管理、工作态度、工作效率、工作效果、服务意识等的评估;对会议营销方式的比较和评估;对会议市场潜力、趋势的评估等等。定性的评估内容有时也被称作评估因素。

定量和定性评估内容的分界线有时不是太明确。定量和定性评估的内容和方法不同,但是作用和目的是一致的,因此,两者不可偏废。从管理角度出发,许多专

---

① Tony Rogers:会议的组织管理与营销[M].沈阳:辽宁科学技术出版社,2004,P199。

② 许传宏:会展策划[M].上海:复旦大学出版社,2005,P72。

家提倡使用定量评估内容。[①]

（二）会议绩效评估的意义

会议绩效评估应根据相关的会议调研来分析、评价相应的市场环境，并对今后会议项目的市场开发、运营管理提出相应的建议。国外一般是主办单位委托独立的专业会展咨询企业或行业协会来进行会议策划的评估工作。这不仅能在评估的过程中保持相对客观的评估立场，而且评估结果也是相对真实和公正的。这样才能保持评估结论对于会议未来发展的借鉴作用，即会议主办单位可根据每次评估的结论和建议，及时调整会议发展方向、运作管理方式等。

（三）会议绩效评估的目的

会议绩效评估旨在通过对会议集体运作的考核，充分认识会议活动的市场需求，从而为策划会议活动找到依据、方法和手段。具体而言，会议绩效评估的目的包括：通过对数据的统计分析，为会议主办方和参会者提供会议项目的可行性依据；对会议项目的整体运作及其相关成果作出客观真实的评价，展示会议项目的优势，为项目招商提供基础数据的支撑；对会议项目历年的相关会议数据进行纵向比较，分析其存在的问题、市场发展趋势及其未来的发展对策；结合国内大型类似的相关会议活动进行横向对比，分析并借鉴其优势项目；为将来会议项目的品牌建设提供支持。另外，这些数据可以为场馆的出租提供背景资料。

二、会议绩效评估的指标体系构建

会议绩效评估的对象主要为会议项目的单项评估。评估的内容侧重于会议的规模、参加人数、会议成交额、会议活动的社会经济效益等。

（一）会议绩效评估的指标体系构建的要求

表 13-15　会议绩效评估体系构建要求

序号	要求	说明
1	明确	明确会议召开的目标；明确实际的目标和评估标准
2	客观	制定客观的会议目标和评估标准
3	具体	量化评估标准，使之具体可衡量
4	协调	与会单位之间和与会单位与组织者之间的目标和评价标准应协调
5	统一	选择评估标准时要考虑长远，一旦选择评估标准体系，不轻易更改

不少会议工作和成果是非定量的，但是，其中一些可以具体量化为可衡量的标准。比如，从吸引与会者注意到实际成交量的过程，衡量尺度很难把握。但是，将

---

① 阎蓓：会展策划［M］．北京：高等教育出版社，2005，P168。

这一过程分解为一系列具体的环节,把这些环节纳入评估标准中,可衡量性就大大增加。

（二）会议绩效评估的指标体系构建的内容

会议单位很少使用单一的评估标准,多使用一系列的评估标准。这些标准可以根据会议工作的性质和顺序来进行整理。如会议的时间、地点;性质、内容、规模;与会人员数量与质量;与会单位数量与质量等;筹备工作的管理;人员表现;设计、施工;宣传、公关;行政、财务等;如会议工作管理、与会人员表现、接待观众、洽谈贸易、记录、市场调研等;后续工作的总结、贸易;会议成果的整体成效、宣传效果、接待效果、成交结果等。[①] 会议单位要根据自己的需要和条件限定评估范围,并分清评估内容中的主次。在评估标准中,根据主要会议目标制定的评估标准是最主要的评估标准。基于这些理解,会议绩效评估的指标体系构建具有一定综合性、复杂性和创新性,同时还要符合可操作性的要求。我们为会议绩效评估构建的基本指标体系如下:

表 13-16　会议项目绩效评估的总指标体系

序号	指标	三级分值
1	会议主题和议题的评估	
2	会议的议程和程序的评估	
3	与会者要素的评估	
4	会议发言评估	
5	会议时间评估	
6	会议地点评估	
7	会议接待服务的评估	
8	配套活动评估	
9	会议宣传评估	
10	会议总体评估	

＊所有分值需根据不同会议项目实际情况确定。

以下对各分指标体系进行讨论,我们可以对每项指标同样以百分制进行分值计算,在实际的操作中,各项的具体得分应该再乘以展览项目评估的指标体系中各项的分值的百分数。

---

① 阎蓓:会展策划[M].北京:高等教育出版社,2005,P171。

(三)会议项目绩效评估的细分指标

1.对会议主题和议题的评估指标

会议的议题是根据会议目标确定并付诸会议讨论或解决的具体问题,贯穿各项议题的主线叫做会议主题。会议主题和议题策划关系到会议的成败,对于商业性会议而言更是如此。

表 13-17　会议主题和议题评估指标

<table>
<tr><td rowspan="10">会议主题和议题的评估</td><td rowspan="5">会议主题的现实意义</td><td>序号</td><td>指标</td><td>三级分值</td></tr>
<tr><td>1</td><td>会议主题与会议目标吻合度</td><td></td></tr>
<tr><td>2</td><td>与会者对会议主题的认同度和满意度</td><td></td></tr>
<tr><td>3</td><td>与会者对会议主题的反馈意见评估</td><td></td></tr>
<tr><td>4</td><td>会议主题和议题的联系紧密度</td><td></td></tr>
<tr><td rowspan="5">与会者对议题的关心程度</td><td>序号</td><td>指标</td><td>三级分值</td></tr>
<tr><td>1</td><td>与会者对议题的兴趣度</td><td></td></tr>
<tr><td>2</td><td>议题的适量性</td><td></td></tr>
<tr><td>3</td><td>不同议题受与会者的欢迎情况</td><td></td></tr>
<tr><td>4</td><td>与会者对议题兴趣差异度的评价</td><td></td></tr>
</table>

* 会议主题和议题评估得分×一级分值比例＝总评单项分

2.对会议的议程和程序的评估指标

会议程序是指在一次相对独立的会议活动中将所有的工作环节和活动细节按照时间先后加以排列的顺序。会议议程是会议议题的既定顺序,以报告、讲演、交流、审议为主的会议活动要制定会议议程。会议的程序、议程评估的具体内容包括:

表 13-18　会议议程和程序评估指标

序号	指标	三级分值
1	程序、议程顺序的效果性	
2	程序、议程安排的礼仪性	
3	程序、议程的时间合理性	

* 会议的议程和程序评估得分×一级分值比例＝总评单项分

3.对与会者要素的评估指标

与会者专指参加会议的成员,是会议活动的主体要素。与会者的身份在一定程度上可以体现会议的规格。同时,与会者的数量是决定会议规模的主要指标。

对与会者要素的评估着重在以下几方面：

表 13-19　与会者要素评估指标

序号	指标	三级分值
1	会议邀请范围是否与会议的规格适应性评价	
2	会议的规模合理性评价	
3	与会者的人数数量	
4	与会者权威性和专业性评价	
5	国际代表出席会议的情况评价	
6	特邀代表的范围评价	

＊与会者要素评估得分×一级分值比例＝总评单项分

4.会议发言的评估指标

发言是会议活动交流信息的主要方式,也是会议活动区别于其他活动样式的特有方式,凡在会议上所作的报告、讲话、演说、辩论、质询、答辩、交谈、表态等,都属于发言的具体形式。会议发言主要应当重点评估以下几方面：

表 13-20　会议发言评估指标

序号	指标	二级分值
1	发言人的权威性和代表性评价	
2	发言的内容与主题的切合性评价	
3	与会者对发言的内容的兴趣度评价	
4	发言顺序安排恰当性评价	
5	发言人的发言感染力评价	
6	与会者互动交流评价	
7	与会者对发言的总体评价	

＊会议发言评估得分×一级分值比例＝总评单项分

5.会议时间的评估指标

会议时间评估包括两大内容:一是举办会议的时机把握。二是会议时间的长短。具体评估项目包括：

表 13-21　会议时间评估时间

序号	指标	二级分值
1	举行会议的时机同会议主题的背景适宜度评价	
2	会期安排是否符合完成会议各项议程的需要	
3	实际会期与预定会期的一致性评价	
4	会议的具体日期与政治上、宗教上、民族风俗的敏感性评价	
5	会议的周期合适性评价	
6	与会者对会议的日程和作息时间满意度	

＊会议时间评估得分×一级分值比例＝总评单项分

6.会议地点的评估指标

会议地点评估分为两个方面的内容:一是举办地评估。二是具体场所(包括会场、住宿的宾馆饭店等)评估。具体包括:

表 13-22　会议地点评估指标

序号	指标	二级分值
1	会议对举办城市的政治、经济和社会发展贡献评价	
2	会议举办城市对会议的品牌塑造的评价	
3	会议举办城市与会议主题的吻合度	
4	会议举办城市对与会者吸引力评价	
5	会议举办城市的接待能力评价	
6	举办地的居民对举办会议的态度评价	
7	举办地媒体对会议的关注度评价	
8	会议场所的电梯、音响、空调、通风、照明、通信、同声翻译等设备评价	
9	与会者对会议指定宾馆的硬件设施及服务水平的满意度评价	
10	会议场所的规格评价	
11	会议指定的宾馆与会场的距离评价	
12	与会者对举办城市的商业设施、购物环境、绿化以及城市整体满意度评价	

＊会议地点评估得分×一级分值比例＝总评单项分

7.对会议接待服务的评估指标

会议接待服务是指围绕参加对象的迎、送、吃、住、行、游、乐等方面所作的安

排,是会务工作的有机组成部分。会议接待评估的具体内容包括:

表 13-23　会议接待服务评估指标

		序号	指标	二级分值
对会议接待服务的评估	迎送注册工作	序号	指标	二级分值
		1	与会者对接站服务的满意度	
		2	与会者报到注册的便捷性	
		3	报到注册表的项目设计人性化	
		4	报到注册表的项目设计信息收集	
		5	与会者对送行服务的满意度	
	会场引导、咨询和指示系统	序号	指标	二级分值
		1	会场内专门的引导人员的配置情况	
		2	引导人员装束与服务礼仪	
		3	会场指示标志明显度	
		4	会场工作人员的咨询服务的满意度	
	会场饮水和茶歇服务	序号	指标	二级分值
		1	茶水服务的次数的适当性	
		2	茶水服务的时间的适当性	
		3	茶歇的位置的适当性	
		4	茶点质量情况	
	同声翻译服务	序号	指标	二级分值
		1	同声翻译设备的操作便捷性	
		2	同声翻译设备质量	
		3	同声翻译的质量	
		4	同声翻译的语种多样性	
	餐饮服务	序号	指标	二级分值
		1	适应与会者禁忌的宴会定酒定菜情况	
		2	酒菜的质量	
		3	酒菜道数和分量	
		4	餐饮的形式	
		5	与会者对餐饮的环境和餐饮整体服务满意度	

续表

		序号	指标	二级分值
对会议接待服务的评估	考察、游览、娱乐服务	1	会议期间安排的考察、游览、娱乐项目合适度	
		2	会议期间安排的考察、游览、娱乐时间性	
		3	会议期间安排的考察、游览、娱乐的陪同规格	
		4	会场与住地之间专门的交通车接送	
		5	驾驶员的驾驶技术和服务态度	
		6	讲解和导游的质量	

﹡会议接待服务评估得分×一级分值比例＝总评单项分

8.配套活动的评估指标

现代大型会议常常举行各种配套活动,如开幕式、欢迎宴会、午餐会、欢送宴会等。具体评估的内容包括:

表 13-24　会议配套活动评估指标

序号	指标	二级分值
1	配套活动是否与会议的主题适应性评价	
2	配套活动与会议的气氛适应性评价	
3	与会者对配套活动的关注度评价	
4	配套活动的时间与会议主体活动适应性评价	
5	各项配套活动的参加人数的增减情况	
6	配套活动对会议吸引力和影响力评价	

﹡配套活动评估得分×一级分值比例＝总评单项分

9.会议宣传的评估指标

会议的宣传是会议组织工作的重要组成部分,也是会议取得成功的重要保证。做好会议的宣传工作的重要意义在于:一是能够及时传递会议信息,为贯彻落实会议精神及各项决策创造良好的舆论环境,使会议的目的和意义深入人心;二是使举办地的群众充分理解和支持会议的举行;三是树立主办单位良好的社会形象,提高会议知名度。对于商业性会议来说,还包括能尽可能多地吸引与会者;四是争取在经费、物资、智力和人力等方面的支持和赞助。会议宣传效果评估的具体内容包括:

表 13-25　会议宣传评估指标

序号	指标	二级分值
1	与会者获得会议举办信息的渠道与会议媒介投放组合的吻合度	
2	报刊广告、邀请函、朋友介绍、电话等促销方式的有效性	
3	广告选择的媒体和投放的时机	
4	会前、会中、会后举行新闻发布会的次数	
5	媒体对会议的报道情况	
6	网站宣传情况	
7	会议主办方的广告宣传经费投入占总收入的比例	

＊会议宣传评估得分×一级分值比例＝总评单项分

10. 会议总体的评估指标

会议总体评估是在对上述各个项目评估的基础上进行的一项综合性评估,旨在总体上把握会议的实际操作情况。具体内容包括:

表 13-26　会议总体评估指标

序号	指标	二级分值
1	与会者参会目的实现度评价	
2	与会者的满意度评价	
3	与会者参加下一届会议意愿	

＊会议总体评估得分×一级分值比例＝总评单项分

以上所列的各项会议评估内容是就一般性会议评估而言的,不同的评估主体可以根据实际需要选择其中的相关项目进行评估。一个项目评估究竟要涵盖哪些内容,应该根据评估的目的和实际情况确定。[1]

三、会议绩效评估的方法

参照其他机构的会议绩效评估方法,我们提出以下五个基本步骤:

---

① 龚维刚:会展实务[M].上海:华东师范大学出版社,2001,pp307－308。

表 13-27　会议绩效评估的方法

序号	方法
1	被评估的单位对会议应提出书面报告与各项统计资料
2	评估机构对被评估单位的业绩、会议的规模、与会单位或人员数量、各项统计资料进行实地考察,对会议的实际效益进行科学评估
3	评估机构对会议的合同成交额、成交的产品结构、成交的机构以及协议的实施结果实施跟踪咨询,以获得切实可靠的数据
4	评估机构通过与会人员、贸易商及传媒机构了解会议的实际活动情况,对会议的服务水平服务态度进行专项评估
5	评估机构出具具体标准的评估报告,并且将在主要的会议专业网站以及会议行业媒体上公布、宣传评估结果

当然,我们提出的会议绩效评估体系可能存在一些不足。所谓评估,包括两个部分:第一部分为衡量,也可称作量度或者计量,即为数量的计算和比较。第二部分为判断,就是对于一切不能量化的因素所可能采取的研究判断手段。衡量是客观的,而且一定要有作为衡量标准的共同单位。判断是主观的,而且也不能用某种指标来直接加以衡量。

会议的绩效评估是复杂和困难的,人们做过各种不同的尝试,往往优劣互见,很难确定哪一种方式最为理想。概括地说,会议的"能力"强弱是相对的,很难用科学化的方法作精确的评估。我们还应看到,许多因素可以计算其数量,但由于种类不同,左右的衡量单位也就不同,彼此之间也无法换算,自然也就无法比较。即使只选择某一单项来比较,还是不易得到明确的结论。譬如说,仅凭与会人数的多少,并不能表示两个会议的相对实力。所有一切"子要素"彼此之间都有互动关系,所以很难对其作孤立的考虑。最困难的问题还是每一种"子要素"之内又都包含若干无形因素或者不能计量的因素。对于这些因素,科学方法和统计数字无能为力。换句话说,这一类评估都依赖于主观的判断。即使有非常精确的衡量,若无合理的判断来与之配合,则整个评估仍然不能适当,甚至发生错误。如果受到个人情绪和个人喜恶的影响,则分析出来的结果是不准确的,有可能对整个评估体系都造成影响,产生极大的评估误差或评估错误。同时,分析工作需要比较多的使用思辨判断能力,要能透过数字看到问题并发现规律和问题。

只有在正确分析的情况下,数据才有意义,否则,他们只是一堆数字而已。因此,从某一角度而言,要求评估人员具有客观性,排除评估人员的个人情绪。另外,评估组织应该对评估的工作人员进行专业的培训。奖励制度也至关重要,评估这种意义深远的工作需要花费很多时间和精力,应该给以奖励。它既是策划下个年度的会议的有价值的参考,还是一种洽谈的有力工具,因为其中包含有来自会议的准确数据,包括付给会议地点的全部费用的详细情况。

同时,会议绩效评估应该贯穿整个会议的始末,从会议的策划和前期调研就要开始进行评估,另在会议结束后应该马上就开始后续评估工作,这样才能得到比较准确的数据,有利于较少评估的误差,从而给业内人士提供参考。

第三节 节庆绩效评估

节庆是人们熟悉的、喜闻乐见并愿意参与的一种民俗文化展现形式。各地人民用自己的勤劳和智慧创造财富、创造文明,也创造出了自己丰富多彩的节日。传统的节庆古而有之,它们产生于长期的生产、生活实践活动。近年来又雨后春笋般地兴起了一批由地方政府创办、组织和管理的节庆活动。这些节庆的举办不仅弘扬了民族文化,也展现了地方特色、风土人情等。现代城市节庆既是对传统节庆的继承和发展,又具有了时代发展的新特征。中国节庆资源丰富,据有关方面统计,我国传统的民族节日加上现代节庆,每年的节庆数量已超过 5000 个,中国已成为世界节庆大国。它们不仅能够为城市形象建设注入活力,也能为城市的经济发展催生新的动力。现代城市节庆为资源和信息的交流共享提供了有利的平台,已经成为提升区域经济实力和内在竞争力的一种手段,有效地促进了城市品牌建设,扩大了城市品牌的影响力和辐射力。但是,由于各城市节庆焦点不同、节庆定位不同,节庆所带来的影响也不尽相同。所以,对节庆进行系统的评估不仅能够了解节庆在城市发展中的重要作用,还能在深层意义上促进城市和地域文化等的发展。

一、节庆的光环效应

从某种意义上说,节庆本身就是一个能够集中展示城市风貌、多层次传播城市信息的媒介,具有独特的传播效应,对宣传和传播城市形象发挥着重要的作用。[①]节庆具有以下几个效应:

1. 聚媒效应

节庆本身就是新闻,城市举办活动往往能够吸引媒体关注报道。单就网络媒体来看,百度一下"杭州节庆"就有 12 万多的网页。同时,节庆的盛况空前,往往给媒介提供了报道的新闻点,激发了媒介的报道热情,各类媒介都会对节庆场面进行报道和传播,这种集中的报道很好地聚集了民众的注意力,让更多的人看到这一盛况,为活动增加声势,让更多的人了解了一个城市,提升了城市的知名度和美誉度。

---

① 王科:国内成功节庆对湖北省节庆品牌打造的启示[J].武汉职业技术学院学报,2007(1),pp107－109。

2.口碑效应

聚集人气的多少是衡量节庆效果的基本指标。一般来说,有影响力的节庆都能吸引大批参加者与旅游者到达活动举办城市,零距离感知城市的魅力,从而提升他们对城市的亲切感、好感度、美誉度。而这些来自天南海北的参加者和旅游者又会把对城市的美好印象告诉身边的亲朋好友或在自己的人际交往圈内传播,产生"一传十、十传百"的口碑传播效应。节庆吸引的参与者和旅游者数量巨大,节庆正是借助口碑传播方式,通过活动,很好地促进了当地相关产业的发展。

3.名片效应

具有鲜明个性特点的节庆和带有城市地方文化色彩的节庆称为标志性节庆。标志性节庆的定期、重复、持续举办,往往使节庆与举办地城市融为一体。这使得节庆成为了城市品牌和形象的金名片。这种名片传播效应,加深了人们对城市的认知度,有利于扩大城市的影响力和辐射力,促进城市特色经济的发展。在节庆期间,主办方邀请国外重要来宾、驻华外交机构代表、国外友好城市代表、港澳台地区和侨界知名人士、兄弟城市领导、国内外著名企业代表等等,向外界的精英人士展示城市的"名片"。由此可见,在对外宣传和提高城市知名度方面,节庆的潜力非常巨大,其更多地表现为一种无形的、长期的力量渗透到社会各个领域。

4.改善效应

人们对一个城市形象的认知包含有积极的、消极的或矛盾的等多种复杂印象。当某种消极形象对城市的发展有严重阻碍时,城市就会出现形象危机。而利用节庆,则可以有效地改变和扭转城市的消极形象和不利名声,帮助城市在短时间内尽快度过形象危机,改善、重塑城市形象。节庆对城市形象的这种作用,我们称之为"改善效应"。节庆通过吸引参加者到城市中亲身体验,能消除由于信息传播不畅而形成的误解和偏见。此外,举办节庆还能够带动城市软、硬件环境的建设和改善,再加上媒体的宣传,人们对城市的消极印象会逐渐消除。

二、节庆绩效评估体系的建立

节庆的评估是针对一个节庆,从活动前期开始,对节庆进行全面、系统、客观的综合研究。通过及时有效的信息反馈,为主办方、观众、赞助商、供应商等提供参考。换句话说,就是把实际的活动实施与前期策划和决策时的目标进行比较,检查活动的过程,评价其财务效益、经济效益等,总结经验教训,将对策及时地应用到新的决策活动中去。

节庆绩效评估包括对活动的工作内容评估、效益评估、影响评估等方面,具体分值安排为:

表 13-28　节庆绩效评估的总指标体系与分值

序号	指标体系		一级分值
1	节庆内容工作评估		
2	节庆效益评估	近期效益评估	
		远期效益评估	
3	节庆影响评估		

（一）节庆内容工作的评估指标

节庆的评估内容比较广泛。具体节庆项目评估究竟要涵盖哪些内容，应该根据评估的目的和实际情况确定。[①] 方案的评估主要包括活动的举办时间、地点、规模、主承办机构等，找出它们的优缺点，作为以后举办的参考。其中，最值得探讨的是活动的持续性评估，也就是活动能否按既定的目标持续地举办下去，能否可以在未来以同样的方式建设同类活动。

对实际情况操作的评估更具有参考价值。对节庆的评估工作内容一般可以总结为以下几方面：筹备工作、宣传推广工作、组织结构与人员情况、服务管理工作等。筹备工作评估包括了活动的日程安排以及活动内容、活动场所实施与改变等方面的评估；宣传推广工作则包含了广告宣传的力度、活动宣传促销的成效等；活动的组织结构与人员情况主要包括组织力和工作人员是否充足等方面；服务管理工作包括实地监控情况和突发事件方面的应急能力的评估。此外，节庆绩效评估还应该包括一些其他的评估内容，比如此节庆的历史和影响、活动的规模、观众的满意度等评估。参阅 Johnny Allen《大学活动项目管理》一书中的大型活动项目的评估内容列表，我们提出以下节庆内容工作的评估指标。

表 13-29　节庆内容工作评估指标

序号	指标	二级分值
1	活动时间选择	
2	活动地点	
3	活动筹备	
4	安全	
5	物品运输	
6	工作人员表现	
7	票务和入场	

[①]　龚维刚：会展实务[M].上海：华东师范大学出版社，2001，pp307－308。

序号	指标	二级分值
8	急救	
9	人群控制	
10	指示引导系统	
11	广告宣传	
12	饮食服务与设施	
13	媒体联络	
14	通信	
15	停车	
16	旅馆	

＊节庆内容工作的评估得分×一级分值比例＝总评单项分

（二）节庆效益的评估指标

节庆的效益评估主要表现为对经济效益的评估。一个城市在要举办节庆的时候，会进行较大规模的超前规划与建设，从而引发巨大的自投资与自需求，同时也会吸引大规模的外部投资与需求，刺激相关产业的发展，从而使投资的影响扩展到多个行业和生产领域，各行业的利润增多，人们的收入和消费也随着增多，这样就又带动了一系列的投资和消费，导致国民收入成倍增长，形成经济增长的效应。[①]

效益的评估包括行业、地区和国家产生的经济方面的影响，一般难以量化，只能通过近期和远期的指标来进行定性分析。近期评估指标，即向社会提供某种产品的服务，包括以下内容：（1）资源配置能力指标。资源配置能力在很大程度上能够体现节庆主办单位的综合实力。资源配置能力指标具体包括人力资源的整合与配置、资金资源的整合与配置、物质资源的整合与配置以及信息、知识与创新力等方面的因素。（2）效益能力指标。节庆能够为相关行业带来可观的经济增加值，这些都属于即期效益。但是这些指标必须同时有基期与报告期的前后对比，举办与不举办的数据对比。这些指标包括：一是各类厂商企业对节庆的直接赞助、广告、有价票证的使用和售卖；二是旅游的直接与间接收入；三是经贸的名优特新产品实现的销售额、贸易合同额、项目投资额。（3）竞争能力指标。一般情况下，节庆连续举办数年以后，随着品牌的逐步树立，接待数量会增加，接待的人均支出成本会下降。而且，如果每年的投入总费用的增长率低于来参加节庆的人数的增长率，标志着举办该节庆的竞争力在增加。节庆近期效益评估指标与分值具体如下表：

---

① 石玉凤：对节庆文化与经济内涵的思考[J].科技进步与对策，2001(2)，pp85－87。

表 13-30 节庆近期效益评估指标

序号	二级指标	二级分值	三级指标	三级分值
1	资源配置能力指标		人力资源配置	
			资金资源配置	
			物质资源配置	
			信息、知识与创新力	
2	效益能力指标		旅游的直接与间接收入	
			经贸的名优特新产品实现的销售额、贸易合同额、项目投资额	
			各类厂商企业对节庆的直接赞助、广告、有价票证的使用和售卖情况	
3	竞争能力指标		接待旅游观光的人均支出的交易费用的变化情况	
			参加节庆的人数的增长率与投入总费用的增长率	

＊节庆近期效益的评估得分×一级分值比例＝总评单项分

节庆的远期效益评价涉及的因素较复杂：一方面是有形增长的范畴。即对节庆所在地经济增长及潜力的挖掘；另一方面是无形的资源范畴，即由城市品牌吸引而来的外资。同时，由于节庆带来了很大的客流量，这对举办地的基础设施提出了考验，促进对其的进一步投资。因此，可以从以下几个方面来评价：

（1）潜力增长的能力

衡量节庆经济是否能促进社会发展趋势的创新指标，包括能带动一、二、三产业的新增项目或投资，对外资的消化吸收能力，对信息流吸收并转换为现实生产力的能力，对资产重组、产业结构优化和升级的能力。还包括产业中行业技术创新、产品创新及对 GDP 和财税增长的贡献能力。

（2）环境改善的能力

节庆经济的远期效益在于为办节庆而不断改善生存和发展的环境，硬环境是指信息网络、邮电、通讯、交通等基础设施方面，这些设施的改善需要长期投资。软环境是指制度、政策、人文、市民的文明素质和精神面貌、城市文明程度和形象等方面。这些环境因素是吸引投资的重要部分。另外还有人均住房面积、空气质量等等，以上这些因素都属于远期效益指标。

（3）品牌创新的能力

一个节庆相当于一座城市的名片。城市的知名度会随着节庆的持续创新而不断地提高。从这一意义上说,节庆的远期效益还有品牌效益。包括品牌价值、品牌知名度、品牌美誉度等。节庆品牌的确立、是否被人们接受取决于节庆的是否具有持久的创新能力。但是对创新能力的评估需要较长的周期,短时间之内是不能得出客观评估结果的。节庆远期效益评估指标如下:

表 13-31　节庆远期效益评估指标

序号	二级指标	二级分值	三级指标	三级分值
1	品牌创新能力		城市品牌知名度	
			城市品牌美誉度	
			城市品牌价值	
2	环境改善能力		硬环境:信息网络、邮电、通讯、电力、交通网络、市容市貌、住房、园林绿化等	
			软环境:人文、制度、政策、市民的文明素质和精神面貌、城市文明程度和形象、团队精神等	
3	增长潜力能力		产业结构提升	
			产品创新	
			行业技术创新	
			对 GDP 和财税增长的贡献	

＊节庆远期效益的评估得分×一级分值比例＝总评单项分

（三）节庆影响的评估指标

节庆的影响评估主要体现在社会心理素质、城市形象、文化等方面。作为具有多个层面内容的人文事件,具有强烈的对外开放性,有利于吸收国内外的先进科学理念和技术设备,有利于当地文化产业的发展,有利于促进主办地区和城市的文化交流和传播。通过举办节庆,主办城市将自己的文化底蕴和特色展示在世人面前,城市文化得以扩展,城市形象也在活动举办过程中得到提升。同时,节庆也能巩固区域内的传统与价值观念,增加地方市民的自豪感等。

表 13-32　节庆影响评估指标

序号	二级指标	二级分值	三级指标	三级分值
1	城市形象影响力		城市生活品质提升度	
			城市景观提升度	
			城市社区与街区提升度	

序号	二级指标	二级分值	三级指标	三级分值
2	城市文化影响力		巩固区域内的传统与价值观念	
			对外开放性和对外扩展力	
			扩大城市文化视野	
3	市民素质影响力		提升当地居民的自尊心	
			激发当地居民的自豪感	
			强化当地精神与社区精神	
			创新进取、团结协作的精神	
			提升城市认同感	

＊节庆影响的评估得分×一级分值比例＝总评单项分

三、节庆效益评估的实施程序

节庆的评估程序是指从制订评估计划到评估结束的过程中的工作步骤。一般来说,节庆的评估是按照一定的标准,执行制订计划,比较相关数据和信息,分析内在规律和出现的一些问题并获得评估结果。

（一）制订评估计划

评估计划是评估主体为有效开展评估活动而制订的行动方案,是进行会展评估的必要准备,主要包括确定评估的目的和任务、评估的原则以及评估的内容等三方面。确定评估的具体目的和任务就是明确晚上评和评什么的问题,是做好活动评估工作的前提。评估原则分为一般原则和特殊原则。一般原则指任何活动评估都应该遵循的原则,特殊原则仅适用于特定类型的评估。

根据实际情况,在详细制订计划前,确定评估的机构是由活动的举办单位还是由独立的第三方进行。首先,根据评估指标制订评估内容,再根据内容收集数据资料,建立评估组织和选择评估人员。最应该引起重视的是收集对象的资料,往往他们的调查结果具有很大的借鉴价值,节庆的重点评估体现在活动的组织管理、观众满意度以及活动的效果上。

（二）确定评估方法

评估的方法应采取宏观分析和微观分析结合、定量与定性结合的方法。主要采用调查法,包括问卷调查、谈话调查等。在调研完成后,在分析结果的基础上,将节庆的预期目标和实际情况做对比,测定其绩效。[①]

调查法是节庆评估最常用有效的方法,它既可以用来获得定量数据,也可以用来获得定性的描述。由于节庆期间游客的流动性大,逗留时间短,一般不可能深入了解他们。调查法就可以对那些不可能深入了解的问题通过一系列方法进行收集资料,主要采用问卷调查的方式进行。

谈话调查是直接和节庆利益相关者交谈了解所需要的信息,包括面谈、电话调查和现场观察与采访。运用谈话法时事先要明确谈话目的,保持谈话内容的主题方向,谈话后及时整理谈话记录,找出要点进行分析。

(三)数据收集和分析

活动评估过程的核心是数据的收集和分析。收集信息通常是耗时最长、花费最大而且最容易出差错的过程。主要形式包括:收集第二手资料、安排记录、招考会议等。在所有的数据收集完成后,就可以按照事先确定下来的方法进行数据分析,分析数据要及时进行,评估才具有时效性。

每个活动项目,不论其是否成功,都应该被当做学习的好机会,正确地进行评估将给活动管理者、团队成员和组织带来很多收益。评估活动的目的和活动的内容至少应该包括:作为活动项目实践的证据,确实项目的有效性;防止重复错误,分析问题及其原因作为改进流程的依据。

第四节　会展总结工作

建立在绩效评估的基础上,办展机构还需要对展会的策划、筹备、招展、招商、宣传推广以及展会管理和服务等做全面的总结工作,进一步进行分析评估,总结好的经验以便下一届继续发挥,找出工作中的不足以便在下一届展会加以改进,促进展会各项工作的提升。

(一)会展总结的作用

进行及时的会展总结,对于总结经验教训、改进业务流程和继续办好下一届展会具有重要的作用。办展机构必须充分重视和做好该项工作。

1.通过总结各种经验,可以继续发扬好的做法

从展会最初的策划立项、招展招商到最后圆满闭幕,各个工作人员都充分发挥自己的聪明才智,努力地工作;每个工作小组都充分调动各方面的积极性,协调配合,努力把各种筹备工作办好。在上述各种工作中,一定会涌现出一些富有创新意义的做法,对于这些好的做法,办展机构要好好总结。如果这些好的做法富有普遍

---

① 戴光全:重大事件对城市发展及城市旅游的影响研究——以'99昆明世界园艺博览会为例[M].北京:中国旅游出版社,2005,pp253-255。

性,可以将它们吸收进办展筹备的正式业务流程,在以后的工作中继续发扬;如果它们是针对某一问题的良好的解决办法,办展机构可以将它们作为备案保存,以备今后需要时使用。通过经验总结,可以将各业务人员的智慧集中为公司的智慧,将各工作人员的经验汇集为公司的经验,这样,今后的筹展工作将越来越顺利。

2.通过总结发现问题,以改进以后的工作

会展工作是一项大型的社会公众性活动,工作繁杂,工作人员众多,牵涉面广,在筹备工作中难免会出现这样或那样的问题。对于这些问题,办展机构要通过及时的会展总结,分析问题发生的原因,探讨当时解决问题的办法是否最优。通过总结,发现问题、分析问题、解决问题,以便在今后的工作中能提前预防问题的出现,减少问题的发生;通过总结,发现现有工作流程中某些不合理的做法,以便在今后工作中加以改进。

3.为继续办好下一届展会做准备

进行会展总结,固然是为了发现好的做法,避免问题的继续存在,但进行展会总结的一个根本目的,是为继续办好下一届展会做准备,为下一届展会铺平道路。通过会展总结,使本届展会的一些好的做法在下一届继续发扬,让本届展会出现的一些问题不至于在下一届再出现。会展总结,对于吸取本届展会的经验教训,改进下一届展会的策划、招展招商、展会服务以及现场管理等具有重要作用。

(二)会展总结的内容

进行会展总结的一般形式是:组织所有参加展会举办、筹备和管理的人员召开一个总结大会,让大家就一些议题畅所欲言,在发言中,既可就自己所负责的工作进行总结,也可以对其相关工作进行评估;对于各种发言,大会派专人做好记录,会后整理成文;同时,还要求每个工作人员会后就自己的发言写一份书面总结材料,办展机构再将会议记录和该书面材料相结合,整理成一份完整的总结报告。会展总结会议的内容主要有:

1.展会策划总结

内容包括:展会的举办时间、地点、展品范围、展会规模、办展机构组成、展会定位、展会价格、人员分工、展会品牌形象策划等,找出它们好的方面和不足之处。

2.展会筹备工作总结

内容包括:展会工作的统筹、协调,各项筹备工作的安排和调整等。

3.招展工作总结

内容包括:目标参展商数据库的建立和改进办法、展区和展位划分、展览题材的增减、招展价格的合理性、招展函的编印、招展分工、招展代理的工作、招展进度安排、招展宣传推广和招展策略等。

4.招商和宣传推广工作总结

内容包括:目标观众数据库的建立和改进办法、招商分工、招商宣传推广、招商进度安排、观众邀请函的编印、招商渠道的建立等。

5.展会服务总结

内容包括：对展会的展前、展中和展后各服务环节的服务，以及对这些服务的质量、提供方式等。

6.现场管理工作总结

内容包括：对展会布展、开展以及撤展等的现场管理。

7.展会服务商总结

内容包括：对展会指定展位承建商、指定展品运输代理、指定旅游代理、指定清洁和保安公司等的工作进行总结。

8.展会时间管理总结

内容包括：对展会的招展、招商、宣传推广、展会服务、筹展撤展以及展会整体时间管理等进行总结。

9.客户关系管理总结

10.配套活动总结

内容包括：对在展会展览期间举办的各种会议、表演、比赛及其他配套活动等进行总结。

11.财务总结

内容包括：对展会的预算、成本、费用支出时间安排、收益、收款状况以及其他财务问题进行总结。

对于以上各种内容，在总结时，不仅要总结出好的经验和不足之处，还要注意针对不足之处提出改进的意见和建议。对不足之处，要做到能发现问题、分析问题并提出解决问题的建议和办法，不要只是将问题罗列出来，全部交给总经理去解决。

不管是会议发言还是提交的书面总结材料，总结的内容一定要实事求是，是好就说好，是坏就说坏，切忌只表功不记过的做法。要注意不要让会展总结会议开成了表彰大会，也不要将会展总结会议开成了批评大会。如果需要表彰，办展机构可以另开一个表彰大会，但一定不要将表彰大会和会展总结会议混为一谈；如果需要批评，办展机构或展会项目的负责人可以单独找有关人员进行交谈，交换彼此的意见，探讨改进的办法，那种将会展总结会议开成批评大会的做法往往得不到应有的效果。

另外，根据不同的用途，展会总结报告一般要分为内部总结报告和对外总结报告两种。内部总结报告是供办展机构内部使用的，一般比较详细具体；对外总结报告主要是供新闻媒体以及参展商和观众使用的，一般比较简单。

(三)展会后续工作

在会展总结会议结束时，办展机构一般还会布置展会闭幕以后需要继续完成

的一些后续工作。展会的后续工作既是本届展会的收尾工作,也是下一届展会的开始。展会闭幕以后的后续工作主要有:

1.向客户邮寄展会总结并致谢

展会闭幕以后,要及时给所有参加展会的参展商和观众邮寄展会总结,并对他们参加本展会表示真诚的感谢。展会总结不仅要邮寄给展会现有的参展商和观众,对于那些暂时还没有来参加本展会的目标参展商和目标观众也要邮寄,这样可以帮助展会下一届的招展和招商;展会的致谢函可以只邮寄给现有的参展商和观众,但对于那些曾经帮助过展会筹办的机构和个人如各协办单位、支持单位、消防保安部门等也要致谢,对于一些重要的客户和机构,办展机构还可以派人亲自登门致谢。至于展会总结和感谢函的邮寄方式,可以采用信函、电子邮件和电话传真等。

2.更新展会客户数据库

一届展会完毕,办展机构的客户数据库可能会发生很大的变化:有新客户的加入,有老客户的流失,有些客户的信息发生变更等等。办展机构要根据本届展会客户的实际情况,及时准确地更新客户数据库,并根据客户信息的变化,及时调整客户工作的方式和方向。成功的展会往往是那些客户工作做得出色的展会。更新展会客户数据库既包括对参展商数据的更新,也包括对观众数据的更新,还包括对各种展会服务商以及业务代理的资料的更新。

3.进行展会总结性宣传

展会闭幕以后,可以就展会总的情况进行一次总结性宣传,办展机构可以将展会的情况准备一份总结性的新闻稿,提供给各新闻媒体,让展会"有始有终"。很多办展机构都不注意展后的总结性宣传,其实,会展总结性宣传不仅是将本届展会的举办成果对社会和客户做一个"交代",更是为下一届展会做舆论准备。进行会展总结性宣传,往往会获得比较好的效果。

4.发展和巩固客户关系

展览期间,尽管办展机构有机会和客户面对面地进行交流,但由于办展机构和客户各自的时间都很紧,业务也很多,双方很多时候都不能进行很好的交流和沟通。展会闭幕以后,办展机构要继续保持与客户的联系,继续加强与客户的交流和沟通,发展和巩固客户关系。对于一些重要的客户,办展机构还可以亲自登门拜访。

5.处理展会遗留问题

展览期间,由于时间有限,业务又较多,可能会遗留一些问题,如有些客户的款项可能还没有完全付清,有些客户的展品还没有处理完毕,有些客户还需要展后商务考察等。展会闭幕以后,办展机构要组织力量,及时处理展后遗留问题,尽量不要将这些问题拖到下一届展会,更不能让这些问题影响到下一届展会。

6.准备下一届展会

展会闭幕以后,办展机构要开始着手准备下一届展会的各项筹备工作了。例如,准备下一届展会的策划方案,制订下一届展会的招展和招商办法,策划好下一届展会的宣传推广方案,编印下一届展会的招展书、观众邀请函,制订展区和展位划分办法等。准备下一届展会,我们前面有关章节所介绍的很多策划和筹备工作又来了一个轮回,只不过和上届相比,这届展会的策划、营销和筹备有了更多的创新和改进。

每届展览会都是展会及其工作人员的成长历程。只有静心总结,不断创新,展会才有持续发展的动力。

专业性展览会等级的划分及评定

1 范围

本标准规定了对专业性展览会等级划分和评定的原则、要求和方法。

本标准适用于在中国境内举办的以经济贸易活动为目的的专业性展览会的等级划分及评定。

2 术语和定义

下列术语和定义适用于本标准。

2.1 专业性展览会 professional exhibition(show,fair,exposition)

在固定或规定的地点、规定的日期和期限内,由主办者组织、若干参展商参与的通过展示促进产品、服务的推广和信息、技术交流的社会活动。

2.2 特殊装修展位 raw space with special decoration

由参展商自行或委托专业机构专门设计并特别装修的展览位置及其所覆盖的面积。

2.3 展出净面积 exhibition net area

专业性展览会用于展出的展位面积总和。以平方米(m²)表示。

2.4 特殊装修展位面积比 ratio of area for special booth

特殊装修展位面积总和与展出净面积的比值。以百分比(%)表示。

2.5 参展商 exhibitor

参加展览并租用展位的组织或个人。

2.6 境外参展商 overseas exhibitor

以境外注册企业或境外品牌名义参加展览的参展商。

2.7 专业观众 professional visitor

从事专业性展览会上所从事产品的设计、开发、生产、销售、服务的观众，以及用户观众。注：这里所指的产品可以是有形的产品（如机械零件），也可以是无形的产品（如软件、服务等）。

2.8 等级 grade

用于划分专业性展览会质量差异的级别设定。用英文大写字母 A、B、C、D 表示。

3 等级的划分、依据和评定方式

3.1 专业性展览会的等级评定分为四个级别，由高到低依次为 A 级、B 级、C 级、D 级。

3.2 等级的划分是以专业性展览会的主要构成要素为依据，包括：展览面积、参展商、观众、展览的连续性、参展商满意率和相关活动等方面。

3.3 专业性展览会等级的具体评定标准，按照附录 A 执行。

3.4 专业性展览会的等级是由专业机构依据统一的评定标准及方法评定产生，其评定结果表示该专业性展览会当前的等级状况，有效期为三年。具体的评定方式按专业性展览会评定机构制定的评审程序和评定实施细则执行。

3.5 专业性展览会等级的评定采取自愿的原则，主办（承办）方按有关程序向评定机构提出申请，由评定机构予以评定。

4 安全、卫生、环境和建筑的要求

专业性展览会举办场馆的建筑、附属设施和管理应符合现行的国家、行业和地方的消防、安全、卫生、环境保护等有关法规和标准。

5 专业性展览会登记评定条件

5.1 A 级

5.1.1 展览面积

5.1.1.1 展出净面积不少于 5000 平方米。

5.1.1.2 特殊装修展位面积比至少达到 20%。

5.1.2 参展商

境外参展商展位面积与展出净面积的比值不少于 20%。

5.1.3 观众

5.1.3.1 展览期间专业观众人次与观众总人次的比值不少于 60%。

5.1.3.2 境外观众人次不少于观众总人次的 5‰。

5.1.4 展览的连续性

同一个专业性展览会连续举办不少于 5 次。

5.1.5 参展商满意率

参展商满意率的评价按"参展商满意率调查表"的调查结果进行,其中总体评价结论为"很满意"和"满意"的数量总和,应不低于参展商总数的80%。

5.1.6 相关活动

专业性展览会期间组织与专业性展览会主题相关的活动。

5.2 B级

5.2.1 展览面积

5.2.1.1 展出净面积不少于3000平方米。

5.2.1.2 特殊装修展位面积比至少达到10%。

5.2.2 参展商

境外参展商展位面积与展出净面积的比值不少于10%。

5.2.3 观众

5.2.3.1 展览期间专业观众人次与观众总人次的比值不少于50%。

5.2.3.2 境外观众人次不少于总观众人次的2‰。

5.2.4 展览的连续性

同一个专业性展览会连续举办不少于4次。

5.2.5 参展商满意率

参展商满意率的评价按"参展商满意率调查表"的调查结果进行,其中总体评价结论为"很满意"和"满意"的数量总和,应不低于参展商总数的75%。

5.2.6 相关活动

专业性展览会期间组织与专业性展览会主题相关的活动。

5.3 C级

5.3.1 展览面积

5.3.1.1 展出净面积不少于2000平方米。

5.3.1.2 特殊装修展位面积比至少达到5%。

5.3.2 参展商

境外参展商展位面积与展出净面积的比值不少于5%。

5.3.3 观众

5.3.3.1 展览期间专业观众人次与观众总人次的比值不少于40%。

5.3.3.2 境外观众人次不少于观众总人次的1‰。

5.3.4 展览的连续性

同一个专业性展览会连续举办不少于3次。

5.3.5 参展商满意率

参展商满意率的评价按"参展商满意率调查表"的调查结果进行,其中总体评价结论为"很满意"和"满意"的数量总和,应不低于参展商总数的70%。

5.4 D级

5.4.1 展览面积

展出净面积不少于1000平方米。

5.4.2 观众

展览期间专业观众人次与观众总人次的比值不少于30%。

5.4.3 展览的连续性

同一专业性展览会连续举办不少于2次。

5.4.4 参展商满意率

参展商满意率的评价按"参展商满意率调查表"的调查结果进行,其中总体评价结论为"很满意"和"满意"的数量总和,应不低于参展商总数的65%。

6 专业性展览会等级评定附加项

6.1 管理体系状况

6.1.1 负责专业性展览会具体组织管理工作的主办(承办)方通过 GB/T 19001－2000 质量管理体系认证。

6.1.2 展馆方通过 GB/T 19001－2000 质量管理体系认证、GB/T 28001－2001 职业健康安全管理体系认证。

6.1.3 装修和搭建的主要承办方通过 GB/T 19001－2000 质量管理体系认证、GB/T 28001－2001 职业健康安全管理体系认证。

6.1.4 展览运输的主要承办方通过 GB/T 19001－2000 质量管理体系认证、GB/T 28001－2001 职业健康安全管理体系认证。

注:专业性展览会等级评定附加项不作为专业性展览会等级评定的必要条件,达到的项目在评定规定时可以加分。

思考题:

1. 国际会展评估有哪两种模式?

2. 展览项目绩效评估的总指标体系包括哪些方面?

3. 哪些要素是会议绩效定量评估、定性评估的内容?

4. 如何全面对节庆绩效进行评估?

5. 请简述会展总结的一般形式。

6. 展会闭幕以后的后续工作主要有哪些?

第十四章　会展宏观管理

【学习要求】

理解会展行业管理的定义、主体、目标和手段；了解我国会展行业管理存在的问题；理解会展业法律架构及其包含的层面；掌握国际展览局的性质和职责；理解会展职业道德的内涵；了解违背会展职业道德的具体行为。

【本章概要】

会展行业管理是政府会展主管部门及各类会展行业组织通过对会展业的总体规划和总量控制，制定出促进会展事业发展的方针、政策和标准，并以此为手段，对各种类型的会展企业进行宏观的、间接的管理。在市场经济条件下，会展行业管理是一种公共行政行为，管理的主体主要有两个：一个是政府及其职能部门，是政府公共行政的执行者；一个是行业协会，是非政府的公共服务的实施者和提供者。会展行业管理的目标就是通过会展的行业管理所期望达到的目的，概而言之，主要包括以下三方面：一是实现发展会展业以达到社会、经济、就业等收益的政府目标；二是使会展业的发展处于政府可控制、可调整的范围内，使会展业与其他行业、会展业内部的各要素之间保持良好的秩序和合理的比例关系；三是维护处于弱势地位的会展者的权益。不同国家在不同的时期对会展行业管理目标的侧重点会有不同。会展行业管理模式包括建立权威会展行业协会；建立信誉评级制度；开展会展统计数据审计；联合举办品牌展。会展行业管理的手段有指导与监督、协调与规范、审批与认定等。

会展业法律架构是指由调整会展业领域市场进出和市场行为的众多法律、法规和规定等法律文件以及与之相关的监管机构组织原则、监管权限和监管程序等制度组成的系统。它主要包括四个层面：地方行政机关制定的规章、国家行政机关制定的法规、全国人民代表大会制定的法律、国际展览协会章程及国际条约。我国已经颁布的《商品展销会管理办法》、《技术交易会管理暂行办法》、《中华人民共和国海关对进口展览品监管办法》等一系列会展业法规条例，从不同的角度对会展业进行了监管。它们的主要内容涉及审批管理、办展资格管理、法律责任等。

我国会展行业管理存在的问题主要包括宏观调控和行业自律的缺失；标准化管理机制及相应的法律法规的缺失；展馆建设缺乏长远规划、建设过热；政府主导型展会泛滥,缺乏有竞争力的会展市场主体;会展业从业人员的专业技能和管理水平的缺失。针对这些问题,我国会展行业管理的对策是明确全国会展业发展的主管部门,推进会展法治;建立并发挥协会组织的作用,加强行业自律和协调;完善会展经济的"游戏规则",适应国际运行规范;政府角色变换,审批管理国际化;积极利用我国入世机遇,促进会展业的国际化和规范化;完善会展行业服务标准体系,建立资质评审制度;促进会展产业化,优化会展资源配置。

目前国际上主要的会展机构包括综合性会展机构和地区或行业性的会展机构。综合性国际会展行业管理组织包括国际展览局、国际展览者协会、贸易博览会国家参展组织者协会、国际展览服务联合会、国际展览运输协会、国际场馆经理协会、欧洲主要展览中心协会、亚太地区展览会议联合会等。国际展览局是政府性质的国际展览机构,负责协调管理世界博览会。国际会展行业协会既是行业利益的代言人,也是政府跟企业进行沟通的最主要渠道。大多数市场经济国家主要由会展行业协会以行业自律的方式负责协调和规范本国会展市场。目前,影响力较大的国际性行业协会主要有国际展览会联盟(UFI)、国际博览会和展览会协会(IAFE)、国际展览管理协会(IEA)、国际展览服务联合会(IFES)。这些机构往往是在各自国内是唯一性、全国性的,具有很高的权威性,在国家法律的指导下行使着管理职能,在中央和地方政府制定经济与外贸发展战略中扮演着重要角色。

所谓会展职业道德就是会展参与者在会展活动中所应该共同遵守的行为规范的综合。违背会展职业道德的行为包括展览场所、价格上的无序竞争,背离办展宗旨,倒卖批文、摊位;游击办展,乱拉赞助和广告,胡乱评奖等都是违反会展业职业道德的行为。这些行为会极大地损害会展业队伍的形象。为此,我们应该加强会展业职业道德建设。

第一节　会展行业管理

一、会展行业管理的定义

会展行业管理是政府会展主管部门及各类会展行业组织通过对会展业的总体规划和总量控制,制定出促进会展事业发展的方针、政策和标准,并以此为手段,对各种类型的会展企业进行宏观的、间接的管理。

会展业赖以生存的体制基础是市场经济体制,会展业管理体制和管理的方式方法必须符合市场经济的普遍原则,遵循会展业的发展规律,并适合中国国情。在市场经济条件下,会展行业管理是一种公共行政行为,管理的主体主要有两个:一个是政府及其职能部门,是政府公共行政的执行者;一个是行业协会,是非政府的公共服务的实施者和提供者。

二、会展行业管理的目标和内容

会展行业管理的目标就是通过会展的行业管理所期望达到的目的,概而言之,主要包括以下三方面:一是实现发展会展业以达到社会、经济、就业等收益的政府目标;二是使会展业的发展处于政府可控制、可调整的范围内,使会展业与其他行业、会展业内部的各要素之间保持良好的秩序和合理的比例关系;三是维护处于弱势地位的会展者的权益。不同国家在不同的时期对会展行业管理目标的侧重点会有不同。

政府及其职能部门、行业协会这两个不同层面的管理的内容各不相同,两者有明晰的分工,各自不能缺位,相互间也不越位、错位。会展行业管理需要以政府及其职能部门为主体构建会展宏观调节体系。就会展行业而言,宏观调节的内容十分丰富,大量工作需要开展,包括:制定相关的法律法规,将会展业纳入法制轨道;制定行业发展政策;根据会展行业发展所需的环境和配套设施要求,对交通、通讯、旅游、商检、货物通关等项业务和所涉部门进行协调,使会展业与这些部门和行业在互动中共同促进、协调发展;对会展经营秩序和会展市场进行有效监管。会展行业管理需要以会展行业协会为主体建立功能完善的、统一的行业协调服务体系。由会展业协会开展的行业协调管理工作主要有:制定会展业的行业规范,对办展单位的资质实行评定,实行行业自律;对办展计划和办展项目进行协调;对展览会的统计数据进行公正审核,推动本行业诚信建设,为国家统计部门、宏观管理部门和经济研究部门提供真实的数据统计等等。

三、会展行业管理的模式与手段

1. 会展行业管理模式

(1)建立权威会展行业协会。几乎所有发达国家都设有单一的国家级的会展行业协会,例如德国、法国、意大利、西班牙、日本、新加坡等国。虽然这些展览管理机构的名称有所差异,但都有一些共同的特点,即唯一性、全国性、权威性和服务性。它们的主要职能有四个方面:制定全国性的会展管理法律法规和相关政策,设立、使用会展发展基金,组织展览代表政府出席国际会展界的各种活动,规划、投资和管理会展基础设施。围绕这些主要职能,政府管理机构制订了一整套扶持、服务、规范、协调和发展计划,保护名牌展、增强市场的透明度,使用会展基金大力扶植出国展览,建设大型会展中心,调控会展市场等。我国目前还没有全国统一的会展行业管理机构,在当前会展业发展迅猛的同时,政府和会展公司都难以高效地完成协调、促进会展业规范、健康发展的职能的时刻,组织一个由政府授予会展业管理权力的全国范围的会展业协会,已经十分必要。根据我国地域辽阔、人口众多、各地区的风土人情不同的实际,我们也可以考虑按我国会展经济产业带的分布,先组建东北边贸会展经济产业带、京津会展经济产业带、长江三角洲会展经济产业带、珠江三角洲会展经济产业带和西部会展经济产业带等五个区域性的行业协会。区域协会负责协调管理本产业带内的会展业事务、因地制宜发展本产业带内的会展业以及与其他行业或部门沟通;进而由区域协会组成全国范围的总协会,负责制订行业规范,进行自律性管理,协调各地区利益。

(2)建立信誉评级制度。建立行业协会的一个重要目的就是监督和规范会展公司的运作。所以建立一套有效的信誉评级制度将会大大提升会展业整体的服务水平和会展公司的知名度。会展行业协会可以通过制订一套硬性的指标规定、协会专员的调查以及对参展商、观众的问卷调查的综合结果,对会展公司一年内举办的所有展会进行打分;然后就可以对公司进行评级。得到星级称号的公司将有资格在未来一年内在自己所举办的展会上标注公司的星级标志。这样不仅是对新建公司努力的肯定,同时也是对国营公司的督促,如果服务水平上不去,不能提供令客商们满意的交流环境,很可能客户将来全转去有信誉标志的公司所举办的展会。同时严惩有虚夸、欺诈行为的会展公司,对情节严重的列出黑名单,限制公司举办展会的资格。随着会展活动的日益频繁与竞争的日趋激烈,我国急需通过会展行业协会建立信誉评级制度,对公司举办展会的宣传与实际情况进行全面的考察评估,对其信誉进行打分评级,促进会展业的良性竞争与发展。目前,《专业性展览会等级的划分及评定标准》已由中商科学技术信息研究所正式出版发行。作为我国第一个专业展览会行业的推荐性标准,它的正式出版发行意味着会展界终于可以用专业行规来规范发展了。《专业性展览会等级的划分及评定标准》的出台及其配套机制的完善,将对展览会行业建设、技术进步、管理进步起到积极的推动作用,对促进我国展览市场优胜劣汰机制的建立,引导国内展览会不断提高专业化、国际化的水平必将起到积极的促进作用。

(3)开展会展统计数据审计。目前,低水平重复办展现象大量存在,类似的问题在西方发达国家也曾出现过,他们采取的方法是用市场经济的手段,通过优胜劣汰的市场竞争机制来解决这个问题。他们由会展业协会等业界权威机构建立和实行会展统计数据审计,并向社会公布。参展商和观众可以依据权威部门公布的会展数据,选择适合自己的会展项目参展或者参观,不同会展间则依靠会展的质量和服务水平展开公平竞争,从而有效遏制了重复办展现象的发生。我国会展业需要借鉴国外的成功经验和做法,实行会展统计数据审计,不是依据行政命令和行政审批的方式进行,而是以其公正透明权威性来吸引会展组织者自愿参加。会展统计数据经过业界权威部门组织的审计机构的审计并由其向社会公布,逐渐成为会展品牌和信誉的象征。公平有序的会展竞争秩序逐步建立和完善起来,这是用市场经济的会展行业管理的成功做法。

(4)联合举办品牌展会。在当前国内会展业存在的重复办展、多而滥、经济效益不佳等状况,通过会展行业协会整合会展资源、联合主办相关的会展活动、精心培育会展品牌也成为会展行业协会的重要工作之一。展会的大型化、专业化发展是不可阻挡的发展趋势,会展行业协会应该更多地为会展公司提供交流的机会,协调好联合办展公司之间的风险承担和利益分配等敏感问题,尽可能地减少展会撞车带来的恶性竞争,通过集合各公司优势,把展会的规模和档次往上提升许多。只有品牌展才能推动城市经济发展。

2.会展行业管理的手段

按照市场经济发展的要求,政府对会展业应主要通过法律的、经济的、公共财政的方式来进行宏观调节,而会展行业协会则主要是采用协调、自律、服务和市场的手段。所以,会展行业管理是面向全行业的宏观的、间接的管理,因而体现在管理方式上,主要为指导与监督、协调与规范、审批与认定等几个方面。

(1)指导与监督。指导是通过一种协商渐进的方式指明发展的总趋势和基本方向,意味着管理上的开诚布公。指导这一种管理方式广泛地应用和存在于现在我国的会展行业管理活动中,并在行业管理上体现了经济民主的政策导向。指导作用的发挥,在很大程度上取决于决策行为和政策形成的质量。指导性决策的形成一般通过吸收多方面的意见,兼顾到各方面的利益,做出初步决策,再通过不断加深认识,不断宣传说服,做出修订,使政策较易为多方接受和采纳。这种非发号施令式的管理方式不仅行之有效,也有助于企业追求利益最大化目标的实现。

监督是实行行业管理和进行宏观调控的重要手段。对会展行业实行全面的、严格的监督,有利于会展产业有计划地协调发展,有利于提高会展企业的经济效益。通过监督,不仅可以保证会展行业的各企业、各部门贯彻执行党的方针政策,遵守国家法令法规,保证会展活动健康、有序地发展,还可以维护会展举办地的良好经贸声誉、维护公平竞争的市场经济秩序,促进会展企业不断改进经营管理、提高管理水平。当前,监督的重点之一是制止、严厉查处会展知识产权的侵权和假冒行为。

(2)协调与规范。所谓协调,就是通过协商而调整,争取达到认识的一致、政策的认同、操作的支持和实施的有效。会展业的协调活动是多层次和多部门的,核心则是部门协调。由于各个部门的侧重点和既定目标不尽相同,因此部门协调经常表现为利益上的妥协和力争。这种协调作为多方面、多部门的复合式协调,往往需要协调人从推动和发展会展业的战略目标出发,做出符合大局利益的决策。

规范工作的出发点是促进会展业的健康发展,落脚点是市场秩序,重点则是调整企业间、行政管理部门与企业间、市场主体与消费主体(即企业与消费者)间的关系。

我国的各项法律法规并不健全,尤其是会展方面的法律和法规。虽然我们已经加快了会展立法的进程,但是由于法律制定程序的复杂性,决定了一些重要的会展法律法规难以在短期内出台,因此,规范工作仍然是会展行业管理的一件十分重要的内容,政策规范手段仍然十分重要。而运用法律、政策以及技术标准等手段进行会展市场的规范则是大势所趋。

(3)审批与认定。审批是最能体现政府行为特性的手段。目前我国对会展业实行的是分类管理和分级管理。外经贸部、中国贸促会、国家科委和国家经贸委有权审批各自负责范围内的展览,各省市也有了当地展览会的审批权。为进一步规范在中国境内举办会展活动,我国对举办涉外经济技术、文化艺术交流展览会的境内主办单位资格进行较为严格的审核和认定。要求举办对外经济技术展览会的境内主办单位,必须具有对外贸易经济合作部审核批准的主办资格。除省级、副省级市人民政府或省级外经贸主管部门以及国务院部门以外的境内主办单位,应具备以下条件:具有组织招商招展能力和承担举办展览的民事责任能力;设有专门从事办展的部门或机构,并有相应的展览专业(包括策划、设计、组织、管理及外语)人员,具有完善的办展规章制度;曾参与承办和协办五个以上较大规模的国际性展览会,等等。按照我国行政审批管理体制改革和《行政许可法》的精神和要求,行政审批在会展行业管理中使用的范围应该受到严格的限制,尽量减少直至彻底取消行政审批环节。但是目前我国由于相关配套制度、机制和法规跟不上,缺乏对展会的事后监督,有些地方取消审批制以后,会展业出现重复办展、多头办展、恶性竞争的混乱状况加剧。所以,审批与认定将作为会展行业管理的有效方式还将在一定时期和范围内存在。

第二节　会展行业的法律法规管理

一、我国会展业法律法规架构

会展业法律架构是指由调整会展业领域市场进出和市场行为的众多法律、法规和规定等法律文件以及与之相关的监管机构组织原则、监管权限和监管程序等制度组成的系统。它主要包括四个层面:

1. 地方行政机关制定的规章

会展业作为一个新兴产业在各省市迅速崛起,为了制约会展业的无序竞争,约束会展各方的利益,进一步促进会展业的发展,各地的省市权力机关纷纷出台了一系列的规章制度。如江苏省出台了《关于对本省举办的大型会展实施知识产权监督管理的意见》,加大知识产权方面的审核,对冒充专利产品、伪造他人注册商标等行为进行打击。1996年,大连市委市政府出台了《大连市展览管理暂行办法》,对大连市的展览进行协调和规划。规定各类展览会的承办单位要办展,须提前向市展览管理办公室报批,没有获准的单位不得举办展览,从而避免了展会的重复、无序竞争和恶性残杀等现象的出现。

2.国家行政机关制定的法规

当前,国家行政机关制定的法规在规范会展活动中发挥着重要的作用。针对会展业发展中存在的亟待解决的问题,国家行政机关有针对性地颁布了一些行政法规。如《国家工商行政管理局商品展销管理办法》、《对外经济贸易部关于举办经济技术展览会审批规定》、《关于加强对各类商品展销会管理的通知》、《中国商业联合会会展活动管理暂行办法》和《出国举办经济贸易展览会审批管理办法》、《中华人民共和国海关对进口展览品监管办法》等,对申办各种展会的管理作了一些规定。

3.全国人民代表大会制定的法律

我国目前还没有由全国人民代表大会制定的专门对会展业进行规范的法律。因而,会展中发生的纠纷都要借助于《合同法》、《知识产权法》、《消费者权益保护法》等调解裁决。如《知识产权法》中对知识产权所有人的保护,同样适用于会展业中对参展商知识产权的审查。但是,我国的《知识产权法》也出现了解决会展活动中出现的新情况、新问题的空白点,也亟待完善。随着会展业的发展,我国已经需要制定一部专门的《会展法》,使我国会展业在规范、健康的轨道上快速发展。

4.国际展览协会章程及国际条约

我国加入的国际展览协会其章程也是我国会展行业管理中的重要文件。我国积极参与了许多国际展览协会。1993 年,中国国际贸易促进委员会以国家名义加入《国际展览会公约》,成为巴黎国际展览局(BIE)的正式成员。中国又于 1994 年加入国际园艺生产者协会(AIPH),中国'99 昆明世界园艺博览会是在加入该协会后得到批准的。1995 年,中国国际展览中心率先加入国际展览管理协会(IAEM)。到 1999 年,已有中国贸促会展览部和上海、北京、深圳分会等十几家单位成为该会会员。此外上海的一些展览组织也参加了总部在美国的贸易展览展商协会(TSEA)及亚太地区展览会及会议联合会(APECE)等国际展览组织。另外,国际条约中也有一些涉及了会展业管理。如 1993 年 8 月我国加入了世界海关组织制定的《关于货物暂准进口的 ATA 单证册海关公约》(以下简称《ATA 公约》),《展览会和交易会公约》、《货物暂准进口公约》及其附约 A1《关于暂准进口单证的附约》和附约 B1《关于在展览会、交易会、会议及类似活动中供陈列或使用的货物的附约》。特别是,我国加入世贸组织签署的相关国际法律文件。关于会展的国际法律文件主要是《服务贸易总协定》。《服务贸易总协定》由序言、正文、附件及各成员方的市场准入承诺表和最惠国待遇原则的例外清单等四大部分组成。第三部分"具体承诺义务"中规定各成员方开放服务部门具体承诺的义务,包括市场准入、国民待遇和附加承担义务。第四部分"逐步自由化"规定了各成员方尤其是发展中国家成员方服务贸易自由化的原则及权利,其中重要的一项是具体承诺义务的计划表。计划表中规定各成员应与其他成员达成的有关部门和分部门的承诺列在其细目表中。包括有关市场准入的任何限制及条件、有关国民待遇的任何限制及条件等。我国加入了世贸组织后,对会展业的承诺主要是对会议部门市场准入的承诺。如表14-1所示,服务提供方式:(1)跨境支付;(2)境外消费;(3)商业存在;(4)自然人流动。

表 14-1　我国加入世贸组织后对会展业的承诺

部门或分部门	市场准入限制	国民待遇限制	其他承诺
会议服务(CPC87909)	(1)没有限制 (2)没有限制 (3)仅限于合资企业形式,允许外资拥有多数股权 (4)除水平承诺中内容以外,不作承诺	(1)没有限制 (2)没有限制 (3)没有限制 (4)除水平承诺中内容以外,不作承诺	

约束每个行业行为规范的管理法律条例和相关政策一般会形成三个系统,包括全国人民代表大会制定的法律法规,国家各部委及所属单位制定的行政法规,地方行政机关制定的各项规章制度等。迄今为止,我国已经制定并颁布了一些与会展业有关的法律法规,这些法规在调整会展业结构规范、会展业市场、解决会展纠纷、保护各方的权利和义务等方面起到了一定的作用。但是,我国的有关法律法规基本上集中在国务院制定和颁布的行政法律及国务院所属的部、局等国家行政规章以及地方性法规文件这两个层次上,它们多以办法、通知的形式出现,从法律的效力角度讲不是特别高。会展业的发展、会展企业、参展商以及专业观展者的利益还没有相应的级别较高的法律法规来加以保障。同时,从目前国内会展业的实践而言,对会展业的准入、主办者的资质、展览会的知识产权、展会质量评估、展览企业的税收等问题都需要有明确、详细、权威性的法规条例和相关政策。

二、我国会展业法规的主要内容

我国已经颁布的《商品展销会管理办法》、《技术交易会管理暂行办法》、《中华人民共和国海关对进口展览品监管办法》等一系列会展业法规条例,从不同的角度对会展业进行了监管。它们的主要内容可概括为:

1.审批管理

我国对会展的审批管理是按主办单位的隶属关系进行分渠道、分级审批的。如《技术交易会管理暂行办法》中规定举办全国综合性的技术交易会,应经举办地所在省、自治区、直辖市科委同意后,于半年前向国家科技部提出申请。举办省、自治区、直辖市范围的技术交易会或两个省、自治区、直辖市联合举办的技术交易会，由举办单位向交易会举办地的省、自治区、直辖市科委提出申请。

2.办展资格管理

我国会展法规要求，办展单位应具有独立法人资格和工商部门批准登记的办展资格，能够履行和承担相应的会展活动民事责任，有较好的信誉，实力较强，经营状况良好，能够保证会展前期投入资金，具有一定的抗风险能力；有组织招商招展能力，有固定办公场所和专门从事办展的部门或机构，有专业的展览策划、设计、组织、管理人员和完善的办展规章制度，等等。如1998年1月起实行的《国家工商行政管理局商品展销管理办法》规定："各级工商行政管理机关对商品展销会进行登记和监督管理，举办商品展销会，应当经工商行政管理机关核发《商品展销会登记证》后方可进行。未经登记不得举办商品展销会……"《关于加强对各类商品展销会管理的通知》中规定："要坚持以社会效益为主，合理收取办展费用，严禁高额收费和乱评比。举办各类商品展销会，必须经过商品流通主管部门批准，非商品流通主管部门和社会团体组织无权审批商品展销会。凡冠'中国''全国'字样的全国性商品展销会要报国内贸易审核批准，属于省市地方性的商品展销会必须报经省级商品流通主管部门审核批准。各类商品展销会，经审核批准后，主办单位方可向当地工商行政管理等部门办理其他有关办展手续。"

2003年2月27日，在国务院颁布的《关于取消第二批行政审批项目和改变一批行政审批项目管理方式的决定》（国发〔2003〕5号）中确定，"境内举办对外经济技术展览会主办资格审批权"取消。在这之前，我国一直执行国务院办公厅《关于对在我国境内举办对外经济技术展览会加强管理的通知》中的规定，对展览主办资格进行审批：对外经济技术展览会的主办和承办单位，必须具有外经贸主管部门批准的主办和承办资格；境外机构在华举办经济技术展览会，必须联合或委托我国境内有主办资格的单位进行。有主办资格的境内单位应具有组织招商招展能力和承担举办展览和民事责任能力，设有专门从事办展的部门或机构，具有完善的办展规章制度。境外主办单位应是具有相当规模和办展实力，在国际上影响良好的展览机构、大型跨国公司、经济团体或组织（包括经济贸易促进机构、商会、行业协会等）。展览主办资格审批取消后，目前，我国仍旧对展览项目进行审批，以便对展览进行规划和协调，提高办展效益。

3.法律责任

首先，会展组织者负有对参展商的法律责任。会展组织者除要提供必备的服务设施外，还应该对参展商负有其他的义务和责任。如《关于对外经济贸易展览会期间加强商标管理工作的通知》中规定：展览会期间发生的商标侵权行为，主办单位应及时协助商标所有人予以制止，并将商标侵权行为、商标纠纷发生及处理情况通知有关组团单位；对于不能认真履行或推卸商标管理责任，玩忽职守的主办单位或组团单位,参展企业可随时向对外经贸部反映。其次,会展组织者负有保护消费者权益的责任。如《关于加强技术交易会管理的通知》中第十五条规定:参展经营者的经营行为损害消费者合法权益的,消费者可以依照《消费者权益保护法》第三十八条的规定,向参展经营者或者举办单位要求赔偿。举办单位为两个以上的,消费者可以向具体承担商品展销会组织活动的举办单位要求赔偿,其他举办单位承担连带责任。又如《关于加强技术交易会管理的通知》中规定,利用技术交易会从事非法活动的,除给予行政处罚外,情节严重构成犯罪的,移交司法机关,依法追究刑事责任。对擅自更改交易会名称、规格和内容的或利用举办技术交易会非法牟取暴利或敷衍塞责、弄虚作假,造成不良社会影响的,审批单位责令主办单位或承办单位进行检查。视情节轻重,可给予通报批评、取消举办技术交易会资格、没收非法所得等处分。对利用技术交易会欺诈行骗、中饱私囊的违法行为,应追究当事人的法律责任。

第三节　我国会展行业管理的问题与对策

1.我国会展行业管理存在的问题

(1)宏观调控和行业自律的缺失。会展缺乏有效的宏观调控和行业自律,规范化程度及管理水平亟待提高。一方面办展审批渠道多,各自为政,导致多头办展,资源分散,无序竞争,价格混乱。展会主办单位的资质和服务良莠不齐,重复雷同的展会不仅让展商无所适从,而且造成展览资源的浪费。展会审批政出多门,一哄而上,追赶时髦,诸如汽车展、电脑展、建材展……同类型展会的展览几乎是每间隔几天就有一个,一个月内有近 10 个左右的在展开,而此间有些展会还是在同地区同时间段举行,中国会展业内存在重复办展情况,资源浪费状况非常之严重。例如服装行业,每年全国性的展览会有上百个,有轻工系统的,有商业系统的,有协会办的,让工商企业无所适从;由于主题雷同,资源分散,定位与主题重点不明确,导致会展质量下降,规模萎缩。无序竞争的加剧,就会导致展览公司想方设法抢占资源,为了抢占客户,其中甚至是展览公司之间大打价格战,而价格的下调就会直接影响展览公司的服务质量,如,提前闭馆、展场混乱无人管理等不良现象,此种恶性竞争必将造成展览行业影响力下降,久而久之,展商也就会对展会失去了信心,甚至是不去参展,这无疑最终受损的还是展览公司。另一方面,会展主办者不按市场经济规律办事,在收费标准上"内外有别",对海外展商收费较高,通常是国内参展商的数倍,没有给予同等国民待遇。这一做法严重地违背了国际的一般做法,需要我们在"入世"到外国同行全面进入中国的"缓冲期"内加以解决,以符合国际会展业的游戏规则。

(2)标准化管理机制及相应的法律法规的缺失。会展业发展的初期,将审批管理纳入到中介机构是国际上通行的做法,也是我国迈向成立会展业协会的一个过渡阶段,它同我国会展业现在的发展是吻合的。但是,我国目前会展业的管理办法仍然明显带着计划经济的烙印和特征,管理手段和方式还不能完全适应市场经济的发展需要,突出表现在,展览主办单位资格的认定和展览立项仍然维持着严格的审批制度,对中国会展业的发展造成了消极影响。首先,举办会议展览报批时间长。展览审批制度使得展览组织者缺乏灵活的应变机制,难以适应瞬息万变的国内外市场。展览会的发展是随国内国际经贸形势的变化而随时调整的,灵活的应变机制对于展览组织者来说十分必要和重要,但我国从具体展览组织的工作内容、展览立项、展览实施到展览评估均需要较长的审批时间,这往往使得展览组织者错失良机。比如,按现行管理办法,到境外参加国际博览会或在国内举办国际性的贸易展览会须经中国贸促会协调后,报外经贸部最后统一审批。这在时间上一般需要提前一年申报项目,客观上限制了各办展单位对市场的快速反应能力,难以根据市场的变化随时作出调整。一些办展单位为了保证拿到批文,不得不很早就上报项目,而且追求多多益善。项目批下来后,真正能办成的展览会项目并不很多;另一方面,一些真正有实力能组展、办展的单位可能因为某个项目申报的时间较晚,该项目已经批复给其他组展单位而痛失办展机会。造成了申报、审批项目多,实际办展数量少(主要表现在出国展览领域),而某些获得审批的展览项目却因为组展单位的原因而被迫闲置。其次,审批制容易产生一些办展单位专吃审批饭,乐于跑批文的现象。有主办资格的组展单位可以把批文转让、甚至转卖给其他单位,然后凭批文坐收渔利。发生这种现象不仅影响管理的严肃性和有效性,而且造成展览会组展成本的增加,削弱了其竞争力。再次,行业协会难以完全发挥作用。国外会展业的管理主要依靠行业自身的自律机制和自律规范,在一个成熟的市场经济中,行业协会组织将发挥更大的作用,承担起该行业的主要管理职责。政府管理的职能会更多地通过非政府行为的行业协会来实现。政府的介入一般体现在基础设施的投资和国际大型展会的协助上。但是,我国会展业目前依然维持计划经济形成的展会审批制、展览公司资格认定制,尚未与市场接轨形成优胜劣汰的竞争机制。目前只有北京、深圳等地成立了地方展览协会,但有些成立很长时间的地方展览协会,至今还未开展工作,这些城市对会展业的管理还只是个"橡皮图章"。全国性展览协会尚未成立,这一缺位造成我国会展业在统计、研究、管理、交流、培训等多方面的欠缺。随着我国组展单位和办展数量的增加,特别是业界的无序竞争、低档次重复办展现象的加剧,成立全国性展览协会的必要性越来越重要。

在整体上缺乏标准化的管理机制及相应配套的法制规章是我国会展业发展的最大瓶颈。我国会展业在宏观管理上绝大部分仍在依靠沿用于计划经济体系的审批制,而且没有建立全国统一的会展经济审批与管理部门。随着会展业的快速增长,审批制与市场化的矛盾日益突出,不能适应会展业健康发展的需要。取消审批制,让会展经营朝完全的市场经济行为的方向发展才有希望。只有在一个允许公平进入与竞争的市场的前提下,在市场经济法律法规的监督下,经过必要的优胜劣汰、整合重组,才能使我国会展业由"乱"变"治",以应对中国入世带来的挑战和冲击。目前,国家已经在取消行政审批方面有了动作,如国家经贸委取消了对全国性经济贸易展览会的行政审批。同时,由于不少展会为了筹集办展资金,通过承办权、广告、冠名权、协办单位、赞助单位拍卖等多种方式,这些资金来源难免良莠不齐,势必影响展会的质量,损害参展商的利益,并直接影响展会的资金回笼。这也让会展行业的宏观管理增加了复杂性。如果不考虑行业标准化及准入体系的建立,那么在低层次上的重复建设并不利于我国会展业的做大做强。针对"一放则乱,一管就死"的现象,会展业需要在政府支持与企业自愿合作的基础上,在政府通过制定规则进行宏观调控并提供市场法律法规环境的支持下,以行业协会协调行业自律,引导和推动会展业走上整合发展与品牌化、专业化、国际化发展之路。

(3)展馆建设缺乏长远规划、建设过热。在展馆建设上缺乏长远规划和合理布局,展馆规模偏小,供需矛盾突出。全国展览面积超过 5 万平方米的展馆只有北京国际展览中心、山东博览中心和福州展览中心三家。上海 20 世纪 90 年代以来先后兴建了国际展览中心、世贸商城、农展中心、光大会展中心等新馆,但展览面积都在二三万平方米左右,即使是其中最大的上海光大会展中心,也只有 3.5 万平方米;而且布局分散,加上原有的上海展览中心,全市的展览面积不到 10 万平方米。随着国民经济的快速发展,我国会展业将步入成熟期,届时,不少国际专业展都将超过 10 万平方米甚至达到 15 万平方米的规模,展馆面积不足的矛盾将会更加突出。同时,展览场馆条件落后,服务配套设施落后。例如,中国国际展览中心是国家级的场馆,整体规划落后,缺乏前瞻性,交通拥挤,特别是开幕当天,展馆内外车辆堵塞,以至于影响到国家领导人和外宾参加开幕活动。这与国际著名展馆具有的预留充分的展品传送周转区;展馆入口处有地铁、高速公路联结;设有专门为参展商和观众的休息绿地;配备优良的观众导看系统;展厅无柱子化,可自由分割,所有展区的使用价值均等特点有很大差距。

另外,展馆建设过热也应该引起我们的重视。据不完全统计,截至 2002 年底,全国各类会展中心和展馆的总面积已达 516 万平方米,其中可用于展览的总面积超过 160 万平方米。正在建设或规划将在未来三年内建成的各类会展中心的展览面积肯定超过 100 万平方米。也就是说到 2005 年底,全国可供展览的总面积将超过 260 万平方米,超过目前德国的展馆总面积(240 万平方米)。在目前全国大部分展览中心展馆使用率不足 30% 的情况下,即便全国展览面积的增长保持目前20% 左右的增速,未来展览中心供过于求的惨状仍不难想象。算算投入产出账则更触目惊心:以各地政府现在的"高标准"、"标志性"建设气魄,仅新展馆每年投入的建设资金大概不低于 40 亿元,相当于全国展览场地年总收入的 3～4 倍。

（4）政府主导型展会泛滥,缺乏有竞争力的会展市场主体。全国由各级政府机构主办、承办的各种展会有多少? 恐怕谁也说不清。但有两点可以说得清的:一是此类展会除"广交会"等少数几个外,几乎都是低效(效果差、效率低、无效益)"赔钱"的,绝大部分需要由地方财政在后面"买单";二是新的政府主导型展会还在快速增加,更严重的是,过去此类展会一般都属综合性,如投资贸易洽谈会、经贸洽谈会、博览会等,但现在一些如汽车展、礼品展、电子展等专业展会,政府也大量介入主导。我国会展机构普遍缺乏市场竞争力,与国际上著名的会展公司相比,不仅在规模上和网络资源上,还在组织方式和运行机制上,都存在着巨大的差距。我国会展业在发展国有资本、集体资本和非公有资本等参股的混合所有制经济,促进非公有经济,建立健全现代产权制度,培育一批能够参与国际竞争的会展市场主体等方面还有很长的路要走。

（5）会展业从业人员的专业技能和管理水平的缺失。无论是展览组织者、管理者、施工人员,还是为展览提供其他服务的人员的素质,总体来看不高,观念更新较慢,多是承袭前人的经验而缺乏创新精神。同时,我国展览业信息不完整的现状、展览理论研究缺乏的状况也使得展览从业人员应用高新技术的能力相对滞后。展览从业人员分工不明确,大多数人没有自己的专长,这种情况使得我国的展览业缺乏竞争力。

宏观调控和行业自律的缺失、标准化管理机制及相应的法律法规的缺失、展馆建设长远规划与运行约束机制的缺失等导致了我国会展业发展中出现很多问题:首先是会展市场秩序混乱,会展过多过滥,出现会展"泡沫"。一些城市日日有展,甚至"一日多展"。许多展览和会议既无特色,又无实质内容,缺乏良好的组织与服务,且收费混乱,低水平恶性竞争,使参展者的利益无法得到保护。对一些会展主办者来说,展会无论大小都有钱可赚。经济利益驱使大家都想争分一杯羹。多数展会缺乏明确定位,组织管理模式落后,服务水平低,展品的质量良莠不齐。其次是会展主办主体复杂,缺乏资质条件的约束,展览业务人员的素质偏低。目前,会议展览的主办主体有各级政府及有关部门,有各类协会、学会,有各种群团组织,有咨询公司和展览公司,有各种媒体,也有各类企业。主办主体的多元化是市场经济条件下会展业发展的趋势,但是,由于没有严格的资质条件限制,造成了一些会议和展览水平低,组织管理混乱,一些城市甚至出现了各种展会一哄而上的局面。第三是会展业还未形成专业化分工协作的格局。为展览提供配套服务的技术、信息等相对滞后,制约了展览规模经济的发挥。同一批人员既是展览组织者,又是展览管理者,也是展览项目的实施者,从展品征集到展品运输、展品布置直至为参展者提供吃住行服务等均由同一批人承担,这在某种程度上影响了社会化分工带来的高效率的发挥。同时,为展览提供辅助服务的行业如展览信息、展览咨询、施工、评估、道具、设计装潢等行业也有待进一步发展。第四是展览场所重复建设,功能单一。全国各个城市都有展馆,但大多面积小、功能单一、设施落后、服务水平低,缺乏统一布局,不具有竞争力,更不具有接办国际名展的能力。多数展馆只能承办一些低档次的展览,办展质量低下,影响了城市声誉和企业效益。有些城市盲目建设展览场所,导致了社会资源的浪费。

2.我国会展行业管理的对策

与国外会展业的管理主要依靠行业行为自身的自律机制,政府一般在基础设施的投资和国际大型展会的协助招展上相比,我国会展行业管理相对落后;较多执行展会审批制和展览公司资格认定制,目前尚没有全国性的展览协会,会展的统计、研究、管理、交流和培训等多方面都存在欠缺。为此,我们的对策只能是:以政府转变职能为中心,以改革多头管理审批程序为重点,建立强有力的全国统一的展览管理体制,是我国会展业健康发展、应对挑战的根本出路。

(1)明确全国会展业发展的主管部门,推进会展法治。改革开放以来,我国会展业虽然发展很快,但多年来一直未被当成一个独立的产业来规划发展,从上到下只是把它当成发展贸易、科技和文化等"主业"的一种促进手段,因此国家对会展实行分类管理和分级管理的办法,相应地把对会展的宏观管理分散到外经贸、内贸、科技、文化和贸促部门,以致政出多门、交叉扯皮现象严重。前不久,国内展的审批已由原国家经贸委宣布取消,商务部宣布取消了举办来华展单位的资格认证,但项目审批仍保留。另外,国家工商管理总局系统还从加强对国内展销会的管理要求出发,对有关活动加强管理。

目前我国尚未建立这样的部门,存在着多头审批的弊端,对会展业缺乏宏观调控与规划,行业制度不健全,缺乏权威、有效的行业规则和自律制度,导致重复办展,主题雷同、资源分散、质量降低、规模萎缩。审批制度的落后,导致许多展会的审批时间一般都要拖延数月,这对积极开展我国会展活动是极其不利的。在目前情况下,商务部应该加强部门协调,建立健全会展业的行业管理;加强政策引导,促进会展业与相关产业的协调发展。继续促进会展业的市场化,改善管理方式,提高管理水平,进一步深化审批制度改革,尽快从项目审批转向行业管理和政策调控,促进会展市场优胜劣汰机制的建立。建立与会展业相关部门的工作协调机制,加快会展业的法律法规建设,建立和完善会展业的行业标准。加大对行业组织的培育和指导力度,充分发挥各类行业中介组织在政策研究、信息交流、专业培训、行业自律等方面的作用。会展业涉及的相关产业多、联动性强,在指导和推进各地发展会展业时,要积极提高商贸、餐饮、住宿、旅游、物流、交通及通讯等相关产业的服务能力,特别是要正确引导展览场馆和配套设施的建设,防止盲目、重复建设,促进相关产业的协调发展。

会展业作为一个新兴的商业服务业,国家商务部作为国务院主管内外贸易和商业服务业的主管部门,有责任把会展统一管起来。这个主管部门要知道所谓"主管"并不是去管审批,去做具体的会展活动或本应由中介机构做的事,重要的是要尽快牵头进行系统的统计、规划、调研,并在此基础上制定促进会展业发展的宏观政策,例如,拟订一个会展业发展的规划,制定展会、办展企业和展览场馆的税收优惠政策,规范办展主体的行为和办展手续等。最重要的是,这个主管部门应该抓紧制定相关法律、法规,加强对非市场行为的控制与管理。会展活动既然是经济活动,就一定要按市场规律和规则办事,否则市场就会处于混乱和无序发展状态,就不会得到真正的健康发展。我国会展业由于政府和国有企业、事业的大量介入而产生了背离市场规则的扭曲行为,通过法律、法规加以规范就显得尤其必要。当前,会展市场出现的重复办展、低水平办展,"假、大、空"展满天飞,会展设施大量重复建设,既与政府对会展业的管理不力有关,又与政府机构大量直接介入会展业,直接主办、直接组织、直接补贴,有很大关系。因此,在制定的相关法规中应明确规定,政府一律退出直接参与、直接举办会展。政府直接拨款建设会展中心也要严格限制,政府部门直接参与举办会展活动要进行审批和论证。

因此,我们应该尽快制定并完善有关的法律法规,明确会展市场的准入机制。对展会的质量和展览公司的资质进行市场化、动态化的评估和认证,逐步从审批制过渡到标准制和登记制;建立商标注册和品牌认证体系,依法保护展览会的知识产权。

(2)建立并发挥协会组织的作用,加强行业自律和协调。行业协会是一种民间组织,承担一些政府授权的工作,但不是政府的附属部门。行业协会的主要职能是通过协调机制以达到规范会展业市场的目的,而行业协会产生的协调机制是行业自律、企业自律。即企业在承认行业协会章程的前提下被吸纳入会。作为会员企业有义务受协会章程约束。行业协会的协调是通过会员间的合作、妥协而产生的。行业协会应该制订和执行严格的行业规范。对于违反行业规范的行为应该按照行规严格加以惩处。到目前为止,我国尚未成立全国会展业的协会组织。随着我国政府机构改革和职能转变,政府行政机关主要通过制定规则来调控市场,而市场的自律则主要依靠行业协会组织来进行。欧美大部分国家的展览业为理顺关系、协调展览活动,大都组织了展览行业协会,制订行业规范,实现整顿秩序、提高展览业水平的目的。我们应该借鉴这些国家的行业管理经验,尽早成立全国性的展览行业管理组织,并采用计算机网络技术等高科技手段,建立覆盖全国的信息网络;理顺与海关、税务等相关部门的关系,取消价格多轨制,建立公开、公平、公正的展览环境和竞争秩序,在操作上力争尽快实现规范化,与国际惯例逐步接轨。在会展经济的未来发展中,行业协会必将发挥越来越大的协调、组织与监督和规范作用。

(3)完善会展经济的"游戏规则",适应国际运行规范。中国会展业要直面国际竞争的挑战,唯有加快行业整合,提高竞争力,在规范中求得发展。要加强政府宏观调控,尽快制定并完善有关的法律法规,任何法规的制定,都既要遵守国际会展市场的惯例和规则,又要结合我国会展业处于萌芽阶段的实际现状。对展会的质量和主办主体的资质要进行市场化、动态化的评估和认证,对展会管理逐步从审批制过渡到标准的登记制,使会展能够有"法"可依,有"章"可循。其次是中国会展业必须熟悉并逐步适应国际会展业的运行规范。世界贸易组织的有关条款规定:"成员方有效实施的……关于影响进出口货物的销售、分配、运输、保险、仓储、检验、展览、加工、混合或使用的法令、条例与法规和一般援用的司法判决及行政决定,都应迅速公布,以使各国政府及贸易商对它们熟悉。"世界贸易组织还建立了对各成员方贸易制度进行定期审查和通报的制度。因此,中国用于保护本国利益、不能适应国际会展业运行规范的条令终将废止。要想使这一套规则体系为我所用,就必须在国内建立良好的会展市场,这一市场应具备相当完善的行为规范和约束机制;只有建立了有强大影响力的会展市场,我们才能在国际会展业的论坛上拥有更多的发言权。因此,从长远看来,来自外部的压力将使中国会展业的运作最终走向规范化、正规化。

同时,中国加入世贸组织,中国会展经营环境将为之发生巨大的变化,相关的法律法规也要与服务贸易总协定相适应。正如外经贸部部长石广生所说:加入世贸后,要认真执行规则,同时履行所作的承诺。届时将对那些不符合规则的法规政策做出相应的调整和修改。特别是入世后将加速我国会展市场中外价格的并轨。目前我国执行的收费标准是"内外有别",对海外展商收费偏高(与国内参展商相比,高出数倍),并未给予同等国民待遇。外国展览组织者和外国参展商对此呼声强烈。随着入世后市场经济的成熟,会展市场本身的发展和需求,中外价格并轨肯定是一种必然的趋势。会展业的相关收费,将完全是随着市场价格而自行调节。价格要靠市场这只"无形的手"来调节,价格并轨最终要由市场来决定。

(4)政府角色变换,审批管理国际化。政府对展览直接进行管理和干预,只有在会展业自身无法解决和约束在展览领域出现混乱状况的特定历史阶段,主要是展览刚刚起步,缺乏行业经营规范阶段。一旦行业本身发展走向成熟和规范,政府就很少进行直接的介入,尤其是在成熟的市场经济国家更是如此。随着我国会展业的发展,我国政府在会展管理中的角色需要变换。市场经济的协调和必要的管理在西方发达国家的会展业中也是必不可少的,行业的管理主要通过行业自律来实现,通过行业协会制定行规来规范协调行业的行为。政府部门在会展业发展中的介入,就目前世界各国的实践来看,主要体现在对展览的资助和投资上,尤其是对大型和特大型展览设施和展览馆建设的支持和资助,大型展览设施的建设投资巨大,企业自行解决有困难。

我国会展业管理体制改革起步较晚,进展缓慢,目前仍然延续以前的直接审批和分类、分级管理的办法。虽然中国会展业近十年发展迅速,但仍有一些亟待解决的问题。如外经贸部、中国贸促会、国家科委和国家经贸委都有权审批各自负责范围内的展览,各省也有当地展览会的审批权。由于这种管理审批程序的混乱,造成了展会的重复和无序竞争。特别是,目前中国会展业的规模、种类、从业人数,对相关行业影响的深度和广度,促进经济繁荣的作用,以及政府对此行业的认识和重视,是数年前无法想象的。用过去的文件和规定、过去的观念和方式来管理现在的会展业显然是很不适应的。批件管理未免显得苍白无力。因此,根据我国会展业的发展状况并结合国际通行做法,应该最大限度地弱化、直至彻底取消政府部门进行一事一批的微观事务管理,将政府管理会展业的行政管理职能通过政府授权的方式向社会中介机构如贸易促进机构转移,将政府对展览主办单位资格的认定和展览项目的审批由审批制过渡到登记制和备案制。目前,我国已经取消了境内举办对外经济技术展览会主办资格审批权。

(5)积极利用我国入世机遇,促进会展业的国际化和规范化。在中国没有加入WTO的情况下,国外大型知名展览公司已通过各种渠道进入了中国市场,而且在一个短时间内从探索期转入扩张期,并向纵深发展。可以预言,随着市场环境的开放,外资会有更多的国外展览公司登陆中国展览市场,国内的展览公司也会更加积极地组织国内企业涉猎国外展览市场,向国外展示中国的技术设备和产品,这必将加快展览行业国际化进程。为此,我们应该采取积极主动的姿态,大力引入外资进行设备改造和技术革新,以及跨国展览集团带来的会展业经营和运作的先进理念和管理技术,以此来推动我国展览业的发展,加快与国际接轨的步伐。

WTO将把国际会展业的运行规范带给中国会展业,并使中国会展业逐步走向规范化。世界贸易组织在制定和维护国际经贸运行规则和国际经济秩序方面发挥着主导作用。加入世界贸易组织后,中国经济的诸多领域都将参与到国际经济大循环之中,会展业也会部分或全部地加入到国际会展业的竞争中去,这将对中国会展业的根本性变革起到强有力的推动作用。

应该看到,我国还有不少展览是属政府行业或政府加民间企业的行业,政府出资办展,或政府出资企业赞助。只讲社会效益,不讲经济效益,长此下去,形成了展览对政府的依赖,不利于展览市场的形成,更不利于会展业的发展。同时,我国会展业还处在传统型向现代型的过渡时期,传统的模型、灯箱、图片展览形式在展览中占相当大的比重,展览材料和制作比较落后,相当一部分的制作公司多处于"小作坊、手工制作"的落后状态,特别是在展览设备创新方面滞后,多为相互传抄工作,与国外展览设计与制作计算机化、数控化,在设计上求异变新的思维方式相比差距甚远。我们应该利用好入世的机遇,大力开展展览设计和展示手段与展览技术设备的更新换代,装备声、光、电与数字化结合的展览手段与展览技术设备;甩掉政府的"拐棍",大力推进经营模式的市场化、商业化,促进展览市场、市场规则的形成和完善。

(6)完善会展行业服务标准体系,建立资质评审制度。我们目前之所以还要实行会展资格审定制度,其中一个重要原因就是,我国尚未建立起本行业规范的服务标准体系,使一些本不具备会展组办条件或会展服务功能在市场竞争中已萎缩的单位仍具有会展组办资格,而那些既有会展服务意识又有服务能力的单位,因没有会展组办资格而被排斥在会展市场之外。主办者的资质考核也仅是走走过场,难以把握。目前,会展市场中的一些不良现象,如变相买卖、转让批件、服务质量低、不具规模、重复撞车等都与此有关。

世界上会展业发达的国家,其行业服务标准体系也必然是完善的。以英国会展市场为例,英国各类展览服务单位,包括展览组织、展馆场地和配套服务公司都有统一的配套行为规范,由各自的协会组织制定,对会员起指导和约束作用。如英国展览服务商协会规定,任何会员施工单位不能因与客户发生纠纷而中途停止服务,影响客户正常展出。英国展览组织者协会则规定,会员单位发布的展览统计数字、展览会介绍必须真实、准确,不能夸大贸易效果以误导参展公司和观众。而且,该协会每年还举办展览最佳服务评选活动,即由展览组织单位评选出当年的最佳展览配套服务公司,奖项分8类,包括摊位施工、电力安装、展品运输、保安、展馆管理、家具租赁、工业服务和特殊成就奖。目前,AEO的颁奖大会已成为英国会展行业一年一度最重要的活动,"AEO杰出服务奖"某种程度上已成为英国会展行业中的质量认证。在今后展览的管理中,我国应加快建立起规范的会展行业服务标准体系,并在此基础上,将市场竞争机制引入会展工作中,逐步建立组办单位资质评审制度,以取代现行的资格审定制度。

(7)促进会展产业化,优化会展资源配置。通过行业管理,首先我们要解决组展单位吃"政策饭"的问题,应该脱离依赖政府批任务、给补贴过日子的状况。要摆脱这种状况,就是要走产业化发展之路,通过市场竞争发展壮大我国的会展业。因此,我国会展公司应该在竞争中进行跨地区、跨部门的战略重组,通过兼并、收购或联合来组建展览集团,提高企业组织规模,增加竞争实力。各级政府和部门应摒弃地方或部门利益,鼓励展览公司之间的兼并,培育具有竞争力的大型展览集团,鼓励这些集团公司占领并进军国际市场,扩大经营服务范围,参与国内外会展业的竞争。

第四节　国际会展行业管理组织与行业协会

一、国际会展行业管理组织

1.国际展览局

国际展览局是政府性质的国际展览机构,负责协调管理世界博览会。1928年,世界上31个国家的政府代表在法国巴黎签署了《国际展览公约》,以促进世界博览会的健康发展。1931年成立了国际展览局,为《国际展览公约》的执行机构,其秘书处设在巴黎。国际展览局通过实施《国际展览公约》维持世界博览会的正常秩序。国际展览局的最高权力机构是代表大会,每年召开两次。大会主席由代表大会选举产生,任期两年,可连任。国际展览局是政府性质的机构,申请加入公约和展览局必须由申请国的外交机构正式提出,展览局的事务必须经由外交途径办理,成员国的代表必须由成员国政府任命。一个成员国可以有2~3名代表,但是在表决时只有一票资格。1993年,中国国际贸易促进委员会以国家名义加入《国际展览会公约》,成为巴黎国际展览局(BIE)的正式成员。

2.国际展览者协会

国际展览者协会下设专业委员会,分别负责工业协调、出版、培训等事务。该协会组织专业培训,合格者获"认可的展览经理"称号。该协会与美国德雷克斯大学合作提供展览营销强化课程,这个课程是专为展览人员设置的。该协会每年为出色的展览营销工作和成就评奖,奖励名称为"展览焦点奖"。该协会还出版期刊和书籍,包括"年度成员目录和产品/服务导购",这是全面详细介绍展览产品和服务的期刊,对展览经理很有用处。

3.贸易博览会国家参展组织者协会

该协会成立于1955年。协会每年开会一次。会议选举主席和秘书长,日常事务由秘书长处理。协会是一个规模不大的机构,办公地点通常由在任秘书长来定,成员主要是受国家或者商业机构委托组织集体展出(包括组织单独展览会、参加国际博览会和展览会等)的展览公司、团体、部门。协会的目的是加强成员之间的信息交流和技术合作,不断提高集体展出的水平,并经常与政府、新闻界、其他机构和展览会接触。

4.国际展览服务联合会

总部设在比利时首都布鲁塞尔,代表展览施工者的利益。协会主要成员在欧洲,因此,该协会致力于在欧洲范围内统一展览标准、展览电器标准、展台标准等,并力求与欧洲共同体的标准一致。

5.国际展览运输协会

1985年,国际展览运输协会由来自5个国家的7个公司发起成立,1996年增加到36个国家和地区的73个成员。总部设在瑞士,代表展览运输者的利益。协会设标准和职业道德委员会、海关委员会、组织者委员会、新闻委员会和会员委员会。该协会是在会展业不断发展、展会越来越专业的形势下成立的。协会的目的是使展览运输业专业化,提高展览运输的效率,更好地为展览组织者和展出者服务。此外,为展览运输业提供一个交流信息的论坛,向海关及其他部门施加影响。

6.国际场馆经理协会

该协会是历史比较长的场馆协会,一些展览场馆和设施经理加入该协会。但是,由于这里所指的场馆主要是体育馆,与展览场馆有所不同,因此,也有不少展览场馆和设施经理加入其他有关国际组织。

7.欧洲主要展览中心协会

欧洲主要展览中心协会于1992年成立,协会在1993年有14个成员,展场面积超过200万平方米,每年举办800多个展览会,约有30万个展出者。该协会建立宗旨是为参加重建新欧洲,具体的目标包括加强欧洲会展业以抵御亚洲和美洲的竞争,简化有关会展业的法规,协调展览技术标准等。

8.亚太地区展览会议联合会

于1989年在韩国创建,目前有会员24个。它每年举办一次年会,在主席、副主席的领导下,下设秘书处、章程委员会、会员委员会、使用标准码委员会、筹划指导委员会。秘书处常设在汉城韩国展览中心。其宗旨为通过密切合作,推动太平洋周边地区会展业的发展,提高会员的商业利益。出版物有APECC新闻通信、宣传手册等。该联合会的资金主要靠会员入会费、会费、年费、出版物中的广告费来筹集。

除上述会展行业管理组织以外,国际博览会联盟(UFI)、国际展览会管理协会(IAEM)、国际园艺生产者协会(AIPH)和总部设在美国的贸易展览商协会(TSEA)都是著名的会展行业管理组织。

二、国际会展行业协会的职责

在展览发达国家,会展活动是一种纯粹的商业市场行为。因此,大多数市场经济国家没有专门的政府部门通过行政手段管理会展业,而主要由会展行业协会以行业自律的方式负责协调和规范本国会展市场。

目前,影响力较大的国际性行业协会主要有国际展览会联盟(UFI)、国际博览会和展览会协会(IAFE)、国际展览管理协会(IEA)、国际展览服务联合会(IFES)。作为国家经济和国际贸易发展战略中的一个重要环节,会展业也受到了各国政府的高度重视,几乎所有发达国家都设有单一的国家级的展览管理机构,在各国会展行业协会中活动比较活跃的有美国国际展览管理协会(IAEM),英国会展业联合会(EFI),德国展览委员会(AUMA),法国海外展览委员会技术、工业和经济合作署(CFME—ACTIM)等等。这些机构往往是在各自国内是唯一性、全国性,具有很高的权威性,在国家法律的指导下行使着管理职能,在中央和地方政府制定经济与外贸发展战略中扮演着重要角色。

国际会展行业协会既是行业利益的代言人,也是政府跟企业进行沟通的最主要渠道。一些欧美国家和个别亚洲国家和地区,政府管理会展行业的职能已经和会展行业协会紧密地结合在一起,他们共同合作、相辅相成。行业协会既是展览企业的代言人,也是贯彻政府意图,执行政府政策的可靠助手。国际会展行业协会的

主要职能是:

1.制定行规,进行行业间的协调和管理

随着会展行业的发展与成熟,世界上发达国家的会展行业协会主要是利用市场机制和行规对会展业进行协调性的管理,其着眼点在于会展业的秩序、效益和发展。新加坡展览会议协会成立于 1980 年,其会员有专业展览公司、专业会议公司、场馆设施及其他展览服务机构。它的最主要职能就是行业管理和协调,一方面,它与政府密切配合,共同制定一套行业道德与行为规范,一旦有会员违反有关规定,就召集会议讨论解决,甚至提出制裁措施,以维持公平竞争的秩序;另一方面,在展览会题目、展出时间安排、摊位价格、展览会质量水准等方面,在会员单位之间进行协调,以更好地维护会员的正当权益。

2.对展览会进行资质评估

每年世界上展览会成千上万,这既造就了展览市场的繁荣,也难免良莠不齐,鱼目混珠。因此展览行业协会在这方面义不容辞地承担着对展览会的调查和评估的职能。会展行业强调展览会的名牌效应,从世界范围看,最有效地对展览会进行评估和资质认可的组织是世界展览会联盟(UFI)。该联盟的成员是建立在品牌展览会的基础上的。目前得到 UFI 资质认可的展览会有 579 个。世界博览会联盟对申请加入其协会的展览项目和其主办单位有着严格的要求和详细的审查程序,取得 UFI 的资质认可、使用 UFI 的标记便成为名牌展览会的重要标志。欧洲国家如英国会展业联合会则往往会要求会员对其展览会进行第三者审计,即聘请一家独立的审计公司对展览会的整体效果进行评估。法国则采取对展览跟踪调查的方法,一般调查要进行两次,一次在展出期间,就展览组织本身征求参展商的意见;另一次在展览结束后,就参展是否成功向企业了解,由此来获得对展览会的客观而公正的评估。各国评估方法虽各不相同,但目标都是共同的,即创造品牌展览会的声誉,更好地维护参展商、观众和主办者的利益。

3.培训专业人才,提高展览会的组织水平和质量

会展业是一个有着广阔发展前景的行业,需要有很强的指导和专业人才的培养,展览协会在这方面承担着重要的任务。美国国际展览管理协会(IAEM)创造了一套系统完整的专业人才培养计划,通过课堂学习、工作实践、参与协会活动和考试等方式给予被培训人员各种机会,每完成一个专业测定后,协会将授予一个注册展览管理人(CFM)资格证书,以此来培养会展业的专门人才。而我国目前会展专业方面的人才人数、水平都难以满足国内急剧扩大的会展市场的需要。国内大专院校至今未闻有展览专业的设置,短期培训的课程也不多见。有计划、有层次地培训中国展览专业人员确实是未来中国展览协会的一大任务。

第五节　会展职业道德

一、职业道德概述

所谓职业道德,就是人们在一定职业活动范围内所共同遵守的行为规范的总和。所谓会展职业道德就是会展参与者在会展活动中所应该共同遵守的行为规范的综合。

二、违反会展业职业道德的行为

改革开放以来,全国各地更新更大的展览馆不断展现在人们面前,各类会展公司也陆续出现,会展业推动着各行各业的综合发展,在不断创造经济效益的同时,创造着更多的社会效益。但是,在商品经济的浪潮中,会展行业群雄并起,市场竞争日趋剧烈,各种各样的场所遍地开花,许多违背会展行业职业道德的行为屡见不鲜,不能不引起重视。

1.展览场所、价格上的无序竞争

有些市场、广场、体育场或未开张的商场等,为搞创收,也成了许多"皮包"会展公司或会展专业户大显身手的地方,由于这些场馆并非专业展览场所,没有一整套的设施和管理方法及善后处理措施,租金便宜,办会率极高,成了正规展馆的不公平竞争对手。不停地举办各种换汤不换药的展销会,其中无证经营者有之,伪劣假冒商品有之,侵权商品有之,隐患不少。有些并非民间组织举办的展览会虽层次高,但少数团体的组织者却见利忘义,当摊位促销出现买方市场时就降低标准,推销展位鱼目混珠,出现卖方市场时就漫天要价,倒买倒卖炒售摊位,造成极坏影响。

2.背离办展宗旨

有些名目繁多的"会"、"节"已经背离办会宗旨。有些展览会的组织者请来几家合资企业参展,打上外方招牌,就成了国际展,令远道而来的观众啼笑皆非、无所适从。路边摊、大路货、无证摊贩,堂而皇之地挤进展馆,利用宝地借台唱戏,搞得面目全非,使合法参展厂商和与会观众大有上当之感。有些同类展览会在一个地区重复举办,有的则是一个展览会挂上几个不同的招牌招展,见机行事,尽管名不副实,反正只要能凑上一个会,就有钱赚。

3.倒卖批文、摊位

有些会展的主办单位拿到批文后,就将摊位分别卖给几家招展个体户,结果有时一个厂家同时收到几份相同的招展书,或重复接待几个上门同招一个展览的人。有时几家为争客户,计较回扣,唇枪舌战,争论不休,甚至收刮定金,携款潜逃。有些规模高的博览会、洽谈会也被个别捧着铁饭碗的参展工作人员将寸土寸金的部分摊位转租给不具备条件参展的不法商人,转手倒卖为个人获利,接受投诉却给大会抹黑。

4.游击办展

有些完全没有办会经验和实力的各种公司巧立名目,利用各种途径,买来一个承包权,采取各式各样的"包装",为展览会"乔装打扮",挂上时髦的招牌,广告铺天盖地,打一枪换一个地方,成了名副其实的展览"游击队"。推销积压商品,以假充真、以次冲好、短斤少两、浑水摸鱼,不少人成了展销的暴发户。而会后,许多花了冤枉钱被侵权的消费者,却纷纷要求讨个说法,讲个公道,此时"游击队"早已"南征北战"去了,投诉无门,展馆只好带人受过,蒙受不白之冤。

5.乱拉赞助和广告,胡乱评奖

有些展览会上的各种各样的赞助也成了个别人的生财之道,只要出钱就可以上主席台参加开幕式,甚至剪彩,发表讲话。有些人利用展览会会刊广告、增刊广告大做文章,全方位征集,只要肯出钱,不管是否与该会有关,是否符合广告发布条件,只要征集越多,利润就越高。有些人利用展览会设立各种名目繁多的奖项,不需有关部门审批,没有专家小组考核,评奖成了卖奖,钱多就给大奖,钱少就给小奖。更荒唐的是,有人掌握生产厂家求奖心切的心理,利用根本就没有办的展览会评奖,骗钱。

以上各类丧失职业道德不合格的展览从业人员和涉及展览行业的各种团体和个人,他们的行为已极大地损害了会展业队伍的形象。

三、会展业职业道德建设

在我国会展业的基本任务是以经济建设为中心,为社会主义物质文明建设和精神文明建设服务,归根结底就是为经济基础服务。其服务的根本目标是:促进与发展社会主义市场经济,促进商品生产和商品流通,促进社会主义物质文明和精神文明建设。会展业属于第三产业。它不同于物质生产部门的产品销售经营。它是以会展馆的固定建筑为基本条件。为社会各界提供会展场所,并为国家建设和满足人们物质、文化生活的需要,提供会展服务的劳动。

任何个人,在职业活动中都要遵守一定的行业规范,这是职业道德具备的具体体现。热爱本职、忠于职守、为人民负责是各行业道德的基本规范,但是每一种具体的职业又都有独特的不同于其他职业的道德要求。随着社会主义现代化的蓬勃发展,职业道德已处于越来越重要的地位。而会展业是社会主义事业的重要组成部分,它的健康发展除了需要增强整个城市的综合实力,配备先进的展览场地和设施,营造一个宽松、和谐、有序,能按国际惯例运作的展览环境外,还必须加强会展业的思想政治工作,培养全体会展从业人员树立良好的职业道德。

会展作为一种特殊商品,同时具备使用价值和交换价值,具备有形价值,又具备无形价值。既有精神价值，又有物质价值，它同样应通过交换，向社会和民众提供消费和服务。一方面通过商品展示的方式为供需双方提供展示、交流、洽谈、定货；另一方面通过各种政治文化展、成就成果展，为提高全民各项素质，提供各种会展服务，同时推动着两个文明建设的发展。会展服务是会展活动的重要组成部分，也是实现会展目的的唯一的方式。会展的价值和会展的使用价值，只有通过会展服务才能实现。因此，为观众服务是会展的宗旨，也是会展行业职业道德的综合体现。

会展服务的要求是以树立真心诚意为顾客服务的思想，把观众和参展商作为"主人"、"上帝"，满足他们对会展活动一切合理的要求为目的。落实服务项目，制订服务计划，完善服务设施，建立服务网络，端正服务态度，加强服务管理，提高服务质量。应该说，会展行业中涉及展览馆工作人员、展览会的主承办单位工作人员及全体参展人员都必须具备良好的职业道德，共同维护会展业的整体形象，推动我国会展业的健康发展。

90 年代以来，国家有关部门相继发布了关于加强展览会、交易会，特别是商品展览会管理的有关规定，这些都是我国会展行业逐步走向规范化、制度化、科学化的有力保障，也是全体会展从业人员必须遵守的法规依据。让我们紧紧抓住世纪之交的历史机遇，共同维护会展市场的正常秩序，迎接新世纪会展业春天的到来。

思考题：

1.什么是会展行业管理？

2.会展行业管理有哪些主体？其目标和手段包括哪些？

3.我国会展行业管理存在的问题有哪些？如何解决？

4.什么是会展业法律架构？它包含哪些层面？

5.国际展览局的性质和职责是什么？

6.何谓会展职业道德？

7.请列举违背会展职业道德的具体行为。